"十三五"江苏省重点出版物出版规划项目

走向深蓝·海上执法系列

海上治安案件查处

裴兆斌　张金明　曲亚囡　著

大连海洋大学海洋法律与政策东北亚研究中心（CQ17091）资助
《大连海洋大学—大连海事法院法学实践教育基地》项目资助
《大连海洋大学—蓝色法学课程群》项目资助
《大连海洋大学—法学特色学科B》项目资助
北京龙图教育/龙图法律研究院资助
辽宁省社会科学界联合会：《辽宁海洋发展法律与政策研究基地》项目资助
中国太平洋学会海洋维权与执法研究分会资助
辽宁省法学会海洋法学研究会资助
大连市社会科学界联合会、大连市国际法学会资助
大连海洋大学社会科学界联合会资助

东南大学出版社
SOUTHEAST UNIVERSITY PRESS
·南京·

图书在版编目(CIP)数据

海上治安案件查处 / 裴兆斌,张金明,曲亚囡著.
—南京:东南大学出版社,2017.7 (2018.8重印)
(走向深蓝 / 姚杰,裴兆斌主编.海上执法系列)
ISBN 978 - 7 - 5641 - 7239 - 8

Ⅰ.①海… Ⅱ.①裴… ②张… ③曲… Ⅲ.①海洋法—行政执法—案件—处理—中国 Ⅳ.①D993.5

中国版本图书馆 CIP 数据核字(2017)第 156858 号

海上治安案件查处

出版发行	东南大学出版社
出 版 人	江建中
社　　址	南京市四牌楼 2 号(邮编:210096)
网　　址	http://www.seupress.com
责任编辑	孙松茜(E-mail:ssq19972002@aliyun.com)
经　　销	全国各地新华书店
印　　刷	虎彩印艺股份有限公司
开　　本	700mm×1000mm　1/16
印　　张	18.25
字　　数	368 千字
版　　次	2017 年 7 月第 1 版
印　　次	2018 年 8 月第 2 次印刷
书　　号	ISBN 978 - 7 - 5641 - 7239 - 8
定　　价	49.80 元

(本社图书若有印装质量问题,请直接与营销部联系。电话:025-83791830)

走向深蓝·海上执法系列编委会名单

主　任：姚　杰
副主任：张国琛　胡玉才　宋林生　赵乐天
　　　　裴兆斌

编　委（按姓氏笔画排序）：
　　　　王　君　王太海　邓长辉　田春艳
　　　　刘　臣　刘海廷　刘新山　朱　晖
　　　　李　强　高雪梅　彭绪梅　戴　瑛

总　序

人类社会发展史上，海权与世界强国伴生，互为倚重。无海权，便无真正的世界强国；而无强大的国力，则无法形成和维持强大的海权。海洋权益是海洋权利和海洋利益的总称。按照《联合国海洋法公约》规定，国家的海洋权利包括：沿海国在国家自己管辖海域（领海、毗连区、专属经济区和大陆架）享有的主权、主权权利和管辖权；在国家自己管辖之外海域（公海、国际海底区域、他国管辖海域）依法享有航行自由和捕鱼、深海底资源勘探开发等权利。国家海洋利益主要是指维护国家主权和领土完整的政治利益，以及开发利用领海、专属经济区、大陆架、公海、国际海底等所获得的收益。

伴随着《联合国海洋法公约》的生效，世界沿海各国不断加强对国家管辖海域的管理，随着世界各国对海洋问题的重视程度不断加深，沿海国家相继调整海洋战略，制定相对完善的海洋法律体系，强化海洋综合管理与执法，以维护本国在海洋上的利益。纵观世界各国，随着管理内容的变化，世界各国逐渐形成了各自独特的海洋管理与执法体制，主要有以下发展模式：

第一，"管理部门集中—执法权集中"模式。"管理部门集中—执法权集中"模式，是指一个行政机关或法定组织通过一定的法律程序，集中行使几个行政机关的行政检查权和行政处罚权的一种行政执法体制[1]，具体而言，就是指由一个部门统一管理全国的各项涉海事务，同时也由一个部门集中行使执法权。其具有以下特点：一是有覆盖海洋管理各个方面的专门国家海洋管理机构；二是有健全、完善的海洋管理体系；三是有较为系统和完善的国家海洋法律法规及海洋政策；四是有统一的海上执法队伍。美国是"管理部门集中—执法权集中"模式的典型代表。

第二，"管理部门分散—执法权集中"模式。"管理部门分散—执法权集中"模式是指虽然没有一个能够完全管理国家海洋事务的机关，但是它却有一个能管理大部分或绝大部分海洋事务的组织，在发展趋势上，是不断向"管理部门集中—执

---

[1] 刘磊,仇超.行政综合执法问题略论[J].泰安教育学院学报岱宗学刊,2004(1).

法权集中"模式发展的。其具有以下特点：一是全国没有统一的海洋管理职能部门；二是建有海洋工作的协调机构，负责协调解决涉海部门间的各种矛盾；三是已经建立了统一的海上执法队伍。日本是"管理部门分散—执法权集中"模式的典型代表。

第三，"管理部门分散—执法权分散"模式。"管理部门分散—执法权分散"模式是指海洋管理工作分散在政府的各个部门，中央政府没有负责管理海洋事务的统一职能部门，也没有形成统一的执法体系。其具有以下特点：一是全国没有统一的海洋管理职能部门，海洋管理分散在较多的部门；二是没有统一的法规、规划、政策等；三是没有统一的海上执法队伍。此种模式在世界上相对来说是非常少的。加拿大是"管理部门分散—执法权分散"模式的典型代表。

这三种不同管理与执法体制模式虽然呈现出不同的特点，但是目前仍然属于"管理部门分散—执法权分散"模式的国家少之又少，并且"管理部门分散—执法权集中"模式也在向着"管理部门集中—执法权集中"模式转变，因而"管理部门集中—执法权集中"模式是国际大趋势。

我国现行的海上行政执法体制是在我国社会主义建设初期的行政管理框架下形成的，其根源可推至我国计划经济时期形成的以行业执法和管理为主的模式，是陆地各行业部门管理职能向海洋领域的延伸。[①] 自新中国成立以来，我国海洋管理体制大概经历了四个阶段：

第一阶段大致为新中国成立至20世纪60年代中期，分散管理阶段。对海洋管理体制实行分散管理，主要是由于新中国刚刚成立对于机构设置、人员结构的调整还处于摸索和探索时期，其主要效仿苏联的管理模式，导致海洋政策并不明确，海上执法建设相对落后，又随着海洋事务的增多，海洋管理规模的扩大，部门与部门之间，区域与区域之间出现了职责交叉重叠、力量分散、管理真空的现象。[②]

第二阶段是海军统管阶段。从1964年到1978年，我国海洋管理工作由海军统一管理，并且成立国务院直属的对整个海洋事业进行管理的国家海洋局，集中全国海洋管理力量，统一组织管理全国海洋工作。此时的海洋管理体制仍是局部统一管理基础上的分散管理体制。

第三阶段是海洋行政管理形成阶段。这一阶段的突出特点是地方海洋管理

---

① 刘凯军.关于海洋综合执法的探讨[J].南方经济,2004(2).
② 宋国勇.我国海上行政执法体制研究[D].上海:复旦大学硕士学位论文,2008.

机构开始建立。至1992年年底,地(市)县(市)级海洋机构已达42个,分级海洋管理局面初步形成。海上行政执法管理与涉海行业或产业管理权力混淆在一起,中央及地方海洋行政主管部门、中央及地方各涉海行业部门各自为政、多头执法、管理分散。

第四阶段是综合管理酝酿阶段。国家制定实施战略"政策""规划""区划"协调机制以及行政监督检查等行为时,开始注重以海洋整体利益和海洋的可持续发展为目标,但海洋执法机构仍呈现条块结合、权力过于分散的复杂局面。① 这一阶段仍然无法改变现实中多头执法、职能交叉、权力划分不清等状况。

2013年3月10日《国务院机构改革和职能转变方案》公布,为进一步提高我国海上执法成效,国务院将国家海洋局的中国海监、公安部边防海警、农业部中国渔政、海关总署海上缉私警察的职责整合,重新组建国家海洋局,由国土资源部管理,国家海洋局以中国海警局的名义开展海上维权执法,接受公安部的业务指导。② 重组后的海警具备了原有海监、渔政、边防海警的多项职能。从《国务院机构改革和职能转变方案》以及实践来看,中国海警局是海上执法的执法主体之一。在这一轮的改革中,虽然整合了原有的海监、渔政等力量形成海警局,但目前在海洋执法方面还是平行地存在两个执法机构,即海警局和海事局。同时,在整个海洋执法体系中也存在一定的地方政府海洋执法力量。

总之,为了建设强大的海洋国家,实现中华民族的伟大复兴,更好地维护我国海洋权益和保障我国海上安全,有效地遏制有关国家在海上对我国的侵扰和公然挑衅,尽快完善我国海洋管理与执法体系显得尤为必要,也是现阶段的紧迫要求和时代赋予我们的神圣使命。

为使我国海上执法有一个基本的指导与理论依据,大连海洋大学法学院、海警学院组织部分教师对海上执法工作进行研究,形成了以下成果:

1.《海上安全与执法》
2.《海上治安案件查处》
3.《海上行政案件查处》
4.《海上犯罪侦查实务》
5.《海洋行政处罚通论》
6.《海洋行政案件证据规范指南》

---

① 仲雯雯.我国海洋管理体制的演进分析(1949—2009)[J].理论月刊,2013(2).
② 李军.中国告别五龙治海[J].海洋世界,2013(3).

7.《海上治安执法实务若干问题研究》
8.《蔚蓝的秩序——西非渔事咨询案评析》
9.《海上渔事纠纷与治安案件调处》
10.《最新海洋执法实务实用手册》

丛书编委会主任由姚杰担任；张国琛、胡玉才、宋林生、赵乐天、裴兆斌担任丛书编委会副主任。王君、王太海、邓长辉、田春艳、刘臣、刘海廷、刘新山、朱晖、李强、高雪梅、彭绪梅、戴瑛担任编委。

丛书主要作者裴兆斌系大连海洋大学法学院院长、海警学院院长，长期从事海上安全与执法、海上维权与综合执法、海洋行政法、海洋法教学与科研工作，理论基础雄厚。其余作者均系大连海洋大学法学院、海警学院等部门教师、研究生及其他院校教师、硕士和博士研究生，且均从事海上安全与执法、海上维权与综合执法、海洋行政法、海洋法教学与科研工作，经验十分丰富。

本丛书的最大特点：准确体现海上执法内涵；体系完整，涵盖海上执法所有内容；理论联系实际，理论指导实际，具有操作性。既可以作为海警和其他海上执法部门执法办案的必备工具书，又可作为海警和其他海上执法部门的培训用书；既可以作为海洋大学法学专业本科生、研究生的教学参考书，又可作为海洋大学法学专业本科生、研究生的专业方向课的教材。

希望该丛书的出版，对完善和提高我国海上执法水平与能力提供一些有益的帮助和智力支持，更希望海洋管理法治化迈上新台阶。

大连海洋大学校长、教授

二〇一五年十月于大连

前 言

海上治安案件查处是中国海警海上执法的重要任务之一。与海上刑事案件相比，海上治安案件具有点多、面广、线长的特点，因此做好海上治安案件查处工作，对于维护国家安全、维护海洋治安秩序、保护公共财产、保护公民人身财产安全，具有十分重要的现实意义。

2013年3月10日《国务院机构改革和职能转变方案》公布，为进一步提高我国海上执法成效，国务院将国家海洋局的中国海监、公安部边防海警、农业部中国渔政、海关总署海上缉私警察的职责整合，重新组建国家海洋局，由国土资源部管理，国家海洋局以中国海警局的名义开展海上维权执法，接受公安部的业务指导。同年，十二届全国人大一次会议审议通过了《国务院机构改革和职能转变方案（草案）》，这标志我国海上治安执法职能由原公安边防海警向中国海警的重要转变。这就要求海警执法人员和大连海洋大学法学院学生能够掌握海上治安案件查处的基本本领。

基于上述考虑，我产生了对海上治安案件查处进行深入研究的想法。同时，借我带领学院部分教师前往中国海警局南海分局、辽宁省海警总队、广东省海警总队、海南省海警总队等部门进行调研的机会，我们虚心地向实务部门的领导和执法者进行了请教，在实务部门的领导和部分执法者的帮助下，我与张金明、曲亚因终于完成了这本著作。

本书的付梓得益于北京龙图集团董事长谭文辉、大连海洋大学党委书记董亲学和校长姚杰的鼎力支持与指导，也受益于中国海警局司令部、中国海警局南海

---

① 基金项目：2016年辽宁省教育厅科学研究项目（w201607）、2017年度辽宁经济社会立项课题：（辽宁）自贸试验区建设与海洋生态问题研究、大连市社科联（社科院）重点课题（2016dlskzd 073）、2016年度大连海洋大学社科联立项课题（2016xsklzd-11）、2016年度校级教育教学改革研究重点项目（开放式立体化卓越海洋执法人才培养模式改革研究）。

分局、辽宁省海警总队、广东省海警总队、海南省海警总队等部门领导和执法者的无私帮助与启迪,大连海洋大学法学院、海警学院诸多老师都给予了大力帮助,在此深表衷心的谢意!东南大学出版社的编辑孙松茜老师任劳任怨,不辞劳苦逐字逐句予以核校勘正,在此也表达我们深深谢忱!本书在撰写过程中参阅了许多教材、著作和学术论文,在此,向引用的有关教材、文章和资料的编著者,表示衷心的感谢。

当然,作者愿望良好,但效果尚待实践去检验。本书肯定存在一些不足与疏漏之处,恳请诸位热心读者发现、提出、指正,我一定会倾听各界的批评与建议,希望各位读者不吝赐教。

二〇一七年六月于大连

目 录

第一章 海上治安案件查处概述 …… 1

第一节 海上治安案件查处的界定与海上执法体制 …… 1

第二节 海上治安案件查处的基本理念 …… 7

第三节 海上治安案件查处的法律依据 …… 10

第二章 海上治安案件的认定及处理 …… 17

第一节 扰乱公共秩序案件的认定及处理 …… 17

第二节 妨害公共安全案件的认定及处理 …… 29

第三节 侵犯人身权利案件的认定及处理 …… 43

第四节 侵犯财产权利案件的认定及处理 …… 63

第五节 妨害社会管理秩序案件的认定及处理 …… 73

第三章 海上治安案件的证据 …… 108

第一节 海上治安案件证据基本理论 …… 108

第二节 海上治安案件证据的保全 …… 115

第三节 海上治安案件证据的证明标准 …… 119

第四节 海上治安案件证据的审查判断 …… 122

第五节 海上治安案件证据的收集与固定 …… 133

第四章　海上治安案件查处程序 …… 142

第一节　调查措施 …… 142
第二节　基本程序 …… 161
第三节　听证程序 …… 175
第四节　调解程序 …… 182
第五节　执行程序 …… 189
第六节　涉外程序 …… 198
第七节　救济程序 …… 205

第五章　海上治安案件法律文书制作 …… 221

第一节　治安案件法律文书概述 …… 221
第二节　调查程序法律文书制作 …… 233
第三节　决定程序法律文书制作 …… 255
第四节　执行程序法律文书制作 …… 265

参考文献 …… 279

第一章
海上治安案件查处概述

第一节　海上治安案件查处的界定与海上执法体制

一、海上治安案件查处的界定

海上治安案件查处,是中国海警为加强海上治安管理,维护国家安全和海域治安秩序,保障公共安全,保护公共财产和公民人身财产安全,遵循法定程序,适用法律规范,对发生在海上的违反治安管理行为受案确认,进行查处的一种治安管理活动。作为海上治安案件查处的主体,中国海警在查处海上治安案件工作中应该把握如下要点:

(1) 海警总队、海警支队和海警大队办理海上治安案件,分别行使地(市)级人民政府公安机关、县级人民政府公安机关和公安派出所相应的职权。

(2) 对发生在我国内水、领海、毗连区、专属经济区和大陆架的违反治安管理行为,由中国海警根据我国相关法律、法规、规章,行使管辖权。

(3) 中国海警在查处海上治安案件工作中,应当加强与外交、海军、海关、渔政、海事、海监等相关部门的协作和配合。

(4) 中国海警在查处海上治安案件过程中,为及时有效地制止违法行为,可以依照《中华人民共和国人民警察使用警械和武器条例》的规定,使用警械和武器。

(5) 海上发生的一般治安案件,由违法行为发生海域海警大队管辖;重大、复杂、涉外的治安案件,由违法行为发生海域海警支队管辖。如果由违法犯罪嫌疑人居住地公安机关管辖更为适宜的,可以由违法犯罪嫌疑人居住地公安机关管辖。

(6) 公民、法人或者其他组织对海警大队作出的具体行政行为不服依法申请行政复议的,由该海警大队隶属的海警支队依法办理。公民、法人或者其他组织对海警支队作出的具体行政行为不服依法申请行政复议的,由该海警支队隶属的海警总队依法办理。公民、法人或者其他组织对海警总队作出的具体行政行为不服依法申请行政复议的,由中国海警局依法办理。

（7）公民、法人或者其他组织认为中国海警作出的具体行政行为侵犯其合法权益提起行政诉讼的，由作出决定的中国海警依法出庭应诉。

（8）公民、法人或者其他组织认为中国海警违法行使职权侵犯其合法权益造成损害申请国家赔偿的，由作出决定的中国海警依法办理。

（9）中国海警管辖的治安案件应当由具有执法资格的警官承担，士兵可以协助执行任务，但不得从事讯问、询问、调查等执法办案活动。

二、海上执法体制的模式与发展趋势

行政执法体制是指一个国家或地区的行政机关在实施行政管理的过程中，通过具体执行法律规范来行使行政权力、调整权利义务、处理社会关系、达到行政目标的基本模式。而海上执法体制是行政执法体制的一种，是指海上行政执法机关依照法定职权和程序对海洋资源、海洋环境、海域使用和海洋权益等海洋事务进行管理的过程中权力的行使模式。2013年十二届全国人大一次会议审议通过了《国务院机构改革和职能转变方案（草案）》，该方案提出重组国家海洋局，国家海洋局将以中国海警局的名义开展海上维权执法，这标志着我国的海洋管理模式由分散型海洋管理模式向综合型海洋管理模式转变。而作为我国海洋执法的一种重要力量，中国海警自2007年被授权开展海上执法以来，在维护国家安全、维护海洋治安秩序、保护公共财产、保护公民人身财产安全方面发挥了其他海上执法力量所不可替代的作用。

（一）海上执法体制的模式

纵观世界各国，随着管理内容的变化，世界各国逐渐形成了各自独特的海洋管理体制，海上执法体制主要有以下发展模式：

1."管理部门集中—执法权集中"模式

"管理部门集中—执法权集中"模式是指一个行政机关或法定组织通过一定的法律程序，集中行使几个行政机关的行政检查权和行政处罚权的一种行政执法体制。[①] 具体而言，就是指由一个部门统一管理全国的各项涉海事务，同时也由一个部门集中行使执法权。该模式具有以下特点：第一，有覆盖海洋管理各个方面的国家海洋管理机构；第二，有健全、完善的海洋管理体系；第三，有较为系统和完善的国家海洋法律法规及海洋政策；第四，有统一的海上执法队伍。美国是"管理部门集中—执法权集中"模式的典型代表。美国海岸警卫队与美国国家海洋和大气管理局、美国国家海洋委员会分别代表了美国海洋管理的执法、决策、议事三个层次。其中美国国家海洋和大气管理局是商务部下属机构，其主要职责是测绘

---

① 刘磊，仇超.行政综合执法问题略论[J].岱宗学刊，2004(1).

与信息的提供和搜集,是集中的管理机构;美国国家海洋委员是直接受总统管辖的总统委员会,成员包括内阁各部部长和其他海洋管理相关机构的负责人,是议事机构;而海岸警卫队则承担了绝大多数海洋行政执法职责,是统一行使执法权的机构,其任务涵盖国土防卫、海上治安、海上安全、海上交通和海洋资源与环境保护,几乎涉及了美国海洋事务的方方面面。同时,海岸警卫队是美国执行多任务的海上武装执法力量,为美国五大兵种之一。从美国海岸警卫队的任务可以看出,其职能覆盖了相当于我国海军、海警、海监、海事、渔政、海关、环境保护等部门的大部分业务,它既是军队,又拥有广泛的国内法执法权,不但可以执行本部门的相关法律,还可以执行其他部门的法律法规,是一支海上综合执法队伍,是许多国家海上执法队伍建设的典范。[①]

2."管理部门分散—执法权集中"模式

"管理部门分散—执法权集中"模式是指虽然没有一个能够完全管理国家海洋事务的机关,但是它又有一个能管理大部分或绝大部分海洋事务的组织,在发展趋势上,是不断向"管理部门集中—执法权集中"模式发展的。其具有以下特点:第一,全国没有统一的海洋管理职能部门;第二,建有海洋工作的协调机构,负责协调解决涉海部门间的各种矛盾;第三,已经建立了统一的海上执法队伍。日本是"管理部门分散—执法权集中"模式的典型代表。日本涉海管理部门很多,全国没有统一的海洋管理职能机构。2001 年经过改组后,涉海管理部门主要有 6个:通商产业厅、农林水产厅、文部科技省、环境省、防卫厅和海上保安厅。同时,还建立了由日本海洋开发审议会、海洋科技开发推进联络会、海洋开发有关省厅联席会组成的决策咨询与协调机构,来弥补海洋事务分散的弊端。其中,海上保安厅是主要的执法组织,其主要职责是:负责制定海洋开发规划和有关国土开发的法规;负责沿岸海域和空间的开发利用和保护;负责管理全国海洋国土开发;负责海上执法任务等。日本的海上保安厅是日本海上武装力量的一部分,是日本国家的准军事机构。

3."管理部门分散—执法权分散"模式

"管理部门分散—执法权分散"模式是指海洋管理工作分散在政府的各个部门,中央政府没有负责管理海洋事务的统一职能部门,也没有形成统一的执法体系。其特点是:第一,全国没有统一的海洋管理职能部门,海洋管理分散在较多的部门;第二,没有统一的法规、规划、政策等;第三,没有统一的海上执法队伍。此种类型在世界上相对来说是非常少的。加拿大是"管理部门分散—执法权分散"模式的典型代表。加拿大海洋事务的管理权限分散在有关的联邦政府部门中,如渔业与海洋部、公共安全部、能源矿产资源部、交通运输部、环境部、印第安北方发

---

① 王珉,王金柱.我国海洋经济发展五大制约因素及六项对策[J].中国海洋报,2002(1).

展部。① 其执法部门也是分散的,主要分散于渔业与海洋部、环境部、交通部、公共安全部,并没有一个集中的综合执法部门。虽然海警警备队相对来说在执法过程中拥有很大的自主权,所有的公务船只几乎都统一由海岸警备队管理,但是其仍然只是隶属于渔业与海洋部,依然不能行使其他执法部门的权力,对其他部门也没有统一指挥的权力。

(二)海上执法体制的发展趋势

"管理部门集中—执法权集中""管理部门分散—执法权集中""管理部门分散—执法权分散"三种不同海上执法体制模式呈现出不同的特点,目前仍然采用"管理部门分散—执法权分散"模式的国家少之又少,并且"管理部门分散—执法权集中"模式也在向着"管理机构集中—执法权集中"模式转变,因而"管理机构集中—执法权集中"模式是国际大趋势。从目前呈现出来的特点以及未来的发展方向上看,海上执法体制呈现出以下发展趋势:

1. 海上执法管理机构职能划分清晰

分权是西方政治文明建立的基础,分权制度不仅仅存在于立法、行政、司法三大宏观领域,同时也存在于行政系统内部,称为"行政内部分权"。行政内部分权是政府的自发行为,旨在通过行政权力的分散行使、合理配置来防止违法或不当行为的发生,从而达到更好地服务公众的行政目的。② 海上执法管理体制也是如此,世界上的大部分国家已经形成或者倾向于将海上执法管理体制划分为协调、决策和执行的三层管理框架,比如美国的美国海岸警卫队与美国国家海洋和大气管理局、美国国家海洋委员会分别代表了美国海洋管理的执法、决策、议事三个层次;日本涉海管理部门主要有6个,执法机构主要是海上保安厅,同时,还建立了由日本海洋开发审议会等组成的决策咨询与协调机构。

2. 海上执法体制走向统一

统一海上行政执法权是各国的海上行政执法体制的发展趋势。各国都倾向于建立一支标准的、可以同时执行多项任务的半军事化的海上武装力量,对各项海上事务进行统一执法。无论是美国海岸警卫队、韩国的海洋水产部,还是加拿大的渔业与海洋部、俄罗斯的联邦海洋委员会,统一的海上执法体制都能够更加规范、统一地制定规划以及实施海洋政策和法规,更加科学地引导有关的海上执法活动走向专项化,更加及时和有效地处理海上问题处理。

3. 海上执法机构具有双重属性

各国的海上执法机构大多具有行政与军事的双重属性:一方面,其具有行政

---

① 张哲.加拿大海洋管理和海上执法解析与启示[J].世界海运,2010(11).
② 崔卓兰.行政自治理念的实践机制:行政内部分权[J].法商研究,2009(3).

执法职能;另一方面,又是军事力量的后备军,是重要的武装力量,在战争时期将成为国家的海军力量,而和平时期归属于政府部门。例如,美国海岸警卫队平时承担国防任务和辅助测量、海洋执法等非国防任务,战时则受美国海军总司令领导承担海军任务。

4. 海上执法主体资格及职能法定化

各国都通过相关法律法规明确海上执法主体的法律地位及其具有的海上行政执法权,特别是关于搜查、逮捕、起诉以及其他与执行任务相关的法律职权。有些国家采用颁布单行法规的形式,有些国家则将有关海上执法主体的法规融入到其他海洋管理法中。如美国在《美国法典》第14章整章894条详细表明了海岸警卫队的历史沿革、职责、组织机构等,第81至101条分别表明了海岸警卫队的20项职责与权力[①];韩国则由《韩国渔业开发框架法案》赋予海洋警察厅独立行使所有的涉海事务执法权;日本的《海上保安厅法》则对海上保安队的职权进行了详细的规定。

三、中国海上执法体制的现状

(一) 中国海上执法体制的沿革

我国现行的海洋行政执法体制的根源,可推至我国计划经济时期形成的以行业执法和管理为主的模式,是陆地各行业部门管理职能向海洋领域的延伸。[②] 自新中国成立以来,我国海洋管理体制大概经历了四个阶段:

第一阶段大致为新中国成立至20世纪60年代中期,分散管理阶段。在这个阶段,新中国刚刚成立,对于机构设置、人员结构的调整还处于摸索和探索时期,主要效仿苏联的管理模式,导致海洋政策并不明确、海上执法建设相对落后,随着海洋事务的增多、海洋管理规模的扩大,部门与部门之间、区域与区域之间出现了职责交叉重叠、力量分散、管理真空的现象。

第二阶段是海军统管阶段。从1964年到1978年,我国海洋管理工作由海军统一管理,并且成立国务院直属的对整个海洋事业进行管理的国家海洋局,集中全国海洋管理力量,统一组织管理全国海洋工作。此时的海洋管理体制仍是局部统一管理基础上的分散管理体制。

第三阶段是海洋行政管理形成阶段。这一阶段的突出特点是地方海洋管理机构开始建立。至1992年年底,地(市)县(市)级海洋机构已达42个,分级海洋管理局面初步形成。海上行政执法管理与涉海行业或产业管理权力混淆在一起,

---

① 郭倩,王永强.我国海洋执法模式分析——以重组国家海洋局方案为视角[J]//中国海洋社会学研究[C].北京:社会科学文献出版社,2014:109.

② 刘凯军.关于海洋综合执法的探讨[J].南方经济,2004(2).

中央及地方海洋行政主管部门、中央及地方各涉海行业部门,各自为政,多头执法,管理分散。

第四阶段是综合管理酝酿阶段。国家制定实施战略"政策""规划""区划"协调机制以及行政监督检查等行为时,开始注重以海洋整体利益和海洋的可持续发展为目标,但海洋执法机构仍呈现条块结合、权力过于分散的"复杂局面"。[1] 仍然无法改变现实中多头执法、职能交叉、权力划分不清等状况。

(二)中国现行海上执法体制存在的问题

1. 海上执法管理体制尚未分权彻底

我国尚未形成科学的海上执法机制,没有实现协调、决策和执行的海上执法体制彻底的行政分权。当前,我国的国家海洋局和中国海警局属于两块牌子一套人马,只有在执法中才能使用中国海警局的名义,可以看出我们的决策权和执行权是合二为一的,极易导致国家海洋局对权力的监督失范和滥用。例如国家海洋局的职责之一是"负责建立和完善海洋管理有关制度,起草海岸带、海岛和管辖海域的法律法规草案,会同有关部门拟订并监督实施极地、公海和国际海底等相关区域的国内配套政策和制度,处理国际涉海条约、法律方面的事务"。这一职责体现了海洋局在制定海洋管理制度方面的决策权,而国家海洋局又以中国海警局名义开展海上维权执法,这就造成了"既当裁判员有当守门员",很难实现公正执法、严格执法。

2. 统一的海上执法体制有待明确

2013年3月10日《国务院机构改革和职能转变方案》公布,为进一步提高我国海上执法成效,国务院将国家海洋局的中国海监、公安部边防海警、农业部中国渔政、海关总署海上缉私警察的职责整合,重新组建国家海洋局,由国土资源部管理,国家海洋局以中国海警局的名义开展海上维权执法,接受公安部的业务指导。[2] 目前,中国海警局在名义上已挂牌成立,但具体的机构、职权、编制工作尚待落实,中国海警局的具体执法地位、机构性质和执法方式都未明确。同时,中国海警局与海军、中国海事局的海上执法权区分也并不明确,这必将加大执法难度。

3. 海上执法主体及权限划分缺乏法律保障

依法治国,立法先行。海上执法也是如此。当前我国的海上执法主体以及权限划分缺乏法律保障,从而导致职权混乱,违背了依法行政理念的要求。重组后的中国海警具备了原有海监、渔政、边防海警的多项职能,可以行使海上治安管理权。《公安机关海上执法工作规定》第4条规定:"对发生在我国内水、领海、毗连

---

[1] 仲雯雯.我国海洋管理体制的演进分析(1949—2009)[J].理论月刊,2013(2).
[2] 李军.中国告别五龙治海[J].海洋世界,2013(3).

区、专属经济区和大陆架违反公安行政管理法律、法规、规章的违法行为或者涉嫌犯罪的行为,由公安边防海警根据我国相关法律、法规、规章,行使管辖权。"原公安边防海警享有的刑事侦查权,中国海警也有权享有。但是,公安部的规章授予公安边防海警的刑事侦查权本身就不具有正当性,因为规章并不能作为授权的依据,也就是说原来的公安边防海警行使治安管理权没有法律依据,那么重组后的中国海警继续行使海上治安管理权也是于法无据,公安边防海警的机构虽然并过来了,但是职权缺乏法律依据。同时,由于之前"五龙治海"局面的存在,导致中国海警执法并没有统一的执法依据,制定违法行为的处罚措施和程序等都没有法律的明确规定,致使其在执法中陷于被动局面,给海洋管理和执法工作带来了很多困难。

第二节 海上治安案件查处的基本理念

目前,我国尚无立法确立海上治安案件查处的基本理念,对于海上治安案件查处的基本理念、内容的认识也不尽一致,但目前学界依据单行法律、法规所确立的治安管理处罚程序的基本理念,大都适用于海上治安管理处罚程序,因此,我们认为海上治安案件查处的基本理念、内容应包括公开理念,公正、公平理念、参与理念和效率理念。

一、公开理念[①]

公开理念是指用以规范治安管理处罚权的治安管理处罚程序,除涉及国家机密、商业秘密或者个人隐私外,应当一律向治安管理处罚相对人和社会公开。治安管理处罚相对人因此可以通过参与治安管理处罚程序维护自己的合法权益;社会民众因此可以通过公开的治安管理处罚程序,监督治安管理处罚主体依法行使治安管理处罚权。公开理念主要包括以下几方面内容:

1. 行使治安管理处罚权的依据必须公开

这里的"依据"具有两方面的内容:其一,如果行使治安管理处罚权的依据是抽象的,必须事先以法定形式向社会公布;其二,如果行使治安管理处罚权的依据是具体的,必须在作出决定以前将该依据以法定形式告知相关的治安管理处罚相对人。

2. 治安管理处罚信息公开

治安管理处罚相对人了解、掌握治安管理处罚信息,是其参与治安管理处罚程序、维护自身合法权益的重要前提。因此,治安管理处罚主体根据治安管理处

[①] 刘鹤.《治安管理处罚法》的亮点与缺憾[J].山东警察学院学报,2006,3(2):114.

罚相对人的申请,应当及时、迅速地提供其所需要的治安管理处罚信息,除非法律有不得公开的禁止性规定。

3. 设立听证制度

听证制度是治安管理处罚主体在作出影响治安管理处罚相对人合法权益的决定前,由治安管理处罚相对人表达意见、提供证据的程序以及治安管理处罚主体听取意见、接受证据的程序所构成的一种法律制度。它是治安管理处罚程序法的核心。

4. 治安管理处罚决定公开

治安管理处罚主体对治安管理处罚相对人的合法权益作出有影响的决定,必须向治安管理处罚相对人公开,从而使治安管理处罚相对人不服处罚决定时可及时行使治安管理处罚救济权。应当向治安管理处罚相对人公开的治安管理处罚决定不公开,该治安管理处罚决定就不能产生法律效力,不具有治安管理处罚执行力。

二、公正、公平理念

公正、公平是指治安管理处罚主体行使治安管理处罚权应当公正、公平,尤其是公正、公平地行使治安管理处罚自由裁量权。治安管理处罚主体公正、公平地行使治安管理处罚权,对于治安管理处罚主体来说,是树立治安管理处罚权威的源泉;对于治安管理处罚相对人和社会来说,是信任治安管理处罚权的基础,也是治安管理处罚权具有执行力量的保证。公正、公平理念主要包括以下几方面内容:

1. 治安管理处罚程序立法应当赋予治安管理处罚相对人应有的治安管理处罚程序权利

由于治安管理处罚相对人在治安管理处罚实体法律关系中处于劣势的法律地位,要确保治安管理处罚相对人能够依法维护自身的合法权益,监督治安管理处罚主体依法行使治安管理处罚权,在治安管理处罚程序法律关系中必须为治安管理处罚相对人确立相应的程序权利,同时为治安管理处罚主体设置相应的治安管理处罚程序义务,以确保公正、公平理念在治安管理处罚程序立法时得以体现。

2. 治安管理处罚主体所选择的治安管理处罚程序必须符合客观情况,具有可行性

当法律规定治安管理处罚主体享有治安管理处罚程序裁量权时,治安管理处罚主体必须充分考虑所选择的治安管理处罚程序是否具有可行性。缺乏可行性的治安管理处罚程序,既不能确保治安管理处罚主体公正、公平地行使治安管理处罚权,也不能确保治安管理处罚相对人维护自身的合法权益。

3. 治安管理处罚主体所选择的治安管理处罚程序必须符合规律或者常规，具有科学性

客观规律和常规体现了人们对客观事物的认同性。在治安管理处罚程序的选择上，如果治安管理处罚主体违背这种认同性，不仅难以达到行使治安管理处罚权的目的，而且可能会引发社会的不满情绪，增加治安管理处罚主体管理社会事务的难度。所以，治安管理处罚主体必须受公正、公平理念约束，让所作出的治安管理处罚行为被社会接受，从而获得社会力量的支持，达到行使治安管理处罚权的目的。

4. 治安管理处罚主体所选择的治安管理处罚程序必须符合社会公共道德，具有合理性

社会公共道德不具有与法律一样的强制性，但它是一个社会正常发展的基本条件。人们的许多行为在接受法律规范的同时，也接受社会公共道德的约束。因此，治安管理处罚主体的治安管理处罚行为必须充分体现社会公共道德所蕴涵的公平内容，尽可能体现社会公共利益的要求。

5. 治安管理处罚主体所选择的治安管理处罚程序必须符合社会一般公正心态，具有正当性

自古以来，公正始终是法律内涵的基本价值之一。英国普通法中"自然公正理念"的法律精神现已为民主宪法体制下的法律所接受，在程序法律中影响尤其明显。它要求治安管理处罚主体必须在公正心态支配下行使治安管理处罚权。不考虑相关的因素或者考虑了不相关的因素，都是缺乏治安管理处罚公正性的表现。[1]

三、参与理念

参与理念是指治安管理处罚主体在作出治安管理处罚行为过程中，除法律有特别规定外，应当尽可能为治安管理处罚相对人提供参与治安管理处罚行为的各种条件和机会，从而确保治安管理处罚相对人实现治安管理处罚程序权益，同时也可以使治安管理处罚行为更加符合社会公共利益。这一理念的法律价值是使治安管理处罚相对人在治安管理处罚程序中成为具有独立人格的主体，而不是成为为治安管理处罚权随意支配的、附属性的客体。参与理念的内容集中体现在治安管理处罚相对人的治安管理处罚程序上的权利，这些权利主要包括参与听证权、陈述申辩权和复议申请权。

---

[1] 杨解君，肖泽晟.行政法学[M].北京：法律出版社，2000：220.

四、效率理念

效率理念是指治安管理处罚程序中的各种行为方式、步骤、时限、顺序的设置及实施都必须优先选择其中耗费较少的一个,从而有助于治安管理处罚目标的实现。这是经济效益理论在治安管理处罚程序价值分析上从定性分析向定量分析转化的一个表现。治安管理处罚效率是治安管理处罚的生命,没有基本的治安管理处罚效率,就不可能实现治安管理处罚权维护社会所需要的基本秩序的功能。但是,过分地强调治安管理处罚效率,又会损及治安管理处罚相对人的合法权益。因此,治安管理处罚程序法的效率理念必须体现如下内涵:其一,提高治安管理处罚效率不得损害治安管理处罚相对人的合法权益;其二,提高治安管理处罚效率不得违反公平理念。

第三节 海上治安案件查处的法律依据

一、海洋保护法律规范

(一) 中华人民共和国领海及毗连区法

为行使中华人民共和国对领海的主权和对毗连区的管制权,维护国家安全和海洋权益,1992 年 2 月 25 日第七届全国人民代表大会常务委员会第二十四次会议通过《中华人民共和国领海及毗连区法》,1992 年 2 月 25 日中华人民共和国主席令第五十五号公布施行。

(二) 中华人民共和国政府关于领海的声明

1958 年 9 月 4 日全国人民代表大会常务委员会第 100 次会议批准《中华人民共和国政府关于领海的声明》,该声明主要内容如下:

(1) 中华人民共和国的领海宽度为 12 海里。这项规定适用于中华人民共和国的一切领土,包括中国大陆及其沿海岛屿,同大陆及其沿海岛屿隔有公海的台湾及其周围各岛、澎湖列岛、东沙群岛、西沙群岛、中沙群岛、南沙群岛以及其他属于中国的岛屿。

(2) 中国大陆及其沿海岛屿的领海以连接大陆岸上和沿海岸外缘岛屿上各基点之间的各直线为基线,从基线向外延伸 12 海里的水域是中国的领海。在基线以内的水域,包括渤海湾、琼州海峡在内,都是中国的内海;在基线以内的岛屿,包括东引岛、高登岛、马祖列岛、白犬列岛、乌岳岛、大小金门岛、大担岛、二担岛、东碇岛在内,都是中国的内海。

(3) 一切外国飞机和军用船舶,未经中华人民共和国政府的许可,不得进入中国的领海和领海上空。任何外国船舶在中国领海航行,必须遵守中华人民共和国政府的有关法令。

(4) 以上(1)(2)两项规定的原则同样适用于台湾及其周围各岛、澎湖列岛、东沙群岛、西沙群岛、南沙群岛以及其他属于中国的岛屿。

(三) 中华人民共和国专属经济区和大陆架法

为保障中华人民共和国对专属经济区和大陆架行使主权权利和管辖权,维护国家海洋权益,《中华人民共和国专属经济区和大陆架法》已由中华人民共和国第九届全国人民代表大会常务委员会第三次会议于1998年6月26日通过、公布并予以施行。

二、海上执法部门规章

(一) 沿海船舶边防治安管理规定

为了维护我国沿海地区及海上治安秩序,加强沿海船舶的边防治安管理,促进沿海地区经济发展,保障船员和渔民的合法权益,1999年8月20日公安部部长办公会议通过《沿海船舶边防治安管理规定》,2000年2月15日公安部令第47号发布,自2000年5月1日起施行。本规定适用于在我国领海海域内停泊、航行和从事生产作业的各类船舶。我国军用船舶、公务执法船舶及国家另有规定的除外。

(二) 公安机关海上执法工作规定

为加强和规范公安机关海上执法工作,维护国家安全和海域治安秩序,保护公共财产和公民人身财产安全,根据《中华人民共和国人民警察法》《中华人民共和国治安管理处罚法》《中华人民共和国刑事诉讼法》《中华人民共和国领海及毗连区法》和《中华人民共和国专属经济区和大陆架法》等有关法律,《公安机关海上执法工作规定》已经2007年5月30日公安部部长办公会议通过,2007年6月29日发布,自2007年12月1日起施行。

(三) 关于办理海上发生的违法犯罪案件有关问题的通知

2007年9月17日(公通字〔2007〕60号),最高人民法院、最高人民检察院、公安部发布《关于办理海上发生的违法犯罪案件有关问题的通知》,该通知主要内容如下:

(1) 公安机关海上执法任务由沿海省、自治区、直辖市公安边防总队及其所属的海警支队、海警大队承担。在办理海上治安行政案件和刑事案件时,公安边防总队行使地市级人民政府公安机关的职权,海警支队行使县级人民政府公安机关的职权,海警大队行使公安派出所的职权,分别以自己名义作出决定和制作法律文书。

（2）对省、自治区、直辖市公安边防总队及其下设的海警支队管辖海域的划分，应当充分考虑执法办案工作的需要，可以不受行政区划海域划分的限制。海警支队的管辖海域由其隶属的省、自治区、直辖市公安边防总队划定，报公安部边防管理局和所在省、自治区、直辖市公安厅、局备案，并抄送所在地省、自治区、直辖市高级人民法院、高级人民检察院。沿海省、自治区、直辖市公安边防总队的管辖海域由公安部边防管理局划定，并抄送最高人民法院、最高人民检察院。

（3）海上发生的一般治安行政案件，由违法行为发生海域海警大队管辖；重大、复杂、涉外的治安行政案件，由违法行为发生海域海警支队管辖；如果由违法嫌疑人居住地公安机关管辖更为适宜的，可以由违法嫌疑人居住地的公安机关管辖。海上发生的刑事案件，由犯罪行为发生海域海警支队管辖，如果由犯罪嫌疑人居住地或者主要犯罪行为发生地公安机关管辖更为适宜的，可以由犯罪嫌疑人居住地或者主要犯罪行为发生地的公安机关管辖。对管辖有争议或者情况特殊的刑事案件，可报请上级公安机关指定管辖。同一省、自治区、直辖市内跨海警支队管辖海域的行政案件和刑事案件，由违法犯罪行为发生海域海警支队协商确定管辖；协商不成的，由省、自治区、直辖市公安边防总队指定管辖。跨省、自治区、直辖市管辖海域的行政案件和刑事案件，由违法犯罪行为发生海域省、自治区、直辖市公安边防总队协商确定管辖；协商不成的，由公安部边防管理局指定管辖。

（4）海警支队办理刑事案件，需要提请批准逮捕或者移送审查起诉的，依法向所在地人民检察院提请或者移送，人民检察院应当依法进行审查并作出决定。人民检察院提起公诉的海上犯罪案件，同级人民法院依法审判。人民法院判处管制、剥夺政治权利以及决定暂予监外执行、缓刑、假释的由罪犯居住地公安机关执行。

（5）公民、法人或者其他组织对海警大队作出的具体行政行为不服而依法申请行政复议的，由该海警大队隶属的海警支队依法办理。公民、法人或者其他组织对海警支队作出的具体行政行为不服而依法申请行政复议的，由该海警支队隶属的省、自治区、直辖市公安边防总队依法办理。

（6）公民、法人或者其他组织认为公安边防海警作出的具体行政行为侵犯其合法权益的，可以依法提起行政诉讼。作出决定的公安边防海警应当依法出庭应诉。

（7）公民、法人或者其他组织认为公安边防海警违法行使职权侵犯其合法权益造成损害而向公安机关申请国家赔偿的，由作出决定的公安边防海警依法办理。对公安边防海警作出的有关刑事赔偿决定不服的，可以向其上一级机关申请复议。对复议决定不服的，可以向人民法院赔偿委员会提出赔偿申请。对公安边防海警作出的有关行政赔偿决定不服的，可以向人民法院提起行政赔偿诉讼。对具体的行政行为不服的,可以在申请行政复议和提起行政诉讼时,一并提出行政赔偿请求。

(8) 对海上违法犯罪案件的调查处理、侦查、提起公诉和审判,分别依照《刑事诉讼法》《治安管理处罚法》等相关法律、法规、规章和司法解释的规定办理。公安边防海警办理行政复议、参与行政诉讼、进行国家赔偿等,分别依照《行政诉讼法》《行政复议法》《国家赔偿法》等相关法律、法规、规章和司法解释的规定办理。

三、行政管理法律规范

(一) 行政处罚法

1996 年 3 月 17 日,由第八届全国人民代表大会第四次会议审议通过并公布的《中华人民共和国行政处罚法》(简称《行政处罚法》),自 1996 年 10 月 1 日起施行。它是我国行政处罚的基本法律,包括总则、行政处罚的种类和设定、行政处罚的实施机关、行政处罚的管辖和适用、行政处罚的决定、行政处罚的执行、法律责任和附则,共八章,64 条。

(二) 治安管理处罚法

2005 年 8 月 28 日,由第十届全国人民代表大会常务委员会第十七次会议审议通过的《中华人民共和国治安管理处罚法》(简称《治安管理处罚法》),自 2006 年 3 月 1 日施行。该法是治安案件查处最主要、最基本的法律依据,包括总则、处罚的种类和适用、违反治安管理的行为和处罚、处罚程序、执法监督和附则,共六章,119 条。

(三) 行政强制法

2011 年 6 月 30 日,由第十一届全国人民代表大会常务委员会第二十一次会议通过并公布的《中华人民共和国行政强制法》(简称《行政强制法》),自 2012 年 1 月 1 日起施行。它是我国行政机关实施行政强制的基本法律,包括总则、行政强制的种类和设定、行政强制措施实施程序、行政机关强制执行程序、申请人民法院强制执行、法律责任和附则,共七章,71 条。

(四) 行政救济法

1999 年 4 月 29 日,由第九届全国人民代表大会常务委员会第九次会议通过并公布的《中华人民共和国行政复议法》(简称《行政复议法》),自 1999 年 10 月 1 日起施行。它是我国行政机关实施行政复议的基本法律,包括总则、行政复议范围、行政复议申请、行政复议受理、行政复议决定、法律责任和附则,共七章,43 条。2002 年 11 月 2 日,由公安部第 65 号令公布的《公安机关办理行政复议案件程序规定》,规定了公安机关办理行政复议案件的具体程序,是公安机关办理行政复议案件的重要依据,分为总则、复议机关、申请、受理、审查、决定和附则,共七章,77条。

1989年4月4日,由第七届全国人民代表大会第二次会议通过并公布,自1990年10月1日起施行;根据2014年11月1日第十二届全国人民代表大会常务委员会第十一次会议的《关于修改〈中华人民共和国行政诉讼法〉的决定》修正《中华人民共和国行政诉讼法》(简称《行政诉讼法》)。它是有关行政诉讼的基本法律,包括总则、受案范围、管辖、诉讼参加人、证据、起诉和受理、审理和判决、执行、涉外行政诉讼和附则,共十章,103条。

1994年5月12日第八届全国人民代表大会常务委员会第七次会议通过,2010年4月29日第十一届全国人民代表大会常务委员会第十四次会议第一次修正(2010年12月1日起施行),2012年10月26日第十一届全国人民代表大会常务委员会第二十九次会议第二次修正的《中华人民共和国国家赔偿法》(简称《国家赔偿法》),自2013年1月1日起施行。它是有关国家赔偿的基本法律,包括总则、行政赔偿、刑事赔偿、赔偿方式和计算标准、其他规定和附则,共六章,42条,其中专章规定的"行政赔偿"包括赔偿范围、赔偿请求人和赔偿义务机关和赔偿程序三节。

(五)公安机关办理行政案件程序规定

公安部曾先后三次发布《公安机关办理行政案件程序规定》。根据公安部第125号令,修订后的《公安机关办理行政案件程序规定》(简称《程序规定》)已经2012年12月3日公安部部长办公会议通过,予以发布,并自2013年1月1日起施行。该规章详细规定了公安机关办理行政案件的具体程序,是治安案件办理的执行性法律文件,是查处治安案件的重要依据。它包括总则、管辖、回避、证据、期间与送达、简易程序、调查取证、听证程序、行政处理决定、治安调解、涉案财物的管理和处理、执行、涉外行政案件的办理、案件终结和附则,共十五章,240条。

(六)其他办理行政案件的规范性文件

其他办理行政案件的规范性法律文件主要有:2010年12月27日公安部制定下发的《违反公安行政管理行为的名称及其适用意见》(公通安〔2010〕72号)、《公安机关执行〈中华人民共和国治安管理处罚法〉有关问题的解释》《公安机关执行〈中华人民共和国治安管理处罚法〉有关问题的解释》(二)等。这些规范性文件是执行治安管理处罚法的规范性、补充性或解释性文件,对于准确执行法律具有重要的作用。

(七)办理行政案件的法律依据适用

法律依据适用的效力范围是适用法律依据的基本前提,包括空间效力和时间效力。空间效力是指法律依据在什么空间范围内有效;时间效力是指法律依据在什么时间生效、什么时间失效以及是否有法律溯及力。前述各种行政案件查处的法律依据均是当前在中华人民共和国领域内有效的法律依据。办理行政案件中,最常见的适用的法律依据是治安管理处罚法、行政处罚法和公安机关办理行政案件程序规定。在此,重点阐释这三个法律依据的关系。

1. 治安管理处罚法与行政处罚法的关系

(1) 定位不同。行政处罚法是为了规范行政处罚的设定和实施,保障和监督行政机关有效实施行政管理的程序性质的法律;治安管理处罚法是为维护社会治安秩序,保障公共安全,保护公民、法人和其他组织的合法权益,规范和保障公安机关及其人民警察依法履行治安管理职责的集实体与程序为一体的法律。

(2) 治安管理处罚法与行政处罚法不是下位法与上位法的关系。治安管理处罚法由全国人民代表大会常务委员会通过,行政处罚法由全国人民代表大会通过,二者均属于法律层级,全国人民代表大会常务委员会在全国人民代表大会闭会期间行使全国人民代表大会的权力,其中包括立法权;全国人民代表大会常务委员会通过的法律不得与全国人民代表大会通过的法律的基本精神、理念相违背,即治安管理处罚法的立法与执法精神、理念不能与行政处罚法的相违背,并不能说明二者的关系是下位法与上位法的关系。《治安管理处罚法》第3条规定的"治安管理处罚的程序,适用本法的规定;本法没有规定的,适用《中华人民共和国行政处罚法》的有关规定",也充分说明了二者不是下位法与上位法的关系。

(3) 治安管理处罚法与行政处罚法不是特别法与普通法的关系。特别法与普通法的界定必须在一定的范围领域内,即在同一种类性质的法律中,才能区别特别法与普通法,如刑法与其修正案的关系,属于普通法与特别法的关系。治安管理处罚法是规范公安机关实施治安管理处罚的法律,行政处罚法是规范行政机关实施行政处罚的法律,二者调整的范围有交叉,但属于不同的领域,因此,二者不是特别法与普通法的关系。

总而言之,办理治安案件的程序适用这两部法律时,首先要适用治安管理处罚法的规定,只有在治安管理处罚法没有规定时,才适用行政处罚法的规定,如简易程序、听证程序等内容,具体执法时,要适用行政处罚法的规定,《程序规定》已将这些内容吸收。如果治安管理处罚法有规定,哪怕与行政处罚法的规定不一致,也要适用治安管理处罚法,如治安案件适用简易程序的罚款数额不同,治安管理处罚法有明确规定,就要适用治安管理处罚法。同样,治安管理处罚法与行政强制法、行政复议法、行政诉讼法和国家赔偿法的关系类似于治安管理处罚法与行政处罚法的关系。

2. 治安管理处罚法与程序规定的关系

程序规定是为了规范公安机关办理行政案件程序,保障公安机关在办理行政案件中正确履行职责的部门规章。就办理治安案件而言,程序规定对治安管理处罚法中有关处罚程序部分作了更具有操作性的解释,以满足办理治安案件的需要。二者的关系是:治安管理处罚法是法律,程序规定是公安部发布的部门规章,二者相比较,治安管理处罚法是上位法,程序规定是下位法,因此,程序规定的内容不得与治安管理处罚法的有关规定相冲突。同样的道理,程序规定与行政强制法、行政复议法、行政诉讼法和国家赔偿法的关系类似于程序规定与治安管理处罚法的关系。在执法实践中,执法办案人员通常会直接适用程序规定,因此,需要执法办案人员在具体办案适用法律、法规、规章时,比较程序规定与相关法律的异同,了解立法的宗旨、原意,选择具体的适用条款,正确执法。

四、人民警察法与人民警察使用警械和武器条例

1995年2月28日,由第八届全国人民代表大会常务委员会第十二次会议通过并公布的《中华人民共和国人民警察法》(简称《人民警察法》),自1995年2月28日施行。它是加强人民警察的队伍建设、从严治警、提高人民警察的素质、保障人民警察依法行使职权的基本法律,包括总则、职权、义务和纪律、组织管理、警务保障、执法监督、法律责任和附则,共8章,52条。

1996年1月16日,由国务院第四十一次常务会议通过的《中华人民共和国人民警察使用警械和武器条例》(简称《人民警察使用警械和武器条例》),自1996年1月16日施行。它是保障人民警察依法履行职责,正确使用警械和武器,及时、有效地制止违法犯罪行为的基本法律,包括总则、警械的使用、武器的使用、法律责任和附则,共5章,17条。

第二章
海上治安案件的认定及处理

第一节 扰乱公共秩序案件的认定及处理

扰乱公共秩序行为是指干扰和破坏社会公共秩序,具有社会危害性,但尚不够刑事处罚的违法行为。扰乱公共秩序行为构成特征如下:第一,扰乱公共秩序行为所侵犯的客体是社会公共秩序。第二,扰乱公共秩序行为的客观方面主要表现为行为人用各种手段扰乱公共秩序,一般对公共秩序造成一定的危害结果,具有一定的危害性,但危害程度尚不够刑事处罚。第三,扰乱公共秩序行为的主体是达到法定年龄、具有相应的责任能力、能够承担违反治安管理责任的自然人,单位只有在法律有明确规定的情况下,才能成为该违法行为的主体。第四,扰乱公共秩序行为的主观方面由故意构成,过失不构成此类行为。

扰乱公共秩序行为包含诸多内容,根据《治安管理处罚法》和《违反公安行政管理行为的名称及其适用意见》的规定,扰乱公共秩序行为共计29种,其名称及对应条款如下:扰乱单位秩序(第23条第1款第1项);扰乱公共场所秩序(第23条第1款第2项);扰乱公共交通工具上的秩序(第23条第1款第3项);妨碍交通工具正常行驶(第23条第1款第4项);破坏选举秩序(第23条第1款第5项);聚众扰乱单位秩序(第23条第2款);聚众扰乱公共场所秩序(第23条第2款);聚众扰乱公共交通工具上的秩序(第23条第2款);聚众妨碍交通工具正常行驶(第23条第2款);聚众破坏选举秩序(第23条第2款);强行进入大型活动场内(第24条第1款第1项);违规在大型活动场内燃放物品(第24条第1款第2项);在大型活动场内展示侮辱性物品(第24条第1款第3项);围攻大型活动工作人员(第24条第1款第4项);向大型活动场内投掷杂物(第24条第1款第5项);其他扰乱大型活动秩序的行为(第24条第1款第6项);虚构事实扰乱公共秩序(第25条第1项);投放虚假危险物质扰乱公共秩序(第25条第2项);扬言实施放火、爆炸、投放危险物质扰乱公共秩序(第25条第3项);寻衅滋事(第26条);组织、教唆、胁迫、诱骗、煽动从事邪教、会道门活动(第27条第1项);利用邪教、会道门、迷信活动危害社会(第27条第1项);冒用宗教、气功名义危害社会(第27条第2项);故意干扰无线电业务正常进行(第28条);拒不消除对无线电台(站)的有害干扰(第 28 条);非法侵入计算机信息系统(第 29 条第 1 项);非法改变计算机信息系统功能(第 29 条第 2 项);非法改变计算机信息系统数据和应用程序(第 29 条第 3 项);故意制作、传播计算机破坏性程序影响运行(第 29 条第 4 项)。

一、扰乱单位秩序案件

(一) 扰乱单位秩序案件的认定

扰乱单位秩序行为是指扰乱各种机关、团体、企事业单位正常的工作秩序,致使上述单位的生产经营等日常工作不能正常进行的各种行为。应当注意的是,扰乱单位秩序的行为尽管侵害和扰乱了被害单位正常的工作秩序,但是尚未造成严重损失。

扰乱单位秩序行为具有以下构成特征:第一,此类行为侵犯的客体是单位正常的生产经营等工作秩序,侵犯的对象是各种机关、团体、企事业单位。第二,此类行为客观方面的表现为实施某些方法扰乱了机关、团体、企事业单位正常的工作秩序,致使上述单位的生产经营等日常工作不能正常进行,但尚未对被侵害单位造成严重损失或严重后果。第三,实施此类行为的主体为一般主体。第四,此类行为的行为人主观方面均为故意。

(二) 扰乱单位秩序行为与聚众扰乱社会秩序罪的区别

聚众扰乱社会秩序罪是指聚众扰乱社会秩序,情节严重,致使工作、生产、营业、医疗、教学、科研无法进行,造成严重损失的行为。二者的主要区别如下:第一,危害程度不同。聚众扰乱社会秩序罪在客观方面实施的扰乱行为必须达到"情节严重"的程度,致使工作、生产、营业、医疗、教学、科研无法进行,造成了严重损失,例如,造成人员重伤、死亡或者公司财产重大损失等。扰乱单位秩序行为在客观方面造成工作、生产、营业、医疗、教学、科研工作不能正常进行,尚未造成"严重损失"。第二,行为主体不同。聚众扰乱社会秩序罪的主体是在扰乱社会秩序行为中的组织、策划、指挥的首要分子和主动参加扰乱社会秩序活动并在其中起主要作用的积极参加者。扰乱单位秩序行为的主体包括所有实施该扰乱行为的人。

(三) 扰乱单位秩序行为的调查及处理

对扰乱单位秩序行为的调查重点为侵害对象和侵犯客体、行为主体的相关情况及行为的危害后果。根据《治安管理处罚法》第 23 条的规定,对构成本行为的,处警告或者 200 元以下罚款;情节较重的,处 5 日以上 10 日以下拘留,可以并处 500 元以下罚款。聚众实施本行为的首要分子,处 10 日以上 15 日以下拘留,可以并处 1 000 元以下罚款。

二、扰乱公共场所秩序案件

(一) 扰乱公共场所秩序案件的认定

公共场所是一个外延比较广泛的概念,凡是能够为不特定的社会公众提供参与某些活动的空间的地点或区域,都可以称为公共场所,比如,公园、商场、机场、码头、车站、景区、公共图书馆、展览馆等。扰乱公共场所秩序行为即扰乱上述公共场所正常的运营管理秩序,对不特定的社会公众造成不利影响,但情节显著轻微,尚不构成犯罪的行为。其具有以下特征:第一,侵犯对象与侵犯客体。此类行为侵犯的对象为公园、商场、机场、码头、车站、景区、公共图书馆、展览馆等公共场所,侵犯的客体为上述公共场所的运营管理秩序。第二,客观方面的表现。此类行为客观方面表现为使用各种方法扰乱上述公共场所的运营管理秩序,对游人、乘客等不特定的社会公众造成不利影响,但尚不构成犯罪的行为。第三,行为主体。实施此类行为的主体为一般主体,即达到法定的责任年龄、具有相应的责任能力的自然人。第四,主观方面。此类行为的行为人主观方面均为故意,并具有特定的动机和目的。目的或动机对此类行为的认定没有影响,但对处罚结果可能产生一定的影响。

(二) 扰乱公共场所秩序行为与相关行为的区别

1. 与聚众扰乱公共场所秩序罪的区别

聚众扰乱公共场所秩序罪是指聚众扰乱车站、港口、码头、机场、商场、公园、展览馆或者其他公共场所秩序,情节严重的行为。二者的区别在于:(1) 在客观方面的危害程度不同。构成聚众扰乱公共场所秩序罪的客观方面,必须达到情节严重的程度。"情节严重"是指扰乱公共场所秩序致人重伤、死亡或者公共财产重大损失的;殴打维持秩序的国家工作人员的;不听制止,坚持扰乱,情节恶劣的;多次聚众扰乱公共场所秩序等。如果聚众扰乱公共场所秩序,情节一般,尚未达到"严重"的程度,则不构成扰乱公共场所秩序罪,属于扰乱公共场所秩序行为。(2) 行为主体不同。聚众扰乱公共场所秩序罪的主体是扰乱公共场所秩序行为的组织、策划、指挥的首要分子。扰乱公共场所秩序行为的主体一般是个人或者共同扰乱行为的共同行为人,或者是聚众扰乱公共场所秩序罪中除首要分子以外的其他参加者。

2. 与扰乱单位秩序行为的区别

二者的区别在于:(1) 侵犯的对象不同。扰乱公共场所秩序行为侵犯的是车站、港口、码头、机场、商场、公园、展览馆或者其他公共场所的秩序;扰乱单位秩序行为侵犯的是机关、团体、企事业单位的秩序。(2) 行为实施的地点不同。扰乱公共场所秩序行为发生的地点在车站、港口、码头、机场、商场、公园、展览馆或者其他公共场所。扰乱单位秩序行为发生的地点在机关、团体、企事业单位。即发生在不同的地点,构成不同的违反治安管理行为。

(三) 扰乱公共场所秩序行为的调查及处理

对扰乱公共场所秩序行为的调查重点为侵害对象和侵犯客体、行为主体的相关情况及行为的危害后果。根据《治安管理处罚法》第 23 条的规定,对构成本行为的,处警告或者 200 元以下罚款;情节较重的,处 5 日以上 10 日以下拘留,可以并处 500 元以下罚款。聚众实施本行为的首要分子,处 10 日以上 15 日以下拘留,可以并处 1 000 元以下罚款。

三、扰乱公共交通工具秩序案件

(一) 扰乱公共交通工具秩序案件的认定

扰乱公共交通工具秩序行为是指扰乱正在营运的公共汽车、电车、火车、船舶、航空器等公共交通工具上的秩序,尚不够刑事处罚的行为。该行为的法律特征是:第一,行为侵犯的是公共交通工具上的秩序,而不是其他交通工具上的秩序,也不是交通管理秩序。公共交通工具是指正在运营的公共汽车、电车、火车、船舶、航空器或者其他公共交通工具。第二,行为的客观方面表现为实施了扰乱公共交通工具上的秩序的行为,影响了公共交通工具的正常运行,一般是尚未达到情节严重的程度。

(二) 扰乱公共交通工具秩序行为与相关行为的区别

实践中,正确认定和处理扰乱公共交通工具秩序行为应注意划清与扰乱单位秩序行为和扰乱公共场所秩序行为的界限。首先,行为侵犯的对象不同;其次,行为的表现形式不同,主要是行为实施的地点不同。

(三) 扰乱公共交通工具秩序行为的调查及处理

对扰乱公共交通工具秩序行为的调查重点为侵害对象、侵犯客体、行为主体的相关情况及行为的危害后果和造成的影响。根据《治安管理处罚法》第 23 条的规定,对构成本行为的,处警告或者 200 元以下罚款;情节较重的,处 5 日以上 10 日以下拘留,可以并处 500 元以下罚款。聚众实施本行为的首要分子,处 10 日以上 15 日以下拘留,可以并处 1 000 元以下罚款。

四、妨碍交通工具正常行驶案件

(一) 妨碍交通工具正常行驶案件的认定

妨碍交通工具正常行驶行为,即非法拦截或者强登、扒乘机动车、船舶、航空器以及其他交通工具,影响交通工具正常行驶的行为。其具有以下特征:第一,侵犯对象与侵犯客体。此类行为侵犯的对象既包括公共汽车、电车、火车、船舶、航空器等公共交通工具，也包括其他交通工具。侵犯的客体为交通工具的正常行驶秩序。第二，客观方面的表现。此类行为客观方面表现为通过非法拦截或强登、扒乘机动车、船舶、航空器以及其他交通工具等方法，影响交通工具正常行驶的行为。第三，行为主体。实施此类行为的主体为一般主体，即达到法定的责任年龄、具有相应的责任能力的自然人。第四，主观方面。此类行为的行为人主观方面均为故意，并具有特定的动机和目的。目的或动机对此类行为的认定没有影响，但对处罚结果可能产生一定的影响。

（二）妨碍交通工具正常行驶行为与扰乱公共交通工具秩序行为的区别

二者的区别是：第一，妨碍交通工具正常行驶行为侧重于对交通工具本身的扰乱、妨碍，后者侧重于对交通工具秩序的扰乱。第二，前者所针对的对象不限于公共交通工具，后者仅限于公共交通工具。

（三）妨碍交通工具正常行驶行为的调查及处理

对妨碍交通工具正常行驶行为的调查重点为侵害对象、侵犯客体、行为主体的相关情况、行为的危害后果和造成的影响。根据《治安管理处罚法》第23条的规定，对构成本行为的，处警告或者200元以下罚款；情节较重的，处5日以上10日以下拘留，可以并处500元以下罚款。聚众实施本行为的首要分子，处10日以上15日以下拘留，可以并处1 000元以下罚款。

五、扰乱大型群众性活动秩序案件

（一）扰乱大型群众性活动秩序案件的认定

扰乱大型群众性活动秩序行为是指在文化、体育等大型群众性活动中，强行进入场内的；违反规定，在场内燃放烟花爆竹或者其他物品的；展示侮辱性标语、条幅等物品的；围攻裁判员、运动员或者其他工作人员的；向场内投掷杂物，不听制止的；扰乱大型群众性活动秩序的其他行为。

该行为的主要法律特征是：第一，行为侵犯的客体是国家对文化、体育比赛或者其他大型活动场馆的管理秩序。第二，行为的客观方面表现为行为人实施了以下六类扰乱文化、体育比赛等大型群众性活动秩序的行为之一：

（1）强行进入场内的。这主要是针对有封闭活动场所的大型活动所作的规定。这里的"强行进入场内"，是指不符合主办方等有关方面确定的入场条件而强行进入场内的情形。大型活动通常是在有限的时间和特定的空间之内举行的，其参与人员众多，涉及单位、部门多，影响大，敏感性强，易发生重大伤害事故，其安全保卫工作也具有更高的要求。因此，主办方等有关方面会设定一定的条件，确定与其他参与者之间的权利义务关系，并确定入场的条件及凭证，没有此类凭证的即不得入场。

（2）违反规定，在场内燃放烟花爆竹或者其他物品的。在我国燃放烟花爆竹已有 2 000 多年的历史。每逢喜庆时刻，人们为了增加节日的欢乐气氛，都会燃放烟花爆竹。爆竹的主要成分是黑火药，含有硫黄、木炭粉、硝酸钾，有的还含有氯酸钾以及其他成分等。当烟花爆竹点燃后，木炭粉、硫黄粉、金属粉末等在氧化剂等的作用下，迅速燃烧，产生二氧化碳、一氧化碳、二氧化硫、一氧化氮、二氧化氮等气体及金属氧化物的粉尘，同时产生大量光和热而引起鞭炮爆炸。纸屑、烟尘及有害气体伴随着响声及火光，四处飞扬，使燃放现场硝烟弥漫，产生的硫氧化物、氮氧化物、碳氧化物等严重污染空气。这些物质对人的呼吸道及眼睛都有刺激作用。燃放鞭炮不仅污染空气，飞扬的纸屑、烟尘落在地面上，还会影响清洁卫生。有的烟花爆竹爆炸声如雷贯耳，成为噪声公害。此外，由于燃放鞭炮而引起火灾，炸伤手臂、面部或眼睛的事故屡见不鲜。因此，在特定的时间和特定的地点禁止燃放烟花爆竹，对于保护环境，维护人民的正常生活秩序，都是十分有利的，各地对于燃放烟花爆竹都有特定的规定。根据本项规定，在场内燃放烟花爆竹或者其他物品的应当符合大型活动所在地的地方性法规以及赛事组织者关于燃放的具体规定。所谓烟花爆竹之外的其他物品主要是指燃放后可能造成环境污染，留下安全隐患，干扰文化、体育等大型群众性活动正常进行的物品，如燃烧报纸、扫帚、横幅、标语等。

（3）展示侮辱性标语、条幅等物品的。为了活跃气氛，表达自己对参赛选手的支持、对赛事的喜爱等，体育活动等大型活动的参与者通常会在大型活动的现场悬挂各种标语、条幅等物品，有时赛事的组织者也会悬挂标语、条幅。但行使自己的权利和自由时，不得损害他人的权利和自由，在大型活动的举办场所不应当展示侮辱性标语、条幅等物品，这既是对他人的尊重，也是赛场文明的重要内容。实践中，有的运动队还会组织拉拉队，引导参与者文明观赛。

（4）围攻裁判员、运动员或者其他工作人员的。这主要是针对体育比赛大型活动所作的规定。裁判员、运动员或者其他工作人员是大型活动的主要参与者，其人身安全应该得到有效保障，这也是维护正常的大型活动秩序的必不可少的要求。同时，围攻裁判员、运动员或者其他工作人员的还可能引发更大范围的混乱，造成更为严重的后果。这里的"围攻"是指众人包围、攻击他人的行为。

（5）向场内投掷杂物，不听制止的。在大型活动的进行过程中，有的参与者可能会基于各种动机往场内投掷杂物，如表达对裁判的不满，不满意某球员的表现等。但不论是出于何种动机，这种行为都会威胁他人的人身安全，妨碍体育比赛等大型活动的秩序，干扰大型活动的正常进行。因此，对于向场内投掷杂物的行为，赛事的组织者和在现场维持秩序的人员应当及时制止。对于不听制止的，应当根据本法的规定，予以处理。

（6）扰乱大型群众性活动秩序的其他行为。是指其他妨碍大型群众性活动秩序，扰乱大型群众性活动正常进行的行为，如不听制止，跳入场内追逐裁判、运动员等行为。

（二）扰乱大型群众性活动秩序行为的调查及处理

对扰乱大型群众性活动秩序行为的调查重点为侵害对象、侵犯客体、行为主体的相关情况、行为的危害后果和造成的影响。根据《治安管理处罚法》第 24 条的规定，对构成本行为的，处警告或者 200 元以下罚款；情节严重的，处 5 日以上 10 日以下拘留，可以并处 500 元以下罚款。同时，为了维护体育比赛秩序，还特别规定，因扰乱体育比赛秩序被处以拘留处罚的，可以同时责令其 12 个月内不得进入体育场馆观看同类比赛；违反规定进入体育场馆的，强行带离现场。

六、虚构事实扰乱公共秩序案件

（一）虚构事实扰乱公共秩序案件的认定

虚构事实扰乱公共秩序行为是指通过捏造、歪曲事实，散布谣言，或者谎报险情、疫情、警情或者以其他方法故意扰乱公共秩序的行为。此类行为涉及的险情、疫情、警情均为虚假信息，行为人散布此类虚假信息，在一定范围内为社会公众所知悉并引起恐慌，从而导致扰乱公共秩序的后果。该行为具有以下特征：第一，侵犯对象与侵犯客体。此类行为侵犯的对象为一定范围内的社会公众，侵犯的客体为一定范围内的公共秩序。第二，客观方面的表现。此类行为客观方面表现为编造、传播、散布虚假的险情、疫情、警情等谣言，使知悉此类虚假信息的社会公众陷入恐慌，从而导致扰乱公共秩序的后果。散布谣言是指捏造没有事实根据的谣言并向他人进行传播的行为，如制造要发生地震的谣言等。谎报险情、疫情、警情是指编造火灾、水灾、地震、传染病爆发、火警、治安警情等虚假险情，并向有关部门报告的行为。第三，行为主体。实施此类行为的主体为一般主体，即达到法定责任年龄、具有相应责任能力的自然人。第四，主观方面。此类行为的行为人主观方面为故意，过失不构成此类行为。

（二）虚构事实扰乱公共秩序行为与投放虚假危险物质扰乱公共秩序行为的区别

正确认定虚构事实扰乱公共秩序行为，应注意其与投放虚假危险物质扰乱公共秩序行为的联系与区别。二者具有一定的相似性，在侵害客体、行为主体、主观方面等基本相同，其区别主要体现在客观方面。虚构事实扰乱公共秩序行为在客观方面表现为编造、传播、散布虚假的险情、疫情、警情等谣言，使知悉此虚假信息的社会公众陷入恐慌，从而导致扰乱公共秩序的后果；投放虚假危险物质扰乱公共秩序行为在客观方面表现为投放虚假的危险物质，并使某一范围内的群众所知悉,且导致扰乱社会公共秩序的后果。

(三)虚构事实扰乱公共秩序行为的调查及处理

对虚构事实扰乱公共秩序行为的调查重点为侵害对象、侵犯客体、行为主体的相关情况、行为的危害后果。根据《治安管理处罚法》第25条的规定,对构成本行为的,处5日以上10日以下拘留,可以并处500元以下罚款;情节较轻的,处5日以下拘留或者500元以下罚款。

七、投放虚假危险物质扰乱公共秩序案件

(一)投放虚假危险物质扰乱公共秩序案件的认定

投放虚假危险物质扰乱公共秩序行为,是指明知是虚假的危险物质而以邮寄、放置等方式将虚假的类似于爆炸性、毒害性、放射性、腐蚀性物质或者传染病病原体等物质置于他人或者公众面前或者周围,引起公众恐慌,扰乱公共秩序,尚不够刑事处罚的行为。该行为的主要法律特征是:第一,行为侵犯的客体是社会的公共秩序。第二,行为的客观方面是实施了投放虚假的爆炸性、毒害性、放射性、腐蚀性物质或者传染病病原体等物质置于他人或者公众面前或者周围,引起公众恐慌,扰乱公共秩序,尚不够刑事处罚的行为。这种投放虚假的危险物质的行为,虽然不至于发生真正的爆炸、毒害、放射后果以及传染性疾病的传播,但是会造成一定范围的恐慌,严重扰乱社会公共秩序,特别是在恐怖分子投放真的危险物质的情况下,这种投放虚假的危险物质的行为,会使人真假难辨,危害更大,应当予以适当的处罚。对于严重扰乱社会秩序的,应当根据刑法的规定追究刑事责任。由于这种行为不可能实际造成爆炸、毒害、放射性、传染性疾病的传播等后果,不致危害公共安全,因此属于扰乱公共秩序行为。所谓危险物质是指具有爆炸性、毒害性、放射性、腐蚀性的物质和传染病病原体等物质。具体来说,所谓爆炸性物质是指在受到摩擦、撞击、震动、高温或者其他因素的激发下,能产生激烈的化学反应、在瞬间产生大量的气体和热量并伴有光和声等效应,使周围空气压力急剧上升,发生爆炸的物品,如各种炸药、雷管、导火索、黑火药、烟火剂、民用信号弹和烟花爆竹等。毒害性物质是指少量进入人体,即能使得肌体受到损害或者破坏其正常的生理机能,使其产生暂时或者永久性的病理状态,甚至导致肌体死亡的物质,包括化学性毒物、生物性毒物和微生物类毒物,常见的有氰化钾、砷化氢、磷化氢、砒霜、吗啡、升汞及各种剧毒农药(敌敌畏、乐果)等。放射性物质是指能放射出射线的物质。某些元素和它们的化合物,结构不稳定,衰变时能从原子核中放射出肉眼看不见的、有穿透性的粒子——射线。具有这种特性的元素以及它们的化合物称为放射性物质,如钴-60、铯-137、铀矿沙、硝酸铀等。腐蚀性物质是指硫酸、盐酸等能够严重毁坏其他物品以及人身的物品。传染性病原体是指

能在人体或者动物体内生长、繁殖,通过空气、饮食、接触等方式传播,能对人体健康造成危害的传染病菌种和毒种。第三,行为的主观方面必须基于故意。

(二)投放虚假危险物质扰乱公共秩序行为与投放虚假危险物质罪的区别

本行为与刑法所规定的投放虚假危险物质罪的区别在于客观方面的后果不同,投放虚假危险物质罪"严重扰乱社会秩序",主要是指该行为造成社会恐慌,影响生产、工作和社会生活的正常进行的严重后果。只要行为人明知是虚假的危险物质而以邮寄、放置等方式将虚假的类似于爆炸性、毒害性、放射性、腐蚀性物质和传染病病原体等物质的物品置于他人或者公众面前或者周围,扰乱了社会公共秩序的即可构成投放虚假危险物质扰乱公共秩序行为。

(三)投放虚假危险物质扰乱公共秩序行为的调查及处理

对投放虚假的危险物质扰乱公共秩序行为的调查重点为侵害对象、侵犯客体、行为主体的相关情况及行为的危害后果。根据《治安管理处罚法》第 25 条的规定,对构成本行为的,处 5 日以上 10 日以下拘留,可以并处 500 元以下罚款;情节较轻的,处 5 日以下拘留或者 500 元以下罚款。

八、寻衅滋事案件

(一)寻衅滋事案件的认定

寻衅滋事行为是指在公共场所无事生非、起哄闹事、肆意挑衅、横行霸道、打群架、破坏公共秩序,尚未造成严重后果的行为。该行为的主要法律特征是:第一,行为侵犯的客体是复杂客体,既侵犯了社会的公共秩序,又侵犯了他人的人身权利。第二,行为的客观方面主要表现为四个方面[①]:(1)结伙斗殴的。一般是指出于私仇宿怨、争霸一方或者其他动机而以结成团伙的方式打群架。(2)追逐、拦截他人的。是指出于取乐、寻求精神刺激等不健康动机,无故无理追赶、拦挡他人以及追逐、拦截异性等。(3)强拿硬要或者任意损毁、占用公私财物的。这是指以蛮不讲理的流氓手段,强行索要市场、商店的商品以及他人的财物,或者随心所欲损坏、毁灭、占用公私财物。(4)其他寻衅滋事行为。是指上述行为以外的其他寻衅滋事扰乱公共秩序的行为。第三,行为的主观方面是故意。寻衅滋事的动机一般不是完全为了某种个人的利害冲突,也不是单纯为了取得某种物质利益,而是企图通过寻衅滋事行为的实施来寻求刺激或者追求某种卑鄙欲念的满足。行为人是为了填补精神上的空虚,或者为寻求精神刺激,发泄对社会的不满,或是为了在某一地区称王称霸、显示威风,为了哥们儿义气进行报复等。

---

① 专家编写组.中华人民共和国治安管理处罚法释义与实用指南[M].北京:中国人民公安大学出版社,2005:53.

（二）寻衅滋事行为与相关行为的区别

1. 与寻衅滋事罪的区别

二者的主要区别在于情节和后果不同。根据《刑法》规定，只有寻衅滋事行为情节恶劣或后果严重时，才构成寻衅滋事罪。有以下行为之一的，构成寻衅滋事罪：(1) 随意殴打他人，情节恶劣的，包括：致一人以上轻伤或者二人以上轻微伤的；引起他人精神失常、自杀等严重后果；多次随意殴打他人的；持凶器随意殴打他人的；随意殴打精神病人、残疾人、流浪乞讨人员、老年人、孕妇、未成年人，造成恶劣社会影响的；在公共场所随意殴打他人，造成公共场所秩序严重混乱的；其他情节恶劣的情形。(2) 追逐、拦截、辱骂他人，情节恶劣，包括：多次追逐、拦截、辱骂、恐吓他人，造成恶劣社会影响的；持凶器追逐、拦截、辱骂、恐吓他人的；追逐、拦截、辱骂、恐吓精神病人、残疾人、流浪乞讨人员、老年人、孕妇、未成年人，造成恶劣社会影响的；引起他人精神失常、自杀等严重后果的；严重影响他人的工作、生活、生产、经营的；其他情节恶劣的情形。(3) 强拿硬要或者任意损毁、占用公私财物，破坏社会秩序，情节严重的，包括：强拿硬要公私财物价值1 000元以上，或者任意损毁、占用公私财物价值2 000元以上的；多次强拿硬要或者任意损毁、占用公私财物，造成恶劣社会影响的；强拿硬要或者任意损毁、占用精神病人、残疾人、流浪乞讨人员、老年人、孕妇、未成年人的财物，造成恶劣社会影响的；引起他人精神失常、自杀等严重后果的；严重影响他人的工作、生活、生产、经营的；其他情节严重的情形。(4) 在公共场所起哄闹事，造成公共场所秩序严重混乱的，是指在车站、码头、机场、医院、商场、公园、影剧院、展览会、运动场或者其他公共场所起哄闹事，应当根据公共场所的性质、公共活动的重要程度、公共场所的人数、起哄闹事的时间、公共场所受影响的范围与程度等因素，综合判断是否"造成公共场所秩序严重混乱"。未达到以上四种情形的程序的，构成寻衅滋事行为。

2. 与扰乱公共场所秩序行为的区别

二者区别的关键是实施违法行为的动机和目的不同。前者一般是没有具体的目的、动机，其侵害的对象也是随机和不特定的；而后者一般有较明确的动机和目的，即通过实施相关行为给有关部门单位施加压力，以达到其无理或过分的要求，有的是乘机闹事。

（三）寻衅滋事行为的调查及处理

对寻衅滋事行为的调查重点为：第一，侵害对象和侵犯客体。由于侵害的客体为公共秩序，其侵犯的对象包括不特定人的人身与财产安全，公私财物等。换句话说，侵害的对象具有随意性，这与侵害对象较为特定的殴打他人或故意伤害、故意毁坏财物有根本的不同。第二，行为主体的相关情况。第三，行为的危害后果。根据《治安管理处罚法》第26条规定，构成本行为的，处5日以上10日以下拘留,可以并处 500 元以下罚款;情节较重的,处 10 日以上 15 日以下拘留,可以并处 1 000 元以下罚款。

九、故意干扰无线电业务正常进行和干扰无线电台(站)案件

(一) 故意干扰无线电业务正常进行和干扰无线电台(站)案件的认定

故意干扰无线电业务正常进行和干扰无线电台(站)的行为,是指行为人违反国家规定,故意干扰无线电业务的正常进行,或者对正常运行的无线电台(站)产生有害干扰,经有关主管部门指出后,拒不采取有效措施消除的行为。该行为的主要法律特征是[①]:第一,行为人必须违反国家规定,即行为具有违法性。这里的"国家规定",是指国家有关无线电业务和无线电台(站)管理的有关法律、行政法规及相关规范性文件,如《电信条例》《无线电管理条例》《广播电视管理条例》等。如果行为人没有违反国家规定,即使客观上其行为造成了对无线电业务的干扰,也不属于违反治安管理的行为,这种问题可以通过技术手段予以解决。第二,行为必须具有一定的危害后果,即故意干扰无线电业务的正常进行,或者对正常运行的无线电台(站)产生有害干扰,经有关主管部门指出后,拒不采取有效措施消除。相对于前一种行为而言,行为人必须具有主观故意心态,即明知该行为会产生干扰无线电业务的正常进行的后果,仍希望这种危害后果发生。如果这种危害结果的发生是因过失行为造成的,则不属于本法调整的范围,可以通过其他法律、法规等予以解决。而后一种行为构成违法的条件是:对正常运行的无线电台(站)产生的有害干扰虽然不是行为人故意造成的,但经有关主管部门指出后,拒不采取有效措施消除对无线电台(站)的有害干扰。也就是说,对于不是故意的干扰行为是否构成违法,需要有一个前置条件,即有关主管部门履行自己的监管职能,发现了干扰无线电台(站)的行为,向其指出干扰行为,并要求其采取措施予以消除。如果没有这个前置程序,则不构成本条规定的违反治安管理行为。这里的"主管部门",是指无线电管理部门。在实践中,查处干扰无线电业务行为的主管部门是无线电管理部门,而不是公安机关。因此,发现干扰无线电业务行为的具体查处和向其指出并要求采取相应措施予以消除的部门,也是无线电管理部门。对符合本条规定的违法行为,应当给予拘留处罚的,无线电管理部门应当将案件查处的证据材料移送公安机关,由公安机关给予拘留处罚。至于其他处罚,由有关部门行使处罚权。"有害干扰",是指危害无线电导航或者其他安全业务的正常运行,或者严重地损害、阻碍以及一再阻断按照规定正常开展的无线电业务的干扰。在无线电业务的开展过程中,无线电干扰不可避免地存在着,但只有有害干扰才会

[①] 专家编写组.中华人民共和国治安管理处罚法释义与实用指南[M].北京:中国人民公安大学出版社,2005:57.

达到危害无线电导航或者其他安全业务的正常运行。

(二) 故意干扰无线电业务行为与相关行为的区别

认定本行为,主要应当注意其与扰乱无线电通讯管理秩序罪的界限。二者的主要区别是:第一,行为方式不同。前者只要对正常的无线电业务进行了干扰,经指出后拒不消除的,就可以构成;而后者的行为只限定于违反国家规定,擅自设置、使用无线电台(站),或者擅自占用频率,不包括使用大功率无绳电话、对讲机等情形。第二,后果不同。前者不要求造成严重后果,后者要求造成严重后果才构成。

(三) 故意干扰无线电业务正常进行和干扰无线电台(站)行为的调查及处理

对故意干扰无线电业务的正常进行和干扰无线电台(站)的行为的调查重点为侵害对象、侵犯客体、行为主体的相关情况及行为的危害后果。根据《治安管理处罚法》第 28 条的规定,对构成本行为的,处 5 日以上 10 日以下拘留;情节严重的,处 10 日以上 15 日以下拘留。

十、危害计算机信息系统安全案件

(一) 危害计算机信息系统安全案件的认定

危害计算机信息系统安全行为是指违反国家规定,非法侵入计算机信息系统、非法改变计算机信息系统功能、非法改变计算机信息系统数据和应用程序,故意制作、传播计算机破坏性程序等所有危害计算机信息系统安全但尚未构成犯罪的行为的总称。危害计算机信息系统安全行为具有以下特征:第一,侵害对象与侵犯客体。此类行为侵害的对象为计算机信息系统,包括系统数据和应用程序,侵犯的客体为计算机信息系统的安全。第二,客观方面的表现。此类行为客观方面表现为非法侵入计算机信息系统、非法改变计算机信息系统功能、非法改变计算机信息系统数据和应用程序,故意制作、传播计算机破坏性程序等所有危害计算机信息系统安全,造成一定危害,但尚未构成犯罪的行为。第三,行为主体。实施此类行为的主体为一般主体,即达到法定责任年龄、具有相应责任能力的自然人。第四,主观方面。此类行为的行为人主观方面均为故意。

(二) 危害计算机信息系统安全行为与相关犯罪行为的区别

正确认定危害计算机信息系统安全行为,应注意此类行为与相关犯罪的界限。对于非法侵入计算机信息系统的行为,根据计算机信息系统性质的不同,可能构成相应的犯罪,其构成要件也有所区别。根据我国《刑法》第 285 条的规定,违反国家规定,侵入国家事务、国防建设、尖端科学技术领域的计算机信息系统的,构成非法侵入计算机信息系统罪;违反国家规定,侵入前述规定以外的计算机信息系统或者采用其他技术手段,获取该计算机信息系统中存储、处理或者传输的数据,或者对该计算机信息系统实施非法控制,情节严重的,构成非法获取计算机信息系统数据、非法控制计算机信息系统罪。对于非法改变计算机信息系统功能的行为,造成计算机信息系统不能正常运行,后果严重的;对于非法改变计算机信息系统数据和应用程序的行为,后果严重的;或者故意制作、传播计算机破坏性程序,影响计算机系统正常运行,后果严重的,依据我国《刑法》第286条的规定,行为人均构成破坏计算机信息系统罪。

(三) 危害计算机信息系统安全行为的调查及处理

对危害计算机信息系统安全行为的调查重点为侵害对象、侵犯客体、行为主体的相关情况及行为的危害后果。根据《治安管理处罚法》第29条的规定,对构成本行为的,处5日以下拘留;情节较重的,处5日以上10日以下拘留。

第二节 妨害公共安全案件的认定及处理

妨害公共安全行为是指违反治安管理法律法规,故意或者过失实施妨害或者可能妨害不特定多数人生命、健康和公私财产以及社会生产、工作和公共生活安全的行为。妨害公共安全行为具有以下特征:第一,妨害公共安全行为所侵犯的客体是社会公共安全。所谓公共安全是指不特定多数人生命、健康和公私财产以及社会生产、工作和公共生活的安全。妨害公共安全行为的危害,往往表现为对人身的伤害或财产的损坏,有时二者兼而有之,这种危害具有"不特定"性,从而从根本上区别于侵犯人身权、财产权行为。第二,妨害公共安全行为的客观方面主要表现为实施了各种妨害公共安全的行为。妨害公共安全行为既可以是作为,也可以是不作为,但以作为方式表现的是多数。该行为一般只要行为人实施了法律规定的各种妨害公共安全的行为即可构成,不要求造成实际的危害后果。实际上,为了达到维护公共安全之目的,相关法律法规规定了若干妨害或可能妨害公共安全的行为,行为人只要实施了法律法规禁止的行为,则该行为对公共安全造成实际危害结果的可能性随之产生,即任何一种妨害公共安全行为都存在对公共安全造成实际危害的潜在可能性。如果这种可能性达到足以对公共安全构成重大现实危险的程度或者已经对公共安全造成一定的实际危害后果,则该行为可能构成犯罪。第三,妨害公共安全行为的主体既包括自然人(即达到责任年龄、具有责任能力、能够承担违反治安管理责任的自然人),也包括单位,但大多行为主体是一般主体,个别行为必须由特殊主体才能构成。第四,妨害公共安全行为的主观方面一般是故意,也可以由过失构成。

根据《治安管理处罚法》和《违反公安行政管理行为的名称及其适用意见》的规定,妨害公共安全行为包括以下24种:非法制造、买卖、储存、运输、邮寄、携带、使用、提供、处置危险物质(第30条);危险物质被盗、被抢、丢失后不报(第31条);非法携带枪支、弹药、管制器具(第32条);盗窃、损毁公共设施(第33条第1项);移动、损毁边境、领土、领海标志设施(第33条第2项);非法进行影响国(边)界线走向的活动(第33条第3项);非法修建有碍国(边)境管理的设施(第33条第3项);盗窃、损坏、擅自移动航空设施(第34条第1款);强行进入航空器驾驶舱(第34条第1款);在航空器上使用禁用物品(第34条第2款);盗窃、损毁、擅自移动铁路设施、设备、机车车辆配件、安全标志(第35条第1项);在铁路线上放置障碍物(第35条第2项);故意向列车投掷物品(第35条第2项);在铁路沿线非法挖掘坑穴、采石取沙(第35条第3项);在铁路线路上私设道口、平交过道(第35条第4项);擅自进入铁路防护网(第36条);违法在铁路线上行走坐卧、抢越铁路(第36条);擅自安装、使用电网(第37条第1项);安装、使用电网不符合安全规定(第37条第1项);道路施工不设置安全防护设施(第37条第2项);故意损毁、移动道路施工安全防护设施(第37条第2项);盗窃、损毁路面公共设施(第37条第3项);违规举办大型活动(第38条);公共场所经营管理人员违反安全规定(第39条)。

一、违反危险物质管理规定案件

(一)违反危险物质管理规定案件的认定

违反危险物质管理规定行为,是指违反国家对爆炸性、易燃性、放射性、毒害性、腐蚀性、传染病病原体等危险物质管理的法律规定,制造、买卖、储存、运输、邮寄、携带、使用、提供、处置危险物质的行为。该行为的主要法律特征是:第一,行为的客体是社会公共安全和国家对爆炸性、易燃性、放射性、毒害性、腐蚀性、传染病病原体等危险物质的管理制度。在现实生活中,爆炸性、毒害性、放射性、腐蚀性物质和传染病病原体等危险物质往往具有双重属性:一方面由于其自身存在的危害性容易对人类的生命安全和公共安全构成威胁,且一旦发生事故很难控制,往往会造成重大伤亡事件和对环境的严重污染;另一方面,在生产、科研等社会生活各方面,危险物质又具有重要的作用。因此,我国对危险物质的生产、储存、运输和处置等方面实行严格的管理制度,通过严格、规范的程序管理,使其最大限度地发挥积极作用,预防和减少危害公共安全的重大事故发生。近年来,利用和针对爆炸性、毒害性、放射性、腐蚀性物质和传染病病原体等危险物质的违法犯罪行为时有发生,如非法买卖、储存、运输、邮寄、携带、使用放射性物质,该行为不仅破坏了国家对危险物质的管理,还危及行为人自身的安危和社会公共安全,即不特定多人的生命、健康、重大公私财产以及其他重大公共利益的安全,而一旦发生重大污染事故或者恐怖活动,则后果不堪设想。因此,必须加强对危险物质的严格管理,防范危害公共安全事故的发生,预防恶性事件,提高人们的安全意识。第二,行为的客观方面表现为实施了违反国家有关危险物质管理规定,制造、买卖、储存、运输、邮寄、携带、使用、提供、处置危险物质的行为。"非法制造",是指行为人违反国家规定,私自以各种方法生产爆炸性、毒害性、放射性、腐蚀性物质和传染病病原体等危险物质的行为。"非法买卖",是指行为人非法购买或者出售爆炸性、毒害性、放射性、腐蚀性物质和传染病病原体等危险物质的行为。"非法储存"是指明知是他人非法制造、买卖、运输、邮寄的枪支、弹药、爆炸物而为其存放的行为。这里所说的"运输"与"邮寄"的主要区别是运输方式的不同,前者要通过一定的交通工具来完成,而后者是通过邮寄系统完成的。"非法携带",是指行为人违反国家有关规定,随身携带上述危险物质进入公共场所或者乘坐公共交通工具的行为。"非法使用",是指行为人违反国家有关规定、擅自使用上述危险物质的行为。"非法提供"主要是指非法出借、进出口或者赠与危险物质的行为。这里规定的"处置",是指将危险物质焚烧和用其他改变危险物质的物理、化学、生物特性的方法,达到减少已产生的危险物质数量、缩小危险物质体积、减少或者消除其危险成分的活动,或者将危险物质最终置于符合环境保护规定要求的填埋场的活动。如将放射性废物在处置设施中放置、封闭等。第三,行为的主体既可以是个人,也可以是单位。第四,行为者在主观方面既可以是故意,也可以是过失。第五,行为的限度条件必须是情节较轻。行为人实施非法制造、买卖、储存、运输、邮寄、携带、使用、提供、处置爆炸性、毒害性、放射性、腐蚀性物质和传染病病原体等危险物质的,或者采用丢弃、掩埋等方法处置危险物质的行为,必须是情节较轻,尚不够刑事处罚的,才能根据本条的规定给予治安处罚。如果该行为危及公共安全的,即有危害不特定多数人生命、健康和重大公私财产的现实危险性,则已经构成犯罪,应当按照《刑法》第125条规定的非法制造、买卖、储存、运输危险物质罪和第130条规定的非法携带危险物品危及公共安全罪以及第338条规定的重大环境污染事故罪等规定定罪处刑。

(二)违反危险物质管理规定行为与相关犯罪的区别

区分违反危险物质管理规定行为与相关犯罪,需把握以下几点:

(1)区分非法制造、买卖、运输、邮寄、储存危险物质行为与非法制造、买卖、运输、邮寄、储存爆炸物罪的关键在于是否具有法定的恶劣情节。最高人民法院发布的《关于审理非法制造、买卖、运输枪支、弹药、爆炸物等刑事案件具体应用法律若干问题的解释》第1条规定,个人或者单位非法制造、买卖、运输、邮寄、储存爆炸物,具有下列情形之一的,以非法制造、买卖、运输、邮寄、储存爆炸物罪定罪处罚:①非法制造、买卖、运输、邮寄、储存爆炸装置的;②非法制造、买卖、运输、邮寄、储存炸药、发射药、黑火药一千克以上或者烟火药三千克以上,雷管三十枚以上或者导火索、导爆索三十米以上的;③具有生产爆炸物品资格的单位不按照规定的品种制造,或者具有销售、使用爆炸物品资格的单位超过限额买卖炸药、发射药、黑火药十千克以上或者烟火药三十千克以上、雷管三百枚以上或者导火索、导爆索三百米以上的;④多次非法制造、买卖、运输、邮寄、储存弹药、爆炸物的;⑤虽未达到上述最低数量标准,但具有造成严重后果等其他恶劣情节的。因此,非法制造、买卖、运输、邮寄、储存爆炸物,未达到上述五种情形程度的,则以非法制造、买卖、运输、邮寄、储存危险物质行为论处。

（2）区分非法制造、买卖、储存、运输危险物质行为与非法制造、买卖、运输、储存危险物质罪的关键在于对公共安全的危害程度。最高人民检察院、公安部印发的《关于公安机关管辖的刑事案件立案追诉标准的规定（一）》第2条规定,非法制造、买卖、运输、储存毒害性、放射性、传染病病原体等物质,危害公共安全,涉嫌下列情形之一的,应予立案追诉：①造成人员重伤或者死亡的;②造成直接经济损失十万元以上的;③非法制造、买卖、运输、储存毒鼠强、氟乙酰胺、氟乙酸钠、毒鼠硅、甘氟原粉、原液、制剂五十克以上,或者饵料二千克以上的;④造成急性中毒、放射性疾病或者造成传染病流行、暴发的;⑤造成严重环境污染的;⑥造成毒害性、放射性、传染病病原体等危险物质丢失、被盗、被抢或者被他人利用进行违法犯罪活动的;⑦其他危害公共安全的情形。因此,非法制造、买卖、储存、运输毒害性、放射性、传染病病原体等物质,未达到上述七种情形的,以非法制造、买卖、储存、运输危险物质行为论处。

（3）区分非法携带危险物质行为与非法携带危险物品危及公共安全罪的关键在于危及公共安全是否情节严重。最高人民法院发布的《关于审理非法制造、买卖、运输枪支、弹药、爆炸物等刑事案件具体应用法律若干问题的解释》第6条第1款规定,具有下列情形之一的,属于"情节严重"：①携带爆炸装置的;②携带炸药、发射药、黑火药五百克以上或者烟火药一千克以上,雷管二十枚以上或导火索、导爆索二十米以上的;③携带的爆炸物在公共场所或者公共交通工具上发生爆炸或者燃烧,尚未造成严重后果的;④具有其他严重情节的。该解释第6条第2款规定,行为人非法携带本条第1款第③项规定的爆炸物进入公共场所或者公共交通工具,虽未达到上述数量标准,但拒不交出的,依照《刑法》第130条的规定定罪处罚;携带的数量达到最低数量标准,能够主动、全部交出的,可不以犯罪论处。非法携带爆炸性、易燃性、放射性、毒害性、腐蚀性物品不具有以上情节的,以非法携带危险物质行为论处。

（4）区分非法制造、储存、运输、使用危险物质行为与危险物品肇事罪的关键在于是否发生重大事故,造成严重后果。最高人民检察院、公安部印发的《关于公安机关管辖的刑事案件立案追诉标准的规定（一）》第12条规定,违反爆炸性、易燃性、放射性、毒害性、腐蚀性物品的管理规定,在生产、储存、运输、使用中发生重大事故,涉嫌下列情形之一的,应予立案追诉：①造成死亡一人以上,或者重伤三人以上的;②造成直接经济损失五十万元以上的;③其他造成严重后果的情形。

从上述规定看,非法制造、储存、运输、使用爆炸性、易燃性、放射性、毒害性、腐蚀性物品,不具有上述严重后果的,以非法制造、储存、运输、使用危险物质行为论处。

(三) 违反危险物质管理规定行为的调查及处理

对违反危险物质管理规定行为的调查,应把握以下重点:行为人的状况如何,即是一般主体还是特殊主体;行为人实施了何种具体行为,所涉危险物质的种类、数量,违反国家规定的具体情形;行为情节如何,即实施行为的手段方法如何,次数多少;①是否造成实际的危害后果,造成何种危害后果及其危害程度如何;行为人是否具有从事危险物质相关活动的资质,属于单位行为的,查清直接负责的主管人员和其他直接责任人员的责任。根据《治安管理处罚法》第30条的规定,对构成本行为的,处10日以上15日以下拘留;情节较轻的,处5日以上10日以下拘留。

二、危险物质被盗、被抢、丢失后不报案件

(一) 危险物质被盗、被抢、丢失后不报案件的认定

危险物质被盗、被抢、丢失后不报行为,是指爆炸性、毒害性、放射性、腐蚀性物质或者传染病病原体等危险物质被盗、被抢或者丢失未按规定报告或者故意隐瞒不报的行为。该行为的法律特征是:第一,行为侵犯的客体是国家对危险物质的管理制度。第二,行为的客观方面表现为在危险物质被盗、被抢或者丢失后,未按规定报告或者故意隐瞒不报。(1) 危险物质被盗、被抢、丢失不报告的行为。危险物质被盗、被抢、丢失不报告,主要是指爆炸性、毒害性、放射性、腐蚀性物质和传染病病原体等危险物质被盗、被抢或者丢失,未按规定报告的行为。这里的"未按规定报告"中的"规定"是个广义的概念,既包括法律、法规、规章的规定,还包括各级人民政府颁布的规范性文件、命令以及有关行业主管部门、行业协会、企事业单位自身制定的规章制度等的规定。根据相关法律、法规和规章等规范性文件的规定,我国对危险物质的被盗、被抢或者丢失行为的发生,都规定了相关单位或者责任人的报告义务。如《危险化学品安全管理条例》第19条规定:剧毒化学品的生产、储存、使用单位,应当对剧毒化学品的产量、流向、储存量和用途如实记录,并采取必要的保安措施,防止剧毒化学品被盗、丢失或者误售、误用;发现剧毒化学品被盗、丢失或者误售、误用时,必须立即向当地公安部门报告。《民用爆炸物品管理条例》第十六条规定:储存爆破器材的仓库、储存室发现爆破器材丢失、被盗,必须及时报告所在地公安机关。《核材料管制条例》第十五条规定:发现核

---

① 熊一新.治安案件查处教程.北京:中国人民公安大学出版社,2007:202.

材料被盗、破坏、丢失、非法转让和非法使用的事件,当事单位必须立即追查原因、追回核材料,并迅速报告其上级领导部门、核工业部、国防科学技术工业委员会和国家核安全局。对核材料被盗、破坏、丢失等事物,必须迅速报告当地公安机关。其中,"未按规定报告",是指有关单位或者个人,未按照规定的时间或者规定的程序及时向主管部门或者本单位报告危险物质被盗、被抢或者丢失的情形。如果其及时如实报告,则不得适用本条的规定。(2)故意隐瞒不报,是指发生危险物质被盗、被抢或者丢失后,责任人意图通过自身的努力而将危险物质追回而不报告,或者隐瞒实际情况,意图逃避责任,而不如实报告的行为。这种行为的危害在于,隐瞒不报不仅掩盖危险物质被盗、被抢或者丢失的实情,而且往往使上级主管部门或者本单位失去了及时采取有关措施、找回危险物质或者防止危害结果发生或者扩大的最佳时机,因而具有更大危害性。第三,行为的主体可以是个人,也可以是单位。第四,行为的主观方面是故意。

(二) 危险物质被盗、被抢、丢失后不报行为的调查及处理

对危险物质被盗、被抢、丢失后不报行为的调查,应把握以下重点:被盗、被抢、丢失的危险物质的名称、种类、数量;行为人是否明知危险物质被盗、被抢或丢失而不报;认定其"未按规定报告"的相关法律法规及其具体规定;行为是否属于故意隐瞒不报;属于单位行为的,查清直接负责的主管人员和其他直接责任人员的责任。根据《治安管理处罚法》第31条的规定,对未按规定报告的,处5日以下拘留;故意隐瞒不报的,处5日以上10日以下拘留。

三、非法携带枪支、弹药、管制器具案件

(一) 非法携带枪支、弹药、管制器具案件的认定

非法携带枪支、弹药或者管制器具行为,主要是指行为人违反有关规定,携带枪支、弹药或者弩、匕首等国家管制器具的行为。行为人只要违反有关规定,非法携带枪支、弹药或者弩、匕首等国家规定的管制器具的,即构成本条规定的违法行为。该行为的主要法律特征是:第一,行为侵犯的客体是公共安全和国家对枪支、弹药、管理器具的管理秩序。第二,行为客观方面表现为行为人必须实施了非法携带枪支、弹药或者弩、匕首等国家规定的管制器具的行为,行为对象是枪支、弹药或者弩、匕首等国家规定的管制器具。这里的"非法",是指违反有关管制器具管理的法律、法规、规章及相关规范性文件的行为。如《枪支管理法》对可以佩带枪支的人员、配置枪支的单位以及枪支管理、使用等,都作了明确的规定,违反这些规定,携带枪支、弹药的即属于违法;公安部《对部分刀具实行管制的暂行规定》规定,"匕首,除中国人民解放军和人民警察作为武器、警械配备的以外,专业狩猎人员和地质、勘探等野外作业人员必须持有的,须由县以上主管单位出具证明,经

县以上公安机关批准,发给《匕首佩带证》,方准持有佩带。""严禁任何单位和个人非法制造、销售和贩卖匕首、三棱刀、弹簧刀等属于管制范围内的各种刀具。严禁非法携带上述刀具进入车站、码头、机场、公园、商场、影剧院、展览馆或其他公共场所和乘坐火车、汽车、轮船、飞机。"这里的"枪支",是指以火药或者压缩气体等为动力,利用管状器具发射金属弹丸或者其他物质,足以致人伤亡或者丧失知觉的各种枪支,包括军用的手枪、步枪、冲锋枪、机枪以及射击运动用的各种枪支,还有各种民用的狩猎用枪等。"弹药",是指上述枪支所使用的子弹、火药等。这里的管制器具是个广义的概念,既包括管制刀具,也包括弩等器具。相对于管制器具,管制刀具是我们多年来约定俗成的概念,且有其特定的范围,考虑到近年来我国正在酝酿着对管制刀具的改革,将管制范围扩大到弩等,并采用管制器具的概念。因此,本法将原条例规定的管制刀具改为管制器具,但管制刀具属于管制器具的重要组成部分。这里的"管制器具",是指国家依法进行管制,只能由特定人员持有、使用,禁止私自生产、买卖、持有的弩、匕首、三棱刮刀、弹簧刀以及类似的单刃刀、双刃刀等。其中,弩是在弓的基础上创造出来的。由于受到体力的限制,人拉开弓不能持久,为了延长张弓的时间,更好地瞄准,人类发明了弩。弩主要由弩弓和弩臂两部分组成,弓上装弦,臂上装弩机,两者配合而放箭。弩和弓相比,更利于瞄准,命中率高,射程远,杀伤力大,是具有相当威力的远射武器。第三,行为的主体是自然人。第四,行为的主观方面可以是故意,也可以是过失。

(二)非法携带枪支、弹药、管制器具行为与相关犯罪行为的区别

非法携带枪支、弹药、管制器具行为与非法持有枪支、弹药罪的区别:第一,主体不同。前者行为的主体是指具有持枪资格的人;而后者的主体是指没有持枪资格的人,但对非法持有枪支、弹药不够刑事处罚的,依法可予以治安管理处罚。第二,主观方面不同。前者行为主观上既可以是故意,也可以是过失;而后者只能由故意构成。需要说明的是,区分非法携带枪支、弹药、管制器具行为与非法携带枪支、弹药、管制刀具危及公共安全罪的界限的关键在于是否危及公共安全,情节严重。最高人民法院发布的《关于审理非法制造、买卖、运输枪支、弹药、爆炸物等刑事案件具体应用法律若干问题的解释》第6条规定,携带枪支、弹药,具有下列情形之一的,属于"情节严重":携带枪支或者手榴弹的;携带的弹药在公共场所或者公共交通工具上发生爆炸或者燃烧,尚未造成严重后果的;具有其他严重情节的。最高人民检察院、公安部印发的《关于公安机关管辖的刑事案件立案追诉标准的规定(一)》第7条规定,非法携带管制刀具,进入公共场所或者公共交通工具,危及公共安全,涉嫌下列情形的,应予立案追诉:携带枪支一支以上或者手榴弹、炸弹、地雷、手雷等具有杀伤性弹药一枚以上的;……携带管制刀具二十把以上,或者虽未达到上述数量标准,但拒不交出,或者用来进行违法活动尚未构成其他犯罪的。非法携带枪支、弹药或者管制器具不具有以上严重情节的,构成违反治安

管理行为。此处特别需要指出的是,对有些少数民族传统或习惯佩带刀具的定性问题。少数民族因传统或习惯在少数民族自治地区佩带的刀具,不属于管制刀具。少数民族人员只能在民族自治地区佩带、销售和使用藏刀、腰刀、靴刀等民族刀具;在非民族自治地区,只要少数民族人员所携带的刀具属于管制刀具范围,公安机关就应当严格按照相应规定予以管理。

(三) 非法携带枪支、弹药、管制器具行为的调查及处理

对非法携带枪支、弹药、管制器具行为的调查,应把握以下重点:行为人是否有携带枪支、弹药、管制器具的资格;非法携带枪支、弹药、管制器具的具体名称、种类、数量;非法携带行为发生的地点、次数,是否造成危害后果,造成何种后果,其危害程度如何。根据《治安管理处罚法》第 32 条的规定,构成本行为的,处 5 日以下拘留,可以并处 500 元以下罚款;情节较轻的,处警告或者 200 元以下罚款。

四、盗窃、损毁油气管道、电力电信等公共设施案件

(一) 盗窃、损毁油气管道、电力电信等公共设施案件的认定

盗窃、损毁油气管道、电力电信等公共设施行为,是指行为人所具有的盗窃、损毁油气管道设施,电力电信设施,广播电视设施,水利防汛工程设施,水文监测、测量设施,气象测报设施,环境监测设施,地质监测设施,地震监测设施等公共设施的行为。该行为的主要法律特征是:第一,行为侵犯的客体是国家对公共设施的管理秩序。在我国的社会经济建设过程中,公共设施属于为国民经济运行、产业发展、居民生活提供交通、通讯、能源、水务、教育、医疗、文化体育等公共性服务的设施。在整个社会发展过程中,公共设施具有举足轻重的地位,它决定着经济建设的持续、健康发展以及人民生活水平的稳步提高。因此,公共设施的重要性不言而喻,需要重点管理和保护。第二,行为在客观方面表现为实施了盗窃、损毁等破坏公共设施的行为。盗窃,是指以非法占有为目的,采用秘密取得等手段窃取,尚不够刑事处罚的行为;损毁,是指行为人出于故意或者过失损坏或者毁坏公私财物的行为。根据《石油天然气管道保护条例》的规定,"油气管道、设施"包括:(1) 输送石油、天然气(含煤气)的管道;(2) 管道防腐保护设施,包括阴极保护站、阴极保护测试桩、阳极地床和杂散电流排流站;(3) 管道水工防护构筑物、抗震设施、管堤、管桥及管道专用涵洞和隧道;(4) 加压站、加热站、计量站、集油(气)站、输气站、配气站、处理场(站)、精管站、各类阀室(井)及放空设施、油库、装卸栈桥及装卸场;(5) 管道标志、标识和穿越公(铁)路检漏装置。实践中,破坏、侵占油气田的输油输气管道现象十分严重,形成了诸多重大事故隐患,并引发了一些事故。主要表现为:一是不法分子为偷油偷气,在管道上打孔、肆意破坏油气管道等生产设施,严重影响管道安全运行。二是违法开采油气,破坏油气田设施,甚至个

别地方人民政府的有关人员支持一些人破坏已建成运行的输气管道,强行安装阀门,破坏正常供气等。根据《电力设施保护条例》的规定,"电力设施"包括:发电设施、变电设施和电力线路设施。其中,发电设施、变电设施的保护范围包括:(1)发电厂、变电站、换流站、开关站等厂、站内的设施;(2)发电厂、变电站外各种专用的管道(沟)、储灰场、水井、泵站、冷却水塔、油库、堤坝、铁路、道路、桥梁、码头、燃料装卸设施、避雷装置、消防设施及其有关辅助设施;(3)水力发电厂使用的水库、大坝、取水口、引水隧洞(含支洞口)、引水渠道、调压井(塔)、露天高压管道、厂房、尾水渠、厂房与大坝间的通信设施及其有关辅助设施。电力线路设施的保护范围包括:(1)架空电力线路:杆塔、基础、拉线、接地装置、导线、避雷线、金具、绝缘子、登杆塔的爬梯和脚钉,导线跨越航道的保护设施,巡(保)线站,巡视检修专用道路、船舶和桥梁,标志牌及其有关辅助设施;(2)电力电缆线路:架空、地下、水底电力电缆和电缆联结装置,电缆管道、电缆隧道、电缆沟、电缆桥、电缆井、盖板、人孔、标石、水线标志牌及其有关辅助设施;(3)电力线路上的变压器、电容器、电抗器、断路器、隔离开关、避雷器、互感器、熔断器、计量仪表装置、配电室、箱式变电站及其有关辅助设施;(4)电力调度设施:电力调度场所、电力调度通信设施、电网调度自动化设施、电网运行控制设施。根据《电信管理条例》的规定,"电信设施",是指公用电信网、专用电信网、广播电视传输网的设施,包括所有有线、无线、电信管道和卫星等设施。根据《广播电视设施保护条例》的规定,"广播电视设施",包括广播电视台、站(包括有线广播电视台、站,下同)和广播电视传输网的下列设施:(1)广播电视信号发射设施,包括天线、馈线、塔桅(杆)、地网、卫星发射天线及其附属设备等;(2)广播电视信号专用传输设施,包括电缆线路、光缆线路(以下统称传输线路)、塔桅(杆)、微波等空中专用传输通路、微波站、卫星地面接收设施、转播设备及其附属设备等;(3)广播电视信号监测设施,包括监测接收天线、馈线、塔桅(杆)、测向场强室及其附属设备等。根据《防洪法》及相关法规的规定,"水利防汛工程设施",主要由国有防汛工程设施和集体所有的防汛工程设施组成,包括挡水、泄水建筑物,引水系统、尾水系统、分洪道及其附属建筑物,附属道路、交通设施,供电、供水、供风、供热及制冷设施,水闸、泵站、涵洞、桥梁、道路工程及其管护设施,蓄滞洪区、防护林带、滩区安全建设工程等。"水文监测、测量设施",是指水利、电力、气象、海洋、农林等部门用于测算水位、流量等数据的水文站、雨量站等设施。对此,《中华人民共和国水法》已有明确规定,该法第72条规定:有下列行为之一,构成犯罪的,依照刑法的有关规定追究刑事责任;尚不够刑事处罚,且防洪法未作规定的,由县级以上地方人民政府水行政主管部门或者流域管理机构依据职权,责令停止违法行为,采取补救措施,处1万元以上5万元以下的罚款;违反治安管理处罚条例的,由公安机关依法给予治安管理处罚;给他人造成损失的,依法承担赔偿责任:(1)侵占、毁坏水工程及堤防、护岸等有关设施,毁坏防汛、水文监测、水文地质监测设施的;(2)在水工程保护范围内,从事影响水工程运行和危害水工程安全的爆破、打井、采石、取土等活动的。保护水文监测、测量设施,主要是为了及时准确地向防汛抗旱等部门提供实时水文信息、实时气象信息、水文预报、风暴潮预报。"气象测报设施",是指气象探测设施、气象信息专用传输设施、大型气象专用技术装备等气象仪器、设施、标志。《气象法》第十一条规定:国家依法保护气象设施,任何组织或者个人不得侵占、损毁或者擅自移动气象设施。"环境监测设施",是指用于监控和测量环境资源的质量、污染程度等各项指标设施、设备,如渗沥液监测井、尾气取样孔等。"地震监测设施",是指地震监测台网的监测设施、设备、仪器和其他依照国务院地震行政主管部门的规定设立的地震监测设施、设备、仪器。根据《防震减灾法》的规定,国家依法保护地震监测设施和地震观测环境,任何单位和个人不得危害地震监测设施和地震观测环境。第三,行为主体为自然人。第四,行为主观方面出于故意。

(二)盗窃、损毁油气管道、电力电信等公共设施行为与相关行为的区别

第一,盗窃、损毁油气管道、电力电信等公共设施行为与盗窃行为的区别。二者的区别主要表现在侵害对象的不同。如果窃取的是库存的或者正在生产、维修中的器材,则只是侵害财产所有权,并不危害公共安全,因此,应以盗窃行为论处。如果窃取的是正在使用中的以上设备,如盗割正在使用中的电话线、电缆线等,势必会使不特定多数单位或个人的广播、电视通讯受阻,线路安全受到威胁,应以妨害公共安全行为论处。第二,盗窃、损毁油气管道、电力电信等公共设施行为与破坏电力设备罪、破坏易燃易爆设施罪的主要区别在于是否足以造成严重后果,危害公共安全。足以造成严重后果、危害公共安全的构成犯罪,否则,构成违反治安管理行为。第三,盗窃、损毁油气管道、电力电信等公共设施行为与破坏广播电视设施、破坏公用电信设施罪的主要区别在于行为是否造成一定后果,危害公共安全。最高人民法院发布的《关于审理破坏广播电视设施等刑事案件具体应用法律若干问题的解释》第1条规定,破坏正在使用的广播电视设施,具有下列情形之一的,以破坏广播电视设施罪论处:①造成救灾、抢险、防汛和灾害预警等重大公共信息无法发布的;②造成县级、地市(设区的市)级广播电视台中直接关系节目播出的设施无法使用,信号无法播出的;③造成省级以上广播电视传输网内的设施无法使用,地市(设区的市)级广播电视传输网内的设施无法使用三小时以上,县级广播电视传输网内的设施无法使用十二小时以上,信号无法传输的;④其他危害公共安全的情形。最高人民法院发布的《关于审理破坏公用电信设施刑事案件具体应用法律若干问题的解释》第1条规定,故意破坏正在使用的公用电信设施,具有下列情形之一的,以破坏公用电信设施罪论处:①造成火警、匪警、医疗急救、交通事故报警、救灾、抢险、防汛等通信中断或者严重障碍,并因此贻误救助、救治、救灾、抢险等,致使人员死亡一人、重伤三人以上或者造成财产损失三十万元

以上的;②造成二千以上不满一万用户通信中断一小时以上,或者一万以上用户通信中断不满一小时的;③在一个本地网范围内,网间通信全阻、关口局至某一局向全部中断或网间某一业务全部中断不满二小时或者直接影响范围不满五万(用户×小时)的;④造成网间通信严重障碍,一日内累计二小时以上不满十二小时的;⑤其他危害公共安全的情形。因此,实施盗窃、损毁广播电视设施、公用电信设施,不具有上述情形的,构成违反治安管理行为。

(三) 盗窃、损毁油气管道、电力电信等公共设施行为的调查及处理

对盗窃、损毁油气管道、电力电信等公共设施行为的调查,应把握以下重点:行为人实施了何种具体的行为,行为对象是何种公共设施,其数量及价值如何;实施行为的动机、目的、时间、方法,是否造成了实际的危害后果,造成何种危害后果及其危害程度如何。根据《治安管理处罚法》第33条的规定,构成本行为的,处10日以上15日以下拘留。

五、移动、损毁国家边境标志、设施或者领土、领海标志设施案件

(一) 移动、损毁国家边境标志、设施或者领土、领海标志设施案件的认定

移动、损毁国家边境标志、设施或者领土、领海标志设施行为,是指行为人明知是国家设立在边境上的界碑、界桩以及其他边境标志、边境设施或者领土、领海标志设施,而故意予以移动、损毁的,才构成本条所规定的违法行为。界碑、界桩以及其他边境标志是我国领土范围的重要标志,标志着我国的主权和领土完整,事关国家权益,因此,世界各国无不对此非常重视,甚至为了界碑、界桩不惜发动战争。历史上因争夺界碑、界桩的具体方位而引发大规模战争的案例非常多,无不浸透着一个国家的血泪史和苦难史。为了我国的领土完整和国家主权,我们必须严格按照有关规定确定我国的界碑、界桩以及其他边境标志的地理位置,防止因移动、损毁国家边境的界碑、界桩以及其他边境标志、边境设施或者领土、领海标志设施而损害我国的主权和领土完整。因此,我国法律对国家边境的界碑、界桩以及其他边境标志予以明确的保护。

该行为的主要法律特征是:第一,行为侵犯的客体是国家对边境、领土、领海的正常管理秩序。第二,行为的客观方面表现为实施了移动、损毁国家边境界碑、界桩、边境标志、边境设施或者领土、领海标志的行为等。移动、损毁,是指将界碑、界桩以及其他边境标志、边境设施或者领土、领海标志设施砸毁、拆除、挖掉、盗走、移动或者改变其原样等,从而使其失去其原有的意义和作用的行为。"国家边境的界碑、界桩",是指我国政府与邻国按照条约规定或者历史上实际形成的管辖范围,在陆地接壤地区里埋设的指示边境分界及走向的标志物。界碑和界桩没有实质的区别,只是形状不同。"领土"指一个国家主权管辖下的区域,包括领陆

（陆地）、领水（水域及其底土）和领空（领陆和领水上空）等。"领水"包括内水和领海。内水指国家领陆内以及领海基线（沿海国划定其领海外部界限的起算线）向陆地一面的水域，指河流、湖泊、内海、封闭性海湾和港口等泊船处。"领空"指隶属于国家主权的领陆和领水上空，一般指领陆和领水上面的大气空间。"领海"，指沿海国主权所及的与其海岸或内水相邻接的一定范围的海域，对群岛国来说，领海是群岛水域以外邻接一定范围的海域。第三，行为主体是一般主体。第四，行为主观方面表现为故意或者过失。

（二）移动、损毁国家边境标志、设施或者领土、领海标志设施行为与相关行为的区别

在处理此类行为时要注意与破坏界碑、界桩罪的区别，关键看情节的轻重以及后果的严重程度等方面。如果行为人破坏界碑、界桩的数量较多，破坏的程度较大，造成边界纠纷的，则构成犯罪；如果情节较轻的，则构成违反治安管理行为。

（三）移动、损毁国家边境标志、设施或者领土、领海标志设施行为的调查及处理

对移动、损毁国家边境标志、设施或者领土、领海标志设施行为的调查应把握以下重点：行为人实施了何种具体的行为，行为的对象及价值，行为发生的时间、地点；实施行为的动机、目的，是否造成了实际的危害后果，造成何种危害后果及其危害程度如何等。根据《治安管理处罚法》第 33 条的规定，构成本行为的，处 10 日以上 15 日以下拘留。

六、擅自安装、使用电网案件

（一）擅自安装、使用电网案件的认定

擅自安装、使用电网行为，是指未经批准，安装、使用电网，或者安装、使用电网不符合安全规定，尚不够刑事处罚的行为。为了保卫一些重要场所的安全，一般需要使用电网。实践中有些单位和个人未经批准，私自安装电网，如在房屋周围、牲畜圈舍、农田、林地周围等地使用电网，对人民群众的安全构成严重威胁，因此，法律对此做出了规定。该行为的主要法律特征是：第一，行为侵犯的客体是公共安全。行为侵犯的对象是电网。第二，行为在客观方面表现为未经批准，安装、使用电网，或者安装、使用电网不符合安全规定。"未经批准，安装、使用电网"，是指未经主管部门批准，安装和使用电网的行为。根据 1983 年 9 月 23 日水利电力部、公安部《关于严禁在农村安装电网的通告》的规定，安装电网的主管部门是公安机关。根据上述规定，"凡安装电网者，必须将安装地点、理由，并附有安装电网的四邻距离图，以及使用电压等级和采取的预防误触电措施等有关资料，向所在地县（市）公安局申报，经审查批准，方可安装。""严禁社队企业、作坊安装电网护厂（场）防盗防窃。""严禁私人安装电网圈拦房舍、园地、谷仓、畜圈、禽舍等。""严

禁用电网捕鱼、狩猎、捕鼠或灭害等。"这里的"安装、使用电网不符合安全规定",是指虽经过批准,但安装、使用电网不符合安全规定的行为。这里的"安全规定",是指警示装置、保险设备、电压标准等安全要求。实践中,如果行为人未经批准,安装、使用电网,或者安装、使用电网不符合安全规定,并造成严重后果的,如造成人身伤害、致人死亡的,则应当依法追究其刑事责任。第三,行为的主体可以是单位,也可以是自然人。

(二) 擅自安装、使用电网行为与以危险方法危害公共安全罪的区别

二者的区别主要在于是否造成了严重后果。如果行为人私设电网,造成他人伤亡,或使公共财产受到重大损失等严重后果的,应以犯罪行为论处。如未造成严重后果,则应以违反治安管理行为论处。

(三) 擅自安装、使用电网行为的调查及处理

对违反规定安装、使用电网行为的调查,应把握以下重点:行为人实施了何种具体的行为,行为的对象及价值,行为发生的时间、地点;实施行为的动机、目的,是否造成了实际的危害后果,造成何种危害后果及其危害程度如何等。根据《治安管理处罚法》第37条的规定,构成本行为的,处5日以下拘留或者500元以下罚款;情节严重的,处5日以上10日以下拘留,可以并处500元以下罚款。

七、违反通道施工安全规定案件

(一) 违反通道施工安全规定案件的认定

违反通道施工安全行为的主要法律特征是:第一,行为客观方面表现为:一是道路施工妨碍行人安全,指在车辆、行人通行的地方施工,施工单位对沟井坎穴不设覆盖物、防围和警示标志的行为。二是破坏道路施工安全设施,指行为人故意损毁、移动覆盖物、防围和警示标志的行为。这里的"覆盖物、防围",是指在道路施工中为了防止非机动车、行人跌落或者机动车损毁的发生,用于遮拦开凿挖掘的沟井坎穴所用的铁板、帆布、毡布、护栏、塑料布等。"警示标志",是指警示灯、旗帜、标志杆、警告牌等。第二,行为主观方面,前一种情况行为人既可以是故意,也可以是过失;而后一种情况行为人只能是故意。第三,行为的主体既可以是特殊主体,也可以是一般主体。前一种情况由特殊主体构成,即只能由在上述地方施工的人员构成;而后一种情况两种主体(施工人员和非施工人员)均可构成。

(二) 违反通道施工安全规定行为与相关犯罪行为的区别

二者的主要区别在于:是否已经或足以造成重大事故。如果违反施工安全规定,发生重大伤亡事故;或者故意损毁、移动覆盖物、警示标志、防围,足以造成重大事故的,则应依法追究其刑事责任。

(三)违反通道施工安全规定行为的调查及处理

对违反通道施工安全规定行为的调查,应把握以下重点:行为人实施了何种具体的行为,行为发生的时间、地点;实施行为的动机、目的,是否造成了实际的危害后果,造成何种危害后果及其危害程度如何;行为人施工是否具有道路施工的许可;属于单位行为的,应查清直接负责的主管人员和其他直接责任人员的责任。根据《治安管理处罚法》第37条的规定,构成本行为的,处5日以下拘留或者500元以下罚款;情节严重的,处5日以上10日以下拘留,可以并处500元以下罚款。

八、违规举办大型活动案件

(一)违规举办大型活动案件的认定

违规举办大型活动行为是指举办文化、体育等大型群众性活动,违反有关规定,有发生安全事故危险的行为。该行为具有以下特征:第一,行为侵犯的客体既包括公共安全,也包括国家对大型群众性活动的安全管理制度。行为侵犯的对象是文化、体育等大型群众性活动。第二,行为客观表现为举办文化、体育等大型群众性活动,违反有关规定,有发生安全事故危险的行为。对该行为的认定,应当把握以下两个要素:首先,违反有关规定,即违反关于大型活动的安全规定,如《中华人民共和国消防法》《大型群众性活动安全管理条例》等法律、法规。现实中违反安全规定的行为发生于以下两个方面:一是未经许可,擅自举办大型群众性活动;二是经过许可的大型群众性活动,在举办过程中违反安全规定,擅自变更大型活动时间、地点、内容、举办规模,不落实安全工作方案,临时搭建的设施、建筑物存在安全隐患,活动场所、设施不符合国家安全标准和安全规定,未按要求配备必要的安全检查设备及对参加大型群众性活动的人员进行安全检查,未按照核准的活动场所容纳人员数量、划定的区域发放或者出售门票,未配备与大型群众性活动安全工作需要相适应的专业保安人员以及其他安全工作人员等。其次,有发生安全事故的危险。此种危险是指存在发生人员伤亡、财产损失可能。是否"有发生安全事故的危险",应当由公安机关依据相应的证据推定。以举办文化、体育等大型群众性活动违反有关规定为例,公安机关不需要待其正式举办活动时再认定"有发生安全事故的危险",只要有证据证明,如该项活动的场地为预计容纳的人数(发放门票的情况)不符合核定人数的有关规定,即可以"有发生安全事故的危险"责令其停止活动。此处的"停止活动",包括相关的宣传、推广、买票等情形,并对组织者依法予以治安管理处罚。第三,行为主体是特殊主体,即必须是大型活动的组织者,既可以是自然人(包括中国公民、外国人和无国籍人),也可以是单位。单位是指法人或者非法人组织。第四,行为主观方面既可以是故意,也可以是过失。

(二) 违规举办大型活动行为与大型群众性活动重大安全事故罪、消防责任事故罪的区别

违反规定举办大型活动行为与大型群众性活动重大安全事故罪、消防责任事故罪的界限关键在于是否造成"严重后果"。构成大型群众性活动重大安全事故罪，要求有"发生重大伤亡事故或者造成其他严重后果"；构成消防责任事故罪，要求"造成严重后果"。按照 2008 年 6 月最高人民检察院、公安部印发的《关于公安机关管辖的刑事案件立案追诉标准的规定（一）》第 11 条、第 15 条的规定，上述两罪立案追诉的标准是：造成死亡一人以上，或者重伤三人以上；造成直接经济损失五十万元以上；其他造成严重后果的情形。因此，举办大型活动，违反有关规定，有发生安全事故危险，但不具有上述情形的，属于违反治安管理行为。

(三) 违规举办大型活动行为的调查及处理

对违规举办大型活动行为的调查，应把握以下重点：行为人举办大型群众性活动是否违反有关规定、违反了何种规定；实施行为的动机、目的，是否造成了危害后果，危害后果及其危害程度如何；属于单位行为的，查清直接负责的主管人员和其他直接责任人员的责任等。根据《治安管理处罚法》第 37 条的规定，构成本行为的，责令停止活动，立即疏散；对组织者处 5 日以上 10 日以下拘留，并处 200 元以上 500 元以下罚款；情节较轻的，处 5 日以下拘留或者 500 元以下罚款。

第三节　侵犯人身权利案件的认定及处理

侵犯他人人身权利行为是指侵犯他人身体健康、人身自由、人格尊严等相关的人身权利，具有社会危害性，应当依法给予治安管理处罚，但尚不够刑事处罚程度的行为。侵犯他人人身权利行为构成特征如下：第一，侵犯他人人身权利行为所侵犯的客体是他人的人身权利，包括他人的身体健康、人身自由、人格尊严等权利，也包括广义的住宅安宁权、公平交易权、通信自由权、民族平等权等广义的人身权利。第二，侵犯他人人身权利行为的客观方面主要表现为行为人具有侵犯他人人身权利的违法行为和危害结果。第三，侵犯他人人身权利行为的主体多数为一般主体，少数情况下为特殊主体，比如，虐待、遗弃行为的主体是具有特定身份或负有特定义务的特殊主体。第四，侵犯他人人身权利行为的主观方面一般是故意，包括直接故意和间接故意。行为人的动机不影响故意的认定，过失则不可能构成此类行为。

根据《治安管理处罚法》和《违反公安行政管理行为的名称及其适用意见》的规定，侵犯他人人身权利行为共计 24 种，分别是：组织、胁迫、诱骗进行恐怖、残忍表演（第 40 条第 1 项）；强迫劳动（第 40 条第 2 项）；非法限制人身自由（第 40 条

第 3 项);非法侵入住宅(第 40 条第 3 项);非法搜查身体(第 40 条第 3 项);胁迫、诱骗、利用他人乞讨(第 41 条第 1 款);以滋扰他人的方式乞讨(第 41 条第 2 款);威胁人身安全(第 42 条第 1 项);侮辱(第 42 条第 2 项);诽谤(第 42 条第 2 项);诬告陷害(第 42 条第 3 项);威胁、侮辱、殴打、打击报复证人及其近亲属(第 42 条第 4 项);发送信息干扰正常生活(第 42 条第 5 项);侵犯隐私(第 42 条第 6 项);殴打他人(第 43 条第 1 款);故意伤害(第 43 条第 1 款);猥亵(第 44 条);在公共场所故意裸露身体(第 44 条);虐待(第 45 条第 1 项);遗弃(第 45 条第 2 项);强迫交易(第 46 条);煽动民族仇恨、民族歧视(第 47 条);刊载民族歧视、侮辱内容(第 47 条);冒领、隐匿、毁弃、私自开拆、非法检查他人邮件(第 48 条)。

一、组织、胁迫、诱骗进行恐怖、残忍表演案件

(一)组织、胁迫、诱骗进行恐怖、残忍表演案件的认定

组织、胁迫、诱骗进行恐怖、残忍表演行为,是指组织、胁迫或者诱骗不满十六周岁的人或者残疾人表演恐怖、残忍节目,摧残其身心健康,情节轻微,尚不够刑事处罚的行为。国务院颁布的《营业性演出管理条例》规定,国家鼓励和支持营业性文艺表演团体和个体演员深入群众,努力创作和表演思想性、艺术性统一,具有强烈吸引力、感染力,为广大群众所欢迎的优秀节目。国家禁止举办表演方式恐怖、残忍,摧残演员健康的,或者利用人体缺陷或者以展示人体变异等招徕观众的演出活动。因此,组织、胁迫、诱骗不满十六周岁的人或者残疾人进行恐怖、残忍表演行为是违反国家规定,应当受到惩处的行为。

该行为的主要法律特征是:第一,行为侵犯的客体是未成年人、残疾人的人身权利。不满十六周岁的人,根据《未成年人保护法》的规定,属于未成年人。未成年人是祖国的未来,江山社稷的希望,未成年人成长的好坏直接关系到国家的发展和建设,党和国家历来重视对未成年人身心健康的保护,坚持同损害未成年人身心健康的各种违法犯罪行为作斗争。未成年人身心发育不成熟,易受不法分子的胁迫和诱骗,因此,保护未成年人身心健康有着极其重要的意义。残疾人是一个困难群体,由于身体的残疾影响他们与外界的交往,残疾人在社会生活中常常处于某种不利地位,正常能力的发挥受到限制,而且通常他们受教育程度低,就业机会少,对残疾人的保障关系到国家发展、社会稳定和生产力的进一步解放,这是不容忽视的社会问题。因此,《残疾人保障法》规定,残疾人的公民权利和人格尊严受法律保护。禁止歧视、侮辱、侵害残疾人。根据《残疾人保障法》的规定,这里的"残疾人",是指在心理、生理、人体结构上,某种组织、功能丧失或者不正常,全部或者部分丧失以正常方式从事某种活动能力的人。残疾人包括视力残疾、听力残疾、言语残疾、肢体残疾、智力残疾、精神残疾、多重残疾和其他残疾的人。第二,行为在客观方面表现为行为人必须实施了组织、胁迫、诱骗未成年人、残疾人

进行恐怖、残忍表演行为。所谓"组织"是指行为人通过纠集、控制不满十六周岁的人、残疾人或者以雇佣、招募等手段让不满十六周岁的人、残疾人表演恐怖、残忍节目的行为。"胁迫"是指行为人以立即实施暴力或其他有损身心健康的行为，如冻饿、罚跪等相要挟，逼迫不满十六周岁的人、残疾人按其要求表演恐怖、残忍节目的行为。"诱骗"是指行为人利用不满十六周岁的人年幼无知的弱点或亲属等其他人身依附关系，或者利用残疾人的自身弱点，以许愿、诱惑、欺骗等手段使不满十六周岁的人、残疾人按其要求表演恐怖、残忍节目的行为。[①] 第三，行为人须组织、胁迫、诱骗不满十六周岁的人或者残疾人进行的是恐怖、残忍表演。这里所说的"恐怖"表演，是指营造凶杀、暴力等恐怖气氛的表演项目，如碎尸万段、刀劈活人、大卸人体组织等。"残忍"表演，是指对人的身体进行残酷折磨，以营造残忍气氛的表演项目，如脚踩女孩、人吃活蛇、蛇钻七窍、油锤贯顶、钉板打石、汽车过人、铁钉刺鼻等。这些表演项目严重摧残了不满十六周岁的人和残疾人的身心健康，影响了他们的正常发育。第四，行为的主体可以是自然人，也可以是单位。

（二）组织、胁迫、诱骗进行恐怖、残忍表演行为与其他相关行为的区别

1. 该行为与非法拘禁罪、伤害罪的区别

区分《治安管理处罚法》规定的组织、胁迫、诱骗进行恐怖、残忍表演行为与非法拘禁罪和故意伤害罪的界限，需准确把握非法拘禁罪和故意伤害罪的认定标准。在组织、胁迫、诱骗不满十六周岁的人或者残疾人进行恐怖、残忍表演的过程中，如果存在非法拘禁未成年人、符合非法拘禁罪犯罪构成的行为，则应当以非法拘禁罪追究相关人员的刑事责任。根据我国法律的规定及司法实践，对于故意伤害他人致人轻伤以上的行为人，以故意伤害罪定罪处刑。因此，组织、胁迫、诱骗不满十六周岁的人或者残疾人进行恐怖、残忍表演的过程中，如果有故意伤害未成年人身体，致其轻伤以上的情形，即触犯了我国刑法中的有关规定，应以故意伤害罪追究其刑事责任，不得以行政处罚替代刑罚。

2. 该行为与一般杂技表演的界限

中国杂技源远流长，是我国传统文化的一部分，它不仅具有强身健体的作用，而且在日常生活中，杂技还常常作为一种颇具观赏性的表演节目展现在人们面前。杂技表演虽然也有一些惊险、离奇的动作，但其宗旨是以科学、文明体现自身价值的。而恐怖、残忍表演是以表现恐怖、暴力为内容，所追求的是感官刺激、恐怖气氛，并且这类表演大多缺乏必要的安全措施，极易发生危险，尤其是由不满十六周岁的人或者残疾人表演这类节目，会对其身心健康会造成极大伤害。

---

① 专家编写组. 中华人民共和国治安管理处罚法释义与实用指南[M]. 北京：中国人民公安大学出版社，2005：78.

(三) 组织、胁迫、诱骗进行恐怖、残忍表演行为的调查及处理

对组织、胁迫、诱骗进行恐怖、残忍表演行为的调查重点为：行为人所实施的违法行为的具体方式，是"组织""胁迫""诱骗"其中的一种还是两种以上；该行为所侵害的对象及其数量；恐怖、残忍表演的具体内容及其对被害人身心造成的伤害；行为发生的时间、地点、持续的时间长短及造成的社会影响；行为人所获得的收益及其分配；是否存在对不满十六周岁的人或者残疾人的非法拘禁、故意伤害等行为。根据《治安管理处罚法》第40条的规定，构成本行为的，处10日以上15日以下拘留，并处500元以上1000元以下罚款；情节较轻的，处5日以上10日以下拘留，并处200元以上500元以下罚款。

二、强迫他人劳动案件

（一）强迫他人劳动案件的认定

强迫他人劳动行为，是指违反劳动管理法规，以暴力、威胁或者其他手段强迫他人劳动，情节轻微，尚不够刑事处罚的行为。《劳动法》规定，劳动者享有平等就业和选择职业的权利、取得劳动报酬的权利、休息休假的权利、获得劳动安全卫生保护的权利、接受职业技能培训的权利、享受社会保险和福利的权利、提请劳动争议处理的权利以及法律规定的其他劳动权利。用人单位应当依法建立和完善规章制度，保障劳动者享有劳动权利和履行劳动义务。任何以暴力、威胁或者其他手段强迫他人劳动的行为，都严重侵害了他人的人身自由和劳动权利，应当予以惩处。该行为的主要法律特征是：第一，行为侵犯的客体是公民的自由劳动权。第二，行为的客观方面表现为：(1) 行为人必须采用暴力、威胁或者其他手段。所谓"暴力"手段，是指行为人对他人人身实行殴打、捆绑等强制手段，使他人不得不按行为人的要求进行劳动；"威胁"手段，是指行为人对他人实行恐吓、要挟等精神强制手段，如以人身伤害、毁坏财物、损害名誉等相要挟，使他人产生恐惧，不敢做真实的意思表示，而不得不按行为人的要求进行劳动；"其他手段"，是指使用暴力、胁迫以外的使他人不知抗拒、无法抗拒的强制手段，如禁止离厂、不让回家等。(2) 行为人实施了强迫他人劳动的行为。这种强迫他人劳动的行为，是以暴力、威胁或者其他手段，且违背他人的主观意志，强迫他人进行劳动的行为。如果行为人并没有使用暴力、威胁或者其他手段强迫他人进行劳动，只是对劳动者在工作中进行严格要求，或者劳动者自愿超时间、超负荷地工作，行为人并未对其进行强迫，则不属于强迫他人劳动的违反治安管理行为。第三，行为主体一般是用人单位。

(二) 强迫他人劳动行为与相关行为的区别

1. 与强迫劳动罪的区别

刑法修正案（八）降低了强迫劳动的入罪门槛，该修正案规定，只要实施了以暴力、威胁或限制人身自由的方式强迫他人劳动的，或是明知他人在实施前述行为而为其招募、运送人员或以其他方式进行协助强迫他人劳动的即构成强迫劳动罪。因此，在认定强迫劳动行为时，首先考虑行为人的行为是否符合强迫劳动罪的犯罪构成，对情节显著轻微、社会危害性不大的，认定为违反《治安管理处罚法》的强迫劳动行为给予行为人相应的行政处罚。强迫他人劳动行为与强迫劳动罪的区别主要表现在以下四个方面：一是主体不同。前者主体一般是单位，也可以是自然人；后者主体则只能是用人单位的直接责任人员。二是客观方面表现形式不同。前者表现为以暴力、威胁或者其他手段强迫他人劳动；后者表现为以限制人身自由的方式强迫他人劳动，情节严重的行为。四是强迫的对象不同。前者可以是强迫任何人劳动，而后者只能是强迫职工劳动。

2. 与相关犯罪的区别

强迫他人劳动行为从行为的方式方法上看，可能涉及多种犯罪，使用暴力可能涉及伤害罪，限制他人人身自由可能涉及非法拘禁罪等，是否构成犯罪，关键是看行为的情节、后果。如果行为人以强迫他人劳动为目的，实施了一般的暴力、胁迫或其他方法，没有对劳动者造成较大的伤害，可按违反治安管理行为论处。如果因暴力、胁迫或其他方法，致使劳动者身心遭到严重摧残和直接伤害，如因暴力致使他人肢体残废，失去听觉、视觉、容貌被毁；或胁迫、非法限制他人人身自由致使他人精神障碍；或非法拘禁时间较长，行为性质发生变化等，则构成伤害罪、非法拘禁罪。

3. 与劳动过程中强迫命令，简单、粗暴的管理行为的界限

有些单位的负责人，不注意调动他人的劳动积极性，工作方法简单、粗暴，引起他人的不满。这种行为虽然也违背了他人的意愿，具有强迫他人劳动的性质，但由于没有采取暴力、威胁或者其他手段，故应属于工作方法问题，不能构成强迫他人劳动的违反治安管理行为。

(三) 强迫他人劳动行为的调查及处理

对强迫劳动行为的调查重点为：受到强迫劳动的被害人的人数、被强迫劳动的时间；强迫的手段、地点、工作条件、强迫的次数；被害人被强迫劳动后获取的收益；强迫劳动对被害人所造成的危害后果及社会影响。根据《治安管理处罚法》第40条的规定，构成本行为的，处10日以上15日以下拘留，并处500元以上1 000元以下罚款；情节较轻的，处5日以上10日以下拘留，并处200元以上500元以

下罚款。

三、非法限制人身自由案件

（一）非法限制人身自由案件的认定

非法限制人身自由行为是指行为人利用各种方法和手段非法限制他人人身自由、违反治安管理但尚不够刑事处罚的行为。在我国，对逮捕、拘留、拘禁等限制他人人身自由的强制措施有严格的法律规定，必须由专门机关按照法律规定的程序进行。《宪法》第37条规定："中华人民共和国公民的人身自由不受侵犯。任何公民，非经人民检察院批准或者决定或者人民法院决定，并由公安机关执行，不受逮捕。禁止非法拘禁和以其他方法非法剥夺或者限制公民的人身自由，禁止非法搜查公民的身体。"非法限制他人人身自由是一种严重剥夺公民身体自由的行为。任何机关、团体、企业、事业单位和个人不依照法律规定或者不依照法律规定的程序限制他人人身自由都是非法的，应当予以惩处。非法限制他人人身自由的方式多种多样，如捆绑、关押、扣留身份证件不让随意外出或者与外界联系等，其实质就是强制剥夺他人的人身自由。实践中应当注意的是，依据刑事诉讼法及有关法律的规定，公民对正在实施违法犯罪或者违法犯罪后被即时发觉的、通缉在案的、越狱逃跑的、正在被追捕的人有权立即扭送到司法机关。这种扭送行为，包括在途中实施的捆绑、扣留等行为的，不能认为是非法限制他人人身自由的行为。非法限制人身自由行为具有以下构成特征：第一，此类行为侵犯的客体是他人的人身自由权利。第二，此类行为客观方面的表现为行为人实施了非法限制他人人身自由的行为。第三，实施此类行为的主体为一般主体，既可以是达到法定责任年龄、具有相应责任能力的自然人，也可以是单位。第四，此类行为的行为人主观方面均为故意。

（二）非法限制人身自由行为罪与非罪的区别

人身自由是公民最为重要的人身权利之一，对公民人身自由的尊重和保护是法治社会的重要特征之一。因此，对非法限制人身他人人身自由的行为，应依法予以打击处理，以保障公民的人身自由不受侵犯。我国刑法中规定的非法拘禁罪，以惩处和预防侵犯公民个人自由犯罪行为的发生为目的。但非法限制人身自由的行为并非都构成非法拘禁罪，因此，应区别非法限制人身自由的违法行为与非法拘禁罪的界限。我国刑法理论认为，普通的行政违法行为和犯罪行为具有很大的相似性，其最大的区别在于社会危害性程度的不同，由普通的行政违法行为到犯罪行为，其社会危害性不断增加，是一个量变到质变的过程，非法拘禁罪也是如此，并非所有的非法限制他人人身自由的行为都构成非法拘禁罪，只有非法拘禁他人达到一定严重程度时，才能构成犯罪。《最高人民检察院关于渎职侵权犯罪案件立案标准的规定》（高检发释字〔2006〕2号）中明确规定："非法拘禁罪是指以拘禁或者其他方法非法剥夺他人人身自由的行为。国家机关工作人员利用职权非法拘禁，涉嫌下列情形之一的，应予立案：非法剥夺他人人身自由24小时以上的；非法剥夺他人人身自由，并使用械具或者捆绑等恶劣手段，或者实施殴打、侮辱、虐待行为的；非法拘禁，造成被拘禁人轻伤、重伤、死亡的；非法拘禁，情节严重，导致被拘禁人自杀、自残造成重伤、死亡，或者精神失常的；非法拘禁3人次以上的；司法工作人员对明知是没有违法犯罪事实的人而非法拘禁的；其他非法拘禁应予追究刑事责任的情形。"尽管该标准只是针对国家机关工作人员涉嫌非法拘禁罪的入罪标准，但对于一般主体实施非法拘禁行为的入罪标准具有参考作用。在我国司法实践中，对于短暂剥夺他人人身自由且不具有其他严重情节的行为，一般不作为犯罪惩处，而是予以行政处罚。

（三）非法限制人身自由行为的调查及处理

对非法限制人身自由行为的调查重点为：非法限制他人人身自由的行为人人数、事情的起因、行为人的目的和动机；非法限制人身自由的行为方式、发生的时间、地点及行为持续的时间；被害人人数及被非法限制人身自由的次数；非法拘禁过程中有无殴打、侮辱、虐待被拘禁人等行为；是否造成被害人人身伤亡的危害后果及造成的社会影响等。根据《治安管理处罚法》第40条的规定，构成本类行为的，处10日以上15日以下拘留，并处500元以上1 000元以下罚款；情节较轻的，处5日以上10日以下拘留，并处200元以上500元以下罚款。

四、非法搜查身体案件

（一）非法搜查身体案件的认定

非法搜查身体行为是指无权搜查的行为人非法对他人身体进行搜查、违反治安管理但尚不够刑事处罚的行为。非法搜查身体行为具有以下构成特征：第一，此类行为侵犯的客体是他人的人身自由权利。第二，此类行为客观方面的表现为行为人实施了非法搜查他人身体的行为。所谓"非法"搜查，既包括本无搜查权的主体出于某种目的而实施的搜查他人身体的行为，也包括有搜查权的主体未经合法的批准程序而滥用权力搜查他人身体的行为，还包括虽经批准，但未按照法定程序搜查他人身体的行为。第三，实施此类行为的主体为一般主体，即达到法定的责任年龄、具有相应责任能力的自然人。第四，此类行为的行为人主观方面均为故意。

（二）非法搜查身体行为与相关犯罪的区别

正确认定此类行为，应把握其与相关犯罪之间的界限。我国《刑法》第245条规定了非法搜查罪、非法侵入住宅罪。正确把握上述犯罪，即可对非法搜查身体的行为准确定性。《最高人民检察院关于渎职侵权犯罪案件立案标准的规定》(高检发释字〔2006〕2号)中明确规定:"非法搜查罪是指非法搜查他人身体、住宅的行为。国家机关工作人员利用职权非法搜查,涉嫌下列情形之一的,应予立案:非法搜查他人身体、住宅,并实施殴打、侮辱等行为的;非法搜查,情节严重,导致被搜查人或者其近亲属自杀、自残造成重伤、死亡,或者精神失常的;非法搜查,造成财物严重损坏的;非法搜查3人(户)次以上的;司法工作人员对明知是与涉嫌犯罪无关的人身、住宅非法搜查的;其他非法搜查应予追究刑事责任的情形。"尽管上述标准只是针对国家机关工作人员利用职权非法搜查行为的入罪门槛,但对一般主体涉嫌非法搜查罪可以参照上述标准予以惩处。

(三) 非法搜查身体行为的调查及处理

对非法搜查身体行为的调查重点为:非法搜查身体行为的行为人的身份和人数、事情的起因、行为人的目的和动机;非法搜查身体行为的行为方式、发生的时间和地点;非法搜查身体行为的次数、被害人人数;非法搜查身体行为发生的经过及其造成的社会影响等。根据《治安管理处罚法》第40条的规定,构成本类行为的,处10日以上15日以下拘留,并处500元以上1 000元以下罚款;情节较轻的,处5日以上10日以下拘留,并处200元以上500元以下罚款。

五、以滋扰他人的方式乞讨案件

(一) 以滋扰他人的方式乞讨案件的认定

以滋扰他人的方式乞讨行为是指行为人以反复纠缠、强行讨要等滋扰他人的方式进行乞讨,违反治安管理但尚不够刑事处罚的行为。以滋扰他人的方式乞讨行为具有以下特征:第一,此类行为侵犯的客体主要是他人的合法权益,在一定程度上还扰乱了公共秩序。第二,此类行为客观方面的表现为行为人实施了反复纠缠、强行讨要等滋扰他人的方式乞讨的行为。反复纠缠是指不断地缠着他人进行乞讨的行为,如采取拉扯拖拽他人衣服、抱腿、不给钱就不松手等方式乞讨。强行讨要是指以蛮不讲理的方式向他人乞讨,致使他人不得不满足其乞讨要求的行为。第三,实施此类行为的主体为一般主体,即达到法定责任年龄、具有相应责任能力的自然人。第四,此类行为的行为人主观方面为故意。

(二) 以滋扰他人的方式乞讨行为与一般乞讨行为的区别

正确认定此类行为,应把握其与一般乞讨行为之间的界限。一般乞讨行为是通过向他人展示自己的悲惨境遇获取他人同情并给予施舍,不滋扰他人的正常活动。

(三) 以滋扰他人的方式乞讨行为的调查及处理

对以滋扰他人的方式乞讨行为的调查重点为:滋扰他人的行为人的身份、行为方式;行为发生的时间、地点、次数;被害人人数;以滋扰他人的方式乞讨行为造成的社会影响等。根据《治安管理处罚法》第 41 条第 2 款的规定,构成本行为的,处 5 日以下拘留或者警告。

六、威胁他人人身安全案件

(一) 威胁他人人身安全案件的认定

威胁他人人身安全行为是指行为人通过写恐吓信、发恐吓信息或其他方法威胁他人人身安全、违反治安管理但尚不够刑事处罚的行为。威胁他人人身安全行为具有以下特征:第一,此类行为侵犯的客体是他人的人身安全权利。第二,此类行为客观方面的表现为行为人实施了写恐吓信、发恐吓信息等威胁他人生命、健康等人身安全的行为,但尚不够刑事处罚。行为方式多种多样,包括写恐吓信、发恐吓信息、打恐吓电话、当面用言语恐吓、通过别人传话恐吓或者通过其他行为方式恐吓等。不管采用何种手段威胁,不论有无后果产生,均不影响本行为的成立。威胁的对象是特定的个人。如果行为人通过威胁获得了财物,则构成了敲诈勒索行为。第三,实施此类行为的主体为一般主体,即达到法定责任年龄、具有相应责任能力的自然人。第四,此类行为的行为人主观方面均为故意。

(二) 威胁他人人身安全行为和相关行为的区别

正确认定威胁他人人身安全行为,需要注意该类行为和相关行为的联系与区别。第一,威胁他人人身安全行为与故意伤害行为、故意伤害罪的联系与区别。威胁他人人身安全行为仅仅停留在威胁上,而并未对威胁的内容付诸行动,如果对威胁的内容付诸行动,则可能是殴打他人、故意伤害行为,甚至可能是故意伤害罪的行为。应当注意的是,威胁他人人身安全行为不是故意伤害的预备行为,行为人并没有进一步实施实际侵害行为的主观意愿。第二,威胁他人人身安全行为与敲诈勒索行为的联系与区别。威胁他人人身安全行为与敲诈勒索行为在行为方式方面有相似之处,如以暴力相威胁,以破坏被害人名誉相威胁等,但两者的动机不同:前者仅是对被害人实施精神上的恐吓,没有财产性的诉求;而后者是以非法获得财物为直接目的,侵害的客体是公私财产权和他人人身权的双重客体。

(三) 威胁人身安全行为的调查及处理

对威胁人身安全行为的调查重点为:威胁人身安全行为的动机、目的;行为人威胁他人人身安全的次数及受到威胁的人数;行为手段及造成的后果;行为发生的时间、地点及造成的社会影响。根据《治安管理处罚法》第 42 条的规定,构成本行为的,处 5 日以下拘留或者 500 元以下罚款;情节较重的,处 5 日以上 10 日以下拘留,可以并处 500 元以下罚款。

七、侮辱案件

（一）侮辱案件的认定

侮辱行为是指行为人使用暴力或其他方法，公然贬低他人人格或败坏他人名誉，违反治安管理但尚不够刑事处罚的行为。侮辱行为具有以下构成特征：第一，此类行为侵犯的客体是他人的人格权，包括姓名权、肖像权、名誉权。第二，此类行为客观方面的表现为行为人实施了使用暴力或其他方法，公然贬低他人人格或损害他人名誉，尚不够刑事处罚的行为。侮辱行为有多种表现形式，包括使用暴力、语言、文字等多种形式，其共同点在于贬低他人人格或损害他人名誉。第三，实施此类行为的主体为一般主体，即达到法定的责任年龄、具有相应的责任能力的自然人。第四，此类行为的行为人主观方面为故意，即行为人明知自己的侮辱行为会造成贬低他人人格、破坏他人名誉的后果，并且希望这种结果发生。行为人的目的是破坏他人名誉。

（二）侮辱行为罪与非罪的区别

正确认定此类行为，应把握其与侮辱罪之间的界限。公然侮辱他人情节严重的，则构成侮辱罪。《最高人民法院关于审理非法出版物刑事案件具体应用法律若干问题的解释》第六条规定："在出版物中公然侮辱他人或者捏造事实诽谤他人，情节严重的，依照刑法第二百四十六条的规定，分别以侮辱罪或者诽谤罪定罪处罚。"《全国人民代表大会常务委员会关于维护互联网安全的决定》第四条规定："为了保护个人、法人和其他组织的人身、财产等合法权利，对有下列行为之一，构成犯罪的，依照刑法有关规定追究刑事责任：（一）利用互联网侮辱他人或者捏造事实诽谤他人；……"我国刑法规定了公然侮辱和诽谤行为要情节严重的才构成犯罪，利用互联网或出版物侮辱或诽谤他人，造成的影响范围广，对被害人造成的伤害较为严重，社会危害性大，一般都符合情节严重的要件。除了利用互联网、出版物等公共媒体公然侮辱和诽谤他人的情形之外，利用暴力等其他方式公然侮辱他人或者捏造事实诽谤他人，情节严重的，也可以构成侮辱罪和诽谤罪。情节较轻的，则应当对行为人予以治安管理处罚。

（三）侮辱行为的调查及处理

对侮辱行为的调查重点为：侮辱行为的行为方式、发生的时间和地点；侮辱行为人人数和被害人人数；侮辱行为的次数；侮辱行为对被害人造成的危害后果及其造成的社会影响等。根据《治安管理处罚法》第42条的规定，构成本行为的，处5日以下拘留或者500元以下罚款；情节较重的，处5日以上10日以下拘留，可以并处500元以下罚款。

八、诽谤案件

（一）诽谤案件的认定

诽谤行为是指行为人捏造并散布捏造的虚假事实，公然贬低他人人格或损害他人名誉，违反治安管理但尚不够刑事处罚的行为。诽谤行为具有以下构成特征：第一，此类行为侵犯的客体是他人的人格权，包括姓名权、肖像权、名誉权。第二，此类行为客观方面的表现为行为人公然诽谤他人的行为。这种行为的特征，一是诽谤是一种捏造事实的行为，二是诽谤是一种散布虚假事实的行为，三是诽谤必须是针对特定的人实施的，四是诽谤只要求以败坏他人名誉为目的，而不必要有败坏他人名誉的实际后果。第三，实施此类行为的主体为一般主体，即达到法定责任年龄、具有相应责任能力的自然人。第四，此类行为的行为人主观方面为故意。

（二）诽谤行为罪与非罪的界限

正确认定此类行为，应把握其与诽谤罪之间的界限。诽谤罪是情节犯，行为人捏造事实诽谤他人的行为，必须达到"情节严重"的程度，才构成诽谤罪，予以立案追究。所谓情节严重，主要是指多次捏造事实诽谤他人的；捏造事实造成他人人格、名誉严重损害的；捏造事实诽谤他人造成恶劣影响的；诽谤他人致其精神失常或导致被害人自杀的等等情况。《最高人民法院关于审理非法出版物刑事案件具体应用法律若干问题的解释》第六条规定："在出版物中公然侮辱他人或者捏造事实诽谤他人，情节严重的，依照刑法第二百四十六条的规定，分别以侮辱罪或者诽谤罪定罪处罚。"《全国人民代表大会常务委员会关于维护互联网安全的决定》第四条规定："为了保护个人、法人和其他组织的人身、财产等合法权利，对有下列行为之一，构成犯罪的，依照刑法有关规定追究刑事责任：（一）利用互联网侮辱他人或者捏造事实诽谤他人；……"我国刑法规定了公然侮辱和诽谤行为要情节严重的才构成犯罪，利用互联网或出版物侮辱或诽谤他人，造成的影响范围广、对被害人造成的伤害较为严重，社会危害性大，一般都符合情节严重的要件。除了利用互联网、出版物等公共媒体公然侮辱和诽谤他人的情形之外，利用暴力等其他方式公然侮辱他人或者捏造事实诽谤他人，情节严重的，也可以构成侮辱罪和诽谤罪。情节较轻的，则应当对行为人予以治安管理处罚。

此外，还应注意诽谤行为和侮辱行为的区别。诽谤行为必须是捏造的事实，而侮辱行为不是以捏造的方式进行；诽谤行为只能以语言、文字进行，不能用暴力进行，而侮辱行为，可以使用暴力性质手段，也可以用语言、文字进行。

（三）诽谤行为的调查及处理

对诽谤行为的调查重点为：诽谤行为发生的时间、地点及所捏造的事实；诽谤行为人人数和被害人人数;诽谤行为的次数及其传播的范围;诽谤行为对被害人造成的危害后果及其造成的社会影响等。根据《治安管理处罚法》第 42 条的规定,构成本行为的,处 5 日以下拘留或者 500 元以下罚款;情节较重的,处 5 日以上 10 日以下拘留,可以并处 500 元以下罚款。

九、诬告陷害案件

(一)诬告陷害案件的认定

诬告陷害行为是指行为人捏造事实,向国家机关或有关单位告发,意图陷害他人,使他人受到刑事追究或者受到治安管理处罚,但情节轻微,尚不够刑事处罚的行为。诬告陷害行为具有以下特征:第一,此类行为侵犯的客体主要是他人的人身权利和国家机关的正常活动。第二,此类行为客观方面的表现为行为人实施了捏造事实向国家机关或有关单位告发,企图使他人受到刑事追究或者受到治安管理处罚,但情节轻微,尚不够刑事处罚的行为。诬告的形式多种多样,有口头的、书面的,有署名的、匿名的,有向司法、公安机关诬告的,有向有关单位诬告的。无论采取什么形式,只要可能导致司法、公安机关追究刑事责任、治安违法责任的,就是实施了诬告行为。第三,实施此类行为的主体为一般主体,即达到法定的责任年龄、具有相应的责任能力的自然人。第四,此类行为的行为人主观方面均为故意,并具有使他人受到刑事追究或者受到治安管理处罚的目的。

(二)诬告陷害行为与相关行为的区别

1. 应把握其与诬告陷害罪及正常的举报、控告行为之间的界限

根据我国刑法的规定,捏造事实诬告陷害他人,意图使他人受刑事追究,情节严重的,构成诬告陷害罪。对于捏造事实诬告陷害他人,意图使他人受刑事追究,但情节较轻的,可予以治安管理处罚;对于捏造事实诬告陷害他人,意图使他人受到治安管理处罚的,不可能构成诬告陷害罪,只能进行相应的治安管理处罚。认定此类行为,应注意行为人的主观方面为故意,且具有使他人受刑事追究或使他人受到治安管理处罚的意图。对于不是有意诬陷,而是错告,或者检举失实的,由于行为人没有诬告陷害的主观故意,因此,对行为人既不能作为犯罪处理,也不能予以治安管理处罚。

2. 与诽谤行为的区别

两者的相同之处在于实施的都是捏造事实的行为。其区别在于:一是所侵犯的客体不同。前者侵犯的是他人的人身权利和司法机关的正常活动,后者侵犯的是他人的人格尊严和名誉权。二是捏造的内容和行为方式不同。前者表现为捏造犯罪事实并向有关机关进行告发,后者是捏造并散布足以损害他人人格和名誉的虚假事实。三是行为的目的不同。前者是为了使他人受到刑事处罚,后者则是

为了损害他人的人格和名誉。

(三) 诬告陷害行为的调查及处理

对诬告陷害行为的调查重点为：诬告陷害行为发生的时间、地点及所捏造的事实；诬告陷害行为人人数和被害人人数；诬告陷害行为的次数；诬告陷害行为对被害人造成的危害后果及其造成的社会影响等。根据《治安管理处罚法》第42条的规定，构成本行为的，处5日以下拘留或者500元以下罚款；情节较重的，处5日以上10日以下拘留，可以并处500元以下罚款。

十、发送信息干扰他人正常生活案件

(一) 发送信息干扰他人正常生活案件的认定

发送信息干扰他人正常生活行为，是指通过信件、电话、网络等途径多次发送淫秽、侮辱、恐吓或者其他信息，干扰他人正常生活的行为。随着通信技术的不断发展，人们可以通过信件、电话、手机和网络等多种途径加强联系，增进友谊。但是，实际生活中有些人利用先进的通信工具，发送一些淫秽、侮辱、恐吓或者其他信息，干扰了他人的正常生活，对这种行为应当予以严厉打击。该行为的主要法律特征是：第一，行为侵犯的客体是他人的正常生活秩序。第二，行为的客观方面表现为行为人通过信件、电话、手机、网络等途径实施了多次发送淫秽、侮辱、恐吓或者其他信息的行为。"淫秽"信息，根据刑法的规定，是指具体描绘性行为或者露骨宣扬色情的诲淫性的信息；"侮辱"信息，是指诋毁他人人格、破坏他人名誉的信息；"恐吓"信息，是指威胁或要挟他人，使他人精神受到恐慌的信息；"其他信息"既包括违法信息，如虚假广告、虚假中奖、倒卖违禁品等，也包括合法信息，如商品、服务广告等；"多次"一般是指三次以上。第三，行为人发送的信息必须是已经干扰了他人的正常生活，即行为人发送的信息足以使他人由于收到淫秽、侮辱、恐吓或者其他信息，影响了正常的工作和生活。通常表现为：行为人反复、经常发送淫秽、侮辱、恐吓等信息或其行为遭到斥责、拒绝后仍然不停地发送，或者在夜间他人入睡以后发送等情形。

(二) 发送信息干扰他人正常生活行为与相关行为的区别

应注意划清其与传播淫秽物品行为、侮辱行为、威胁他人安全行为的界限。他们的区别主要表现在三个方面：一是侵犯的客体不同。二是实施的方法不同。三是行为的目的不同。

(三) 发送信息干扰他人正常生活行为的调查及处理

对发送信息干扰正常生活行为的调查重点为：发送信息的内容；发送信息的对象及人数；发送信息干扰正常生活行为人人数和被害人人数；对被害人所造成

的危害后果及社会影响等。根据《治安管理处罚法》第 42 条的规定,构成本行为的,处 5 日以下拘留或者 500 元以下罚款;情节较重的,处 5 日以上 10 日以下拘留,可以并处 500 元以下罚款。

十一、侵犯他人隐私案件

(一) 侵犯他人隐私案件的认定

侵犯他人隐私行为,是指行为人出于各种目的,未经他人同意,以秘密的方式观看、拍摄、听取或者散布他人隐私的行为。该行为的主要法律特征是:第一,行为侵犯的客体是他人的隐私权。侵害的对象必须是他人的隐私。隐私权是公民权利的一个组成部分,受我国法律保护。所谓"隐私"是指不愿意让他人知道的、属于个人的生活私密,如两性关系、生育能力等。一旦公开,将会给当事人的生活、工作带来心理压力。第二,行为客观方面表现为行为人采用偷窥、偷拍、窃听、散布等手段。"偷窥"他人隐私,是指对他人的隐私活动进行偷看的行为;"偷拍"他人隐私,是指对他人的隐私进行秘密摄录的行为;"窃听"他人隐私,是指对他人的谈话或者通话等进行偷听或者秘密录音的行为;"散布"他人隐私,是指以文字、语言或者其他手段将他人的隐私在社会或一定范围内加以传播的行为,包括口头散布,或者通过媒体、信函、短信、网络等书面方式散布。[①]

(二) 侵犯他人隐私行为罪与非罪的界限

正确认定此类行为,应把握其与相关犯罪行为之间的界限。对于偷窥、偷拍、窃听、散布他人隐私的行为,如果相关隐私内容为公民个人信息,且行为符合出售、非法提供公民个人信息罪和非法获取公民个人信息罪的构成要件,则可构成相关犯罪,应依法追究相关人员的刑事责任。

(三) 侵犯隐私行为的调查及处理

对侵犯隐私行为的调查重点为:侵犯隐私的内容;侵犯隐私行为发生的时间、地点;侵犯隐私行为人人数和被害人人数;侵犯隐私行为的次数及隐私被散布的范围;侵犯隐私行为对被害人造成的危害后果及社会影响等。根据《治安管理处罚法》第 42 条的规定,构成本行为的,处 5 日以下拘留或者 500 元以下罚款;情节较重的,处 5 日以上 10 日以下拘留,可以并处 500 元以下罚款。

---

① 专家编写组.中华人民共和国治安管理处罚法释义与实用指南[M].北京:中国人民公安大学出版社,2005:87.

十二、殴打他人案件

(一) 殴打他人案件的认定

殴打他人行为是指行为人公然实施的损害他人身体健康、违反治安管理但尚不够刑事处罚的行为。殴打他人行为具有以下构成特征：第一，此类行为侵犯的客体是他人的身体健康权利。第二，此类行为客观方面的表现为实施了殴打他人的行为，但是尚未造成他人的人身伤害等严重后果。殴打他人的行为一般表现为拳打脚踢，有时也表现为使用棍棒等器具殴打，殴打他人是行为犯，只要实施了殴打他人的行为，不管行为是否造成被侵害人受伤，都是违反治安管理的行为。殴打他人是治安案件中比较常见的违法行为。第三，实施此类行为的主体为一般主体，即达到法定的责任年龄，具有相应的责任能力的自然人。第四，此类行为的行为人主观方面均为故意，过失不可能构成此类行为。

(二) 殴打他人行为和相关行为的联系与区别

正确认定殴打他人的行为，需要注意该类行为和相关行为的联系与区别。第一，殴打他人行为与故意伤害罪的联系与区别。殴打他人的行为方式和故意伤害罪的行为方式在很大程度上有相似之处，有时候殴打他人行为会随着伤害程度的加重转化为故意伤害罪。根据我国法律的有关规定，故意伤害罪要求造成被害人有轻伤以上的后果。因此，区分殴打行为和故意伤害罪的关键在于殴打行为所造成的危害后果。在殴打他人致被害人轻伤以上结果的情况下，行为人的行为构成故意伤害罪。第二，殴打他人与结伙斗殴的联系与区别。殴打他人和结伙斗殴有一定相似之处，都体现有暴力的殴打行为，二者之间的区别主要有如下几个方面。一是二者侵犯的客体不同，殴打他人侵犯的客体为他人的身体健康权，而结伙斗殴虽然也侵害他人的身体健康权，但更重要的是对社会公共秩序的侵犯；二是客观表现不同，殴打他人是一方对另一方的单方暴力行为，而结伙斗殴一般是双方互相殴斗，是双方暴力行为；三是参与人数不同，殴打他人一般参与人数较少，而结伙斗殴则参与人数较多，体现出结伙、聚众性的特点。第三，殴打他人行为与寻衅滋事行为的联系与区别。寻衅滋事行为有时候也表现为"随意殴打他人"，随意殴打型的寻衅滋事行为和殴打他人的行为具有相似性，主观上都是故意，客观上都实施了殴打他人的行为，区别二者的关键有两点：一是二者侵犯的客体不同，寻衅滋事行为侵犯的客体为社会公共秩序，随意殴打型的寻衅滋事行为侵害的对象具有不特定性，正是对不特定对象殴打的"随意"性体现了对社会公共秩序的侵犯和破坏，而殴打他人的行为侵犯的客体为他人的身体健康，侵害的对象是特定的，一般因果关系也比较明确，这是两种行为的区别所在。二是两种行为的行为人具有不同的主观目的和动机，随意殴打型寻衅滋事行为体现出行为人追求刺激、藐视法律法规、挑战社会管理秩序的主观目的和动机。因此,其殴打对象的选择具有随意性,而殴打他人的行为人主观目的就是伤害他人身体,主观的动机则多种多样,但都是针对特定、明确的对象而实施殴打。

(三) 殴打他人行为的调查及处理

对殴打他人行为的调查重点为:案(事)件的起因,殴打他人的动机、目的;殴打的手段、工具及造成的后果;行为实施者及被害人的相关情况以及二者之间的关系;行为发生的时间、地点及造成的社会影响;多人殴打时各行为人之间的分工及其各自实施的行为、打击的部位等;是否存在正当防卫的情形。根据《治安管理处罚法》第43条第1款的规定,构成本行为的,处5日以上10日以下拘留,并处200元以上500元以下罚款;情节较轻的,处5日以下拘留或者500元以下罚款。根据《治安管理处罚法》第43条第2款的规定,有下列情形之一的,处10日以上15日以下拘留,并处500元以上1 000元以下罚款:结伙殴打、伤害他人的;殴打、伤害残疾人、孕妇、不满十四周岁的人或者六十周岁以上的人的;多次殴打、伤害他人或者一次殴打、伤害多人的。

十三、故意伤害案件

(一) 故意伤害案件的认定

故意伤害的行为是指故意伤害他人身体、违反治安管理但尚不够刑事处罚的行为。故意伤害行为具有以下构成特征:第一,此类行为侵犯的客体是他人的身体健康。第二,此类行为客观方面的表现为行为人实施了殴打他人以外的故意损害他人身体健康、尚不够刑事处罚的行为。殴打他人以外的其他伤害行为是指行为人实施的上述殴打行为之外的能够造成被害人人身损害的伤害行为,比如,利用动物伤人、电击伤人等伤害行为。故意伤害是治安案件中比较常见的违法行为。第三,实施此类行为的主体为一般主体,即达到法定责任年龄、具有相应责任能力的自然人。第四,此类行为的行为人主观方面均为故意。

(二) 故意伤害行为与相关行为的区别

正确认定故意伤害的行为,需要注意该类行为和相关行为的联系与区别。第一,故意伤害行为与故意伤害罪的联系与区别。故意伤害行为和故意伤害罪的主要区别在于对他人身体伤害损伤的程度,如果造成了轻伤以上的伤害,则构成了犯罪,否则,构成违反治安管理行为。所谓轻伤,是指物理、化学及生物等各种外界因素作用于人体,造成组织、器官结构的一定程度的损害或者部分功能障碍,尚未构成重伤、又不属轻微伤害的损伤。轻伤包括头部、肢体、躯干部和会阴部损伤及其他损伤。第二,故意伤害行为与殴打他人行为的联系与区别。故意伤害行为与殴打他人行为区分的关键在于造成被害人身体健康损害的直接外力来源。如果是来源于徒手或者棍棒击打等则属于殴打他人;如果是来源于违法行为人所用其他物体(比如电击等)、动物(比如,放狗咬人),则构成故意伤害。

(三) 故意伤害行为的调查及处理

对故意伤害行为的调查重点为:案(事)件的起因,故意伤害的动机、目的;伤害的手段、工具及造成的后果;行为实施者及被害人的相关情况以及二者之间的关系;行为发生的时间、地点及造成的社会影响;是否存在正当防卫的情形。根据《治安管理处罚法》第43条第1款的规定,构成本行为的,处5日以上10日以下拘留,并处200元以上500元以下罚款;情节较轻的,处5日以下拘留或者500元以下罚款。根据《治安管理处罚法》第43条第2款的规定,有下列情形之一的,处10日以上15日以下拘留,并处500元以上1000元以下罚款:结伙殴打、伤害他人的;殴打、伤害残疾人、孕妇、不满十四周岁的人或者六十周岁以上的人的;多次殴打、伤害他人或者一次殴打、伤害多人的。

十四、猥亵他人案件

(一) 猥亵他人案件的认定

猥亵他人行为,是指以强制或者非强制的方法,违背对方意志,实施的正常性接触以外的能够满足行为人淫秽下流欲望的行为。第一,行为侵犯的客体是他人的人格尊严和名誉权,有的还可能损害他人的身体健康。行为的对象是他人。第二,行为客观方面表现为行为人实施了猥亵他人的行为。(1)一般情形:主要包括以抠摸、指奸、鸡奸等淫秽下流的手段对他人身体的性接触行为。如果行为人只是追逐、堵截他人,或者向他人身上泼洒腐蚀物、涂抹污物,或者用下流的语言辱骂他人等,则不属于猥亵他人。(2)特别规定:猥亵智力残疾人、精神病人、不满十四周岁的人或者有其他严重情节的行为。这是针对特殊的群体所作的特别规定,主要考虑到智力残疾人、精神病人、不满十四周岁的人对社会各方面的认知能力较弱,尤其是对性的认识能力很欠缺,为了保护他们的身心健康,更加有力地打击侵犯他们人身权利的违法行为,对于猥亵智力残疾人、精神病人、不满十四周岁的人,法律作了较为严厉的处罚规定。"智力残疾人",是指人的智力明显低于一般人水平,并显示适应行为障碍,包括在智力发育期间由于各种原因导致的智力低下和智力发育成熟以后由于各种原因引起的智力损伤或老年期的智力明显衰退。根据中国残联制定的《中国残疾人实用评定标准》的规定智力残疾分为四级:智商小于20者为一级智力残疾(重度残疾);智商在20至34者为二级智力残疾(重度残疾);智商在35至49者为三级智力残疾(中度残疾);智商在50至69者为四级智力残疾(轻度残疾)。"精神病人",是指神经活动失调,不能辨认或者控制自己行为的人,包括完全丧失辨认或者控制自己行为的精神病人、间歇性精神病人和尚未完全丧失辨认或者控制自己行为的精神病人。精神病的病因复杂，如先天遗传、精神受刺激、中毒、脑外伤等，病状表现为言语、动作、情绪的明显失常。"其他严重情节"包括猥亵孕妇，或者在众人面前猥亵他人，或者猥亵行为给他人精神上造成伤害，或者猥亵行为在社会上造成恶劣影响等。① 第三，行为人主观方面必须是故意，其动机上通常表现在为了刺激、满足行为人的或者第三人的性欲的倾向，具有违背他人意志的特征，如果对方对于行为人的猥亵行为表示同意，则不是猥亵他人的行为。

(二) 猥亵他人行为与相关行为的区别

正确认定此类行为，应把握其与相关犯罪之间的界限。

1. 区分猥亵他人与侮辱他人的界限

猥亵具有更为明显的性内容，是一种非自然的行为，只能通过身体动作实施；而侮辱一般不直接表现为性行为，且既可以是身体动作实施，也可以用语言进行。

2. 区分猥亵他人行为与一般的对他人表示"亲昵"行为的界限

猥亵他人行为是出于行为人淫秽下流的欲望，往往对他人的身体或者思想、认识造成伤害或者不良影响，其行为一般为当地的风俗、习惯所不容；而对他人表示"亲昵"的行为，一般表现为出于喜爱或爱护对方而作出的亲昵动作，如亲吻或拥抱未成年人等。

3. 猥亵他人行为与强制猥亵妇女罪的区别

二者的主要区别：一是客观方面的表现不同。如果在猥亵妇女中使用了暴力、胁迫或者其他方法，则构成强制猥亵妇女罪；否则，就构成猥亵他人行为。二是二者所侵害的对象不同。猥亵他人行为所侵害的对象是他人；而强制猥亵妇女罪侵害的对象只能是妇女。

4. 猥亵他人行为和猥亵儿童罪的联系和区别

猥亵他人行为和猥亵儿童罪行为具有一定的相似性，但是二者又有区别。(1) 严重程度不同。猥亵儿童罪的行为方式要求情节严重，所谓"情节严重"，一般是指多次猥亵儿童或者手段恶劣等情形。情节较轻的，则是违反治安管理的普通猥亵行为。(2) 行为对象不同。猥亵他人行为在某些情况下表现为猥亵儿童，但更多时候表现为猥亵妇女甚至成年男性。(3) 被害人意愿方面的区别。猥亵他人行为是违背被害人意愿的；而猥亵儿童罪中的行为，则对儿童是否同意在所不问，法律不认可儿童的同意能力，是为了加强对心智发育尚不健全的儿童的特殊保护。

---

① 专家编写组.中华人民共和国治安管理处罚法释义与实用指南[M].北京:中国人民公安大学出版社，2005:90-91.

（三）猥亵他人行为的调查及处理

对猥亵行为的调查重点为：猥亵行为的行为方式、发生的时间和地点；猥亵行为被害人人数；猥亵行为的行为次数；猥亵行为对被害人造成的危害后果及其造成的社会影响等。根据《治安管理处罚法》第44条的规定，构成本行为的，处5日以上10日以下拘留；猥亵智力残疾人、精神病人、不满14周岁的人或者有其他严重情节的，处10日以上15日以下拘留。

十五、强迫交易案件

（一）强迫交易案件的认定

强迫交易行为，是指强买强卖商品，强迫他人提供服务或者强迫他人接受服务，情节轻微，尚不够刑事处罚的行为。接受或者提供商品与服务本质上是一种民事行为，也可以是一种合同关系，在这种活动中双方当事人是以平等的身份出现，因而这种交易应当建立在平等、自愿、等价有偿的基础上。《民法通则》规定，当事人在民事活动中的地位平等；民事活动应当遵循自愿、公平、等价有偿、诚实信用的原则。《反不正当竞争法》规定，经营者在市场交易中，应当遵循自愿、平等、公平、诚实信用的理念，遵守公认的商业道德。《消费者权益保护法》规定，消费者享有公平交易的权利；消费者在购买商品或者接受服务时，有权获得质量保障、价格合理、计量正确等公平交易条件，有权拒绝经营者的强制交易行为。因此，强买强卖商品、强迫他人提供服务或者接受服务等不规范的交易行为，势必严重扰乱正常的市场秩序，为了维护市场经营的正常发展，必须严厉惩罚这些违法行为。该行为的主要法律特征是：第一，行为侵犯的客体是复杂客体，不仅破坏了公平自由竞争的市场秩序，也侵害了被强迫交易人的合法权益。正常的市场交易活动中，要求参与交易的民事主体能够根据自己的意志，设立、变更和终止民事法律关系，民事主体有权自主决定是否参加某一交易，有权决定交易的对象、内容和方式，双方之间的交易关系以双方真实意思表示一致为基础。强迫进行交易的行为，违背了自愿、平等、公平、诚实信用的民事活动基本理念，侵犯了经营者或者消费者的合法权益，扰乱了正常的市场交易秩序，具有严重的社会危害性。第二，行为客观方面表现为行为人实施了强买强卖商品、强迫他人提供服务或强迫他人接受服务的行为。"强买强卖商品"是指在商品交易中违反法律、法规和商品交易规则，不顾交易对方是否同意，强行买进或者强行卖出的行为。"强迫他人提供服务"主要是指行为人在享受服务消费时，不遵守公平自愿的理念，不顾提供服务方是否同意，强迫对方提供某种服务的行为。"强迫他人接受服务"主要是指餐饮业、旅馆业、娱乐业、美容服务业、维修业等服务性质的行业在营业中，违反法律、法规和商业道德及公平自愿的理念，不顾消费者是否同意，强迫消费者接受其服务的行为。行为人一般是通过暴力或者以暴力相威胁或者其他强制力，使他人不敢或者不能抗拒，是在违背对方意志的条件下以不公平的价格，如低价买高价卖、低价享受服务、高价提供服务，这是该行为显著的特征。第三，行为的主体可以是自然人，也可以是单位。

（二）强迫交易行为与相关行为的区别

1. 强迫交易行为与强迫交易罪的区别

二者的区别主要在于情节不同。根据规定，如果以暴力、威胁手段推销的商品或提供的服务价格明显不合理且数额较大或质量十分低劣的，多次强行交易经行政处罚后仍不悔改的，以暴力手段致人伤害的，由于强行交易严重扰乱市场秩序，造成恶劣影响的，属于情节严重，构成强迫交易罪；情节轻微的，构成强迫交易行为。根据《最高人民检察院公安部关于公安机关管辖的刑事案件立案追诉标准的规定（一）》第28条规定："以暴力、威胁手段强买强卖商品、强迫他人提供服务或者强迫他人接受服务，涉嫌下列情形之一的，应予立案追诉：（一）造成被害人轻微伤或者其他严重后果的；（二）造成直接经济损失二千元以上的；（三）强迫交易三次以上或者强迫三人以上交易的；（四）强迫交易数额一万元以上，或者违法所得数额二千元以上的；（五）强迫他人购买伪劣商品数额五千元以上，或者违法所得数额一千元以上的；（六）其他情节严重的情形。"上述规定明确了强迫交易罪的入罪标准，满足上述情形之一的强迫交易行为，则构成强迫交易罪，应依法追究行为人的刑事责任；否则，为一般的强迫交易行为，对行为人应予以相应的治安管理处罚。

2. 强迫交易行为与一般交易纠纷的区别

强迫交易行为，是以非法手段实施强买强卖商品、强迫他人提供服务或者强迫他人接受服务的行为，行为人使用非法手段是为了达成不公平的交易服务，行为与不公平交易之间具有因果关系。如果在交易过程中双方当事人因为商品的质量、数量、计量器具、价格以及运送方式等发生冲突，则属于一般交易纠纷。

（三）强迫交易行为的调查及处理

对强迫交易行为的调查重点为：强迫交易行为的手段及暴力程度；强迫交易行为发生的时间、地点；强迫交易行为行为人人数和被害人人数；强迫交易行为的次数及所付对价与正常市场价格的差额；强迫交易行为对被害人造成的危害后果及社会影响等。根据《治安管理处罚法》第46条的规定，构成本行为的，处5日以上10日以下拘留，并处200元以上500元以下罚款；情节较轻的，处5日以下拘留或者500元以下罚款。

第四节　侵犯财产权利案件的认定及处理

侵犯财产权利行为是指以非法占有为目的,攫取公私财产或者故意非法损毁公私财产,情节较轻,尚不够刑事处罚,依法应当给予治安管理处罚的行为。此类行为属于多发性治安违法行为,在司法实践中一直是查处重点。侵犯财产权利行为构成特征如下:第一,侵犯财产权利行为侵犯的客体是公私财产的所有权。侵犯公共财产和公民私人所有的财产,是侵犯财产权利行为的本质所在,也是区别于其他行为的特征。侵犯财产权利行为的侵害对象既可以是生产资料、生活资料、动产、不动产等具有经济价值的财物,也可以是代表一定经济价值的虚拟货币、有价证券或有价票证,又可以是电、煤气、天然气以及技术成果等无形物。第二,行为的客观方面表现为实施了非法侵害公私财物所有权,尚不够刑事处罚的行为。侵犯财产权利行为的客观方面表现为实施各种侵犯财产权利行为。首先,不论是占有财产权利还是损坏财产权利都必须是非法的,否则,就不构成侵犯财产权利的违反治安管理行为。合法地占有财产权利,如国家机关依法收缴、扣押财产,以及合法地毁坏财产权利,如将沾有病菌的衣物、劣质的药品烧毁,铲除私自种植的罂粟等毒品原植物等,都不构成侵犯财产权利的违反治安管理行为。其次,侵犯财产权利的违反治安管理行为,其性质、情节和危害结果都比较轻微,尚不够刑事处罚,这是侵犯财产权利行为与相关犯罪的分界点。《刑法》只对性质比较严重、情节比较恶劣的侵犯财产权利行为予以处罚。第三,行为的主体是一般主体。侵犯财产权利行为的主体为一般主体,即达到法定年龄,具有责任能力的自然人。法人和其他组织不能成为该类违反治安管理行为的主体。第四,行为的主观方面必须是由故意构成。侵犯财产权利行为,必须是出于行为人主观上的故意而实施的;过失或者意外事件造成对财产权利的侵害,则不构成此类行为。根据《治安管理处罚法》和《违反公安行政管理行为的名称及其适用意见》的规定,侵犯财产权利行为包括以下6种:盗窃(第49条);诈骗(第49条);哄抢(第49条);抢夺(第49条);敲诈勒索(第49条);故意损毁财物(第49条)。

一、盗窃案件

(一)盗窃案件的认定

盗窃行为是指行为人以非法占有为目的,窃取少量公私财物,尚不够刑事处罚的行为。其构成特征如下:第一,行为侵犯的客体是财产权利的所有权。盗窃对象既包括有形财物也包括无形财物。在司法实践中,有些盗窃行为指向特定的对象,如盗窃油气管道设施、电力电信设施、广播电视设施、气象测报、环境监测以及盗窃路面井盖、照明等公共设施的,依据《治安管理处罚法》的规定,应以妨害公共安全行为查处。第二,行为的客观方面表现为秘密窃取少量公私财物。所谓秘密窃取,是指违法行为人采取自己认为不会被财物所有人或保管人发现的方法暗中将财物取走。秘密窃取财物的手段多种多样,如有的翻墙越窗、撬门破锁入室盗窃,有的在公共场所掏兜、割包等。秘密窃取既是盗窃行为的本质特征,也是与骗取、抢夺、哄抢、敲诈勒索等违法行为相区别的主要标志。第三,行为主体为一般主体,即达到法定责任年龄、具有法定责任能力的自然人。第四,行为人主观上出于故意,并且以非法占有为目的。如果是行为人误把他人的财物当作自己的财物取走,或者未经物主同意而临时擅自借用其物,用完即还的,或者私自挪用代人保存的钱物,用后偿还的,因不具有非法占有的目的,则不构成该行为。

(二) 盗窃行为与其他行为的区别

1. 盗窃行为与盗窃罪的区别

我国《刑法》规定,盗窃数额较大是构成盗窃罪并区别非罪的主要标志。因此,盗窃数额是否较大,是区分罪与非罪的界限的重要标准之一。所谓数额较大,根据最高人民法院、最高人民检察院《关于办理盗窃案件具体应用法律的若干问题的解释》的规定,各省、自治区、直辖市高级人民法院、人民检察院可以根据本地区经济发展状况,并考虑社会治安状况,在 1 000 元至 3 000 元的幅度内确定本地区执行的具体数额标准,报最高人民法院、最高人民检察院批准。这里的数额,一般是指行为人已经窃取到的数额。结合行为人的主观意图以及客观情况分析,对于潜入银行金库、博物馆等处作案,以盗窃巨额现款、金银或者珍宝为目标,即使未遂,也应定罪判刑。盗窃数额是否较大,是区别于盗窃罪与非罪的主要依据,但不是唯一依据,对多次盗窃的、入户盗窃的、携带凶器盗窃的、扒窃的,通常以盗窃罪查处。多次盗窃,是指二年内盗窃三次以上的;入户盗窃,是指非法进入供他人家庭生活、与外界相对隔离的住所盗窃的;携带凶器盗窃,是指携带枪支、爆炸物、管制刀具等国家禁止个人携带的器械盗窃,或者为了实施违法犯罪携带其他足以危害他人人身安全的器械盗窃的;扒窃,是指在公共场所或者公共交通工具上盗窃他人随身携带的财物的。同时还要注意对发生在家庭成员或近亲属之间的盗窃行为的处理,《关于办理盗窃案件具体应用法律的若干问题的解释》第八条规定,偷拿家庭成员或者近亲属的财物,获得谅解的,一般可不认为是犯罪;追究刑事责任的,应当酌情从宽,在处理时应与在社会上作案的有所区别。

2. 盗窃行为与盗窃特定财物行为的区别

《治安管理处罚法》第 33 条第 1 项和第 2 项、第 34 条、第 35 条第 1 项、第 37 条第 3 项规定的违反治安管理行为采用的手段方式和侵犯的对象与盗窃行为有某种重合关系,但是由于其侵犯的是特定公共设施,此类公共设施一旦被盗窃,就有可能危及公共安全,这些公共设施所体现出来的客体是公共安全,而不是公私财物所有权关系。因此,盗窃对象为特定公共设施的行为,通常构成妨害公共安全行为。

(三)盗窃行为的调查及处理

盗窃行为的特点:第一,作案手段隐蔽。此类案件以秘密窃取为主要特征,行为人时常比较隐蔽,人身形象暴露不充分。第二,现场容易被破坏。行为人为了掩盖真相,往往会对作案现场实施破坏、伪装。第三,证据收集比较困难。大多数行为人会选择无人或者、人少的时候进行作案,且很少留下直接证据。第四,盗窃案件作案人常常采用习惯手法连续作案,多次作案中盗窃目标、时间、手法、作案工具具有相似性。第五,对赃物的有效控制难度较大。违法人作案后会在较短时间内将赃物转移。对盗窃行为的调查重点是:认真勘查现场,及时收集物证资料,从现场痕迹入手追溯根源,以物找人;询问受害人、目击者,走访群众,掌握违法嫌疑人的主要特征;及时控制赃物的销售、转移、隐匿等活动;组织受害人、目击者辨认,核实违法嫌疑人。根据《治安管理处罚法》第49条的规定,构成本行为的,处5日以上10日以下拘留,可以并处500元以下罚款;情节较重的,处10日以上15日以下拘留,可以并处1 000元以下罚款。

二、诈骗案件

(一)诈骗案件的认定

诈骗行为是指以非法占有为目的,采用虚构事实或者隐瞒真相的方法,骗取公私财物,数额不大,尚不够刑事处罚的行为。其构成特征如下:第一,行为侵犯的客体是公私财物所有权,侵犯的对象是各种类型的公私财物。第二,行为客观方面表现为行为人实施了以虚构事实或隐瞒真相的欺骗方法,使财物所有人、管理人产生错觉,信以为真,从而似乎"自愿地"交出财物的行为。虚构事实就是捏造不存在的事实,骗取被侵害人的信任,虚构的事实可以是部分虚构,也可以是全部虚构。隐瞒真相就是对财物所有人、管理人掩盖客观存在的某种事实,以此哄骗其交出财物。在上述情况下,财物所有人、管理人由于受骗,不了解事实真相,表面上看是"自愿地"交出财物,实质上是违反其本意的。诈骗财物的形式、手段,多种多样,比较常见的有:编造谎言,假冒身份,诈骗财物;伪造、涂改单据,冒领财物;伪造公文、证件,诈骗财物;以帮助看管、提拿东西为名,骗走财物;以恋爱、结婚、介绍工作等名义相诱惑,诈骗财物等。第三,行为主体为一般主体,即达到法定责任年龄、具有法定责任能力的自然人。第四,行为人主观上必须出于故意,且以非法占有为目的。有的人用欺骗的方法取得他人钱财,但目的是为了短期使用,而不是非法占有,则不能按诈骗行为论处。

(二)诈骗行为与其他行为的区别

1. 诈骗行为与诈骗罪的区别

根据最高人民法院、最高人民检察院《关于办理诈骗案件具体应用法律的若干问题的解释》的规定,各省、自治区、直辖市高级人民法院、人民检察院可以根据本地区经济发展状况,并考虑社会治安状况,在3 000元至10 000元的幅度内确定本地区执行的具体数额标准,报最高人民法院、最高人民检察院批准。因此,诈骗数额能否达到"3 000元至10 000元"是区分诈骗罪与非罪的主要标准。该解释第三条还规定,诈骗公私财物虽已达到"数额较大"的标准,但具有下列情形之一,且行为人认罪、悔罪的,可以根据《刑法》第37条、《刑事诉讼法》第142条的规定不起诉或者免予刑事处罚:(1)具有法定从宽处罚情节的;(2)一审宣判前全部退赃、退赔的;(3)没有参与分赃或者获赃较少且不是主犯的;(4)被害人谅解的;(5)其他情节轻微、危害不大的。同时还要注意对发生在家庭成员或近亲属之间的诈骗行为的处理,该解释第四条规定,诈骗近亲属的财物,近亲属谅解的,一般可不按犯罪处理;确有追究刑事责任必要的,具体处理也应酌情从宽。

2. 诈骗行为与借贷行为、代人购物拖欠货款行为的区别

在司法实践中,有的人借贷后由于某种原因拖欠不还,或者编造谎言骗借财物,到期不能偿还;也有人以代人购买紧俏商品为名,取走货款,没买到东西,又擅自挪用货款,这两种行为容易与诈骗行为相混淆。区分的关键在于行为人主观上有无非法占有公私财产的目的。判断有无非法占有的目的,应从双方关系、事情的起因、未能还款有无正当原因、有无赖账、有无逃避行为等方面综合分析。凡以非法占有为目的,不管是以借为名,还是以代购为名,只要是骗取他人财物,即以诈骗行为论处。反之,如果没有非法占有的目的,即使借款时使用了一些欺骗手法,代购本身有夸大成分,也属于民事纠纷,不能定性为诈骗行为。

3. 诈骗行为与招摇撞骗行为的区别

有些招摇撞骗行为的目的也是为了骗取公私财产,但诈骗行为与招摇撞骗行为的性质有本质区别:(1)侵犯的客体不同。诈骗行为所侵犯的客体是公私财产的所有权,而招摇撞骗行为所侵犯的客体是社会管理秩序。(2)客观方面的表现不同。一是两种行为造成的危害结果不同。前者直接造成了公私财产的损失,而后者可能造成了公私财产的损失,也可能造成公民的人身或者其他合法权益的损失;二是在行为方式上,后者具有特殊性。虽然两者都采用了欺骗的手段,但后者实行欺骗是以冒充国家机关工作人员或者其他虚假身份为前提,冒充国家机关工作人员或者其他虚假身份是其特定的行为方式。

（三）诈骗行为的调查及处理

诈骗行为的特点：行为人和被害人有较长时间接触，人身形象暴露充分；诈骗的手段复杂多样，多有预谋，从不同程度上暴露了行为人的文化程度、智力水平、专业知识和技能、社会经历等情况；多留有物证、书证，有赃物可查；行为具有习惯性，多次作案中诈骗目标、时间、手法、作案工具具有相似性。根据诈骗行为的特点，该类案件的调查重点包括：询问受害人和知情人，分析刻画嫌疑人的条件和个人特点；调取搜查书证、物证；及时控制赃物的销售、转移、埋藏等活动；组织辨认，核实违法嫌疑人；进行笔迹、伪造文书、痕迹等科学鉴定。根据《治安管理处罚法》第49条的规定，构成本行为的，处5日以上10日以下拘留，可以并处500元以下罚款；情节较重的，处10日以上15日以下拘留，可以并处1 000元以下罚款。

三、敲诈勒索案件

（一）敲诈勒索案件的认定

敲诈勒索行为，是指以非法占有为目的，对被害人实施威胁或者要挟的方法，强行索取公私财产，尚不够刑事处罚的行为。其构成特征如下：第一，行为侵犯的客体是复杂客体。既侵犯公私财产所有权，又侵犯公民人身和其他合法权利。侵犯对象是各种财物，包括动产、不动产的财产权益。第二，该行为在客观方面表现为对被侵害人实施暴力或者其他威胁、要挟的方法，使被害人被迫交付财物。威胁和要挟，是指通过对被害人及其亲属在精神上施压，使其在心理上产生恐惧，不得已交出财物。威胁和要挟的方法可以有多种表现：从形式上看，威胁、要挟既可以对被害人直接发出，也可以通过第三者或书信等发出；既可以明示，也可以暗示。从内容上看，既可以以危害生命、健康、自由相威胁，也可以以损害人格、名誉或者毁坏财产相要挟。威胁的对象既可以是财产所有者、保管者本人，也可以是亲属。第三，行为主体为一般主体，即达到法定责任年龄、具有法定责任能力的自然人。第四，该行为在主观上必须出于故意，且以非法占有为目的。不具有此目的的行为，如债权人使用带有某种威胁性质的举动，讨回债务人债款的，不构成该行为。

（二）敲诈勒索行为与其他行为的区别

1. 敲诈勒索行为与敲诈勒索犯罪的区别

敲诈勒索的数额是否较大，是区分罪与非罪的界限的重要标准之一。所谓数额较大，根据最高人民法院、最高人民检察院《关于办理敲诈勒索刑事案件适用法律若干问题的解释》的规定，各省、自治区、直辖市高级人民法院、人民检察院可以根据本地区经济发展状况，并考虑社会治安状况，在2 000元至5 000元的幅度内确定本地区执行的具体数额标准,报最高人民法院、最高人民检察院批准。除了敲诈勒索的数额外,敲诈勒索行为人的人身危险性,手段情节、后果的严重性,同样也是影响社会危害性的因素。在司法实践中对敲诈勒索行为的定罪处罚,不能"唯数额论",对于主观恶性大,情节、后果较严重的,定罪的数额标准可以降低,以贯彻我国罪责刑相适应理念及宽严相济的司法政策。敲诈勒索公私财物虽未达到"数额较大"的起点标准,但具有下列情形之一的,"数额较大"的标准可以按照《关于办理敲诈勒索刑事案件适用法律若干问题的解释》第一条规定标准的百分之五十确定:(1)曾因敲诈勒索受过刑事处罚的;(2)一年内曾因敲诈勒索受过行政处罚的;(3)对未成年人、残疾人、老年人或者丧失劳动能力人敲诈勒索的;(4)以将要实施放火、爆炸等危害公共安全犯罪或者故意杀人、绑架等严重侵犯公民人身权利犯罪相威胁敲诈勒索的;(5)以黑恶势力名义敲诈勒索的;(6)利用或者冒充国家机关工作人员、军人、新闻工作者等特殊身份敲诈勒索的;(7)造成其他严重后果的。同时,两年内敲诈勒索三次以上的,应当认定为《刑法》第274条规定的"多次敲诈勒索"。为了贯彻我国宽严相济的刑事政策,针对敲诈勒索数额虽然达到"较大"标准,但是行为人认罪、悔罪、退赃、退赔,并具有下列情形之一的,可以认定为犯罪情节轻微,不起诉或者免予刑事处罚,由有关部门依法予以行政处罚:(1)具有法定从宽处罚情节的;(2)没有参与分赃或者获赃较少且不是主犯的;(3)被害人谅解的;(4)其他情节轻微、危害不大的。《关于办理敲诈勒索刑事案件适用法律若干问题的解释》还降低了对于近亲属的犯罪或是受害人存在过错犯罪的入罪标准和处罚力度。敲诈勒索近亲属的财物,获得谅解的,一般不认为是犯罪;认定为犯罪的,应当酌情从宽处理;被害人对敲诈勒索的发生存在过错的,根据被害人过错程度和案件其他情况,可以对行为人酌情从宽处理;情节显著轻微危害不大的,不认为是犯罪。

2. 敲诈勒索行为与诈骗行为的区别

两者区别的关键是行为人获取财物的手段,如果主要是靠隐瞒真相虚构事实的手段,使被害人信以为真,"自愿"交出财物,应认定是诈骗行为;如果主要是靠威胁、恐吓手段,使被侵害人感到害怕而不得不交出财物,即使有欺诈的因素,也只能构成敲诈勒索行为。

3. 敲诈勒索行为与抢劫罪的区别

从字面意思看,两种行为都采用了"威胁"的方法,但是,二者威胁的特定内涵不同:(1)威胁的方式不同。抢劫罪的威胁是当着被害人的面直接发出的;而敲诈勒索行为的威胁既可以当面发出,也可以通过书信、电话或第三者转达等方式。(2)实现威胁的时间不同。抢劫罪的威胁表现为如不交出财物,就要当场实现所威胁的内容;而敲诈勒索行为的威胁则一般表现为如不答应要求将在以后某个时间实现威胁的内容。(3)威胁的内容不同。抢劫罪的威胁一般是对被害人的生命、健康等进行威胁；而敲诈勒索行为的威胁内容则比较广泛，除了威胁对被害人人身的杀害、伤害行为外，还包括对被害人财物和名誉的毁坏等。（4）非法取得财物的时间不同。抢劫罪是当场取得财物；而敲诈勒索行为则可以在当场，也可以在事后约定时间取得。

（三）敲诈勒索行为的调查及处理

敲诈勒索行为的特点：行为人和被害人有较长时间接触，人身形象暴露充分；敲诈勒索的手段复杂多样，多有预谋，从不同程度上暴露了行为人的文化程度、智力水平、专业知识和技能、社会经历等情况；多留有物证、书证，有赃物可查；行为具有习惯性，多次作案中诈骗目标、时间、手法、作案工具具有相似性。根据敲诈勒索行为的特点，该类案件的调查重点包括：询问受害人和知情人，分析刻画嫌疑人的条件和个人特点；调取搜查书证、物证；及时控制赃物的销售、转移、埋藏等活动；组织辨认，核实违法嫌疑人；对笔迹、伪造文书、痕迹等进行鉴定。根据《治安管理处罚法》第 49 条的规定，构成本行为的，处 5 日以上 10 日以下拘留，可以并处 500 元以下罚款；情节较重的，处 10 日以上 15 日以下拘留，可以并处 1 000 元以下罚款。

四、抢夺行为的认定

（一）抢夺案件的认定

抢夺行为，是指以非法占有为目的，公然夺取公私财产，但没有使用暴力或暴力威胁等侵犯人身权利的，数额不大，尚不够刑事处罚的行为。其构成特征如下：第一，行为侵犯的客体是公私财物所有权，抢夺的对象是公私财物，通常为便于携带的财物，如现金、手机、项链、提包等。第二，行为的客观方面表现为实施了乘人不备，公然夺取他人财物的行为。这种非法侵占公私财物的行为具有两个特征，一是夺取财物行为是公开进行的；二是行为人公然夺取财物时未使用暴力或暴力威胁等侵犯被害人人身的行为。第三，行为主体为一般主体，即达到法定责任年龄、具有法定责任能力的自然人。第四，行为人主观上出于故意，且以非法占有的目的，过失不能构成抢夺行为。虽然出于故意，但不是为了非法占有，而是为了寻求精神刺激，从事挑衅活动而抢夺财产权利的，应该按寻衅滋事行为论处。

（二）抢夺行为与其他行为的区别

1. 违反治安管理的抢夺行为与抢夺犯罪行为的区别

抢夺的数额是否较大，是区分罪与非罪的界限的重要标准之一。所谓数额较大，根据最高人民法院、最高人民检察院《关于办理抢夺刑事案件适用法律若干问题的解释》（简称《解释》）的规定，各省、自治区、直辖市高级人民法院、人民检察院可以根据本地区经济发展状况,并考虑社会治安状况,在 1 000 元至 3 000 元的幅度内确定本地区执行的具体数额标准,报最高人民法院、最高人民检察院批准。除了抢夺的数额外,抢夺行为人的人身危险性、情节、后果的严重性,同样也是影响社会危害性的因素。在司法实践中对抢夺的定罪处罚,不能"唯数额论"。首先,对于主观恶性大、情节、后果较严重的,定罪的数额标准可以降低,抢夺公私财物虽未达到"数额较大"的起点标准,但具有下列情形之一的,"数额较大"的标准可以按照本解释第一条规定标准的百分之五十确定:(1) 曾因抢劫、抢夺或者聚众哄抢受过刑事处罚的;(2) 一年内曾因抢夺或者哄抢受过行政处罚的;(3) 一年内抢夺三次以上的;(4) 驾驶机动车、非机动车抢夺的;(5) 组织、控制未成年人抢夺的;(6) 抢夺老年人、未成年人、孕妇、携带婴幼儿的人、残疾人、丧失劳动能力人的财物的;(7) 在医院抢夺病人或者其亲友财物的;(8) 抢夺救灾、抢险、防汛、优抚、扶贫、移民、救济款物的;(9) 自然灾害、事故灾害、社会安全事件等突发事件期间,在事件发生地抢夺的;(10) 导致他人轻伤或者精神失常等严重后果的。其次,抢夺公私财物数额达到"较大"标准,但未造成他人轻伤以上伤害,行为人系初犯,认罪、悔罪、退赃、退赔,且具有法定从宽处罚情节的,没有参与分赃或者获赃较少,且不是主犯的,被害人谅解的以及其他情节轻微、危害不大的,可以认定为犯罪情节轻微,不起诉或者免予刑事处罚;必要时,由有关部门依法予以行政处罚。

2. 抢夺行为与抢劫犯罪的区别

依照《刑法》规定,只要行为人实施了抢劫行为,不论数额大小,一般均构成抢劫罪;如果行为人携带凶器抢夺的,也以抢劫罪论处。两者的主要区别有:(1) 侵犯的客体不同。抢夺行为侵犯的客体是简单客体,即财产权利所有权,而抢劫罪侵犯的是复杂客体,即财产所有权和公民的人身权。(2) 客观方面的表现不同。抢夺行为是乘人不备公然夺取财物,而抢劫罪则是采用暴力、胁迫或者其他手段将财物抢走。在区分抢夺行为与抢劫罪界限时,我们要特别注意司法实践中经常发生的夺取财物的过程中造成被害人伤害的情况,如夺取耳环时将耳垂拉伤,乘人不备猛夺他人手中财物致被害人跌倒摔伤,等等。这些情况不是违法人员针对被害人人身故意使用暴力所致,不能以抢劫罪论处。如果抢夺未造成他人轻微伤以上伤害,应按抢夺行为论处;如果造成的结果是轻伤以上应当认定为《刑法》第 267 条规定的"其他严重情节",依法追究刑事责任。因此,在实践中,认定是抢夺行为还是抢劫罪,关键要把握两点:一是看强力的作用对象和使用目的。抢夺行为的强力直接作用于被抢夺的财物,目的是将财物夺到手中;而抢劫行为,它的这种强力是一种暴力,直接指向被害人的人身,具有排除被害人反抗的性质和目的。二是看伤害是否为行为人有意为之。在抢劫行为过程中,行为人是有意造成伤害以暴力敛财;而在抢夺行为实施过程中,行为人则是无意识地造成伤害。

（三）抢夺行为的调查及处理

抢夺行为的特点：作案公开，被害人与知情人可以提供直接证据；作案时间短暂，行为人往往要借助一定的交通工具，必然要在现场留下痕迹可供查证；大多是两人以上相互配合作案；行为具有习惯性，多次作案中抢夺目标、时间、手法、作案工具具有相似性。根据抢夺行为的特点，该类案件的调查重点包括：勘验现场提取痕迹、物证；询问被害人、证人等知情人，勾画违法嫌疑人的特征；安排辨认，核实违法嫌疑人；询问违法嫌疑人取得供述。根据《治安管理处罚法》第 49 条的规定，构成本行为的，处 5 日以上 10 日以下拘留，可以并处 500 元以下罚款；情节较重的，处 10 日以上 15 日以下拘留，可以并处 1 000 元以下罚款。

五、哄抢案件

（一）哄抢案件的认定

哄抢行为，是指以非法占有为目的，多人起哄，公然夺取公私财产，尚不够刑事处罚的行为。其构成特征如下：第一，该行为侵犯的客体是公私财产所有权，哄抢的对象为公私财物。第二，该行为在客观方面表现为多人起哄，公然夺取公私财产的行为。所谓"多人"，一般是指 3 人以上，所谓"哄抢"，是指集体起哄，蜂拥而上，乘混乱之机夺取公私财物。"哄"是表现形式，"抢"才是它的本质特征。也就是说，这种行为是在共同起哄所造成的混乱状态中实施的，这是该行为与其他侵犯公私财产行为区别的重要标志。第三，行为主体为一般主体，即达到法定责任年龄、具有法定责任能力的自然人。第四，行为在主观方面必须出于故意，并且具有非法占有公私财物的目的。

（二）哄抢行为与其他行为的区别

1. 哄抢行为与聚众哄抢罪的区别

聚众哄抢罪，是指以非法占有为目的，聚集多人，公然夺取公私财产，数额较大或者情节严重的行为。聚众哄抢罪的主体通常是由参加哄抢行为人中的首要分子和积极参加者构成。"首要分子"，是指在哄抢中起组织、策划和指挥作用的分子。"积极参加的人"，主要是指主动参与哄抢，在哄抢中起主要作用以及哄抢财物较多的人。对于其他参与哄抢的行为人，则应当按照哄抢行为处理。

2. 哄抢行为与共同抢夺行为的区别

哄抢行为和共同抢夺行为在主观上都是为了非法占有公私财产，但两者又有显著的区别。一是目的不同。哄抢财物行为人的目的在于非法占有自己所抢得的所有财产，而不是共同非法占有参与哄抢的人共同抢得的所有财物，共同抢夺行为人的目的是共同非法占有所有共同抢得的财物，然后再将共同非法占有的财物加以瓜分;二是行为方式不同。哄抢行为采用聚众哄抢的方法,导致财物所有人或保管人无法阻止来实现财产权的非法转移,而抢夺行为是趁财物所有人、保管人、使用人不备来实现财产权的非法转移。

(三) 哄抢行为的调查及处理

哄抢行为的特点:作案公开,被害人与知情人可以提供直接证据;多是临时起意,作案时间短暂;人员聚合,人数是多人;现场混乱,证据痕迹较易灭失。根据哄抢行为的特点,该类案件的调查重点包括:勘验现场提取痕迹、物证;询问被害人、证人等知情人,勾画违法嫌疑人的特征;安排辨认,核实违法嫌疑人,确定首要分子;询问违法嫌疑人取得供述。根据《治安管理处罚法》第 49 条的规定,构成本行为的,处 5 日以上 10 日以下拘留,可以并处 500 元以下罚款;情节较重的,处 10 日以上 15 日以下拘留,可以并处 1 000 元以下罚款。

六、故意损毁财物案件

(一) 故意损毁财物案件的认定

故意损毁财物行为,是指故意非法损毁公私财产的完整性或故意使公私财物部分或全部丧失价值或使用价值,数额不大,尚不够刑事处罚的行为。其构成特征如下:第一,该行为侵犯的客体是公私财产的所有权。这里值得注意的是,行为损毁的对象必须是普通财物。如果损坏的是法律规定的特定财物,如故意损坏国家保护的文物、名胜古迹的,则按妨害社会管理行为论处;如果故意损毁油气管道设施、电力电信设施、广播电视设施以及损毁路面井盖、照明等公共设施的,则以妨害公共安全行为论处。第二,该行为在客观上表现为非法毁灭或损害公私财产的行为。损毁公私财物的行为方式是多种多样的,如打砸、焚烧、毁灭等,但是如果行为人采用纵火、决水、投毒、爆炸等危险方法损毁财物,危害公共安全的,应当以危害公共安全罪中的有关犯罪论处。损毁行为必须是非法的,如果合法地损毁财物,例如逃避犯罪嫌疑人的侵害而紧急避险、将他人门窗打破进入室内救人、拆除违章搭建的棚屋、销毁违禁品等,均不构成故意损毁财物的违反治安管理行为。第三,行为主体为一般主体,即达到法定责任年龄、具有法定责任能力的自然人。第四,行为人在主观上必须出于故意,动机可能出于报复、泄愤、嫉妒等,行为的目的是毁坏公私财产,使其丧失价值,而不是非法占有,这一点是该行为区别于其他侵犯财产权利行为的重要特征。

(二) 故意损毁财物行为与其他行为的区别

1. 故意损毁财物行为与故意毁坏财物罪的区别

两者区别的关键在于数额是否较大、情节是否严重。数额较大、情节严重的,构成故意毁坏财物罪。《最高检、公安部关于公安机关管辖的刑事案件立案追诉标准的规定》第33条规定：故意毁坏公私财物，涉嫌下列情形之一的，应予立案追诉：(1)造成公私财物损失五千元以上的；(2)毁坏公私财物三次以上的；(3)纠集三人以上公然毁坏公私财物的；(4)其他情节严重的情形。根据该规定，所谓数额较大，是指造成公私财物的损失达到5 000元；所谓情节严重，主要是指重要物资被毁损严重的，毁坏急需物品造成严重后果的，多次毁损不接受教育的，损毁的手段恶劣、损毁的动机卑鄙企图嫁祸于人的等等。

2. 故意损毁财物行为与破坏生产经营罪的区别

两者区别的关键是损毁对象不同。故意损毁财产权利行为损毁的对象是普通财物；而破坏生产经营罪所损坏的对象为生产经营中正在使用的设备和用具，如故意损坏机器设备、残害耕畜等。

3. 故意损毁财物行为与寻衅滋事行为的区别

两者的区别是主观动机和目的不同，故意损毁公私财物行为一般出于报复、嫉妒、泄愤等动机，行为的目的是为了毁坏特定的公私财物，使其丧失全部或部分价值；而寻衅滋事行为是出于是非颠倒、荣辱混淆、以藐视国家法纪和社会公德为荣、以遵纪守法为耻的变态心理，目的是为了耍威风、取乐、寻求精神刺激，填补精神空虚，对具体财物没有特定性，不刻意追求财物损毁的结果。

（三）故意损毁财物行为的调查及处理

故意损毁财物行为的特点：作案公开，行为人人身形象暴露充分；行为人与受害人通常有某种较熟悉的关系；绝大多数行为是由当事人之间的矛盾冲突所致；案件现场有证据可供查证。根据故意损毁财物行为的特点，该类案件的调查重点包括：勘验现场提取痕迹、物证；询问被害人、行为人，调查清楚案件当事人之间的关系；询问证人、知情人，调查清楚发案原因，全面了解案情，认清案件性质；从解决矛盾入手，进行说服教育工作。根据《治安管理处罚法》第49条的规定，构成本行为的，处5日以上10日以下拘留，可以并处500元以下罚款；情节较重的，处10日以上15日以下拘留，可以并处1 000元以下罚款。

第五节 妨害社会管理秩序案件的认定及处理

妨害社会管理行为是指违反国家法律规定，妨害正常社会管理秩序的违法行为。从构成特征来看，主要有以下四个方面：第一，妨害社会管理行为侵犯的客体是国家对社会的正常管理秩序。其行为本质是违反国家有关法律规定，妨害了国家行政管理活动，破坏了社会管理秩序。第二，妨害社会管理行为的客观方面主要表现为行为人使用各种手段妨害国家、社会正常管理秩序的行为，一般对社会造成了一定的危害后果。第三,妨害社会管理行为的主体是一般主体。第四,妨害社会管理行为的主观方面一般是由故意构成的,但在某些违法行为中,要求行为人主观上存在过失即可,如违法爆破、挖掘等危及文物安全的行为。根据《治安管理处罚法》和《违反公安行政管理行为的名称及其适用意见》的有关规定,妨害社会管理行为共计68种,分别是:拒不执行紧急状态下的决定、命令(第50条第1款第1项);阻碍执行职务(第50条第1款第2项);阻碍特种车辆通行(第50条第1款第3项);冲闯警戒带、警戒区(第50条第1款第4项);招摇撞骗(第51条第1款);伪造、变造、买卖公文、证件、证明文件、印章(第52条第1项);买卖、使用伪造、变造的公文、证件、证明文件(第52条第2项);伪造、变造、倒卖有价票证、凭证(第52条第3项);伪造、变造船舶户牌(第52条第4项);买卖、使用伪造、变造的船舶户牌(第52条第4项);涂改船舶发动机号码(第52条第4项);驾船擅自进入、停靠国家管制的水域、岛屿(第53条);非法以社团名义活动(第54条第1款第1项);以被撤销登记的社团名义活动(第54条第1款第2项);未获公安许可擅自经营(第54条第1款第3项);煽动、策划非法集会、游行、示威(第55条);不按规定登记住宿旅客信息(第56条第1款);不制止住宿旅客带入危险物质(第56条第1款);明知住宿旅客是犯罪嫌疑人不报告(第56条第2款);将房屋出租给无身份证件人居住(第57条第1款);不按规定登记承租人信息(第57条第1款);明知承租人利用出租屋犯罪不报告(第57条第2款);制造噪声干扰正常生活(第58条);违法承接典当物品(第59条第1项);典当业工作人员发现违法犯罪嫌疑人、赃物不报告(第59条第1项);违法收购废旧专用器材(第59条第2项);收购赃物、有赃物嫌疑的物品(第59条第3项);收购国家禁止收购的其他物品(第59条第4项);隐藏、转移、变卖、损毁依法扣押、查封、冻结的财物(第60条第1项);伪造、隐匿、毁灭证据(第60条第2项);提供虚假证言(第60条第2项);谎报案情(第60条第2项);窝藏、转移、代销赃物(第60条第3项);违反监督管理规定(第60条第4项);协助组织、运送他人偷越国(边)境(第61条);为偷越国(边)境人员提供条件(第62条第1款);偷越国(边)境(第62条第2款);故意损坏文物、名胜古迹(第63条第1项);违法实施危及文物安全的活动(第63条第2项);偷开机动车(第64条第1项);无证驾驶、偷开航空器、机动船舶(第64条第2项);破坏、污损坟墓(第65条第1项);毁坏、丢弃尸骨、骨灰(第65条第1项);违法停放尸体(第65条第2项);卖淫(第66条第1款);嫖娼(第66条第1款);拉客招嫖(第66条第2款);引诱、容留、介绍卖淫(第67条);制作、运输、复制、出售、出租淫秽物品(第68条);传播淫秽信息(第68条);组织播放淫秽音像(第69条第1款第1项);组织淫秽表演(第69条第1款第2项);进行淫秽表演(第69条第1款第2项);参与聚众淫乱(第69条第1款第3项);为淫秽活动提供条件(第69条第2款);为赌博提供条件(第70条);赌博(第70条);非法种植毒品原植物(第 71 条第 1 款第 1 项);非法买卖、运输、携带、持有毒品原植物种苗(第 71 条第 1 款第 2 项);非法运输、买卖、储存、使用罂粟壳(第 71 条第 1 款第 3 项);非法持有毒品(第 72 条第 1 项);向他人提供毒品(第 72 条第 2 项);吸毒(第 72 条第 3 项);胁迫、欺骗开具麻醉药品、精神药品(第 72 条第 4 项);教唆、引诱、欺骗吸毒(第 73 条);为吸毒、赌博、卖淫、嫖娼人员通风报信(第 74 条);饲养动物干扰正常生活(第 75 条第 1 款);放任动物恐吓他人(第 75 条第 1 款)。

一、阻碍执行职务案件

(一) 阻碍执行职务案件的认定

阻碍执行职务行为是指阻碍国家机关工作人员依法执行职务,尚未使用暴力或者威胁的行为。阻碍执行职务行为主要有以下四个特征:第一,行为侵犯的客体是国家机关工作人员的正常职务活动。侵犯对象是正在依法执行职务的国家机关工作人员。因此,阻碍非国家机关工作人员进行的某项活动,或者虽是国家机关工作人员,但其执行的是职务行为以外的其他活动,或者没有按照法律规定的职权和程序进行的职务活动,均不属于阻碍执行职务行为。当然,在国家机关工作人员实施的正常职务活动开始之前,或者结束以后,行为人阻碍国家机关工作人员实施非职务活动的,不成立该违法行为。第二,行为在客观方面表现为阻碍国家机关工作人员依法执行职务,且未使用暴力或者威胁行为。该行为包括三个客观要素:一是所谓"阻碍"主要是指行为人在国家机关工作人员依法执行职务时实施妨碍和阻止活动,使后者不能正常、顺利地行使权力。其中,依法执行职务所依据的法律,既包括法律、法规、规章,也包括有权机关发布的其他具有普遍约束力的规范性文件,只针对机关内部工作人员发布的一些行为规范不能作为对外执法的依据。二是未使用暴力或者威胁行为。需要说明的是,此处未使用暴力,并不意味着不使用任何击打国家工作人员身体的行为。在执法实践中,违法嫌疑人往往会通过使用轻微的暴力手段来抗拒执法,如撕扯、推拉等,但这类轻微暴力行为没有达到刑事处罚的程度。比如,由于群众对国家机关工作人员依法宣布某项措施、决定不理解、情绪激动、态度不冷静、方法不当而形成对国家工作人员的围攻。在此过程中,常伴有威胁性语言和推搡、拉扯行为,从客观上妨害了公务。对此,不宜因为没有暴力行为就否定其构成治安违法行为。三是该行为尚未造成严重后果。此处的严重后果,主要指使执法人员造成轻伤以上的人身伤害结果,或者造成重大的财产损失,或者是因违法行为给国家安全、社会公共秩序等带来严重危害。对于是否属于严重后果的判断,参照刑法中妨害公务罪、故意伤害罪等犯罪的认定标准来加以理解。第三,行为主体为一般主体。第四,行为人主观方面为故意,既可以是直接故意,也可以是间接故意。

(二)阻碍执行职务行为与相关行为的区别[①]

1. 阻碍执行职务行为与妨碍公务罪的区别

二者的主要区别是:(1)行为的客体和对象不同。前者的客体是国家机关依法对社会进行的正常管理活动,行为的对象是国家机关工作人员;后者的客体是国家机关、人大、红十字会等正常的公务活动,行为的对象不仅包括国家机关工作人员,还包括人大代表、红十字会工作人员在内。(2)行为的客观方面不同。前者在行为上没有采取暴力、威胁的方法,行为结果如何不影响行为的成立;后者在客观方面分为三种情况:一是阻碍国家机关工作人员、人大代表依法执行职务,必须以暴力、威胁方法进行阻碍。二是阻碍红十字会工作人员依法履行职责,必须是在自然灾害和突发事件中,并使用暴力、威胁方法。三是阻碍国家安全机关、公安机关依法执行国家安全工作任务,虽未使用暴力、威胁方法,但造成严重后果的。

2. 阻碍执行职务行为与扰乱单位秩序行为的区别

二者的主要区别是:一是两者侵犯的客体不同。前者侵犯的是国家机关进行社会管理的正常活动;后者侵犯的是机关、团体、企业、事业单位的正常工作秩序。二是实施行为的目的不同。前者目的在于逃避国家机关对自己或者他人的管理和惩罚;后者主要是通过制造和扩大影响,给政府和有关部门、单位施加压力的方式来实现个人的目的和要求。三是行为指向的对象不同。前者是针对正在执行公务的特定国家机关及其工作人员的执行公务行为;后者是针对机关、单位正常的工作秩序。

(三)阻碍执行职务行为的调查及处理

对阻碍执行职务行为的调查的重点是:行为对象是否为国家机关工作人员且在依法执行职务;行为人在阻碍国家机关工作人员依法执行职务过程中是否使用暴力或者进行威胁;行为人阻碍国家机关工作人员依法执行职务过程中造成的后果和社会影响。根据《治安管理处罚法》第50条第1款的规定,构成本行为的,处警告或者200元以下罚款;情节严重的,处5日以上10日以下拘留,可并处500元以下罚款。为了保障公安机关人民警察依法行使职权,根据《治安管理处罚法》第50条第2款规定,阻碍人民警察依法执行职务的,从重处罚。

二、招摇撞骗案件

(一)招摇撞骗案件的认定

招摇撞骗行为是指冒充国家机关工作人员或者以其他虚假身份进行蒙骗、欺

[①] 岳光辉.治安管理处罚法实用教程[M].北京:中国人民公安大学出版社,2005:193-194.

诈的行为。招摇撞骗行为的特征主要是：第一，侵犯客体是国家机关以及其他身份的信誉及其正常活动。第二，行为客观方面表现为实施了冒充国家机关工作人员或者以其他虚假身份进行招摇撞骗行为。"国家机关工作人员"，是指国家立法、行政、司法等部门中依法代表国家履行公务的工作人员。在现代国家中，代表国家履行公务的国家机关工作人员，其录取和任用必须符合法定的程序。例如，作为国家机关工作人员中最重要的组成部分，公务员的录用必须符合全国人大常委会通过的《公务员法》的有关规定。依据我国《公务员法》的有关规定，录用担任主任科员以下及其他相当职务层次的非领导职务公务员，采取公开考试、严格考察、平等竞争、择优录取的办法。担任公务员必须具备法律规定的有关条件，遵守法律规定的有关纪律。我国《法官法》《检察官法》还分别对担任法官、检察官的任职资格和条件做了详细的规定。此外，对于人民警察的任职条件，也有相应的规定。未具备法律规定的条件或者取得相应的任职资格的，也就不能够以国家机关工作人员的名义来开展活动。[①] "冒充"包括两种情况：一是指行为人本身并不具备国家机关工作人员的身份，而是通过一定的方式，以国家机关工作人员的名义对外开展活动。该特定的方式可以包括口头宣称自己是国家机关工作人员；或者通过伪造、变造有关公文、身份证件以及其他证明文件等方式，证明自己是国家机关工作人员；二是行为人本身是国家机关工作人员，但是其冒充其他国家机关工作人员的身份或者职位，尤其是冒充比其本人身份或者职位更高或者更重要的国家机关工作人员。这种情况在实际生活中也多有出现。一些党政机关里边的基层干部，完全背离了党性理念，利用手中权力和自身所处的有利条件，为了牟取某种私利，冒充本单位、本部门或者其他单位、部门的领导，达到招摇撞骗的目的。"招摇撞骗"，是指行为人为达到骗取财物、吃喝以及其他非法目的，或者为谋取其他非法利益，利用其假冒的国家工作人员的特殊身份，向他人炫耀，骗取他人信任，从而骗取他人财物或者其他利益的行为。从此类行为的特征来看，其社会危害性较大：一是损害国家机关及其工作人员的形象和正常活动；二是侵害被骗单位和个人的正当权益；三是妨碍社会管理秩序。这种行为是当前社会的一种多发性违反治安管理行为。"以其他身份招摇撞骗"是指除冒充国家机关工作人员的情形以外，行为人借助于其他虚假的身份来实施招摇撞骗行为。例如社会无业游民编造虚假的学历证明，冒充某著名高校的博士毕业生来另一地的高校求职；某人冒充我国革命战争年代某著名将领的后人来骗取钱财等等，都是属于此类行为。第三，行为主体为一般主体。第四，行为人主观方面为直接故意，在间接故意的情况下不能成立该违法行为。行为人主观目的与动机不影响该违法行为的成立。比如，某人因老乡赌博被抓，于是冒充警察到派出所捞人，被警察识破后受到

[①] 吴高盛.《中华人民共和国治安处罚法》释义[M].北京：人民出版社，2005：178.

行政处罚。

(二) 招摇撞骗行为与相关行为的区别

1. 招摇撞骗行为与诈骗行为的区别

(1) 侵犯的客体不同。招摇撞骗行为侵犯的客体是国家机关的威信及其正常活动；诈骗行为侵犯的客体是公私财产所有权。(2) 行为方式不同。诈骗行为的方式多种多样，没有特定的限制，只要是虚构事实、隐瞒真相即可构成；而招摇撞骗行为的表现形式相对较窄，仅限于行为人冒用国家机关工作人员和其他身份的场合。(3) 行为人主观目的不同。招摇撞骗行为的目的是为了获取非法利益，包括物质利益和非物质利益，如政治待遇、经济利益、荣誉称号等；而诈骗行为的目的只能是非法获取他人财物。

2. 招摇撞骗行为与招摇撞骗罪的界限

我国《刑法》第 279 条规定："冒充国家机关工作人员招摇撞骗的，处三年以下有期徒刑、拘役、管制或者剥夺政治权利；情节严重的，处三年以上十年以下有期徒刑。冒充人民警察招摇撞骗的，依照前款的规定从重处罚。"与《刑法》的上述规定相比较，对招摇撞骗行为的规定将"以其他虚假身份招摇撞骗"也纳入违法行为的范围；另外两者的社会危害性的大小以及违法性的程度不同。依据《治安管理处罚法》第 2 条的规定，只有尚未构成犯罪的行为，才受本法的调整。一旦冒充国家机关工作人员进行招摇撞骗的行为已经造成了严重的社会后果，构成犯罪，则应当由司法机关依据《刑法》的有关规定依法追究行为人的刑事责任，而不应当给予治安管理处罚。两种行为的主要区别是：(1) 行为人冒用虚假身份的范围不同。作为一般违法的招摇撞骗行为所利用的身份，既可以是国家机关工作人员的身份，也可以是其他虚假身份，比如，冒充教师、红十字会工作人员、志愿服务人员等；作为犯罪行为，招摇撞骗者仅限于冒充国家机关工作人员的身份或者职务，而不能是其他身份。(2) 两种行为的危害程度不同。根据我国《刑法》的规定，招摇撞骗罪中要求不法行为造成了严重后果。

(三) 招摇撞骗行为的调查及处理

对招摇撞骗行为的调查重点是：行为人的真实身份和冒用的虚假身份；行为人冒用身份的目的及危害后果。根据《治安管理处罚法》第 51 条第 1 款的规定，构成本行为的，处 5 日以上 10 日以下拘留，可以并处 500 元以下罚款；情节较轻的，处 5 日以下拘留或者 500 元以下罚款。根据《治安管理处罚法》第 51 条第 2 款的规定，冒充军警人员招摇撞骗的，从重处罚。

三、冲闯警戒带、警戒区案件

(一)冲闯警戒带、警戒区案件的认定

冲闯警戒带、警戒区行为,是指行为人不听人民警察的制止,强行冲闯、跨越公安机关为了维护现场秩序而设置的警戒带、警戒区,情节轻微,尚不够刑事处罚的行为。该行为的主要法律特征是:第一,行为侵犯的客体是公安机关的职务活动。第二,行为客观方面表现为强行冲闯、跨越公安机关为了维护现场秩序而设置的警戒带、警戒区。公安机关在执行某些特定职务的过程中,为了确保公共场所或者大型活动的安全,需要设置警戒带和警戒区。这些警戒带和警戒区给附近居民和来往行人的生活可能会带来一些不便,但是公民有遵守和容忍的义务。因此,强行冲闯公安机关设置的警戒带、警戒区的行为,应当受到处罚。所谓强行冲闯是指行为人违反有关规定,不顾民警制止,而强行冲过公安机关设置的警戒带和警戒区,对公安执法活动造成干扰和阻碍的行为。根据《公安机关警戒带使用管理办法》的规定,公安机关使用警戒带的场合,主要有以下情形:(1)警卫工作需要;(2)集会、游行、示威活动的场所;(3)治安事件的现场;(4)刑事案件的现场;(5)交通事故或交通管制的现场;(6)灾害事故的现场;(7)爆破或危险品实(试)验的现场;(8)重大的文体、商贸等活动的现场;(9)其他需要使用警戒带的场所。第三,行为主体为自然人。第四,行为人主观方面须出于故意。

(二)冲闯警戒带、警戒区行为的调查及处理

对冲闯警戒带、警戒区行为的调查重点是:行为人不听制止的行为;公安机关设置的警戒带、警戒区范围。根据《治安管理处罚法》第50条第1款的规定,构成本行为的,处警告或者200元以下罚款;情节严重的,处5日以上10日以下拘留,可以并处500元以下罚款。为了保障公安机关人民警察依法行使职权,根据《治安管理处罚法》第50条第2款的规定,阻碍人民警察依法执行职务的,从重处罚。

四、伪造、变造、买卖公文、证件、证明文件、印章案件

(一)伪造、变造、买卖公文、证件、证明文件、印章案件的认定

伪造、变造、买卖公文、证件、证明文件、印章行为是指违反国家规定,伪造、变造或者买卖国家机关、人民团体、企业、事业单位或者其他组织的公文、证件、证明文件、印章的行为。伪造、变造、买卖公文、证件、证明文件、印章行为主要有以下特征:第一,侵犯的客体是国家机关、人民团体、企事业单位或者其他组织的信誉及其正常活动。该行为的侵犯对象是上述单位或者其他组织的公文、证件、证明文件和印章。第二,行为的客观方面表现为伪造、变造或者买卖国家机关、人民团体、企业、事业单位或者其他组织的公文、证件、证明文件、印章的行为。所谓伪

造,是指无权制作者制作虚假公文、证件、证明文件,无权刻制印章者制作印章,用此骗取他人信任的行为。所谓变造,是指对真实的公文、证件、证明文件采用涂改、拼接、擦消等手段改变其真实的内容的行为或者采用雕刻、拼接等手段,改变真印章的行为。所谓买卖,包括购买、出售国家机关、人民团体、企业、事业单位或者其他组织的公文、证件、证明文件、印章的行为。此处买卖的公文、证件、证明文件、印章是真的,而不是伪造、变造的,行为人只要实施上述行为之一,就构成了该治安管理行为。第三,行为主体是一般主体。第四,行为人主观方面为故意。

(二)伪造、变造、买卖公文、证件、证明文件、印章行为与相关行为的区别

认定本行为,要注意其与伪造、变造或者买卖公文、证件、证明文件、印章罪和伪造公司、企业、事业单位、人民团体印章罪的区别。他们的区别表现在:一是客观要件中行为的手段、情节与后果严重程度等方面的差别。一般来说,手段较特殊,情节较重,后果较重的,是犯罪行为;否则,是违反治安管理行为。二是在客观方面的差别。对国家机关的印章来说,伪造、变造、买卖等行为既可能构成违反治安管理行为,也可能构成犯罪;但是,对于公司、企业、事业单位、人民团体等组织的印章来说,只有伪造行为才可能构成犯罪,变造、买卖等行为,即使情节再恶劣,后果再严重,也不能构成犯罪。

(三)伪造、变造、买卖公文、证件、证明文件、印章行为的调查及处理

对伪造、变造、买卖公文、证件、证明文件、印章行为的调查重点是:伪造、变造、买卖公文、证件、证明文件、印章的种类;行为人伪造、变造、买卖公文、证件、证明文件、印章的用途;行为人伪造、变造、买卖公文、证件、证明文件、印章的数量和次数;行为人伪造、变造、买卖公文、证件、证明文件、印章的主观目的;行为人伪造、变造、买卖公文、证件、证明文件、印章的后果和社会影响。根据《治安管理处罚法》第52条的规定,构成本行为的,处10日以上15日以下拘留,可以并处1 000元以下罚款;情节较轻的,处5日以上10日以下拘留,可以并处500元以下罚款。

五、伪造、变造、倒卖有价票证、凭证案件

(一)伪造、变造、倒卖有价票证、凭证案件的认定

伪造、变造、倒卖有价票证、凭证行为是指伪造、变造、倒卖车票、船票、航空客票、文艺演出票、体育比赛入场券或者其他有价票证、凭证的行为。伪造、变造、倒卖有价票证、凭证行为主要有以下特征:第一,侵犯的客体是国家有关机关对有价票证、凭证的正常管理秩序。本行为所侵害的对象是车票、船票、航空客票等交通运输票据,文艺演出票、体育比赛入场券等文体类有效凭证以及其他有价票证、凭证。此处的其他有价票证、凭证,主要包括国家、企业发行的等具有一定价值的票

证、凭证,如有价债券、邮票、金融凭证、医院挂号凭证等。卫生部、公安部于2012年4月30日联合发布《关于维护医疗机构秩序的通告》,该通告指出,对于倒卖医疗机构挂号凭证的,由公安机关依据《治安管理处罚法》予以处罚,构成犯罪的,依法追究责任。第二,行为客观表现为伪造、变造、倒卖车票、船票、航空客票、文艺演出票、体育比赛入场券或者其他有价票证、凭证的行为。所谓伪造,是指仿照有价票证、凭证的形状、图案、形式、面值等特征,采用印刷、复印、绘制等方法制作假票证、凭证的行为。所谓变造,是指采用涂改、挖补、拼接、覆盖等方式改变真实的有价票证、凭证的价值及其他内容的行为。所谓倒卖是指低价买进、高价卖出伪造、变造或者真的有价票证、凭证的行为。上述行为属于选择的,行为人实施其中一种行为,即构成违反治安管理行为。在执法实践中,由于车票、船票、医院挂号凭证等有价票证、凭证的票面数额较低,违法嫌疑人往往是团伙作案、多次作案,以谋取非法利益。因此,在查处过程中应注意及时固定证据,扎实取证并深挖违法犯罪嫌疑人。第三,行为主体是一般主体。第四,行为人主观方面为故意。

(二) 伪造、变造、倒卖有价票证、凭证行为与相关行为的区别

伪造、变造、倒卖有价票证、凭证行为与伪造、倒卖伪造的有价票证罪的界限主要是:(1)侵犯的对象不同。伪造、变造、倒卖有价票证、凭证行为的侵犯对象既可以是有价票证,如车票、邮票、船票等,也可以是一些凭证。在现实生活中,有价凭证的种类很多,常见的主要是一些金融凭证,比如,委托收款凭证、汇款凭证、银行存单等。而伪造、倒卖伪造的有价票证罪的犯罪对象只能是有价票证,凭证不能成为本罪的侵犯对象。与此同时,需要注意的是,对于倒卖行为来说,倒卖有价票证、凭证中的侵犯对象是真实的有价票证和凭证,而在倒卖伪造有价票证罪中,犯罪对象必须是伪造的有价票证(如车票、船票、邮票或者其他票证),如果倒卖真实的车票、船票,情节严重的,应构成倒卖车票、船票罪。(2)行为方式不同。伪造、变造、倒卖有价票证、凭证行为的表现方式有三类,即伪造、变造和倒卖,而伪造、倒卖伪造的有价票证罪中行为方式只有伪造和倒卖,没有变造行为。(3)危害程度不同。伪造、倒卖伪造的有价票证罪必须是"数额较大"的才构成犯罪;若数额不大,则构成伪造、变造、倒卖有价票证、凭证行为,应予以治安管理处罚。

(三) 伪造、变造、倒卖有价票证、凭证行为的调查及处理

对伪造、变造、倒卖有价票证、凭证行为的调查重点是:伪造、变造、倒卖有价票证、凭证的种类;伪造、变造、倒卖有价票证、凭证的用途;伪造、变造、倒卖有价票证、凭证的数量和次数;伪造、变造、倒卖有价票证、凭证的主观目的;伪造、变造、倒卖有价票证、凭证的后果和社会影响。根据《治安管理处罚法》第52条的规定,构成本行为的,处10日以上15日以下拘留,可以并处1 000元以下罚款;情节

较轻的,处 5 日以上 10 日以下拘留,可以并处 500 元以下罚款。

六、伪造、变造船舶户牌,买卖或者使用伪造、变造的船舶户牌,或者涂改船舶发动机号码案件

（一）伪造、变造船舶户牌,买卖或者使用伪造、变造的船舶户牌,或者涂改船舶发动机号码案件的认定

船舶户牌是表明船舶身份的特有标志。伪造、变造船舶户牌,买卖或者使用伪造、变造的船舶户牌,或者船舶发动机号码的行为,其目的都是为了逃避船舶管理部门对船舶的有效监管。因此,有必要对此类行为进行处罚。该行为的主要法律特征是:第一,行为侵犯客体是国家对船舶的管理活动。侵犯对象是船舶的户牌和发动机号码。第二,行为客观方面表现为伪造、变造船舶户牌,买卖或者使用伪造、变造的船舶户牌,或者涂改船舶发动机号码。第三,行为主体一般为自然人,单位也可构成。第四,行为人主观方面须出于故意。

（二）伪造、变造船舶户牌,买卖或者使用伪造、变造的船舶户牌,或者涂改船舶发动机号码行为的调查及处理

对伪造、变造船舶户牌,买卖或者使用伪造、变造的船舶户牌,或者涂改船舶发动机号码行为的调查重点是:违法嫌疑人的基本情况;案件事实是否清楚,证据是否确实充分;案件定性是否准确;适用法律、法规和规章是否正确;办案程序是否合法;拟作出的处理决定是否适当。根据《治安管理处罚法》第 52 条的规定,构成本行为的,处 10 日以上 15 日以下拘留,可以并处 1 000 元以下罚款;情节较轻的,处 5 日以上 10 日以下拘留,可以并处 500 元以下罚款。

七、驾船擅自进入、停靠国家管制的水域、岛屿案件

（一）驾船擅自进入、停靠国家管制的水域、岛屿案件的认定

驾船擅自进入、停靠国家管制的水域、岛屿行为的法律特征是:第一,行为侵犯的客体是国家对特定水域、岛屿的管理秩序。侵犯对象是国家禁止、限制进入的水域或者岛屿。我国当前一些法律、法规或者规章对于船舶航行以及船舶运营作了不少规范。例如,我国《渔业法》第 8 条规定,外国人、外国渔业船舶进入中华人民共和国管辖水域,从事渔业生产或者渔业资源调查活动,必须经国务院有关主管部门批准,并遵守本法和中华人民共和国其他有关法律、法规的规定;同中华人民共和国订有条约、协定的,按照条约、协定办理。我国《港口法》第 34 条规定,船舶进出港口,应当依照有关水上交通安全的法律、行政法规的规定向海事管理机构报告。海事管理机构接到报告后,应当及时通报港口行政管理部门。船舶载运危险货物进出港口,应当按照国务院交通主管部门的规定将危险货物的名称、

特性、包装和进出港口的时间报告海事管理机构。海事管理机构接到报告后,应当在国务院交通主管部门规定的时间内作出是否同意的决定,通知报告人,并通报港口行政管理部门。但是,定船舶、定航线、定货种的船舶可以定期报告。第35条规定,在港口内进行危险货物的装卸、过驳作业,应当按照国务院交通主管部门的规定将危险货物的名称、特性、包装和作业的时间、地点报告港口行政管理部门。港口行政管理部门接到报告后,应当在国务院交通主管部门规定的时间内作出是否同意的决定,通知报告人,并通报海事管理机构。当前,国务院的行政法规也对船舶的航行和停泊问题做了规定。例如,国务院 2002 年 6 月 28 日颁布的《内河交通安全管理条例》第 16 条规定,船舶在内河航行时,上行船舶应当沿缓流或者航路一侧航行,下行船舶应当沿主流或者航路中间航行;在潮流河段、湖泊、水库、平流区域,应当尽可能沿本船右舷一侧航路航行。第 20 条规定,船舶进出港口和通过交通管制区、通航密集区或者航行条件受限制的区域,应当遵守海事管理机构发布的有关通航规定。任何船舶不得擅自进入或者穿越海事管理机构公布的禁航区。该条例第 24 条还规定,船舶应当在码头、泊位或者依法公布的锚地、停泊区、作业区停泊;遇有紧急情况,需要在其他水域停泊的,应当向海事管理机构报告。这些规定都要求船舶在内河或者海上航行时,必须遵守有关法律、法规以及航行规则的规定。这一方面是维护船舶航行秩序的需要;另一方面,也是保护人身、财产安全,保障船东和货主的合法权益的需要。[①] 第二,行为客观方面表现为船舶违反国家规定擅自进入、停靠国家禁止、限制进入的水域或者岛屿。一是擅自进入国家禁止、限制进入的水域。该特定的水域可能是有关法律、行政法规规定禁止或者限制进入的水域,也有可能是为了特定的需要,例如防洪安全、桥梁安全等的需要而由交通或者水利管理部门临时规定禁止或者限制进入的水域。二是船舶在国家限制禁止的水域靠岸或者在国家限制进入的岛屿停靠。禁止停靠的原因可能是涉及国防安全,也可能是涉及海洋自然资源的保护等等。第三,行为主体为特殊主体,即船舶的负责人和其他有关责任人员。船舶负责人一般指的是船长,有关责任人员一般指的是直接负责控制船舶航行的人或者是指挥船舶进入国家禁止、限制进入的水域或者岛屿的人。这里所规定的"情节严重的"包括该行为造成了严重的损害后果,或者船舶负责人、直接责任人员不听从交通管理部门的劝阻等情形。第四,行为人主观方面须出于故意。

(二) 驾船擅自进入、停靠国家管制的水域、岛屿行为的调查及处理

对驾船擅自进入、停靠国家管制的水域、岛屿行为的调查重点是:船舶擅自进入、停靠国家禁止、限制进入的水域或者岛屿未造成损失,且经管理人员要求驶离

[①] 吴高盛.《中华人民共和国治安处罚法》释义[M].北京:人民出版社,2005:187.

后是否立即驶离;是否多次进入国家禁止、限制进入的水域或者岛屿;是否进入国家禁止、限制进入的水域或者岛屿,停留时间较长;是否进入、停靠国家禁止、限制进入的水域或者岛屿,经管理人员要求驶离后,仍拒不驶离;是否不听制止,强行进入国家禁止、限制进入的水域或者岛屿;是否组织他人进入、停靠国家禁止、限制进入的水域或者岛屿。根据《治安管理处罚法》第53条的规定,构成本行为的,处500元以上1 000元以下罚款;情节严重的,处5日以下拘留,并处500元以上1 000元以下罚款。

八、非法以社团名义活动案件

(一)非法以社团名义活动案件的认定

非法以社团名义活动行为是指违反国家规定,未经注册登记,以社会团体名义进行活动,被取缔后,仍进行活动的行为。非法以社团名义活动行为主要有以下特征:第一,侵犯的客体是国家对社会团体的正常管理秩序。所谓社会团体,是指中国公民自愿组成,为实现会员共同意愿,按照其章程开展活动的非营利性社会组织。《社会团体登记管理条例》第3条规定,成立社会团体,应当经其业务主管单位审查同意,并依照本条例的规定进行登记;该条例第35条进一步明确规定,未经批准,擅自开展社会团体筹备活动,或者未经登记,擅自以社会团体名义进行活动,以及被撤销登记的社会团体继续以社会团体名义进行活动的,由登记管理机关予以取缔,没收非法财产;构成犯罪的,依法追究刑事责任;尚不构成犯罪的,依法给予治安管理处罚。第二,行为客观方面的表现是违反国家规定,未经注册登记,以社会团体名义进行活动,被取缔后,仍进行活动的行为。因此,该行为有三个组成要素:一是未经注册登记;二是以社会团体名义进行活动;三是被取缔后,仍然以被取缔的社会团体之名进行活动。三个要件相互关联,缺一不可。如果被取缔后,不再进行活动,则不构成该违法行为。所谓"违反国家规定",主要是指违反有关社团管理的法律、行政法规。"未经注册登记"是指准备成立社会团体的机构或者个人没有向民政部门提出成立社会团体的申请,或者其向民政部门提出申请后,因为该申请不符合法定的条件而被民政部门驳回。"以社会团体名义活动"是指行为人在未经注册登记的情况下,私刻公章或者挂出牌匾,对外以社会团体的名义进行活动。此外,构成本项规定的违法行为,必须是在该非法组织被有关部门依法取缔后,仍然以社会团体的名义进行活动。《社会团体登记管理条例》第34条规定,社会团体的活动违反其他法律、法规的,由有关国家机关依法处理;有关国家机关认为应当撤销登记的,由登记管理机关撤销登记。因此,社会团体一旦被撤销登记,该社会团体即宣告消灭,其主体资格不复存在。任何机构和人员,不得再以原社会团体的名义进行活动。因此,对于被主管部门依法注销登记后,仍以原社会团体的名义进行活动的单位或者个人,应当依法给予治安管理处罚。第三,行为主体是一般主体。第四,行为人主观方面为故意。

(二) 非法以社团名义活动行为的调查及处理

对非法以社团名义活动行为的调查重点是:行为人所利用的社会团体是否经过依法注册;以社团之名进行活动是否已被有关部门依法取缔;被取缔后是否继续进行不法活动的;相关行为造成的社会影响和危害后果。根据《治安管理处罚法》第 54 条的规定,构成本行为的,处 10 日以上 15 日以下拘留,并处 500 元以上 1 000 元以下罚款;情节较轻的,处 5 日以下拘留或者 500 元以下罚款。

九、制造噪声干扰正常生活案件

(一) 制造噪声干扰正常生活案件的认定

噪声是现代生活中一项重要的污染源,尤其是在大中城市里,工业生产、交通工具的运行、娱乐场所都会产生大量的噪声。噪声污染会对人们正常的生活带来极大的负面影响,不仅包括身体上的影响,而且还包括精神上的影响。当前我国环境保护等有关部门也开始注重噪声污染的预防和整治工作。1996 年 10 月 29 日我国颁布的《环境噪声污染防治法》第六章对于社会生活噪声污染防治问题作出了详细的规定。依据该法的规定,社会生活噪声,是指人为活动所产生的除工业噪声、建筑施工噪声和交通运输噪声之外的干扰周围生活环境的声音。在城市市区噪声敏感建筑物集中区域内,因商业经营活动中使用固定设备造成环境噪声污染的商业企业,必须按照国务院环境保护行政主管部门的规定,向所在地的县级以上地方人民政府环境保护行政主管部门申报其拥有的造成环境噪声污染的设备的状况和防治环境噪声污染的设施的情况。新建营业性文化娱乐场所的边界噪声必须符合国家规定的环境噪声排放标准;不符合国家规定的环境噪声排放标准的,文化行政主管部门不得核发文化经营许可证,工商行政管理部门不得核发营业执照。经营中的文化娱乐场所,其经营管理者必须采取有效措施,使其边界噪声不超过国家规定的环境噪声排放标准。禁止在商业经营活动中使用高音广播喇叭或者采用其他发出高噪声的方法招揽顾客。在商业经营活动中使用空调器、冷却塔等可能产生环境噪声污染的设备、设施的,其经营管理者应当采取措施,使其边界噪声不超过国家规定的环境噪声排放标准。禁止任何单位、个人在城市市区噪声敏感建筑物集中区域内使用高音广播喇叭。在城市市区街道、广场、公园等公共场所组织娱乐、集会等活动,使用音响器材可能产生干扰周围生活环境的过大音量的,必须遵守当地公安机关的规定。使用家用电器、乐器或者进行其他家庭室内娱乐活动时,应当控制音量或者采取其他有效措施,避免对周围居民造成环境噪声污染。在已竣工交付使用的住宅楼进行室内装修活动,应当限制作业时间,并采取其他有效措施,以减轻、避免对周围居民造成环境噪声污染。①

制造噪声干扰正常生活行为是指违反关于社会生活噪声污染防治的法律规定,制造噪声干扰他人正常生活的行为。制造噪声干扰正常生活行为主要有以下特征:第一,侵犯的客体是复杂客体,即国家对生活噪音的管理规定和公民的身心健康权。第二,行为客观方面表现是违反关于社会生活噪声污染防治的法律规定,制造噪声干扰他人正常生活的行为。《根据环境噪声污染防治法》的规定,社会生活噪声是指认为活动所产生的除工业噪声、建筑工地噪声和交通运输噪声之外干扰周围生活和环境的声音。制造噪声,主要包括商店经营活动、娱乐场所以及家庭使用各种音响器材,如高音喇叭、音箱、乐器等音量过大,或者在休息时间装修房屋噪音过大,影响他人正常休息等。对于噪音的认定,应当依据我国《环境噪声污染防治法》的规定加以判断。在执法实践中,查处该类行为的难点在于取证。例如,某地公安机关接辖区某高校师生报警,声称附近多个商户利用高音喇叭制造噪音,给学校师生的正常生活造成影响。接报后,民警对扩音器制造的噪音进行了取证、核实,确认均超出城市2类环境噪声标准。据此,当地公安机关依照相关法律规定,对两家店铺经营者予以处罚。第三,行为主体包括自然人和单位,如工厂、歌舞厅、商店等。第四,行为人主观上既可以是故意,也可以是过失。

(二) 制造噪声干扰正常生活行为的调查及处理

对制造噪声干扰正常生活行为的调查重点是:行为人制造的噪音是否属于生活噪音;行为人制造社会生活噪音的程度;行为人是否因制造生活噪音而受过警告处罚。根据《治安管理处罚法》第58条的规定,构成本行为的,处警告;警告后不改正的,处200元以上500元以下罚款。

十、旅馆业工作人员违反有关规定案件

(一) 旅馆业工作人员违反有关规定案件的认定

旅馆业工作人员违反有关规定行为,是指旅馆业工作人员对住宿的旅客不按规定登记姓名、身份证件种类及号码,或者明知住宿的旅客将危险物质带入旅馆,不予制止的,或者明知住宿的旅客是犯罪嫌疑人员或者被公安机关通缉人员,不向公安机关报告,情节轻微,尚不够刑事处罚的行为。"旅馆",是指凡经营接待旅客住宿的旅馆、饭店、宾馆、招待所、客货栈、车马店、浴池等场所的总称。旅馆经营具有人员流动性大、成分复杂的特点。从当前的社会生活来看,旅馆经营业亟待规范,尤其是在一些中小城市里边,街边小旅馆到处泛滥。这些街边小旅馆往

---

① 吴高盛.《中华人民共和国治安处罚法》释义[M].北京:人民出版社,2005:204-205.

往没有合法的开办手续,旅馆设施简陋,卫生条件差,安全隐患严重。此类旅馆,一方面给住宿的旅客带来了严重的安全隐患,使得旅客的人身、财产权利难以得到有效的保障;另一方面,也为一些不法分子将旅馆当成其作案基地,实施违法犯罪行为提供了有利的活动场所。公安部在前些年下发的《关于加强旅馆业治安管理工作的通知》中指出,当前,一些地方的旅馆包括高级宾馆、饭店和单位内部的招待所治安问题仍较突出,杀人、抢劫、盗窃等恶性案件时有发生,严重危害旅客人身财产安全,尤其是侵害境外旅客的案件影响极为恶劣。一些犯罪分子使用假证件在旅馆落足藏身,有的通缉通报的重大逃犯经常出没于宾馆、饭店,却长期查获不了。一些旅馆实际已成了卖淫嫖娼、聚众赌博、吸毒、贩毒等藏污纳垢的窝点。一些旅馆经营者单纯追求经济效益,不认真履行安全防范责任,有的对卖淫嫖娼、聚众赌博等社会丑恶现象采取放任和纵容的态度,甚至与不法分子相互勾结,从中牟利。有些党政机关、社会团体及部队所属的宾馆、饭店和招待所实行承包经营,问题也不少,影响很坏。因此,进一步加强旅馆业的治安管理工作是十分必要的。

该行为的法律特征是:第一,该行为的客体是公安机关对旅馆业的管理活动。第二,该行为客观方面表现如下:(1)对住宿的旅客不按规定登记姓名、身份证件种类和号码。根据国务院批准、公安部发布的《旅馆业治安管理办法》的规定,申请开办旅馆,应经主管部门审查批准,经当地公安机关签署意见,向工商行政管理部门申请登记,领取营业执照后,方准开业。旅馆接待旅客住宿必须登记。登记时,应当查验旅客的身份证件,按规定的项目如实登记。接待境外旅客住宿,还应当在24小时内向当地公安机关报送住宿登记表。依据《旅馆业治安管理办法》的规定,各省、自治区、直辖市先后制定了本地区有关旅馆业治安管理的地方性法规或者规章,对于旅馆业工作人员对住宿的旅客应当按照规定登记姓名、身份证件种类和号码的义务做了进一步明确的规定。公安部《关于加强旅馆业治安管理工作的通知》进一步明确指出,当前,各地要按照《旅馆业治安管理办法》和有关地方法规、规章的要求,对旅馆业进行全面的治安检查,主要检查安全设施是否完备、安全措施及验证登记等管理制度是否落实。从上述规定可以看出,旅馆业工作人员对于住宿的旅客应当进行登记,这是旅馆业工作人员的一项基本义务。登记的内容包括旅客的姓名、身份证件种类和号码。之所以要规定这项义务,一方面,是为了切实保护旅客的人身和财产安全;另一方面,也是为了预防违法犯罪行为的发生。因此,对于不按照有关法律的规定对住宿的旅客进行登记的行为,应当依法进行处罚。(2)明知住宿的旅客将危险物质带入旅馆不予制止。《旅馆业治安管理办法》第11条规定,严禁旅客将易燃、易爆、剧毒、腐蚀性和放射性等危险物品带入旅馆。违反这一规定的,按照《治安管理处罚法》有关条款的规定,处罚有关人员;发生重大事故、造成严重后果构成犯罪的,依法追究刑事责任。要实现旅馆业的有序经营和健康发展,维护旅客的人身和财产安全,不仅要对旅客违法携带易燃、易爆或者剧毒等危险物质带入旅馆的行为予以处罚,而且,对于旅馆业工作人员明知住宿的旅客将危险物质带入旅馆而不予制止的行为,同样也应当规定处罚。之所以要作这样的规定,主要目的在于增强旅馆经营者的安全防范意识,切实保护广大旅客的人身和财产安全。(3)明知住宿旅客是犯罪嫌疑人或者被公安机关通缉的人员,不向公安机关报告。依据《旅馆业治安管理办法》的规定,旅馆业工作人员发现违法犯罪分子、形迹可疑的人员和被公安机关通缉的罪犯,应当立即向当地公安机关报告,不得知情不报或隐瞒包庇。这是旅馆业工作人员的义务。违反此项强制性义务规定的,公安机关可以酌情给予 200 元以上 500 元以下罚款;情节严重构成犯罪的,依法追究刑事责任。旅馆业工作人员参与违法犯罪活动,其所经营的旅馆已成为犯罪活动场所的,公安机关除依法追究其责任外,对该旅馆还应当会同工商行政管理部门依法处理。本条规定吸收了《旅馆业治安管理办法》的上述规定,并在此基础上做了一些完善:一是与修改后的《刑事诉讼法》相衔接,将"犯罪分子"表述为"犯罪嫌疑人员";二是将旅馆业工作人员向公安机关报告的对象仅限于"犯罪嫌疑人员"和"被公安机关通缉的人",不包括《旅馆业治安管理办法》中规定的一般的行政违法行为人和"形迹可疑的人员",增强了法律规范的明确性和可操作性。第三,行为主体为特殊主体,即必须是旅馆业工作人员。第四,行为人主观方面可以由故意或者过失两种心理状态构成,即:对住宿旅客不按规定登记的,主观上可以由故意或者过失两种心理状态构成;对明知住宿旅客将危险物质带入旅馆而不予制止,明知住宿旅客是犯罪嫌疑人员或者被公安机关通缉人员,不向公安机关报告,这两个行为主观上须出于故意。

(二)旅馆业工作人员违反有关规定行为与相关行为的区别[①]

认定本行为,要注意其与犯罪的区别。区别的关键在于行为情节。在"明知"的前提下,如果行为人还要为其提供落脚藏身之处,当有关部门向其调查时不提供情况,根据《刑法》第 310 条的规定,则构成窝藏、包庇罪;如果旅馆工作人员是通过其他途径得知住宿旅客是犯罪嫌疑人员或被公安机关通缉的人员而没有提供住宿,或者已住宿后才得知其是犯罪嫌疑人员或者被公安机关通缉的人员又拒绝住宿的,而没有向公安机关报告,属于知情不报,应当认定为本行为。

(三)旅馆业工作人员违反有关规定行为的调查及处理

对旅馆业工作人员违反有关规定行为的调查重点是:该旅馆中实施该行为的工作人员人数;有多少旅客信息未依法登记;没有登记旅客信息的行为所造成的危害后果、社会影响如何等。根据《治安管理处罚法》第 56 条第 1 款的规定,对住

---

① 岳光辉.治安管理处罚法实用教程[M].北京:中国人民公安大学出版社,2005:205.

宿的旅客不按规定登记姓名、身份证件种类和号码的,或者明知住宿的旅客将危险物质带入旅馆,不予制止的,处 200 元以上 500 元以下罚款。根据《治安管理处罚法》第 56 条第 2 款的规定,明知住宿的旅客是犯罪嫌疑人员或者被公安机关通缉的人员,不向公安机关报告的,处 200 元以上 500 元以下罚款;情节严重的,处 5 日以下拘留,可以并处 500 元以下罚款。

十一、隐藏、转移、变卖、损毁依法扣押、查封、冻结的财物案件

(一) 隐藏、转移、变卖、损毁依法扣押、查封、冻结的财物案件的认定

行政机关在行政执法活动过程中,为了实现行政行为的目的或者督促行政相对人履行行政行为确定的义务,依据有关法律、法规的规定,拥有一定的强制执行权。依据我国当前有关法律的规定,行政机关要求行政相对人履行行政决定确定的义务,可以申请人民法院强制执行;在法律赋予行政机关强制执行权的情况下,也可以自己执行。行政机关在依法强制执行的过程中,可以采取必要的行政强制措施,例如对财产的查封、扣押,对违法行为人在银行的账户予以冻结等。行为人隐藏、转移、变卖或者损毁行政执法机关依法扣押、查封、冻结的财物的行为,是对行政机关所代表的公权力的一种藐视,也对行政执法机关的执行行为构成了巨大的阻碍。因此,对于行政相对人隐藏、转移、变卖或者毁损行政执法机关依法扣押、查封、冻结的财物的行为,应当依法予以处罚。

隐藏、转移、变卖、损毁依法扣押、查封、冻结的财物行为是指违反国家有关规定,隐藏、转移、变卖或者损毁行政执法机关依法扣押、查封、冻结的财物的行为。隐藏、转移、变卖、损毁依法扣押、查封、冻结的财物行为主要有以下特征:第一,侵犯的客体是行政执法机关的正常行政执法活动。侵犯的对象是行政执法机关依法扣押、查封、冻结的财物。第二,行为客观方面表现为违反国家有关规定,隐藏、转移、变卖或者损毁行政执法机关依法扣押、查封、冻结的财物的行为。所谓隐藏是指隐蔽、藏匿有关财物,使行政执法机关难以发现。转移是指转运、移动已被查封、扣押的财物,使其脱离行政执法机关的控制,或者将已冻结的资金私自取出或转移到其他账户。变卖则是指将有关财物出售以换取钱款或其他的财物,使行政执法机关难以查到。损毁则是指损坏、毁灭查封、扣押的财物,使其失去原貌及其具有的使用价值和价值。第三,行为主体为一般主体。第四,行为人主观方面为故意,即明知属于行政执法机关依法扣押、查封、冻结的财物,仍然予以隐藏、转移、变卖、损毁的行为。

(二) 隐藏、转移、变卖、损毁依法扣押、查封、冻结的财物行为与相关行为的区别

隐藏、转移、变卖、损毁依法扣押、查封、冻结的财物行为与非法处置查封、扣押、冻结的财产罪的主要区别是:第一,行为对象不同。隐藏、转移、变卖、损毁依

法扣押、查封、冻结的财物行为的行为对象是行政执法机关依法扣押、查封、冻结的财物,而非法处置查封、扣押、冻结的财产罪的犯罪对象则是司法机关依法查封、扣押、冻结的财产。第二,危害程度不同。成立非法处置查封、扣押、冻结的财产罪要求行为必须达到情节严重的程度。

(三) 隐藏、转移、变卖、损毁依法扣押、查封、冻结的财物行为的调查及处理

对隐藏、转移、变卖、损毁依法扣押、查封、冻结的财物行为的调查重点是:行为人是否明知是被行政执法机关扣押、查封、冻结的财物;行为人隐藏、转移、变卖、损毁的物品的数量、次数;行为人隐藏、转移、变卖、损毁物品的种类、性质;行为人隐藏、转移、变卖、损毁物品所造成的后果。根据《治安管理处罚法》第60条的规定,构成本行为的,处5日以上10日以下拘留,并处200元以上500元以下罚款。

十二、伪造、隐匿、毁灭证据,提供虚假证言,谎报案情案件

(一) 伪造、隐匿、毁灭证据,提供虚假证言,谎报案情案件的认定

伪造、隐匿、毁灭证据,提供虚假证言,谎报案情行为是指行为人伪造、隐匿、毁灭证据,或者提供虚假证言、谎报案情,影响行政执法机关依法办案的行为。其主要有以下特征:第一,侵犯的客体是行政执法机关正常的依法办案的活动秩序。第二,行为客观方面表现为行为人伪造、隐匿、毁灭证据,或者提供虚假证言、谎报案情,影响行政执法机关依法办案的行为。它表现为三种行为方式:一是伪造、隐匿、毁灭证据的行为。伪造证据是伪造与案件有关的书证、物证等证据材料,既可以是当事人自己伪造,也可以是其他人伪造。隐匿证据是指故意将案件证据隐藏起来,妨害行政执法机关调查取证。毁灭证据是指故意销毁与案件有关的证据。二是提供虚假证言,是指证人做出歪曲事实、虚假的证言,向有关部门提供证明的行为。三是谎报案情,是指向行政执法机关举报、投诉并不存在或者发生的违法事实。如拨打110谎报案情,拨打其他举报电话谎报案情等。第三,行为主体为一般主体,即符合法律规定,能够承担治安管理责任的自然人。第四,行为人主观方面为故意。

(二) 伪造、隐匿、毁灭证据,提供虚假证言,谎报案情的行为与伪证罪的区别

我国《刑法》第305条规定,在刑事诉讼中,证人、鉴定人、记录人、翻译人对与案件有重要关系的情节,故意作虚假证明、鉴定、记录、翻译,意图陷害他人或者隐匿罪证的,处三年以下有期徒刑或者拘役;情节严重的,处三年以上七年以下有期徒刑。第306条规定,在刑事诉讼中,辩护人、诉讼代理人毁灭、伪造证据,帮助当事人毁灭、伪造证据,威胁、引诱证人违背事实改变证言或者作伪证的,处三年以下有期徒刑或者拘役;情节严重的,处三年以上七年以下有期徒刑。两者的区别

在于,前者是一种行政违法行为,后者是一种犯罪行为;前者的违法主体主要是行政相对人,而后者的犯罪主体则主要是诉讼参加人;前者是在行政执法活动中发生的违法行为,而后者则是在刑事诉讼过程中发生的犯罪行为。

(三) 伪造、隐匿、毁灭证据,提供虚假证言,谎报案情行为的调查及处理

对伪造、隐匿、毁灭证据,提供虚假证言,谎报案情行为的调查重点是:伪造、隐匿、毁灭的是否为行政执法机关依法办案的证据;行为人提供证言的真假,是否发生了行为人所说的案件;行为人的手段、方法情节;行为人对依法办案造成的危害如何。根据《治安管理处罚法》第60条的规定,构成本行为的,处5日以上10日以下拘留,并处200元以上500元以下罚款。

十三、无证驾驶、偷开航空器、机动船舶案件

(一) 无证驾驶、偷开航空器、机动船舶案件认定

航空器、机动船舶是本身价值很高的交通工具,与广大群众的生命财产安全有着紧密的联系,因此驾驶航空器、机动船舶的人员必须具备相应的驾驶技术和能力。驾驶证照是驾驶航空器、机动船舶人员的身份和技术能力的证明,驾驶证照的取得必须经过一定的手续和严格的考核。无证驾驶是指没有取得驾驶证照的人驾驶航空器、机动船舶,这是一种严重违反交通管理的行为,应该给予严厉处罚。无证驾驶、偷开航空器、机动船舶行为是指行为人未取得驾驶证驾驶或者偷开他人航空器、机动船舶的行为。其主要有以下特征:第一,侵犯的客体是交通管理秩序,侵犯的对象是他人的航空器、机动船舶。第二,行为客观方面是行为人未取得驾驶证驾驶或者偷开他人航空器、机动船舶的行为。此处指没有经过主管部门的考试取得航空器、机动船舶的驾驶资格而擅自驾驶的行为。航空器包括各种飞机、飞艇、热气球等能在空中飞行的器具。第三,行为主体是一般主体。第四,行为人主观方面是故意。

(二) 无证驾驶、偷开航空器、机动船舶行为的调查及处理

对无证驾驶、偷开航空器、机动船舶行为的调查重点是:行为人是否取得驾驶证;行为人是否驾驶了他人航空器、机动船舶;是否发生交通事故;是否影响了交通;是否给他人造成损失。根据《治安管理处罚法》第64条的规定,构成本行为的,处500元以上1000元以下罚款;情节严重的,处10日以上15日以下拘留,并处500元以上1000元以下罚款。

十四、卖淫、嫖娼案件

(一) 卖淫、嫖娼案件的认定

卖淫、嫖娼行为,分为卖淫和嫖娼两方面。所谓卖淫是指行为人以自己的肉

体当作商品,供他人玩弄作乐,进行不正当性行为,从而换取金钱、实物或者某种代价的非法行为。进行卖淫活动的绝大多数为女性,也有男性进行卖淫的。卖淫一般是行为人为贪图金钱、实物,以营利为目的,但也有为了达到其他目的,自愿出卖自己肉体的。所谓嫖娼是指行为人以金钱、实物为手段,换取他人肉体作乐,进行不正当性行为的活动。行为人进行嫖娼的目的是为了玩弄异性或同性,以满足其低级下流的性欲。卖淫、嫖娼两者是相辅相成、互为存在的关系,具有金钱买卖、感情冷漠、社会危害性大、性关系杂乱等特点。《治安管理处罚法》不仅要处罚卖淫行为,更要处罚作为需求方的嫖娼行为。

卖淫、嫖娼行为是指不特定的异性之间或者同性之间以金钱、财物为媒介发生性关系的行为。卖淫、嫖娼行为主要有以下特征:第一,侵犯的客体是社会治安管理秩序。第二,行为客观方面表现为卖淫、嫖娼行为。所谓卖淫,是指行为人为了获取一定数额的金钱、财物与不特定的他人发生性关系的行为。所谓嫖娼,是指行为人支付一定数量的金钱、财物以获取与不特定的人发生性关系的行为。上述行为可以发生在异性之间,也可以发生在同性之间,发生性行为的方式有多种多样。在执法活动中应当注意该行为与一般色情活动有所区别。根据《公安部对同性之间以钱财为媒介的性行为定性处理问题的批复》(公复字〔2001〕4号)的规定,不管是同性之间,还是异性之间,只要行为人双方以金钱、财物为媒介实施不正当性关系,包括口淫、手淫、鸡奸等行为,都属于卖淫嫖娼行为。需要注意的是,最高人民法院答复浙江高级人民法院关于口淫、手淫等行为能否作为组织他人卖淫罪中的卖淫行为的答复中明确指出,口淫、手淫行为不属于组织他人卖淫罪中的卖淫。我们认为,最高人民法院与公安部有关卖淫行为界定的答复和批复并不矛盾。前者是通过严格司法解释阐明组织他人卖淫罪中的卖淫行为。尽管口淫、手淫行为不构成组织卖淫罪中的卖淫,但这并不影响其作为治安管理处罚中卖淫行为的认定。换句话说,治安管理处罚法与刑法中同一行为的外延并不完全吻合。一种行为不构成犯罪行为,并不影响其是一般违法行为。因此,将口淫、手淫行为认定为责任更轻的行政违法行为并无不妥之处。根据公安部有关规范性文件中的规定,行为主体之间已经就卖淫嫖娼达成一致,已经谈好价格或者已经给付金钱、财物,并且已经着手实施,但由于本人主观意志以外的原因,尚未发生性关系的,或者已经发生性关系,但尚未给付金钱、财物的,都可以按照卖淫嫖娼行为处理。对前一种行为,应当从轻处罚。比如,某日,朱某通过网络搭识卖淫女赵某,谈妥发生一次性关系支付人民币200元。当日18时许,赵某来到朱某住地某宾馆房间,因赵某本人与发布的招嫖信息中照片不符,朱、赵遂离开宾馆,随后,两人被民警抓获。本案的关键是如何认定"中止"与"未遂"。朱某没有实施嫖娼行为,是因为发现赵某本人的长相与招嫖信息中照片不符而主动放弃继续嫖娼,并非意志以外的因素未得逞,因此,属于违法行为的中止;赵某未能实施卖淫行为,则是朱某自动放弃的原因,并非自身主观上自动放弃,因此,应认定为违法行为的未遂。根据《公安机关执行〈中华人民共和国治安管理处罚法〉有关问题的解释(二)》第 2 条第 2 款的规定,行为人自动放弃实施治安管理行为或者自动有效地防止违反治安管理行为结果发生,没有造成损害的,不予处罚;造成损害的,应当予以处罚。行为人已经着手实施违反治安管理行为,但由于本人意志以外的原因而未得逞的,应当从轻处罚、减轻处罚或者不予处罚。据此,当地公安机关对朱某不予处罚,对赵某则予以从轻处罚。第三。行为主体为一般主体。第四,行为人主观方面为故意。

(二) 卖淫、嫖娼行为与传播性病罪的区别

认定本行为,应当注意其与传播性病罪的区别:进行卖淫、嫖娼行为的人是否明知自己患有梅毒、淋病等严重性病还进行卖淫、嫖娼。如果是,则构成传播性病罪;否则,属于违反治安管理行为。

(三) 卖淫、嫖娼行为的调查及处理

对卖淫、嫖娼行为的调查重点是:行为人之间的关系;实施相关行为的次数;行为进行的过程、阶段等等。根据《治安管理处罚法》第 66 条第 1 款的规定,构成本行为的,处 10 日以上 15 日以下拘留,可以并处 5 000 元以下罚款;情节较轻的,处 5 日以下拘留或者 500 元以下罚款。这里的"情节较轻",主要包括初次卖淫、嫖娼;为了生计而被迫卖淫;在校学生卖淫、嫖娼等情节。

十五、拉客招嫖案件

(一) 拉客招嫖案件的认定

近年来,一些地区站街拉客招嫖的问题比较突出,尤其在一些大中城市的部分区域,已经出现了难以整治的"拉客招嫖一条街",严重影响了社会秩序和城市形象,有悖于社会主义精神文明建设,且易引发社会治安问题,社会各界和广大群众反映强烈。鉴于拉客招嫖行为与卖淫、嫖娼行为有所不同,境外一些国家、地区的立法多将此类行为单独规定。因此,为了维护社会治安、净化环境,对拉客招嫖行为作出了专门的规定。

拉客招嫖行为是指行为人在公共场所,如宾馆、饭店、娱乐场所、街道等区域,以语言挑逗或者肢体动作强拉硬拽等方式,意图使他人嫖娼,情节轻微,尚不够刑事处罚的行为。该行为的主要法律特征是:第一,侵犯的客体是社会治安管理秩序。第二,行为客观方面表现为采取不同方式引诱、招揽嫖客从事性交易的行为。拉客招嫖通常被视为卖淫嫖娼的前一阶段,但是其并非仅仅是卖淫的意思表示,而是一种具有一定程度现实危害的违法行为。一般情况下,拉客招嫖行为发生在公共场所。公共场所、拉客、招嫖这三个条件需要同时具备,才能构成该行为。但

拉客招嫖并不局限于广场、街道等实体社会空间，还包括网络虚拟空间。2013年9月10日颁布、施行《最高人民法院、最高人民检察院关于办理利用信息网络实施诽谤等刑事案件适用法律若干问题的解释》，其中关于利用信息网络扰乱公共秩序构成寻衅滋事罪的规定，将虚拟空间纳入公共空间的范畴。据此，行为人利用网络信息发布招嫖信息的，也应构成该违法行为。认定招嫖行为，需要对其拉客"卖淫"的目的做出定性分析，不必形成事实的卖淫、嫖娼行为，其关键在于抓住"谈价"等能够体现卖淫、嫖娼行为将不正当性关系商业化这一本质特征。如果谈好价、着手实施但未发生性关系的，属于情节较轻的卖淫、嫖娼行为；如果谈价未成，就符合招嫖行为的构成要件。第三，行为主体为一般主体。无论行为人是男性还是女性，都不影响拉客招嫖行为的成立。例如，某派出所抓获拉客招嫖人员甲某。经过询问，甲某交代自己是一名男子，平时却打扮成站街女模样，主要给他人提供手淫服务，有时也为男性提供其他性服务。甲某行为已经涉嫌拉客招嫖行为。第四，行为人主观方面为故意，并且具有实施卖淫活动的目的。

（二）拉客招嫖行为与相关行为的区别

第一，拉客招嫖行为与卖淫、嫖娼行为的区别。前者只需对其拉客"卖淫"的目的进行定性分析，双方主体正在"谈价"就可，至于是否谈成，不影响该行为的成立；而后者则表现为双方已经谈好价格或者已给付金钱、财物，至于是否已经发生性行为，只是情节问题。第二，拉客招嫖行为与介绍卖淫行为的界限。两种行为的主要区别是：介绍卖淫行为，是指行为人介绍他人向第三人卖淫的行为。介绍卖淫行为的成立，不以被介绍的人是否实施卖淫行为作为前提。拉客招嫖行为，其主体是卖淫者本人，而介绍卖淫行为者，是发生卖淫、嫖娼行为双方的第三人，这是二者的本质区别。二者行为发生的场所不同。拉客招嫖行为只能发生在公共场所，而介绍卖淫行为则没有具体的地点限制。

（三）拉客招嫖行为的调查及处理

对拉客招嫖行为的调查重点是：是否在公共场所；行为的具体表现方式、手段、次数；各种证据的相互印证情况；拉客者与卖淫者的关系。根据《治安管理处罚法》第66条第2款的规定，构成本行为的，处5日以下拘留或者500元以下罚款。

十六、引诱、容留、介绍卖淫案件

（一）引诱、容留、介绍卖淫案件的认定

引诱、容留、介绍卖淫行为，是指引诱、客留、介绍他人卖淫的行为，分为三个方面：所谓引诱他人卖淫，是指行为人为了达到某种目的，以金钱诱惑或者通过宣扬腐朽生活方式等手段，诱使没有卖淫习性的人从事卖淫活动的行为。所谓介绍他人卖淫,是指行为人为了获取非法利益,在卖淫者与嫖娼者之间牵线搭桥,使卖淫者与嫖客相识并进行卖淫嫖娼活动。构成介绍卖淫,行为人在主观上须出于故意,即行为人明知是卖淫者和嫖娼者,而且双方都有卖淫、嫖娼的意图,从中进行介绍。介绍卖淫一般都是出于营利的考虑。所谓容留他人卖淫,是指为行为人故意为卖淫嫖娼者的卖淫、嫖娼活动提供场所,使卖淫嫖娼活动得以进行的行为。这里的场所包括容留卖淫者自己所有的、管理的、使用的、经营的固定场所或者临时租借的场所,也包括交通工具等流动场所。容留卖淫行为可以是有偿的,也可以是无偿的。引诱、容留、介绍卖淫行为的构成特征如下:第一,侵犯的客体是社会治安管理程序。第二,行为客观方面表现为引诱、容留、介绍他人卖淫的行为。引诱他人卖淫是指以金钱、物质等手段或者其他利益诱使他人出卖肉体的行为;容留他人卖淫是指为他人卖淫提供场所或者其他便利条件;介绍卖淫是指在卖淫者和嫖娼者之间牵线搭桥,在卖淫者和嫖娼者之间撮合,俗称"拉皮条",促使卖淫行为得以实现。第三,行为主体为一般主体。第四,行为人主观方面为故意,即明知他人卖淫而有意引诱,使其产生卖淫意图,或者明知对方意图卖淫、嫖娼而为其撮合、介绍提供场所。

(二)引诱、容留、介绍卖淫行为与相关行为的区别

第一,引诱、容留、介绍卖淫与引诱、容留、介绍卖淫罪的主要区别。我国《刑法》第359条规定:"引诱、容留、介绍他人卖淫的,处五年以下有期徒刑、拘役或者管制,并处罚金;情节严重的,处五年以上有期徒刑,并处罚金。"引诱、容留、介绍卖淫行为和引诱、容留、介绍卖淫罪在行为上都表现为引诱、容留、介绍卖淫的行为,行为人的主观上都是出于故意,两者的主要区别是行为的危害程度不同。引诱、容留、介绍卖淫罪中危害行为必须达到严重的社会危害性标准才能被追究刑事责任。比如,引诱、容留、介绍二人次以上卖淫的,引诱、容留、介绍已满14周岁未满18周岁的未成年人卖淫的,被引诱、容留、介绍卖淫的人患有艾滋病或者梅毒、淋病等严重性病的,其他引诱、容留、介绍卖淫应予追究刑事责任的情形。而一般的引诱、容留、介绍卖淫行为则不符合上述情节要求。引诱、容留、介绍卖淫行为,只有情节较轻的,才构成违反治安管理行为。所谓情节较轻,一般是指实施此类行为的次数少,获利较轻等情形。第二,认定本行为,不能把"放任"作为引诱、容留、介绍的行为对待。放任是不管不问的消极不作为行为,在主观上表现为间接故意,如旅馆业、饮食服务业、文化娱乐业、出租汽车业等单位,对发生在本单位的卖淫、嫖娼活动,放任不管,不采取措施制止的,属于单位违反治安管理行为。引诱、容留、介绍是行为人积极作为的行为,主观上表现为直接故意。二者是两种

不同的违反治安管理行为。①

(三) 引诱、容留、介绍他人卖淫行为的调查及处理

对引诱、容留、介绍卖淫行为的调查重点是：行为人与被引诱、容留、介绍的人之间的关系；引诱、容留、介绍卖淫行为的次数、人数；引诱、容留、介绍卖淫的手段；引诱、容留、介绍卖淫所获取的利益；引诱、容留、介绍卖淫行为的危害后果。根据《治安管理处罚法》第 67 条的规定，构成本行为的，处 10 日以上 15 日以下拘留，可以并处 5 000 元以下罚款；情节较轻的，处 5 日以下拘留或者 500 元以下罚款。同时，根据《治安管理处罚法》第 76 条的规定，构成本行为，屡教不改的，可以按照国家规定采取强制性教育措施。

十七、制作、运输、复制、出售、出租淫秽物品案件

(一) 制作、运输、复制、出售、出租淫秽物品案件的认定

制作、运输、复制、出售、出租淫秽物品行为是指制作、运输、复制、出售、出租淫秽的书刊、图片、影片、音像制品等淫秽物品的行为。其主要有以下特征：第一，侵犯的客体是社会治安管理秩序。第二，行为客观方面表现为制作、运输、复制、出售、出租淫秽的书刊、图片、影片、音像制品等淫秽物品的行为。所谓制作是指生产、录制、编写、译著、绘画、印刷、刻印、摄制、洗印等行为。所谓运输是指利用飞机、火车、汽车、轮船等交通工具或者采用随身携带的方式，将物品从某一地点运往另一个地点的行为。所谓复制是指通过翻印、翻拍、复印、复写、复录等方式重复制作淫秽物品的行为。所谓出售是指销售淫秽物品的行为，包括批发与零售行为。所谓出租是指不改变淫秽物品的所有权，以收取租金获利的传播淫秽物品的行为。淫秽物品是指具体描绘性行为或者露骨宣扬色情的诲淫性的书刊、影片、录像带、录音带、光盘、图片、电子介质(音视频文件等)及其他淫秽物品。但有关人体生理、医学知识的科学著作不是淫秽物品，包含有色情内容的有艺术价值的文学文艺作品也不能视为淫秽物品。第三，行为主体为一般主体，包括符合法律规定，能够承担违反治安管理责任的自然人，单位也可以成为本行为的主体。第四，行为人主观方面为故意。

(二) 制作、运输、复制、出售、出租淫秽物品行为与相关行为的区别

制作、运输、复制、出售、出租淫秽物品行为与制作、复制、出版、贩卖、传播淫秽物品牟利罪的主要区别是：(1) 主观方面不同。前者没有明确以牟利为目的，即行为人的主观目的如何不影响该违法行为的成立，而后者则要求行为人必须以牟利为犯罪目的，否则不构成制作、复制、出版、贩卖、传播淫秽物品牟利罪。

---

① 岳光辉.治安管理处罚法实用教程[M].北京:中国人民公安大学出版社,2005:226-227.

(2) 危害程度不同。上述违法行为与犯罪的主要区别之一是情节是否严重,若情节显著轻微,则不认定为犯罪,否则,将构成犯罪。2008 年 6 月 25 日最高人民检察院与公安部印发的《关于公安机关管辖的刑事案件立案追诉标准的规定》第 82 条中对制作、复制、出版、贩卖、传播淫秽物品牟利罪的追诉标准予以量化。即以牟利为目的,制作、复制、出版、贩卖、传播淫秽物品,涉嫌下列情形之一的,应予立案追诉:(一) 制作、复制、出版淫秽影碟、软件、录像带五十至一百张(盒)以上,淫秽音碟、录音带一百至二百张(盒)以上,淫秽扑克、书刊、画册一百至二百副(册)以上,淫秽照片、画片五百至一千张以上的;(二) 贩卖淫秽影碟、软件、录像带一百至二百张(盒)以上,淫秽音碟、录音带二百至四百张(盒)以上,淫秽扑克、书刊、画册二百至四百副(册)以上,淫秽照片、画片一千至二千张以上的;(三) 向他人传播淫秽物品达二百至五百人次以上,或者组织播放淫秽影、像达十至二十场次以上的;(四) 制作、复制、出版、贩卖、传播淫秽物品,获利五千至一万元以上的。以牟利为目的,利用互联网、移动通讯终端制作、复制、出版、贩卖、传播淫秽电子信息,涉嫌下列情形之一的,应予立案追诉:(一) 制作、复制、出版、贩卖、传播淫秽电影、表演、动画等视频文件二十个以上的;(二) 制作、复制、出版、贩卖、传播淫秽音频文件一百个以上的;(三) 制作、复制、出版、贩卖、传播淫秽电子刊物、图片、文章、短信息等二百件以上的;(四) 制作、复制、出版、贩卖、传播的淫秽电子信息,实际被点击数达到一万次以上的;(五) 以会员制方式出版、贩卖、传播淫秽电子信息,注册会员达二百人以上的;(六) 利用淫秽电子信息收取广告费、会员注册费或者其他费用,违法所得一万元以上的;(七) 数量或者数额虽未达到本款第(一)项至第(六)项规定标准,但分别达到其中两项以上标准的百分之五十以上的;(八) 造成严重后果的。利用聊天室、论坛、即时通信软件、电子邮件等方式,实施本条第二款规定行为的,应予立案追诉。以牟利为目的,通过声讯台传播淫秽语音信息,涉嫌下列情形之一的,应予立案追诉:(一) 向一百人次以上传播的;(二) 违法所得一万元以上的;(三) 造成严重后果的。明知他人用于出版淫秽书刊而提供书号、刊号的,应予立案追诉。

(三) 制作、运输、复制、出售、出租淫秽物品行为的调查及处理

对制作、运输、复制、出售、出租淫秽物品行为的调查重点是:行为实施的方式、地点、持续时间;制作、运输、复制、出售、出租淫秽物品的目的;制作、运输、复制、出售、出租淫秽物品的数量以及获取的利益;制作、运输、复制、出售、出租淫秽物品的社会影响范围;制作、运输、复制、出售、出租淫秽物品的销售渠道、违禁品来源等。根据《治安管理处罚法》第 68 条的规定,构成本行为的,处 10 日以上 15 日以下拘留,可以并处 3 000 元以下罚款;情节较轻的,处 5 日以下拘留或者 500 元以下罚款。同时,根据《治安管理处罚法》第 76 条的规定,构成本行为,屡教不改的,可以按照国家规定采取强制性教育措施。

十八、传播淫秽信息案件

（一）传播淫秽信息案件的认定

传播淫秽信息行为是指利用计算机信息网络、电话以及其他通讯工具传播淫秽信息的行为。其主要有以下特征：第一，侵犯的客体是社会治安管理秩序。第二，行为客观方面表现为利用计算机信息网络、电话以及其他通讯工具传播淫秽信息的行为。此处的其他通讯工具包括微信、电子邮件等即时通讯工具。所谓淫秽信息是指在整体上宣扬淫秽行为，具有下列内容之一，挑动人们性欲，导致普通人腐化、堕落，而又没有艺术或科学价值的文字、图片、音频、视频等信息内容，包括：淫亵性地具体描写性行为、性交及其心理感受；宣扬色情淫荡形象；淫亵性地描述或者传授性技巧；具体描写乱伦、强奸及其他性犯罪的手段、过程或者细节，可能诱发犯罪的；具体描写少年儿童的性行为；淫亵性地具体描写同性恋的性行为或者其他性变态行为，以及具体描写与性变态有关的暴力、虐待、侮辱行为；其他令普通人不能容忍的对性行为淫亵性描写。这里需要区分淫秽信息与色情信息。色情信息是指在整体上不是淫秽的，但其中一部分有淫秽的内容，对普通人特别是未成年人的身心健康有毒害，缺乏艺术价值或者科学价值的文字、图片、音频、视频等信息内容。第三，行为主体为一般主体，即符合法律规定，能够承担治安管理责任的自然人。第四，行为人主观方面既可以是故意，也可以是过失。如果行为人因操作不慎误将淫秽信息通过传播平台传播出去，也仍然构成该违法行为，但对于过失行为，可以酌情予以从宽或者免除处罚。

（二）传播淫秽信息行为与相关行为的区别

这里要区分传播淫秽信息行为和制作、复制、出版、贩卖、传播淫秽物品牟利罪。利用计算机信息网络、电话以及其他通讯工具传播淫秽信息是一种比较新颖的传播方式，但仍属于传播的范畴。淫秽信息是书刊、影片、音像、图片等传统淫秽物品以外的其他淫秽物品，仍属于淫秽物品的范畴。两者之间最大的区别在于违法情节轻重程度不同。具体的区分见最高人民法院颁布的《关于审理非法出版物刑事案件具体应用法律若干问题的解释》第8条的规定。

（三）传播淫秽信息行为的调查及处理

对传播淫秽信息行为的调查重点是：传播淫秽信息行为的目的；传播淫秽信息行为的方式、地点、持续时间；传播淫秽信息的数量以及获取的利益；传播淫秽信息行为的社会影响。根据《治安管理处罚法》第68条的规定，构成本行为的，处10日以上15日以下拘留，可以并处3 000元以下罚款；情节较轻的，处5日以下拘留或者500元以下罚款。同时，根据《治安管理处罚法》第76条的规定，构成本行为，屡教不改的，可以按照国家规定采取强制性教育措施。

十九、组织、进行淫秽表演案件

（一）组织、进行淫秽表演案件的认定

组织、进行淫秽表演行为是指组织或者进行淫秽表演的行为。其主要有以下特征：第一，侵犯的客体是社会治安管理秩序。第二，行为客观方面表现为组织或者进行淫秽表演的行为。所谓组织是指为进行淫秽表演而策划、编排节目，纠集、招募、雇佣表演人员，寻找、安排、租用表演场地，招揽观众观看等行为。进行淫秽表演是指暴露人体性器官、刺激、挑逗他人性欲的公开宣扬性行为或者露骨宣扬色情的诲淫性表演，如脱衣舞、裸体舞或者表演性交动作等败坏社会风尚、有伤社会风化的表演。第三，行为主体为一般主体。第四，行为人主观方面为故意。

（二）组织、进行淫秽表演行为与相关行为的区别

这里主要区分组织、进行淫秽表演行为与组织淫秽表演罪的界限。《刑法》第365条规定，组织进行淫秽表演的，处三年以下有期徒刑、拘役或者管制，并处罚金；情节严重的，处三年以上十年以下有期徒刑，并处罚金。组织或者进行淫秽表演行为与组织他人淫秽表演罪有共同点，行为人在主观上都是故意，行为对象都是淫秽表演。两种行为的主要区别是：(1) 行为方式不同。组织、进行淫秽表演行为有两种行为，既有组织行为，也有参与表演行为；组织淫秽表演罪仅有组织淫秽表演一种行为方式。(2) 危害程度不同。组织淫秽表演罪对情节的要求在参与人数、次数以及获取利益数等方面都比组织、进行淫秽表演行为更为严重，如果情节显著轻微，则不认定为犯罪。

（三）组织、进行淫秽表演行为的调查及处理

对组织、进行淫秽表演行为的调查重点是：组织、进行淫秽表演的手段、方法、人数、次数、规模；组织、进行淫秽表演的场所；组织、进行淫秽表演获取的收益；组织参与收听、收看淫秽音像所造成的社会影响等。根据《治安管理处罚法》第69条第1款的规定，构成本行为的，处10日以上15日以下拘留，并处500元以上1 000元以下罚款。

二十、参与聚众淫乱案件

（一）参与聚众淫乱案件的认定

参与聚众淫乱行为是指参加多人聚集在一起进行的奸宿、猥亵等淫乱活动。参与聚众淫乱活动行为主要有以下特征：第一，侵犯的客体是社会治安管理秩序和社会风化。第二，行为客观方面表现为参与聚众淫乱活动的行为。聚众淫乱是指在首要分子的组织、纠集下，3名或者3名以上男女聚集在一起进行淫乱活动，

如进行性交表演、聚众奸宿等淫乱行为。本行为处罚的对象是聚众淫乱活动的参加者,行为人参与聚众淫乱活动的次数不能超过 3 次,若超过 3 次,则构成了犯罪。对于组织者,只要组织一次就构成犯罪。聚众淫乱行为不仅侵犯了社会正常的管理秩序,而且也有伤社会风化,因此,不管是在公开场合,还是在封闭的私人空间,只要聚集多人进行淫乱活动的,都属于参与聚众淫乱行为。第三,行为主体为一般主体。第四,行为主观方面为故意。

(二) 参与聚众淫乱行为与相关行为的区别

参与聚众淫乱行为与聚众淫乱罪的主要区别是承担责任的主体不同。前者承担责任的主体是参与聚众淫乱的一般人员,而聚众淫乱罪的主体则是聚众淫乱的组织者和多次参加者。对于其他的一般参加者,不构成聚众淫乱罪,属于参与聚众淫乱的行为。根据《刑法》第 301 条第 1 款规定,聚众进行淫乱活动的,对首要分子或者多次参加的,处五年以下有期徒刑、拘役或者管制。只有首要分子或者多次参加聚众淫乱活动的人才构成聚众淫乱罪。对聚众淫乱活动的首要分子必须追究其刑事责任。这里的首要分子是指在聚众淫乱活动中起到策划、组织、指挥、纠集作用的人。对于参与聚众淫乱活动的人员,是追究其聚众淫乱罪还是对其进行治安管理处罚,则视违法情节而定。这里的违法情节主要是指参加聚众淫乱活动的次数,多次参加的,构成聚众淫乱罪;偶尔参加的,进行批评教育或者给予必要的治安管理处罚。这里讲的多次,一般是指三次或者三次以上参加聚众淫乱的。

(三) 参与聚众淫乱行为的调查及处理

对参与聚众淫乱行为的调查重点是:行为人与聚众者之间是什么关系;行为人在聚众淫乱中所发挥的作用;行为人参与聚众淫乱的方式、次数、人数;聚众淫乱所造成的社会影响。根据《治安管理处罚法》第 69 条第 1 款的规定,构成本行为的,处 10 日以上 15 日以下拘留,并处 500 元以上 1 000 元以下罚款。

二十一、为赌博提供条件案件

(一) 为赌博提供条件案件的认定

为赌博提供条件行为是指以营利为目的,为赌博提供条件的行为。其主要有以下构成特征:第一,侵犯客体是社会治安管理秩序和社会风化。第二,行为客观方面表现为以营利为目的,为赌博提供条件的行为。为赌博提供条件,主要是指为赌博提供场所、赌具、资金以及其他服务等行为。这种行为主要包括以下行为:(1) 提供赌具。赌具是指被直接用作实施赌博的工具。常见的提供赌具的行为有为赌博提供麻将、纸牌、赌博机等。(2) 提供赌博场所。所提供的场所,既可以是自己家,也可以是朋友家,还可以是办公室、仓库以及其他不宜被人发现的地方。(3)提供赌资,指为赌博人员提供用于赌博的资金和财物。(4)提供其他服务,比如提供交通工具、专门运送赌徒,为赌博人员提供食宿等便利条件等。① 为赌博提供条件并非赌博行为本身,往往是指赌博的组织、帮助行为。对此,在进行处罚时要注意区分。例如,群众报警称一无名游戏机房有人赌博,某派出所民警接报后即对该游戏机房进行检查,当场查获涉嫌赌博的违法嫌疑人甲某以及游戏机房的管理者乙某。当地警方以赌博对乙某处以行政拘留,甲某因情节轻微,不予处罚。在本案中,乙某并没有参与赌博,而只是负责游戏机房的管理,为赌博人员提供上分、管理、退分、结算等服务,依据2005年5月25日公安部引发的《关于办理赌博违法案件适用法律若干问题的通知》的有关规定,乙某的行为实质上是为赌博提供条件,所以警方以赌博为由对乙某予以处罚定性不妥。第三,行为主体为一般主体。第四,行为主观方面为故意,且必须以营利为目的。

(二) 为赌博提供条件行为与相关行为的区别

这里主要区分为赌博提供条件行为与赌博罪、开设赌场罪的界限。第一,为赌博提供条件行为与赌博罪共犯的区别。根据2005年5月1日最高人民法院、最高人民检察院公布的《关于办理赌博刑事案件具体应用若干法律问题的解释》中规定,明知他人实施赌博犯罪活动,而为其提供资金、计算机网络、通讯、费用结算等直接帮助的,以赌博罪的共犯论处。此处的共犯属于犯罪行为的表现形式。因此,成立赌博罪共犯要求行为人的行为符合严重的社会危害性标准。若不符合该标准,则不可能依照共犯论处,可以认定为赌博提供条件行为。第二,为赌博提供条件行为与开设赌场罪的界限。开设赌场属于为赌博提供条件的一种形式。2008年6月25日最高人民检察院、公安部印发的《关于公安机关管辖的刑事案件立案追诉标准的规定(一)》第44条规定,只要开设赌场,就应当立案追诉。因此,就《治安管理处罚法》而言,此处的为赌博提供条件不应包含开设赌场行为。

(三) 为赌博提供条件行为的调查及处理

为赌博提供条件行为的调查重点是:为赌博提供条件的手段、方式、次数;为赌博提供条件所获得的收益;上述行为所造成的社会影响。根据《治安管理处罚法》第70条的规定,构成本行为的,处5日以下拘留或者500元以下罚款;情节严重的,处10日以上15日以下拘留,并处500元以上3 000元以下罚款。

二十二、参与赌博案件

(一) 参与赌博案件的认定

参与赌博行为是指参与赌博、赌资较大的行为。其主要有以下特征:第一,侵

---

① 柯良栋,吴明山.治安管理处罚法释义与实务指南[M].北京:中国人民公安大学出版社,2005:412.

犯的客体是社会治安管理秩序和社会风化。第二，行为客观方面表现为参与赌博、赌资较大的行为。对于何为赌资较大，目前我国尚无统一标准。2005年5月25日印发的《公安部关于办理赌博违法案件适用法律若干问题的通知》规定，以营利为目的，聚众赌博、开设赌场或者以赌博为业，尚不够刑事处罚的；参与以营利为目的的聚众赌博、计算机网络赌博、电子游戏机赌博，或者到赌场赌博的，都属于赌博行为。在中华人民共和国境内通过计算机网络、电话、手机短信等方式参与境外赌场赌博活动，或者中华人民共和国公民赴境外赌场赌博，赌博输赢结算地在境内的，也应当依照赌博行为定性处罚。对不以营利为目的，亲属之间进行带有财物输赢的打麻将、打扑克等娱乐活动，不予处罚；亲属之外，其他人之间带有少量财物输赢打麻将、打扑克等娱乐活动，不予处罚。需要说明的是，最高人民法院、最高人民检察院发布的《关于办理赌博刑事案件具体应用法律若干问题的解释》（法释〔2005〕3号）第9条规定，不以营利为目的，进行带有少量财物输赢的娱乐活动，以及提供棋牌室等娱乐场所收取正常的场所和服务费用的经营行为，不以赌博论处。第三，行为主体为一般主体，即符合法律规定，能够承担治安管理责任的自然人。第四，行为主观方面为故意。

（二）参与赌博行为与相关行为的区别

根据我国《刑法》第303条的规定，以营利为目的，聚众赌博或者以赌博为业的，处三年以下有期徒刑、拘役或者管制，并处罚金。开设赌场的，处三年以下有期徒刑、拘役或者管制，并处罚金；情节严重的，处三年以上十年以下有期徒刑，并处罚金。聚众赌博，是指为赌博提供赌场、赌具，组织、招引多人进行赌博。聚众赌博者本人进行抽头渔利的行为，但本人不一定参加赌博。以赌博为业，通常包括两种情形：一是无正当职业，以赌博为常业，或者靠赌博所得为生活的主要来源；二是有正当职业，但长期赌博，屡教不改，以赌博所得为主要挥霍来源。开设赌场，是指以营利为目的，营业性地为赌博提供场所、设定赌博方式、提供赌具、筹码、资金等组织赌博的行为。根据最高人民法院、最高人民检察院《关于办理赌博刑事案件具体应用法律若干问题的解释》，以营利为目的，组织3人以上赌博，抽头渔利数额累计达到5 000元以上的；组织3人以上赌博，赌资数额累计达到5万元以上的；组织3人以上赌博，参赌人数累计达到20人以上的；组织中华人民共和国公民10人以上赴境外赌博，从中收取回扣、介绍费的，属于《刑法》第303条规定的"聚众赌博"。以营利为目的，在计算机网络上建立赌博网站，或者为赌博网站担任代理，接受投注的，属于《刑法》第303条规定的"开设赌场"。此外，依据最高人民法院、最高人民检察院、公安部《关于办理利用赌博机开设赌场案件适用法律若干问题的意见》，设置具有退币、退分、退钢珠等赌博功能的电子游戏设施设备，并以现金、有价证券等贵重款物作为奖品，或者以回购奖品方式给予他人现金、有价证券等贵重款物（以下简称设置赌博机）组织赌博活动的，应当认定为《刑法》第 303 条第 2 款规定的"开设赌场"行为。

(三) 参与赌博行为的调查及处理

对参与赌博行为的调查重点是:行为人参与赌博行为的具体方式、次数、参与赌博时间长短;行为人参与赌博的赌资数额等等。根据《治安管理处罚法》第 70 条的规定,构成本行为的,处 5 日以下拘留或者 500 元以下罚款;情节严重的,处 10 日以上 15 日以下拘留,并处 500 元以上 3 000 元以下罚款。

二十三、非法持有毒品案件

(一) 非法持有毒品案件的认定

非法持有毒品行为是指非法持有鸦片不满 200 克、海洛因或者甲基苯丙胺不满 10 克或者其他少量毒品的行为。非法持有毒品行为主要有以下特征:第一,侵犯的客体是国家对毒品的监管制度。第二,行为客观方面表现为非法持有鸦片不满 200 克、海洛因或者甲基苯丙胺不满 10 克或者其他少量毒品的行为。第三,行为主体为一般主体,即符合法律规定,能够承担治安管理责任的自然人。第四,行为人主观方面为故意。

(二) 非法持有毒品行为与相关行为的区别

所谓非法,是指行为人违反国家法律和国家主管部门的规定,如违反药品管理法、麻醉品管理法、精神药品管理法等关于禁止个人持有毒品的规定。所谓持有是指占有、携带、藏有或者其他方式将毒品置于自己控制之下的行为。行为人持有毒品可以是将毒品带在自己身上,也可以是将毒品藏于某处,还可以是将毒品委托他人保管。只要该毒品属于行为人所有,不论放在何处,都属于持有毒品。值得注意的是,行为人非法持有毒品必须是少量的,否则,将构成非法持有毒品罪。非法持有毒品行为与非法持有毒品罪主要区别是在持有毒品数量上的差异。我国《刑法》第 348 条规定,非法持有鸦片二百克以上不满一千克、海洛因或者甲基苯丙胺十克以上不满五十克或者其他毒品数量较大的,处三年以下有期徒刑、拘役或者管制,并处罚金。此外,根据 2016 年 4 月 11 日起施行的《最高人民法院关于审理毒品犯罪案件适用法律若干问题的解释》第 1 条规定,非法持有下列毒品,应当认定为刑法第 347 条第 2 款第一项、第 348 条规定的"其他毒品数量大",构成犯罪:可卡因五十克以上;3,4-亚甲二氧基甲基苯丙胺(MDMA)等苯丙胺类毒品(甲基苯丙胺除外)、吗啡一百克以上;芬太尼一百二十五克以上;甲卡西酮二百克以上;二氢埃托啡十毫克以上;哌替啶(杜冷丁)二百五十克以上;氯胺酮五百克以上;美沙酮一千克以上;曲马多、γ-羟丁酸二千克以上;大麻油五千克、大麻脂十千克、大麻叶及大麻烟一百五十千克以上;可待因、丁丙诺啡五千克以上;三唑仑、安眠酮五十千克以上;阿普唑仑、恰特草一百千克以上;咖啡因、罂粟壳二百千克以上;巴比妥、苯巴比妥、安钠咖、尼美西泮二百五十千克以上;氯氮卓、艾司唑仑、地西泮、溴西泮五百千克以上;上述毒品以外的其他毒品数量大的。

(三) 非法持有毒品行为的调查及处理

对非法持有毒品行为的调查重点是:行为人非法持有的目的;行为人是否知道持有的是毒品;行为人非法持有毒品的种类、数量;行为人持有毒品的来源。根据《治安管理处罚法》第72条的规定,构成本行为的,处10日以上15日以下拘留,可以并处2 000元以下罚款;情节较轻的,处5日以下拘留或者500元以下罚款。

二十四、向他人提供毒品案件

(一) 向他人提供毒品案件的认定

向他人提供毒品行为是指非法向他人供给毒品的行为。向他人提供毒品行为主要有以下特征:第一,侵犯的客体是国家对毒品的监管制度。第二,行为客观方面表现为违反法律规定向他人提供毒品行为。向他人提供毒品,一般是指向他人赠送毒品,如果行为人通过交易向他人提供毒品,则构成贩卖毒品罪;另外一种情形是依法从事生产、运输、管理、使用国家管制的麻醉品、精神药品的人员,违反国家规定,向吸毒、注射毒品的人员提供能使人形成瘾癖的麻醉药品、精神药品,提供包括赠予和出售。第三,行为主体为一般主体,即符合法律规定,能够承担治安管理责任的自然人。第四,行为人主观方面为故意,即明知是毒品而违反法律规定非法提供给他人。

(二) 向他人提供毒品行为与相关行为的区别

向他人提供毒品的违法行为与贩卖毒品罪的区别是,向他人提供毒品的行为应当是无偿的,即行为人只能以赠送、供给、非法批准等方式向吸食、注射毒品者提供毒品,如果是有偿的,无论是附条件等价交换行为,还是出售行为,均应以贩卖毒品罪论处,而不属于此处所说的提供行为。向他人提供毒品,是否构成犯罪,关键是有偿还是无偿,如果是无偿的,则构成向他人提供毒品的违反治安管理行为,否则,构成贩卖毒品罪。

(三) 向他人提供毒品行为的调查及处理

对向他人提供毒品行为的调查重点是:毒品来源;毒品数量;提供毒品的方式;向他人提供毒品的目的等等。根据《治安管理处罚法》第72条的规定,构成本行为的,处10日以上15日以下拘留,可以并处2 000元以下罚款;情节较轻的,处5日以下拘留或者500元以下罚款。

二十五、教唆、引诱、欺骗吸毒案件

(一) 教唆、引诱、欺骗吸毒案件的认定

教唆、引诱、欺骗吸毒行为是指教唆、引诱、欺骗他人吸食、注射毒品的行为。其主要有以下特征：第一，侵犯的客体是国家对毒品的监管制度。第二，行为客观方面表现为教唆、引诱、欺骗他人吸食、注射毒品的行为。所谓教唆是指以劝说、怂恿等方式唆使他人吸食毒品的行为。引诱是指以满足特定利益需求为诱饵，以金钱、物质及其他利益诱导、拉拢他人吸食、注射毒品的行为。欺骗是指通过虚构事实、隐瞒真相的方法，使他人在不知道是毒品的情况下吸食、注射。第三，行为主体为一般主体，即符合法律规定，能够承担治安管理责任的自然人。第四，行为人主观方面为故意。

(二) 教唆、引诱、欺骗他人吸毒行为与引诱、教唆、欺骗、强迫他人吸毒罪的区别

根据我国《刑法》第353条的规定，引诱、教唆、欺骗他人吸食、注射毒品的，处三年以下有期徒刑、拘役或者管制，并处罚金；情节严重的，处三年以上七年以下有期徒刑，并处罚金。强迫他人吸食、注射毒品的，处三年以上十年以下有期徒刑，并处罚金。引诱、教唆、欺骗或者强迫未成年人吸食、注射毒品的，从重处罚。对比《刑法》条文的上述规定来看，本条规定的行为模式与《刑法》的规定基本相同。对于引诱、教唆、欺骗他人吸食、注射毒品的行为来说，两者主要区别在于两者的违法性的程度不同，前者是一种行政违法行为，应当依照本法的规定给予治安管理处罚；后者是一种犯罪行为，应当依照刑法的规定给予刑事处罚。而对于强迫他人吸食、注射毒品的行为，不论其社会危害性与违法性的大小，一律构成刑事犯罪。

(三) 教唆、引诱、欺骗吸毒行为的调查及处理

对教唆、引诱、欺骗吸毒行为的调查重点是：吸食毒品的来源；教唆、引诱、欺骗他人吸毒的目的；教唆、引诱、欺骗他人吸毒的人数、次数和吸食毒品的数量、种类；教唆、引诱、欺骗他人吸毒的具体方式、手段；行为人造成的影响。根据《治安管理处罚法》第73条的规定，构成本行为的，处10日以上15日以下拘留，并处500元以上2 000元以下罚款。

二十六、非法买卖、运输、携带、持有毒品原植物种苗案件

(一) 非法买卖、运输、携带、持有毒品原植物种苗案件的认定

非法买卖、运输、携带、持有毒品原植物种苗是指非法买卖、运输、携带、持有

少量未经灭活的罂粟等毒品原植物种子或者幼苗的行为。非法买卖、运输、携带、持有毒品原植物种苗行为主要有以下特征：第一，侵犯的客体是国家对毒品的监管制度。第二，行为客观方面表现为非法买卖、运输、携带、持有少量未经灭活的罂粟等毒品原植物种子或者幼苗的行为。其中"持有"是指对于毒品原植物种子、幼苗的实际控制和支配，包括行为人随身携带，也包括存放在特定地点。罂粟籽等毒品原植物种子本身没有毒性，联合国严禁贩卖毒品的公约和我国麻醉药品表中都未将其列为毒品，但联合国公约中明确规定对罂粟籽应严格加以管制。本项所规定的违法行为中，行为对象是未经灭活的罂粟等毒品原植物种子或者幼苗，所以没有一律禁止买卖、运输、携带、持有罂粟等毒品原植物种子或者幼苗。"未经灭活"是指没有经过烘烤、放射线照射等方法，进行消灭植物繁殖和生长机能的处理。第三，行为主体为一般主体，即符合法律规定，能够承担治安管理责任的自然人。第四，行为人主观方面为故意。

（二）非法买卖、运输、携带、持有毒品原植物种苗行为与相关行为的区别

区分的标准是数量。数量较大的构成犯罪，数量较小的，则构成本项违反治安管理行为。具体的数量标准有待今后的执法实践中明确。

（三）非法买卖、运输、携带、持有毒品原植物种苗行为的调查及处理

对非法买卖、运输、携带、持有毒品原植物种苗行为的调查重点是：行为人非法买卖、运输、携带、持有毒品原植物种子、幼苗的数量。根据《治安管理处罚法》第71条第1款的规定，构成本行为的，处10日以上15日以下拘留，可以并处3000元以下罚款；情节较轻的，处5日以下拘留或者500元以下罚款。

二十七、饲养动物干扰正常生活案件

（一）饲养动物干扰正常生活案件的认定

饲养动物，必须遵守有关法律、法规以及规章的规定。例如依据我国《动物防疫法》的规定，饲养、经营动物和生产、经营动物产品的单位和个人，应当依照本法和国家有关规定做好动物疫病的计划免疫、预防工作，并接受动物防疫监督机构的监测、监督。染疫动物及其排泄物、染疫动物的产品、病死或者死因不明的动物尸体，必须按照国务院畜牧兽医行政管理部门的有关规定处理，不得随意处置。我国当前个别城市还对在城市里边饲养宠物作了规定，譬如，规定饲养宠物必须经由有关部门办理登记手续，不允许将宠物带入某些特定的公共场所。为了创建和谐社会，促进邻里关系的融洽，将社会矛盾消除于萌芽状态，治安管理处罚法对饲养动物的违反治安管理行为作出了相应的规定。该行为的主要法律特征是：第一，行为侵犯的客体是社会管理秩序和他人的人身权利。第二，行为客观方面表现为饲养动物干扰他人正常生活或者放任动物恐吓他人。（1）干扰他人正常生

活。这包括很多具体的情况,例如,饲养的一些动物因为生性凶猛,对附近居民的出行和心理健康造成影响,或者饲养的动物经常偷吃附近群众的东西,给他人造成一定的经济损失的,或者是饲养的动物吼叫的声音非常大,影响周围居民的休息。这里的动物也是广义的概念,既包括狗、猫等家庭常见动物,也包括蛇、蜥蜴等动物。根据《治安管理处罚法》第75条第1款的规定,对饲养动物干扰他人正常生活的行为,处以警告,这是本条中规定的最轻的处罚,属于一种申诫罚;二是公安机关依法对行为人进行警告后,行为人仍然不予改正的,或者放任动物恐吓他人的,处200元以上500元以下罚款。(2)放任动物恐吓他人。这是指行为人基于自己的主观故意,利用动物来实施侵害他人的人身权利或者财产权利的行为。这种违反治安管理行为的主观恶性较深,动物已经成为其伤害他人的工具,因此这种行为应当属于伤害他人的行为。第三,行为主体是特殊主体,即饲养动物的主人或饲养人员。第四,行为人主观方面可以是故意,也可以是过失。

(二) 饲养动物干扰正常生活行为的调查及处理

对饲养动物干扰正常生活行为的调查重点是:行为人饲养动物干扰他人生活程度;行为人饲养动物干扰他人生活的具体方式;行为人是否因此受过处罚;行为人是否知道动物可能对他人形成恐吓;放任动物恐吓他人的次数、程度。根据《治安管理处罚法》第75条第1款的规定,饲养动物,干扰他人正常生活的,处警告;警告后不改正的,或者放任动物恐吓他人的,处200元以上500元以下罚款。

第三章
海上治安案件的证据

第一节 海上治安案件证据基本理论

一、海上治安案件证据的理解

证据的概念是一个起始性问题。证据的概念涉及当事人举证，有权主体调查收集证据的范围、方向和标准等问题。至于如何界定证据的概念，学理上一直存在争论。有关证据概念有多种说法，归结起来，争议的焦点有三：第一，从核心词来看，或者认为证据是一种"事实"，或者认为证据是"材料和手段"，或者认为证据是"根据"；第二，从证据的证明作用来看，或者认为证据是"用来"证明案件真实情况，或者认为证据是"能够"证明案件真实情况；第三，从主体来看，或者认为证据是由当事人提供或运用，或者认为证据是由有权主体收集或运用。要界定证据的概念，首先要明确证据的含义。

从语言的本意来说，证据就是证明的根据。"证据"一词是中性的，并没有真假善恶的价值取向，它可真可假，也可以同时包含真与假的内容。当然，在法律上界定证据的概念，应该使用更为具体明确的语言，但不应偏离这一词语本身所具有的基本含义。我国法律对证据一词的明确解释最早见于 1979 年《刑事诉讼法》，该法第 31 条规定："证明案件真实情况的一切事实，都是证据。"1989 年《行政诉讼法》和 1991 年《民事诉讼法》及 1996 年修订的《刑事诉讼法》都明示或默示地接受了这一解释。因此，有许多学者将其作为界定证据概念的法律依据。但是这样的理解会导致一种绝对化的倾向，即证据就是事实，据此得出的结论是属实的才是证据，不属实者非证据。笔者认为，这种绝对化的理解无论是在法理上，还是在实践中都是不能成立的。

首先，如果将证据与事实等同，那么这将与"证据必须经查证属实，才能作为认定案件事实的根据"的法律规定相违背。既然证据就是客观事实，那就没有必要对它进行审查核实。

其次，从实践来看，当事人提交有权机关的证据和有权机关自行收集的证据都是有真有假的，因此才需要审查评断。按照"不属实者非证据"的观点，这些"证据"就不能被称为证据了,因为它们都存在不属实的可能性。再次,即使司法机关审查判断之后用作定案根据的证据也会有真有假。严格地说,在任何一起案件的定案根据中都存在着证据不完全属实的可能性,而且就每一个具体证据而言也未必确定属实,其中也存在着不完全属实的可能性。因此,笔者认为,在确定证据含义时,不应使用"事实"这种含有真假两种价值取向的词,而应使用"根据"一词以避免使用中的混乱与矛盾。由此,治安案件证据也应是"根据",而非事实。同理,由于证据并非完全属实,治安案件证据只能是"用来"证明案件真实情况的,而非"能够"证明案件真实情况的。另外,提供证据的主体,应当包括当事人和有权主体。当事人为了证明自己的主张,必然要提出证据。同时,我国法律规定,行政机关有权调取证据。[①]

综上所述,海上治安案件证据就是在治安案件处理过程中由当事人提交的或中国海警依法收集的用来证明治安案件事实存在与否的材料。我国行政诉讼法将行政诉讼证据分为书证、物证、视听资料、电子数据、证人证言、当事人的陈述、鉴定意见、勘验笔录和现场笔录八类。笔者认为,海上治安案件证据与行政证据、行政诉讼证据的种类应当是一致的。其根据是:行政诉讼证据是由行政执法中的证据随着司法审查程序的提起转化而来的,如果没有人提起诉讼,程序终止于行政执法阶段,就只有行政证据。一旦有人提起行政诉讼,行政程序中的行政证据在诉讼阶段就完全转化为行政诉讼证据。因此,这两个不同阶段的证据种类必须是相同的。[②]

海上治安案件证据是认定事实的基础和依据。违反海上治安管理行为是已经发生或正在发生的事实,对当事人和中国海警来说都是如此。认定海上违反治安管理行为事实,必须通过现存的材料去认识发生在过去或正在发生的事件。中国海警如何作出具体行政行为,乃至合法,只能依靠、借助证据,否则,就不可能形成对事实的正确认定,不能准确地适用法律,即要对案件作出正确的判断,只能依靠证据,借助那些反映了案件事实的各种证据,离开了收集、调查、运用证据的实践活动,执法人员就不可能形成对案件的正确认识,就不能准确地适用法律。海上治安案件证据是维护当事人合法权益的有力工具。证据的这种功能表现在两个方面:其一是在实体方面维护当事人的合法权益;其二是在程序方面维护当事人的平等权利和正当权益。当事人要保护自己的实体性合法权益就必须用证据来证明自己的主张。没有证据支持的主张就不会得到法律的保护,相应的权益也就得不到保障。证据在程序方面维护当事人权利的功能主要表现为证据规则的作用。维护当事人的平等正当权利,首先就要有切实可行的举证规则和质证规则

---

① 张树义.行政诉讼证据判例与理论分析[M].北京:法律出版社,2002:5.
② 高树德,郑永强.行政证据制度研究[J].中国法学会行政法学会年会论文,2002.

来保障当事人能够行使收集证据、使用证据和审查证据的权利；其次要有严格的证据排除规则来防止有关人员滥用职权或使用非法手段收集证据，侵犯当事人的合法权益。

二、海上治安案件证据的特征

依据证据应用的不同领域，可以将证据分为刑事证据、民事证据和行政证据。所谓行政证据，包括行政程序中的证据和行政诉讼中的证据，这是行政机关认定案件事实和人民法院审判行政案件的依据。[①] 海上治安案件办理过程中的所有证据均可归于行政证据的范畴。

有学者认为，行政证据制度有以下特点[②]：第一，行政主体依职权调查案件事实。行政处理是行政主体代表国家对实施违法行为人的法律否定评价，具有很强的职权特色，应当由行政主体依职权调查案件事实。行政主体依职权调查案件事实原则确认行政主体调查收集证据、查清案件事实的责任。行政主体依职权调查案件事实，决定调查的方式及范围，不受参与人提供的证据及证明要求的限制。但在行政处罚程序中，参与人有提供证据的权利，行政主体对参与人提出的事实、理由和证据应当进行复核，参与人提出的事实、理由和证据成立的，行政机关应当采纳。尽管如此，行政主体有自主调查案件事实的权力，其行为不受参与人的限制。第二，行政主体承担证据调查和作出裁决的双重责任。行政程序中，行政主体既要调查案件事实、收集证据，又要对证据进行审查认定和利用证据认定案件事实并作出裁决，这与刑事制裁由侦查机关调查案件事实、收集证据而由人民法院作出裁判不一样。行政主体的证据调查和作出裁决的双重责任可能带来收集证据的片面性，可能出现为裁决而收集证据的情况，也可能出现证据不足就作出裁决的情况。第三，确定行政证据证明标准比较困难。民事诉讼程序中一般采用优势证据标准，刑事诉讼程序中一般采用排除合理怀疑标准，有的国家行政程序采用实质性证据标准，也有学者称之为可定案证据标准。行政处理应当采用什么证明标准？这是一个难以确定的问题。第四，行政处理程序采信证据在行政复议和行政诉讼程序中要受到审查。行政处理程序后置有行政复议和行政诉讼程序，而行政复议和行政诉讼程序审查的重点是行政处理程序中行政主体采信的证据是否具有合法性、关联性和客观性及行政主体认定案件事实的证据是否充分。因此，确立行政处理证据制度要考虑行政复议和行政诉讼制度的要求，不能脱离行政复议和行政诉讼制度来建立行政处理证据制度。

---

① 徐继敏.行政证据通论[M].北京：法律出版社，2004：20.
② 徐继敏.行政证据通论[M].北京：法律出版社，2004：171-172.

以上几个方面的特点,同样也是海上治安案件证据制度所拥有的,但笔者认为,海上治安案件证据制度有以下特点:第一,海上治安案件证据具有技术性。中国海警处理的治安事务大多具有技术性,执法在很大程度上是技术执法。技术性的事务只能用技术性的事实材料予以证明,海上治安案件证据因此具有明显的技术性。只有长期从事相应的技术研究或者受过专门培训的技术人员才能够顺利地调查收集和审查判断相应的证据。第二,海上治安案件证据具有行业性。行政执法都是行业执法。行政事务涉及社会生活的各个方面,不可能只由一家行政机关管理,在整个行政机关系统内部必须进行行业分工(职能划分),不同的行政机关管理不同行业的行政事务,这就是所谓的行政管理的行业性。不同的行业的行政事务只能由不同专业的材料证明,海上治安案件的处理属于中国海警这一系统,因此它当然也具有行业性。第三,海上治安案件证据具有形成性。所谓形成性,是指用于初次确定权利义务、产生新的海上治安处理法律关系的属性。在中国海警作出具体行政行为之前,公民、组织的权利义务处于抽象的、静止的状态,仅仅是法定的权利,而不是具体的权利,在中国海警和公民、组织之间不存在现实的治安处理法律关系。治安处理证据的作用正是为了证明公民、组织法定的权利义务的真实性,证明治安处理法律关系各个构成要素的客观性。只要治安处理证据起到了相应的证明作用,中国海警就可以作出确定公民、组织权利义务和形成治安处理法律关系的具体行政行为。第四,海上治安案件证据具有合法性。所谓合法性,是指收集、提供证据的主体必须依据法律规定的权限、程序收集、提供证据。尤其是中国海警取证的权限、程序、方式、方法等必须符合法律规定,否则,所形成的证据将因违法而无效。

三、海上治安案件证据与行政诉讼证据的关系[①]

(一) 海上治安案件证据与行政诉讼证据的同一性

由于行政诉讼的对象是行政机关作出的具体行政行为的合法性,因而行政诉讼中所运用的证据大多来自于行政执法领域。同一个证据,既是海上治安案件证据,又是行政诉讼证据;既为中国海警执法所用,又为法院审理案件所用。这就是海上治安案件证据与行政诉讼证据的同一性问题。产生同一性问题的前提是:中国海警用于行政执法的证据,与被诉的具体行政行为有关,并且进入了诉讼程序。中国海警在行政执法过程中,凡处理海上治安事务,都应当依法收集、运用证据,这种活动是十分普遍的,但是这些证据却不一定都会进入诉讼程序。首先,要受到受案范围的限制,有大量的海上治安案件证据会因为受案范围的限制,不能进

---

① 蔡虹.行政诉讼证据问题研究[M].武汉:武汉水利电力大学出版社,1998:8-14.

入诉讼程序。例如,在中国海警最终裁决的案件中,为处理某一行政相对人的违法行为,中国海警必然要采纳、认定并运用证据,以作为认定行政相对人的违法事实并给予相应处罚的依据。因为受案范围的排除性规定,这类海上治安案件证据是不可能进入诉讼程序的,法院对这些证据不可能审查和运用,也就不会发生同一性问题。其次,虽然是海上治安案件证据,但是与被诉的具体行政行为无关,即使该具体行政行为被诉至法院,因与具体行政行为无关,法院未对其作为诉讼证据使用,这些治安案件证据也就不会发生同一性问题。最后,在治安管理处理程序中未使用,而法院却将其收集并作为诉讼证据加以运用的证据,也不会发生同一性问题。

海上治安案件证据与行政诉讼证据的同一性,具体体现在以下几个方面:第一,海上治安案件证据与行政诉讼证据都是具有法律意义的证据,因此都应当具备证据的基本属性,即客观性、关联性、合法性。海上治安案件证据是中国海警作出治安处理决定的依据,是中国海警适用法律、法规的依据。具体行政行为是行政主体在国家行政管理领域,基于其行政职权和行政职责所实施的,能够对行政相对人的权利、义务产生影响的行为,是行使国家行政权的具体体现。为保证其正确地行使行政权,中国海警所运用的证据必须具备客观性、关联性,在这一点上与行政诉讼证据完全相同。如果中国海警所运用的治安管理处理证据不具有客观性、关联性,就难以保证中国海警作出正确的具体行政行为。至于治安管理处理证据的合法性,则可能在具备法定形式的具体方面有所不同,而在治安管理处理证据应依法定程序提供、收集的要求上则与行政诉讼证据相同。"法定程序"在治安管理处理证据中运用是指行政法律、法规所规定的行政执法程序;对于诉讼证据则是指行政诉讼法所规定的程序,这两种程序都是国家法律所规定的,治安管理处理证据的合法性,意味着对这两种程序的遵守。

第二,海上治安案件证据与行政诉讼证据在证据种类上具有同一性。《行政诉讼法》第 33 条规定了八种证据:书证;物证;视听资料;电子数据;证人证言;当事人的陈述;鉴定意见;勘验笔录、现场笔录。以上证据经法庭审查属实,才能作为认定案件事实的根据。而海上治安案件证据一般也是指这几种证据,也就是说,在证据种类上基本相同。由此可见,海上治安案件证据与行政诉讼证据的种类具有同一性。第三,海上治安案件证据与行政诉讼证据在对证据的收集、调查和运用方面具有同一性。在行政执法过程中,中国海警依照行政法律、法规的规定,为作出正确的具体行政行为应积极、主动客观地收集证据,其收集和适用证据的方法与法院收集运用证据的方法基本一致。中国海警应当在掌握证据的基础上作出相应的治安处理,如果被处理者不服,提起行政诉讼,法院应根据行政诉讼法的规定,对被诉的治安管理行为进行审查,审查的重点内容就是被告作出行政处理的事实依据是否充分,证据是否确凿,具体来讲,也是对上述证据进行审查判断。由于行政案件的具体内容和行政诉讼的特点，决定了中国海警和法院所收集、提供、审查及运用的证据必然会产生同一性问题。中国海警在治安管理中所运用的证据，是其作出行政处理的依据，而进入诉讼程序之后，其中一部分又成为法院审查具体行政行为合法性的依据。证据同一性问题的发生带有必然性。

在行政诉讼中，证据同一性问题的发生，从根本上讲是因为在行政诉讼程序之前已经有了行政执法程序，并且行政执法程序与行政诉讼程序具有承接关系。行政诉讼的审查对象是被诉的具体行政行为，而被诉的具体行政行为是在行政执法程序中发生的。在执法程序中，中国海警要运用证据，认定行政相对人违法，并在此基础上作出治安处罚或其他处理。发生行政诉讼之后，这些证据又会被法院运用来证明具体行政行为的合法性。法院不可能完全无视作出具体行政行为的行政执法程序的存在而全面地收集调查证据，否则，就会造成行政诉讼程序的效率低下，造成以司法权代替行政权，侵犯行政权，这有违于行政立法宗旨，因而应予避免。

（二）海上治安案件证据与行政诉讼证据的区别

具有同一性的海上治安案件证据和行政诉讼证据，尽管在其基本属性、证据种类上表现出一般性，而且同一证据可能既是治安处理证据，又是行政诉讼证据，有着十分密切的联系。但是，它们毕竟是两种类型的证据，有必要从理论上加以区别，以避免在实践中对这两种证据作不恰当的运用。

海上治安案件证据与行政诉讼证据的区别具体表现在以下三个方面：第一，运用证据的职权性质及主体不同。海上治安案件证据是由中国海警收集和运用的，这一职权属于行政权的一部分，只有作为行政主体的中国海警才能行使这一权利。而行政诉讼证据的收集、运用是由法院来进行的，它是法院司法审判权的一部分，对于行政诉讼证据收集和运用的权力，只能由作为诉讼活动的指挥者、裁判者的法院来行使。在行政诉讼中，法院收集、调查的证据都属于行政诉讼证据，而不是治安处理证据。这些证据大体上可分为两类：一类是与治安处理证据没有关系的行政诉讼证据。比如，法院向原告和证人收集调查的证据。这些证据是在进入诉讼程序之后由法院收集调查的；另一类则是与治安管理处理证据有承接关系的行政诉讼证据。这些证据是法院向中国海警收集调查以及中国海警依举证责任向法院提供的。这些证据基本上来自于行政执法程序，是中国海警在行政执法活动中收集并作为具体行政行为依据的证据，这些证据经法院审查判断，并运用于查明治安案件的真实情况和依法作出裁判，这类证据既是治安处理证据，同时也是行政诉讼证据，是具有同一性的证据。在行政诉讼中，被告是无权收集、调查行政诉讼证据的，一经进入行政诉讼程序，被告只能依法向法院提供自己在行政执法中收集调查的证据，而不应再收集调查证据，因为行政执法活动已经结束，并且已经进入诉讼程序。允许被告收集调查证据，与诉讼程序的性质不符，而且是违反行政程序的,当然不能允许。第二,运用证据的阶段不同。海上治安案件证据的调查、收集只能发生在行政执法程序即治安案件查处中,只能发生行政诉讼之前,这是依法行政原则和"先取证,后裁决"的程序规则决定的。中国海警对治安案件证据的收集运用应当是在具体行为作出之前。在具体行政行为作出以后,中国海警对治安案件证据如果还需收集调查的话,则说明其具体行政行为在程序上是违法的,是在没有证据或证据不足的情况下作出的。可见,中国海警收集治安管理处理证据的阶段是有严格限制的。行政诉讼证据是在诉讼程序发生以后,法院为审理行政案件收集和运用的,一般是发生在从法院立案到第一审庭审结束前的这一阶段。在行政诉讼程序以前法院无权也没有可能去收集调查证据,不论是治安案件证据,还是行政诉讼证据。这一区别反映出行政权与司法权的不同性质,也反映出两者相互之间的关系。第三,运用证据的目的不同。中国海警运用治安案件证据的目的,是证明行政相对人有违反法律、法规的行为,从而为中国海警对行政相对人作出具体行政行为提供依据。而法院运用行政诉讼证据的目的,则是为了查明被诉的具体行政行为是否合法的有关事实,从而为法院审查具体行政行为的合法性提供依据。另外,行政诉讼证据除了要证明被诉的具体行政行为的合法性外,还要证明有关行政诉讼程序的问题,比如,有关原告是否在法定起诉期内起诉、审判人员是否应当回避、被告的主体资格问题等等。这一区别是由行政权、司法权的法定职权范围所决定的,中国海警和法院都不应超出自己的职权范围运用证据。

  研究和掌握治安案件证据与行政诉讼证据的区别,对于中国海警执法实践与行政诉讼实践都具有重要的指导意义。由于这两类证据的收集和运用在其职权性质及主体、阶段和目的等方面均有不同,因而在实践中是不应当混淆的。治安案件证据只能由中国海警收集、运用。如行政相对人违反行政法律、法规的证据,应当由中国海警收集并在这个基础上对行政相对人实施治安处罚或其他行政行为,而法院一般不能收集行政相对人违法的证据。按照审判权与行政权的分工,追究行政相对人的违法行为是行政机关的职责,不是法院的职责,所以这类治安案件证据只能由中国海警收集、运用,若由法院收集和运用就会超越审判权的范围而干扰行政执法,侵犯行政权。同样,行政诉讼证据只能由法院收集、运用,以查明被诉具体行政行为的合法性,从而对行政案件作出正确处理。

第二节　海上治安案件证据的保全

一、证据保全措施的理解

对于有些证据来说,收集起来有一定的条件限制,如有的证据对于时间要求严格,如果不及时加以提取和固定,就可能因物理或者化学变化甚至人为原因遭到毁损;还有的证据,如果不及时提取,将来再提取时就会遇到困难,如证人即将出国,如果不在其出国前及时获取证据,将来再获取时将会增加难度,使获取该证据的成本过高而使收集证据成为得不偿失的行为。因此,一旦意识到可能存在这些情形时,就需要通过一定的救济手段避免证据的灭失或者保障收集和运用证据的便利。证据保全就是为了这一目的而设置的一项证据制度。海上治安案件证据保全,就是中国海警根据依法行政和行政诉讼负举证责任之要求,对于需要保留或可能灭失或者以后难以取得的证据,中国海警主动依职权采取一定的措施先行加以固定和保护的行为。海上治安案件证据保全的措施主要有:一是扣押、扣留;二是查封;三是抽样取证;四是先行登记保存。

适用证据保全措施,必须具备以下条件:第一,对于海上治安案件、违反出境入境管理的案件有关的需要作为证据的物品;其他法律、法规规定适用扣押或者扣留的物品,经海警支队以上负责人批准,可以依法扣押或者扣留。对与案件无关的物品、公民个人及其所扶养家属的生活必需品、被侵害人或者善意第三人合法占有的财产,不得扣押或者扣留。但应当予以登记的,应当写明登记财物的名称、规格、数量、特征,并由占有人签名或者捺指印。必要时,可以进行拍照。但是,与案件有关必须鉴定的,可以依法扣押,结束后应当立即解除。第二,办理案件时,对专门用于从事无证经营活动的场所、设施、物品,经海警支队以上负责人批准,可以依法查封。但对与违法行为无关的场所、设施,公民个人及其扶养家属的生活必需品不得查封。场所、设施、物品已被其他国家机关依法查封的,不得重复查封。

第三,收集证据时,经海警大队以上办案部门负责人批准,可以采取抽样取证的方法。抽样取证应当采取随机的方式,抽取样品的数量以能够认定本品的品质特征为限。抽样取证时,应当对抽样取证的现场、被抽样物品及被抽取的样品进行拍照或者对抽样过程进行录像。对抽取的样品应当及时进行检验。经检验,能够作为证据使用的,应当依法扣押、先行登记保存或者登记;不属于证据的,应当及时返还样品。样品有减损的,应当予以补偿。第四,在证据可能灭失或者以后难以取得的情况下,经海警大队以上办案部门负责人批准,可以先行登记保存。先行登记保存期间,证据持有人及其他人员不得损毁或者转移证据。对先行登记保存的证据,应当在七日内作出处理决定。逾期不作出处理决定的,视为自动解除。

在实践中,除中国海警进行证据保全外,如果有必要对证据采取保全措施的,也可以向公证机关提出申请,由公证机关以公证的形式保全证据。

二、证据保全的主要方法

证据种类不同,保全的方法也往往有所不同,如对于人证,通常采取录音、录像等方法;对于书证,通常采取复制、拍照的方法。收集与保全证据的主要方法包括:

(一)证据保全的具体措施

实践中,行之有效的证据保全措施很多,经过证明行之有效的方法包括查封、扣押、拍照、录音、录像、复制、鉴定、勘验、制作笔录九种。

查封、扣押是指中国海警依法封存、提取和扣留与案件事实有关联的物证或者文书的行为。查封所针对的一般是无法移动或者不易移动的物品,对这些物品中国海警可予以就地查封,在证据上贴上封条,禁止他人转移或者处理。扣押一般是指中国海警对可以移动的物品采取的暂时扣留的方法,对于容易移动的证据可以将之转移到别的场所加以扣留,不准其持有人或者保管人占有、使用和处分。拍照是指使用一定的设备将一定的影像固定到底片和冲洗完成的照片上。拍照的设备是照相机,其工作的过程就是通过光化学作用将景物影像记录下来的过程。作为一种证据保全方法,拍照主要适用于对物证和书证的保全。录音是指用一定的设备将事件发生的过程中所产生的音响记录下来。录音资料作为证据,既可以产生在案件发生过程中,也可以产生于处理过程中。录音可用于对视听资料、证人证言、当事人陈述等证据类型的保全。录像是指用一定的设备将一定的活动影像记录下来。和录音资料一样,录像资料既可以产生于案件事实发生过程中,又可以产生于处理过程中。作为证据保全的一种方法,录像主要适用于对视听资料、证人证言、物证、当事人陈述等证据形式的保全。复制是指通过一定的方法或者使用一定的设备,按照原物的各种特征制作仿制品的行为。复制的方法包括摹写、复印、翻拍、转录等等。如为防止音响资料被伪造或者破坏,或者使用中磨损,往往采取转录复制的方法进行保存。复制既是收集证据的重要方法,同时也是保全证据的常用方法。作为证据保全措施,复制的方法可以广泛地应用于对书证、物证、视听资料等证据的保全。鉴定是指鉴定人运用自己的专门知识和技能以及必要的技术手段,对案件中发生争议的专门性问题进行检测、分析和鉴别的活动。作为保全措施的鉴定方法适用的范围也比较广泛,可用于对书证、物证、视听资料进行保全。勘验是指中国海警依照法定程序对有关的场所、物品进行现场勘测的专门活动。它是发现、提取、收集和保全物证的一种重要的方法。勘验人应当将勘验情况和勘验结果制作成笔录,并由勘验人、当事人和被邀请人签名或者盖章。制作笔录是指中国海警对于所要保全的证据以笔录的形式固定下来的保全方法。它适用于以言词、活动和状态为内容的证据材料,比如证人证言,对物证的勘验过程、处理过程的询问、摘录文件材料、询查笔录等等。

(二) 证据保全的见证

进行证据保全时,可以要求当事人到场,以便当事人对证据保全行为进行监督,以维护自己的合法权益。当然,当事人不到场的,并不影响采取证据保全措施,但要有其他见证人在场,并在笔录上签字。另外,经过公证确认的法律事实具有不同于一般证据的特殊证明力。根据我国《公证暂行条例》第4条第(11)项的规定,保全证据也是国家公证机关的一项业务。在实际工作中,公证机关保全证据的公证业务,需要中国海警的申请。中国海警为了治安管理处罚或者以后进行行政诉讼的需要,可以向公证处提出申请,请求公证处通过公证的方式,预先把某项证据确定下来,以备以后发生诉讼时向法院提供。经公证保全的证据,除有相反证据足以将其推翻外,其证明力高于没有经过公证的证据的证明力。

三、证据载体的固定[①]

固定证据是指把证据用一定的形式确定下来,并提取和保存,供分析、认定和证明案件事实时使用。证据的形式是各种各样的,如何固定证据和保全证据,必须根据不同的对象,采用不同的方法。

(一) 物证的固定

固定物证,主要是采取技术手段提取物证和作好收集物证的笔录。可以通过勘验、制作勘验笔录,并绘图、拍照或录像来固定物证,也可以提取原物。必要时,可以采取保全措施。例如,扣押物品,要开列清单;收集到的合同、发票等书证应注明出处并由提供人签章。笔录中应载明发现和提取物证的时间,发现时物证所处的地点,物证是如何被发现的以及物证的主要特征等项内容。这是使物证起证明作用所必需的步骤。笔录中还要着重写明物证的主要特征,以便于对其进行研究和运用。有的物证,由于时间过久或其他原因,常有灭失、腐烂或难以提取的可能,应当相应地采用各种科学的技术手段或者合理的方法,以确保物证不会在提取过程中发生变形或损毁。

---

① 孙百昌.工商行政管理行政处罚及证据操作[M].郑州:河南人民出版社,2003:274-277.

各种物证，只要在可能的情况下，均应力求提取原物。对于那些由于其本身的性质无法长期保存的物证，则要采取照相、复制模型等方法加以固定，对原物则应按照有关规定妥善处理。案件中的各种物证，能附卷的应当随卷保存。对于那些虽然可以长期保存，但却不宜附卷保存的物证，比如体积、重量较大的物品，易燃、易爆物品等，除了办案机关对原物采取妥善方法封存保管外，还应当对原物进行拍照并加以说明。保全物证可以依法采取先行登记保存措施。

（二）书证的固定

固定和保全书证的方法，应视具体情况而定。可以抄录、印制、拍成照片，或者及时询问当事人对该书证进行调查并制作调查证据笔录。复印书证时，办案人员应当会同在场见证人和被复制书证持有人在一式两份的清单上签名或盖章，一份交给持有人，另一份附卷备查。对于黄色书刊光碟等，也应对其封面、书名、标题进行必要的拍照，并开列清单，存入案卷；其书刊光碟等则应予以封存，不得外传扩散。

（三）证人证言的固定

证人证言的固定主要是使用笔录。获取证人证言、消费者投诉、举报等主要是采取询问的方法。询问应当制作笔录。证人如果认为记录有遗漏或有差错，可以请求补充或更正。补充或更正的地方，必须加盖证人的印章或按手印，以证明其真实性。如果没有加盖证人印章或按手印，这种补充或更正是无效的。证人对证言笔录核对无误后，应当签名盖章，询问的人员也应当在笔录上签名。签名盖章的证言笔录，不得私自修改或篡写，如果需要修改或篡写，还应当经证人核对。有条件的可以同时进行录音录像。

（四）鉴定的固定

鉴定固定时需要注意三个问题：一是鉴定机构的资格。依照我国现行管理体制，通常的鉴定机构都有政府有关管理机关发放的证书以及可以鉴定的范围。二是主要鉴定机构的等级。三是提醒鉴定机构写全有关项目。依照《最高人民法院关于行政诉讼证据若干问题的规定》的要求，鉴定应当载明委托人和委托鉴定的事项、向鉴定部门提交的相关材料、鉴定的依据和使用的科学技术手段、鉴定部门和鉴定人鉴定资格的说明，并应有鉴定人的签名和鉴定部门的盖章。通过分析获得的鉴定结论，应当说明分析过程。

第三节　海上治安案件证据的证明标准

一、证据证明标准的界定

（一）证据证明标准的含义

有证明力的证据必须达到一定的证明程度，才能符合确定事实的标准，这个程度即证明标准。所谓证据证明标准是指利用证据对案件事实或争议事实加以证明所要达到的程度。证明标准一般由法律规定，其具体意义主要由法院或海警在适用时确定。不同的程序适用的证明标准不尽相同。审判程序与非审判程序的证明标准有所不同，刑事、行政和民事审判中的证明标准也各不相同。刑事案件中，法院认定的事实必须达到没有任何合理怀疑的程度，这是个很高的标准，目的在于保障人权。一般民事案件中采取的是证据优势标准，要求当事人为证明自己主张所提供的证据在质量上达到一定的优势程度才能得到支持。行政诉讼案件的证明标准低于刑事案件的证明标准，但高于民事案件的证明标准。

（二）海上治安案件证据证明标准的含义

海上治安案件证据的证明标准指中国海警在治安案件处理程序中利用证据证明案件事实和治安处理事实所要达到的程度。笔者认为，海上治安案件证据的证明标准应以法律真实为标准。这里的"法律真实"是指，在收集的用来证明某一案件事实的证据达到一定的程度时，法律才认可所要证明的案件事实的真实性。法律真实不等于客观真实，它可能符合客观真实，也有可能歪曲客观真实。法律真实标准是对各类治安处理行为证明标准的总称，本身是一个不确定的标准，因治安处理行为类型的不同而不同。正因为如此，证明标准的确定应当与案件的性质及案件事实、行为的严重程度成正比。案件性质或行为性质较严重的、涉及当事人较重大权益的，其证明标准就较高；反之，案件性质或行为性质较轻的，仅涉及当事人一般性权益的，其证明标准相对就较低。行政权行使方式的复杂性决定了治安案件处理程序中证明标准的多样性。不同形式的处理行为需要证明的内容和程度均有所不同。证明标准的确定是行政机关认定案件事实的前提。证明标准确定以后，一旦证据的证明力已达到这一标准，待证事实就算已得到证明，行政机关就应当认定该事实，以该事实的存在作为行政处理的依据。

二、行政处罚证明标准

(一) 当场行政处罚证明标准

当场行政处罚应以排除滥用职权作为证明标准[①]。我国当场处罚程序中,行政机关工作人员认为被处罚者实施违法行为的可能性为100%,属"违法事实确凿"。但违法事实确凿并不等于证明标准是证据确凿,并不要求执法人员提供证据证明违法事实的程度达到100%,其标准并不应高于刑事处罚中排除合理怀疑标准。因为规定过高的证明标准会增加行政机关查证的难度,也会影响行政效率,失去当场处罚的意义。

当场处罚程序的证明标准可供选择的还有两种:一是优势证据规则;二是排除滥用职权标准。前者是指行政机关能证明当事人有50%以上可能实施了应受处罚的违法行为就可以作出行政处罚。优势证据规则是很多国家民事诉讼中的证明标准,其存在的基础是存在两位以上当事人,当双方提供的证据不一致时,提供证据证明力强的一方当事人胜诉。而行政处罚中往往只存在一方当事人,很难判断行政机关收集证据的证明力超过50%,因此,该标准在行政处罚中应用有一定困难。排除滥用职权标准是笔者针对当场行政处罚的特点和行政法的基本原则提出的一个标准,即行政机关证明当事人违法事实存在的标准是能够证明自己在对案件事实认定过程中未滥用职权。当场处罚仅是较轻微的行政处罚,对当事人利益影响不大,考虑行政机关收集证据所需要的社会成本,不能对行政机关收集证据提出过高要求。一般情况下,只要行政机关工作人员不滥用职权,由于亲历违法事实过程,对事实的认定就不会发生错误。确定排除滥用职权标准,能较好保障行政机关正确认定案件事实。

(二) 非当场行政处罚证明标准

非当场行政处罚应以排除合理怀疑作为证明标准。排除合理怀疑的证明标准一般用于刑事诉讼案件,也就是说,承担证明责任的公诉人要使法官相信其所认定的犯罪事实排除了所有的合理怀疑。美国证据法中排除合理怀疑证明标准源于联邦宪法第五修正案和第十四修正案中的正当法律程序条款。即使陪审团认为刑事被告有犯罪的可能,他们仍然应当假定刑事被告是无罪的。之所以形成这样的规则,是因为在美国法的理念中,因为错误而使一个无辜的人失去自由或者生命,比因为错误而姑息一个罪犯要严重得多。

很显然,排除合理怀疑的证明标准比优势的证明标准更加严格。但是如何给排除合理怀疑下一个准确的定义是非常困难的。我们可以认为一个假定存在的

---

① 徐继敏.行政证据通论[M].北京:法律出版社,2004:183-184.

事实存在的可能性超过50％,法官即可以采用优势证明标准作出判断。但这个事实存在的可能性要达到多少,才能算是清楚而具有说服力或者排除了合理怀疑呢？80％达到了清楚而具有说服力的标准,或90％至99％达到了排除合理怀疑的标准？美国一些学者曾经以数字的方式对如何定义排除合理怀疑做过调查。调查表明,被调查者的回答差别很大,但认为85％～90％的可能性达到了排除合理怀疑标准的人数最多。世界上没有一个国家的证据法会对这样的问题作出规定。

我国治安管理处罚、行政处罚制度的设计与英美国家有很大的不同,特别是限制人身自由的行政处罚。英美国家正当法律程序原则要求所有限制人身自由的处罚均应当由法院经司法程序作出。而我国行政拘留和收容教育的行政处理是由公安机关作出的,并且只有在被处理人提起行政诉讼的情况下,才接受法院的司法审查。收容教育对当事人人身自由的限制程度要比某些刑事处罚严重得多,却缺乏一种正当的司法保障和救济机制。不仅如此,我国行政拘留和收容教育在行政诉讼期间不停止执行。因此,大多数的当事人只能在被执行期间提起诉讼。这与任何人未经正当法律程序(包括司法程序)其人身、财产权利不受侵犯的原则是相冲突的。

在非当场处罚行政程序中,作出行政决定的人一般是行政机关负责人或是听证主持人,而非直接发现违法事实或参与调查的人员。存在发现违法事实人、调查人员和决定作出人几者的内心确信问题,即确信行政相对人实施了应受处罚的违法行为。发现违法事实人和调查人员直接接触了违法事实或通过调查了解了违法事实,较易形成内心确信,但其需要用证据帮助处罚决定者形成内心确信。在认证过程中,如果行政机关收集的证据确凿充分,各个证据之间没有冲突,认证是不困难的,行政机关可能较容易认定行政相对人实施了应受处罚的行为。但在很多情况下,行政机关收集的证据达到确实充分程度较困难,或证据间存在冲突,此时就需要确定较科学的证明标准来确定案件事实。

行政处罚不同于刑事处罚,行政处罚的行政性质决定了其要符合行政效率原则的要求,且行政处罚的程度远比刑事处罚的程度要轻,因此行政处罚的证明标准应当比刑事诉讼中的证明标准低。非当场行政处罚的证明标准应当坚持排除合理怀疑原则,即最大程度的盖然性。对行政官员未亲自看见或感知的违法事实,可能被行政机关通过证据正确认识,也有可能不被认识,而在行政处罚程序中,即使通过调查能够完全认识案件事实,但从效率和社会公益的损失来看也不值得提倡,因此,非当场行政处罚不能坚持客观标准。支持坚持客观标准的学者否定"排除合理怀疑原则"的理由是采用该原则可能导致出错,但采用客观真实标准就不会出错了吗？很显然不是,我们在行政处罚中长期坚持客观标准,出错难道还少吗？采用排除合理怀疑的标准在行政处罚程序中也是能够达到的,降低行政处罚的证明标准则无必要。行政处罚法除规定行政机关调查收集证据外,还规定了当事人享有陈述权、申辩权和要求听证权,这些对当事人而言是权利,但当事人行使权利对行政机关也有好处,行政机关可以通过听取当事人的陈述和申辩、举行听证会等获得当事人对案件事实的看法和收集当事人掌握的证据,经过进一步分析和调查查清案件事实,达到排除合理怀疑。①

第四节　海上治安案件证据的审查判断

一、审查判断海上治安案件证据的特征

审查判断海上治安案件证据,是指中国海警对证据材料进行分析、研究和判断,以鉴别其真伪,确定其有无证据能力和证明力以及证明力大小的一种活动。审查判断海上治安案件证据具有以下几个特征:第一,审查判断证据的主体只包括中国海警,不包括案件当事人。第二,审查判断证据的本质是一种思维活动。如果说收集证据是认识过程的第一阶段即感性认识阶段的话,那么审查判断证据则是认识过程的第二阶段即理性认识阶段。这一阶段的活动方式,与第一阶段的收集证据相比是不一样的,它是在收集证据的基础上,通过人们的大脑,运用概念、判断和推理的思维形式来进行的。当然,审查判断证据与收集证据虽然是两个不同的认识阶段,但两者往往相互结合、交替进行。第三,审查判断证据的目的是确定证据是否具有证据能力和证明力以及证明力大小。海警人员通过对证据进行分析、研究和鉴别,一是为了确定证据是否具有证据能力和证明力,因为证据只有具有证据能力和证明力,才能作为定案的根据;二是为了确定证据与案件事实联系的紧密程度,联系越紧密,其证明力越大,反之,其证明力就越小。第四,审查判断证据的任务有两项:一是对单个和多个证据的审查判断,二是对全案证据的审查判断。对单个或多个证据进行审查判断,其目的是为了审查核实某一证据或某几个证据是否具有证据能力和证明力;而对全案证据进行审查判断,其目的则是为了判明所有已查证具有证据能力和证明力的证据能否对案件事实作出认定。

二、审查判断海上治安案件证据的任务

作为定案根据的证据,必须具有证据能力且与待证事实具有关联性,对待证事实具有证明作用。因此,审查判断证据的任务,就是要分析、研究证据是否具有证据能力、关联性和证明力的大小,从而确定所收集的证据能否用作定案的根据

---

① 徐继敏.行政证据通论[M].北京:法律出版社,2004:184-185.

以及证明价值的大小。

(一) 审查判断证据的合法性

只有具备合法性的证据才能作为认定案件事实的根据。所谓证据的合法性，是指证据必须是符合法定形式、按照法律的要求和法定程序而取得的事实材料。不具有合法性的证据，可能根本不被采纳为定案的根据，也可能减弱其证明效力。就证据的合法性的审查而言，证据的合法性包括证据取得主体合法、证据取得程序合法、证据取得方式合法以及证据取得内容合法。

对证据合法性的审查包含以下三个方面的内容：第一，证据是否符合法定形式。证据的形式符合法律的规定，即必须可以归类为《行政诉讼法》第 33 条所规定的八种证据形式：书证、物证、视听资料、电子数据、证人证言、当事人的陈述、鉴定意见、勘验笔录、现场笔录。任何一种证据都必须具备上述证据形式之一，否则不能作为定案根据。此外，证据还必须符合法律对其形式的特殊要求，即必须履行一定的法律手续或具备一定的条件。例如，证人如果以书面形式提供证言，就必须由证人签名或者盖章；鉴定人必须具有鉴定资格，并要求以个人的名义出具鉴定书；境外调取的证据须经证据来源所在地的外国公证机构公证、外交部门认证和内国驻外使、领馆认证，才能在内国法院作为证据使用等。此外，对证据的形式进行审查还有助于判断证据的真伪，查明证据是否为伪造、变造。第二，证据的取得是否符合法律、法规、司法解释和规章的要求。证据的取得是否符合法律、法规、司法解释和规章的要求包括两方面的内容：一是在证据的形成过程以及证据的提供过程中，是否存在影响其真实性的因素；二是证据的收集方式是否符合法定程序。对上述两个问题的审查判断，直接影响着证据的可采性。其中，对前一问题的审查一般需要考虑：是否基于不良动机和利害关系提供虚假证据，例如证人因与当事人有恩怨关系而提供虚假证言；是否因年龄、心理、认识等主客观原因而提供了不实的陈述，如因生理缺陷而不能正确理解事实。对后一问题的审查一般要考查收集证据的手段是否正确、合法，是否存在以秘密窃取、强行搜查等非法手段获取的证据，固定、保管证据的方法是否科学等。第三，是否有影响证据效力的其他违法情形。即如果有上述未涉及的事项影响了证据效力，可依本项进行裁量和审查。这里所称的影响证据效力，包括对证据能力有无的影响和证明力大小的影响。

(二) 审查判断证据的真实性

证据的真实性或可靠性，就是我们通常所说的证据的客观性。证据的真实性是指证据材料所反映的或者所证明的案件的真实情况，即该证据是否可靠。不具有真实性的证据不能作为定案的根据。对于收集到的每个证据材料，只有通过审查判断，才能确定其是否真实可靠，即是否符合案件的实际情况。根据实践经验，

审查判断证据的真实性,一般应从以下两个方面进行:

1. 审查判断证据的来源

任何证据都有一定的来源。不论是采取科学方法提取的证据,还是通过调查方法收集的证据;不论是相对人提出的证据,还是其他人提供的证据,都有其各自的来源。证据的来源不同,其真实可靠程度也会有所差异。因此,审查判断证据首先要查明证据的来源,包括查明证据是如何形成的、由谁提供或收集的、收集的方法是否科学、证据的形成是否受到主客观因素的影响等等。经过查证,只有那些有根有源、来自于客观实际的证据,才有可能成为证明案件事实的根据。一切来历不明的物品、痕迹,道听途说的言词,捕风捉影的议论,或者没有出处的匿名信等,都只能是仅供参考的"线索",不能作为定案的证据使用。对于那些未采用科学方法提取的证据,其真实性亦可能受到很大影响,在使用时要特别慎重。

2. 审查判断证据的内容

对证据内容是否真实的审查判断,是整个审查判断证据工作的关键。(1)要注意每个证据本身的不同特点。例如,物证、书证是不会说话的物品、痕迹或文件,一经形成就比较稳定,其本身不容易发生变化,但都可能被伪造、变造或篡改,在审查判断时应特别注意有无这方面的问题,一旦发现可疑迹象,就应进一步查证清楚,以判明其真伪;对于鉴定结论,则应注意审查鉴定人的资格和能力以及鉴定的材料是否充分、鉴定的方法是否科学等等。(2)要注意证据的内容本身是否一致,有无矛盾。证据的内容必须符合客观事物的发展规律。如果证据的内容含糊、模棱两可或者自相矛盾,就不能证明任何案件事实。通过审查,对不真实的证据应不予采纳;对部分真实部分虚假的,只采纳真实部分;对证据的内容互相矛盾的,在分析研究的基础上确定其真伪,对真实的内容予以采纳,对虚假的内容不予采纳。(3)要注意证据与证据之间有无矛盾。虽然通过对每个证据内容的分析,可以否定其本身的真实性,但每个证据都不能肯定其本身的真实性,因此应注意分析当事人的陈述、证人与证人的证言之间,以及这些言词证据与物证、书证、鉴定结论、视听资料、勘验检查笔录之间有无矛盾,以便从中发现问题,进一步查证核实每个证据的真实性。

(三)审查判断证据的关联性

证据的关联性,又称证据的相关性,是指证据与案件事实之间的内在联系性。作为证据的事实必须是与案件事实存在着某种联系,即能够证明案件的某一真实情况的事实。如果证据事实与案件事实之间没有这种关联性,就起不到证明作用,也就不能成为证据。根据实践经验,审查判断证据的关联性,一般应从以下三个方面进行:

1. **分析判断证据与案件事实之间有无客观联系**

凡是与案件事实无关的事实或材料,均应从诉讼证据中剔除出去。对于那些与案件事实之间只存在某种表面联系的事实或材料,由于它们本身并不能证明案件的什么问题,因而即使它们是真实的,也不能作为诉讼证据加以使用。

2. **分析判断证据与案件事实之间联系的形式和性质**

证据与案件事实之间的联系多种多样,十分复杂。要想准确地弄清证据证明作用的大小,就必须认真地分析它们之间联系的形式和性质。(1)证据与案件事实之间联系的形式具有多样性,既有因果联系也有非因果联系,既有必然联系也有偶然联系,还有内部与外部、直接与间接的联系。(2)证据与案件事实之间由于联系程度不同而表现出不同的证明价值。虽然与案件事实具有客观联系的证据都能反映一定的案件事实,但由于联系的程度不同,因而反映的程度就不同,其证明价值也就不同。一般来说,直接联系的证明价值高于间接联系,因果联系的证明价值高于非因果联系,内部联系的证明价值高于外部联系,必然联系的证明价值高于非必然联系。因此,必须查明各种证据与案件事实之间的联系是什么性质的联系,它们能证明案件中的什么问题以及证明价值的大小等等。只有这样,才能对不同性质的证据加以正确运用,从而充分发挥各种证据的证明作用,保证对案件事实的正确认定。

3. **分析判断证据与案件事实之间联系的确定性程度**

一般地说,证据与案件事实之间联系的确定性程度是由证据的确定性程度决定的。而判断证据的确定性程度主要依据以下两个因素:(1)证据的种类属性。通常来说,某一种证据的确定性程度可能高于另一种证据的确定性程度。以人身同一认定为例,指纹鉴定意见与辨认结果都可以作为认定人身同一与否的证据,但指纹鉴定由于采用精密的仪器和科学的方法,因而其确定性程度较高;而辨认结果由于受人的主观因素的影响较大,因而相对于鉴定意见,其确定性程度较低。(2)每个证据的具体情况。如前例,如果某个指纹不太清晰而且纹线数量较少,那么其鉴定结果的确定性程度就较低;反之,如果辨认主体对辨认对象非常熟悉,那么其辨认结果的确定性程度就较高。一般地说,证据的确定性程度与其证明价值成正比,即证据的确定性程度高,其证明价值就大;证据的确定性程度低,其证明价值就小。因此,确定性程度高的证据往往可以单独作为认定某一案件事实的证据,而确定性程度低的证据必须与其他证据结合在一起,才能作为认定某一案件事实的证据。

三、海上治安案件证据审查判断的规则

中国海警作出具体行政行为的过程,也是一个查明事实、适用法律的过程,在

此过程中,海警人员要审查判断证据。在其他国家和地区的立法中,行政(治安处罚)证据的审查判断规则主要有:自由心证原则、可定案证据标准、行政案卷排除规则、直接言词原则、说明理由规则等。海警人员在办理治安案件中,对证据的审查判断,宜采用心证限制规则、案卷排他性规则[①]、经验法则、非法证据排除规则,并不得强迫被处罚者自证其违法,禁止可定案证据全部为传闻证据。

(一) 心证限制规则

"心证限制规则",即以自由心证为基础,同时附加必要的限制性规则。相对于诉讼中法官的自由心证而言,"心证限制规则"属于不完全的、受到一定限制的自由心证,其合理性在于:治安处罚权不同于司法权,其运作具有职权性、积极主动性,在取证程序中,中国海警可自由地依职权调查取证,裁决中裁量余地也比较大,如果采用自由心证,治安处罚权的运作将不受任何拘束,因而需要对其心证施加必要的限制。心证限制规则应当包括以下两个方面:第一,以心证为基础。对证据的审查判断过程,本身就是一个主观对客观的反映认识过程,审查判断是以人的知识、理念、经历、信仰甚至包括感情等因素为基础的,对客观现实的思维分析。尽管我们希望将治安处罚权更加有效地控制在适度的范围内,但完全抛弃心证,拿出一套完全客观的标准是不可能的,也是不科学的。因为对证据审查判断这种主观的思维和心理反应是不可能以完全客观的标准加以衡量的,只能以主观的心理表征为基础,辅之以某些客观的外在标准加以制约。第二,说明理由规则。中国海警在审查判断证据经心证作出治安处罚行为时,必须说明其所考虑的重要事实和法律理由,对当事人提出的重要证据材料和抗辩理由,需要说明采纳或不予采纳的根据。

(二) 案卷排他性规则

案卷排他性规则,即治安处罚行为只能以案卷记录为根据,而不能在案卷以外以当事人未知悉的证据作为行为根据。为了保护被管理者的知情权和防卫权,中国海警作出的影响被管理者权利义务的决定所根据的证据,原则上必须是该决定作出前行政案卷中已经记载的并经过当事人口头或书面质辩的事实材料,这就是行政案卷排除规则,是正当行政程序的基本要求。在美国,"案卷排他性原则是正式听证的核心,如果行政机关的裁决不以案卷为根据,则听证程序只是一种欺骗行为,毫无实际意义"。在笔者看来,结合我国现行法律规定,完全可以确立案卷排他性规则。在我国现行法律制度框架下,行政程序中已有的"先取证,后裁决"规则、听证制度、告知程序、当事人的陈述权和申辩权等为治安处罚案卷排他性规则打下了基础,只要法律规定中国海警必须将上述内容记录在案,并以适当

---

① 高树德,郑永强.行政证据制度研究[J].中国法学会行政法学会年会论文,2002.

方式告知当事人处罚行为作出的证据和依据,就可以形成我国的案卷排他性规则。

(三) 经验法则

经验法则是源自人们在长期生产、生活以及科学实验中对客观外界普遍现象与通常规律的一种理性认识。经验法则在治安案件办理程序中可以发挥重要作用:决定证据的关联性;决定证据的可采性;发挥证据间的推理作用;发挥对证据价值的评价作用。中国海警收集到证据材料后,应当依据法律的规定,运用逻辑推理和经验法则,对证据材料能否用以认定案件事实或证明力大小独立进行判断,综合所有可用之证据材料,然后认定案件事实。[①]

(四) 非法证据排除规则

非法证据排除规则是指除非法律另有规定,非法证据不得作为中国海警作出治安处罚决定的根据。这里的"非法"既包括程序违法,又包括实体违法,例如中国海警未经办理有关手续收集的证据;超越法定职权收集到的证据,违反"先取证、后裁决"的程序规则所收集到的证据,当事人伪造的证据,采取非法手段调查收集的证据和不符合法定形式的证据等等。可以采纳非法证据的例外情况取决于行政程序法对行政主体正当程序要求的严格程度;违法行为的严重程度、对被管理者权益影响的大小、采纳非法证据的成本和效益等因素。一般认为:(1)非法证据是书证和物证,(2)通过合法手段最终也能获得的证据,并且具有真实性和相关性时,可以由法律明确规定由行政主体采纳作为可定案证据。

(五) 不得强迫被处罚者自证其违法

这一个规则是指被处罚者只对自己有利的案件事实负举证责任,除非被处罚者及其家属自愿,否则不得要求被处罚者及其家属提供不利于被处罚者案件事实的证据。例如《葡萄牙行政程序法》规定,行政主体不得要求利害关系人及其近亲属提供涉及个人秘密、商业秘密、证明利害关系人违法以及其他可能对利害关系人造成精神或物质上损害等不利于利害关系人的证据。这一规则的适用可防止行政主体为减轻自己的举证责任,而凭借其命令权变相施加强制力于被管理者及其家属,从而造成当事人举证责任分配上的失衡。

(六) 禁止可定案证据全部为传闻证据

在治安处罚证据方面,有两个问题涉及传闻证据的界定:一是证人在治安处罚程序开始以前所作的陈述。二是证明陈述者本人信念的陈述。[②] 日本学者认

[①] 徐继敏.试论行政处罚证据制度[J].中国法学,2003(2).
[②] 高家伟.行政诉讼证据的理论与实践[M].北京:工商出版社,1998:29.

为传闻证据指的是"以直接感知或直接体验待证事实的人的陈述为基本内容,由其他人或者采用非直接表达的方式加以叙述的供述证据"。① 因此,在传闻证据的概念中至少应当包括两方面的内容:一是供述性证据的陈述人陈述非本人亲身经历或亲身感知的事实;二是证据的存在方式不能为对方提供反询问机会。在证据理论中,陈述与感知在主体上不相一致的现象称为"狭义传闻",不能提供反询问机会的陈述则称为"实质传闻",传闻的实质性内容则被称为"原陈述"。从本质上说,对于非本人亲身经历或亲自体验的事实,陈述人无法提供确切的真实性依据;无论是形式还是内容,传闻都体现出难以适应虚假排除的一般证据原则。但是,从直接体验者获得的信息,甚至是道听途说的传闻,并非不真实的同义反复。间接获得的,甚至是道听途说的内容也可能与事实真相相互一致,仅仅以传闻为依据而彻底否定传闻证据的真实性与可靠性,并非绝对的理由。因此,实质传闻,即传闻证据不能提供对原体验者反询问的机会,就成了传闻证据排除法则的核心内容,当代证据理论对传闻的定义大都以这一特征为基础。从这层意义上说,某种事实亲身经历者或亲身体验者采用书面形式提供的证词,他人按照亲身经历者或亲身体验者的陈述记录成文的书面证词,以及听取亲身经历者或亲身体验者陈述后在法庭上的口头陈述,都属于传闻证据。②

由于传闻证据受到当事人主观因素的巨大影响,经常不能正确反映客观事实,在某些情况下还可能歪曲事实,因此即使公安人员是此方面的专家,不是国外陪审团那样的外行,也不可以一刀切地将言词证据中未经质辩的用来证明该陈述本身所表明的事件的真实性的传闻证据作为可定案证据。但是作为治安处罚决定根据的证据不得全部为传闻证据,还必须有其他证据佐证,否则,利害关系人一旦提出与公安人员收集到的传闻证据相左的传闻证据,中国海警所作治安处罚决定就可能因此被有权机关撤销。③

总之,中国海警可以采纳传闻证据,作为治安管理处罚决定的定案根据。但治安处罚决定的定案根据不得全部为传闻证据。

四、对各类证据的审查判断

(一)物证的审查判断

根据物证的特点,对物证的审查判断应着重从以下几个方面进行:第一,审查判断物证是否伪造和有无发生变形、变色或变质的情况。第二,审查判断物证与案件事实有无客观联系。物证是不会说话的证据,它不能"讲清"自己与案件有何

---

① [日]熊毅弘,等.证据法大系(第3卷)[M].东京:日本评论社,1984:49.
② 陈浩然.证据学原理[M].上海:华东理工大学出版社,2002:278-279.
③ 杨解君,肖泽晟.行政法学[M].北京:法律出版社,2000:223-224.

联系。但物证随着具体行政行为的发生或实施而产生,必然与案件事实有着客观的联系,否则不能作为物证。第三,审查判断物证的来源,查明物证是原物还是同类物或复制品。公安人员对自己收集或当事人提供的物证,必须追根溯源,查明它的原始出处,防止将同类物或类似的痕迹误作证据。经审查,如果物证不是原物的,要努力取得原物。

(二)书证的审查判断

根据书证的特点,对书证的审查判断应主要从以下五个方面进行:第一,审查判断书证的制作情况。书证是由特定人基于一定目的制作的,因此对书证的审查,首先应查明制作人是否制作了该文件,如果查明"制作人"并没有制作该文件则表明该文件是被人伪造的,这一文件就不具有证明作用。其次,应对书证的制作过程进行审查,查明制作人是在什么情况下制作的,是否在暴力、威胁、欺骗等情况下作成。如查明书证是在暴力、威胁或欺骗的情况下作成的,则该书证不具有真实性,不能作为定案证据使用。第二,审查判断书证的获得情况。书证的获取一般有公安人员收集和当事人等提供两种方式。因此,应查清是由谁收集或提供的,或者是在什么情况下获取的,对书证采取了何种固定或保管措施。例如,应审查收集书证的人员有无搜查、勘验、扣押书证的权力,他们在搜查、勘验、扣押书证时是否履行了合法的手续。第三,审查判断书证的内容与形式。书证的内容和形式对书证的有效性有重要影响。因此,应注意审查书证的内容是否是制作人的真实意思表示,是否具体明确、前后一致。书证的形式是否符合法律规定,如需签名盖章的文书是否有当事人的签名盖章;不在我国领域内居住的外国人、无国籍人寄给中国公民的授权委托书,是否经所在国公证机关证明并经我国驻该国使、领馆认证,外国发往中国的证明某人婚姻状况的证明书是否经过公证及认证等。对于意思表示不真实、内容含糊不清、前后矛盾和不具备法定形式的书证,不得用作定案的证据。第四,审查判断书证与案件事实有无联系。与案件事实没有联系的书证,不能作为证据使用。某些书证表面上看来与案件事实有联系,但实际上没有联系,对此要仔细辨别。第五,审查判断书证本身所属的类型。一般情况下,书证的原件比抄件、复印件更为可靠,公文书比私文书更为真实。

(三)证人证言的审查判断

根据证人的特点,对证人证言的审查判断应着重注意以下五个方面:第一,审查证人的资格和品质。对证人证言的审查判断,首先应审查证人是否知道案件情况,这是判明作证者是否具备证人资格的前提条件;其次应查清作证者是否具有辨别是非和正确表达的能力;再次应查清作证者是否同时又是案件的当事人。经审查,如果作证者不知道案件情况,不具备辨别是非和正确表达的能力,或者同时又是案件的当事人的,则该作证者便不具备证人的资格,不能作为证人。同时,还应注意审查证人的个人品质,证人的品质好,其如实作证的可能性就大;证人的品质不好,其证言就容易出现不真实甚至虚假的情况。第二,审查判断证人与当事人之间的联系。一般地说,如果证人与案件当事人存在着亲属、朋友、恩怨、恋爱、同学等关系,他就有可能从维护亲情与友情、报恩或发泄怨恨等思想出发,故意提供不真实或不完全真实的证言,夸大或缩小自己所知道的案件情况。如果对此不加以注意,就容易作出错误判断。当然,这也只能作为审查证人证言的参考因素,而不能据此认定其真假。第三,审查证人证言的来源及证人作证是否受到外界的不良影响。一般地说,原始证言比传来证言要真实可靠。因此,要注意查清证人陈述的情况是他亲自耳闻目睹得知还是过后听别人讲述而得知的。对于后一种情况,则应进一步审查证人是听谁讲述的,是在什么情况下听人讲述的,有无失实的可能,并应尽量找到讲述人调查核实。如果证言来源于证人的主观想象、猜测或者道听途说,则不能作为案件的证据使用。同时,还应当查清证人是否受到相关人员的刑讯、威胁、引诱或欺骗,是否受到当事人或其他人的收买、胁迫或指使等非法行为的影响。如果存在这种情况,证言就极可能有虚假的成分或伪造的情况,对此必须仔细查实,以判明证言的真伪。第四,审查证人证言形成的具体情况。一个诚实的证人所提供的证言也可能不符合事实。这是因为,证人证言能否确切地反映案件的真实情况,除了前面所讲的因素外,还要受到证人证言形成过程中的一系列主客观条件和因素的影响。主要包括:(1)证人感知能力和感知环境等的影响,如证人的感觉器官是否正常、感知案件情况时客观环境条件的好坏(如天气、光线、距离、方位、声音强弱等)、感知案件情况的心理状态(如恐惧、不安、冷静、注意力是否集中等)、证人的知识和经验等等。(2)证人记忆能力的影响。证人的记忆能力因人而异,它与证人的年龄、健康状况、文化程度以及知识经验都有一定关系,特别是和时间长短有密切关系:从感知案件情况到提供证言相距的时间越短,证人的记忆越清楚;时间越长,证人越容易忘记或发生记忆模糊。(3)证人表达能力的影响。证人的表达能力亦因人而异,有的表达能力强,能抓住要点,讲得很清楚;有的人表达能力差,知道案件情况却讲不出来或表达不准确,使人不容易理解甚至无法理解。总之,影响证人证言客观性、准确性的因素很多,审查时须认真分析,以作出正确的判断。第五,审查判断年幼证人的证言时,应特别注意年幼证人的特点。年幼证人由于年龄小,智力发育程度低,因而往往富于幻想,凡事都比较好奇,容易受成年人影响,且表达能力比较差,因此在审查其证言时,应注意有无夸大事实,用成年人语气说话等情况。例如,幼年证人所讲的话如果是一口大人腔调,就可能是受成年人指使而提供的虚假证言。

(四)当事人陈述的审查判断

根据实践和法律规定,对当事人陈述的审查判断应着重从以下几个方面进行:第一,审查判断当事人陈述是否受外界的压力和不良影响。第二,审查判断当事人陈述的内容是否符合案件情况。对当事人陈述的审查判断,要特别注意核对、查实其与案件真实情况是否相符,即是否符合本案法律关系发生、发展、变化和消灭的客观情况,是否合情合理,其来龙去脉是否清楚,有无可疑之处。第三,审查判断各涉案人员陈述的内容是否一致。一般地说,经过审查,如果确认一方陈述的某个事实与另一方陈述一致又无相反证据推翻的,即可认定其陈述真实可靠。

(五) 视听资料的审查判断

视听资料对高科技的依赖性,决定了它容易被伪造或篡改,而且在被伪造、篡改后往往难以发现。因此,对视听资料这一高科技证据,必须进行认真的审查判断。第一,审查判断视听资料的制作是否科学合法。对于公民制作的视听资料,应注意公民在录制前是否征得了对方的同意,有无采用威胁或利诱的手段进行录音、录像的情况。同时,还要注意查明录制的设备是否正常,方法是否科学,有无违反操作程序的情况。第二,审查判断视听资料有无伪造或篡改。视听资料既可以通过技术手段获得,也可以通过技术手段改变原貌,以致失实。国外大多数国家未将视听资料单独作为一种证据,其原因之一就是视听资料特别易于伪造。[①]因此,在审查判断中要特别注意有无通过剪接、洗擦录音录像磁带或光盘,或利用技术进行仿音、叠音、移像或篡改计算机储存程序等手段,伪造、篡改视听资料的情况。第三,审查判断视听资料的内容有无矛盾,与案件事实有无联系。由于视听资料以其记载或反映的声音、图像或者信息来证明案件事实,因此应注意审查该声音、图像或信息所表达的内容前后是否一致,有无破绽之处,或其内容与案件事实有无客观联系。如果其内容前后矛盾或者有破绽,则应进一步调查核实;如果其内容与案件事实毫无联系,则不能作为定案的根据。

(六) 鉴定结论的审查判断

根据实践经验,对鉴定结论的审查判断,一般应从以下五个方面进行:第一,审查鉴定人是否具有鉴定资格,与案件当事人有无利害关系。任何人必须经过有权机关的指派或聘请,否则便不具有鉴定人资格,不能进行鉴定活动。而作为鉴定人必须具有解决案件中某一专门性问题所需要的专业知识,否则便不可能作出正确的结论。同时,鉴定人还应当与案件的当事人没有亲属或其他利害关系,这是其作出客观、公正结论的必要保证。否则,按照法律的规定,该鉴定人应当回避。应回避而未回避的,其所作出的鉴定结论不具有证据能力,不能做为定案的根据。第二,审查鉴定人进行鉴定所依据的材料是否充分可靠。鉴定人对案件中的某一专门性问题进行鉴定。只有依据充分可靠的材料,才有可能得出科学的结

---

① 宋世杰.诉讼证据法学[M].长沙:中南工业大学出版社,1998:100.

论。否则,即使鉴定人的专业水平再高,其鉴定结论也会发生错误。因此,必须查明鉴定活动所依据的材料是否充分可靠。第三,审查鉴定的方法是否科学,使用的设备及其他条件是否完善。科学的鉴定方法、精良的仪器设备、优良的工作条件,是做好鉴定工作的重要保证。如果方法不科学、设备不精良、工作条件差,鉴定结论的正确性就值得怀疑。因此,在审查鉴定结论时,必须对鉴定的方法、设备和其他条件进行仔细分析,以判明鉴定结论的准确性。第四,审查鉴定人进行鉴定时是否受到外界的影响,工作是否认真负责。鉴定人进行鉴定时是否受到他人的威胁、利诱或社会舆论的影响,其工作是否认真,责任心是否强,对鉴定结论的可靠性和准确性也有极大的影响。对此,也必须认真审查。第五,审查鉴定结论是否符合逻辑和法律规定。鉴定人凭借专门知识、运用科学方法作出的鉴定结论,必须符合逻辑规律的要求,做到推理正确、结论确切唯一、论据与结论之间没有矛盾,同时还必须符合法律规定,如鉴定人必须在鉴定结论上签名盖章。否则,鉴定人所作的鉴定结论便不具有证据能力,不能用以定案。

(七) 勘验/检查笔录、现场笔录的审查判断

对勘验/检查笔录、现场笔录的审查判断,一般应从以下三个方面进行:第一,勘验、检查及其笔录的制作是否依法进行。法定的勘验、检查程序及笔录制作要求是我国司法机关长期进行此项工作的经验总结,有助于保证勘验、检查笔录的证据效力,因此,审查勘验、检查笔录时,就应当注意这方面的问题。比如,实施勘验、检查的人员有无勘验、检查的权力,是否有见证人在场和在笔录上签章。如果查明勘验、检查未能遵守法定程序的要求,或者认为勘验、检查笔录记载的内容有疑问,经向勘验、检查人员了解仍不能得到澄清时,就可以要求复验、复查。第二,勘验、检查及制作的笔录是否全面、准确。勘验、检查是一项非常严肃、艰苦的工作,时间性强,常常需要采用先进的科技手段和设施。因此,勘验、检查人员必须有对工作高度负责的精神和完成此项工作的业务、技术水平,才能制成符合要求的勘验、检查笔录。如果草率从事,不严格认真地勘验、检查有关现场,或者书写笔录时把应当记载的痕迹、物品的情况不予记录,就会失掉许多有价值的东西。只有对这方面的情况认真审查,才能弄清是否存在问题,对勘验、检查记录作出正确的判断。第三,笔录中记载的现场情况是否被伪造或受到破坏,有关情况是否伪装。治安纠纷的当事人也有可能伪造现场或物证。因此,在审查勘验、检查笔录时,应注意识别其中记载的现场、物证等情况有无伪装假造的问题。

第五节　海上治安案件证据的收集与固定

一、证据收集规则

（一）收集物证遵循的规则

在办案过程中,如果发现物证,应当及时收集和调取,而且应尽量收集、调取原物;如果原物不能搬运或者不易保存的,可以对原物先行登记保存、抽样取证并录像、拍照,录像、拍照时,应当准确反映原物的外形和特征;如果原物为易燃、易爆、剧毒、放射性等危险物品的,则应当予以扣押;收集、调取物证、应当制作笔录,通过勘验、检查发现的物证,应当在勘验、检查笔录中反映其特征、来源及其扣押情况;收集、调取的物证不是原物的,应当对不能取得原物的原因、复制过程或者原件、原物存放地点予以说明,并由复制件、录像、照片制作人以及书证、物证持有人签名、盖章或者捺指印。物证的复制件、录像、照片,经与原件、原物核对无误或者以其他方式确认真实性的,具有与原物同等的证明力。中国海警收集物证以力求收集原物为原则,主要是考虑到物证的特征和证明力,可以收集与原物核对无误的复制件或证明该物证的照片、录像等其他证据。原物为数量较多的种类物的,中国海警可以收集一部分作为物证。

（二）收集书证遵循的规则

调取书证应当尽量收集、调取原件,原本、正本和副本均属于书证的原件;如果原件篇幅、体积较大或者因保管等原因,取得原件确有困难的,可以对原件进行复印、摘录、照相,执法人员应当注明出处,并由该书证原件持有人核实并签名、盖章或者捺指印;如果原件遗失、损毁不能取得的,可以收集、调取原件的复印件、照片或者摘录本,并附有原件遗失、损毁的情况说明。书证的复制件、录像、照片,经与原件核对无误或者以其他方式确认真实性的,具有与原件同等的证明力;收集、调取书证、应当制作笔录;通过勘验、检查发现的书证,应当在勘验、检查笔录中反映其特征、来源及其扣押情况。具体而言:在一般情况下,应当收集书证的原件。原件包括原本、正本和副本。原本是指文件制作者所签发或制作的最初签字定稿的文本。原本是文书的原始状态,最客观地反映文书所记载的内容,因此收集书证应尽可能收集原本。正本是指照原本全文抄录印制并对外具有与原本同一效力的文件。正本出自原本,其效力也等同于原本,只是在日常生活中使用有所不同;原本一般保留在制作者手中或存档备查,正本则发送给受件人。副本是指照原本全文抄录或印制但效力不同于原本的文件。制作副本的目的,是为了告知有关单位和(或)个人知晓原本文件的内容,即副本一般是发送给主受件人以外的其他须知晓原本内容的有关单位或个人。在特殊情况下,可以收集书证原件的复制件、影印件或者抄录件。这里所说的复制件是指通过对原件进行拍照、复印、扫描等方式所形成的图文资料。影印件是指通过对原件的影印所形成的图文资料。抄录件是指对书证原件进行抄录所形成的文件资料。收集书证原件的复制件、影印件和抄录件的特殊情况主要包括：一是书证的原件由有关部门保管，比如由国家机关依法保存和管理的文件原件，由企业保存和管理的企业财务档案，由有关国家机关保存和管理的人事档案等等。这些文件原件必须由有关部门依法保管，不可随意移交给私人或者其他部门。因此，中国海警在治安案件证据的收集中只能收集这些书证原件的复制件、影印件或者抄录件。不过，这些复制件、影印件或者抄录件应当注明出处，并经书证原件的保管部门核对无异后加盖印章。二是在书证原件灭失等情况下，中国海警无法收集书证原件，也可收集与书证原件相同的复制件。

（三）收集证人证言遵循的规则

首先，应确认证人资格和证人能力。凡知道案件情况、具有作证能力的人，才能作为证人，证人具有作证义务。因生理上、精神上有缺陷或者年幼，不能辨别是非、不能正确表达的人，不能作为证人。此外，证人的感知、记录和回忆能力也是证人能力的重要组成部分。证人必须是自然人，法人不能作为证人；以单位名义出具的证明材料不能作为证人证言。其次，应注意证人证言的形式，主要包括两种形式，证人证言，可以采取询问的方式，证人提出自行书写的，也应当允许。此外，证人不能口头表达的，应当以其能够正确表达的方式作证。再次，注意证人证言的记录内容与方法。应写明证人的姓名、年龄、性别、职业、住址等基本情况；有证人的签名，不能签名的，应当以盖章等方式证明；注明出具日期；附有居民身份证复印件等证明证人身份的文件。

（四）收集当事人陈述遵循的规则

违法嫌疑人对案件事实，有如实陈述的义务。违法嫌疑人应当如实回答执法人员的讯问，对与案件无关的提问有权拒绝回答。对违法嫌疑人使用刑讯逼供、利诱、欺诈、胁迫等违法方法，迫使其违背意愿所作出的陈述，不能作为定案的根据。《治安管理处罚法》第89条规定："严禁刑讯逼供和以威胁、引诱、欺骗或者其他非法手段收集证据。以非法手段收集的证据不能作为定案的根据。"违法嫌疑人的陈述和辩解，可以采取询问的方式制作笔录，违法嫌疑人提出自行书写的，也应当允许。收集受害人陈述，也应严格依法进行。第一，中国海警在接受受害人控告的同时应向其说明法律责任，特别是诬告应负的责任；如果有必要还应为受害人提供人身保护，以确保其安全。第二，由于受害人的不可代替性，收集受害人陈述应收集其本人的陈述；对同一案件的数名受害人应分别询问，制作笔录。第三，受害人陈述，可以采取询问的方式制作笔录，受害人提出自行书写的，也应当允许。询问时应尊重受害人，不得采取威胁、利诱、欺骗等不正当手段收集受害人陈述。

（五）收集视听资料遵循的规则

视听资料，是指以录音、录像设备记录的声音、图像以及其他科技设备与手段提供的信息来证明案件真实情况的证据。它是伴随着科学技术的发展普及而从物证、书证中独立出来的一种证据形式，包括录像带、录音片、传真资料、电影胶卷、微型胶卷、电话录音、雷达扫描资料和电脑贮存数据和资料等。视听资料的作用是通过对该资料的回放能够再现当事人的声音、图像和数据等。收集原始载体确有困难的，可以收集复制件。视听资料虽然有形象逼真、信息量大的优点，但很容易被人为地进行剪辑甚至伪造，从而影响了视听资料的证明力和可信性。因而，海警办案人员应尽可能收集视听资料的原始载体。这里所说的原始载体是指直接来源于案件事实的视听资料。原始载体所承载的内容，即声音、图像、电子数据资料等直接来源于案件事实，要比采用一定的技术手段和机器设备对原始视听资料的内容进行复制而形成的声音图像及电子数据，更具可信性。所谓复制件，是指通过翻录、复制、拷贝等方式所得到的视听资料。收集视听资料时应当注明该视听资料的制作方法、制作时间、制作人等信息，还应当附有该视听资料欲证明的对象。对于声音资料（比如录像带），应当附有该声音内容的文字记录。

（六）收集鉴定结论遵循的规则

《治安管理处罚法》第90条规定："为了查明案情，需要解决案件中有争议的专门性问题的，应当指派或者聘请具有专门知识的人员进行鉴定；鉴定人鉴定后，应当写出鉴定意见，并且签名。"鉴定、检测结论，必须以书面形式作出。其中应当载有以下主要内容：鉴定、检测指派人、聘请人的名称或者姓名，委托人和委托鉴定、检测的事项；鉴定时提交的相关材料（如果被告提交的材料不充分，则难以作出鉴定结论，或只能得出不准确的鉴定结论）；鉴定、检测所依据和使用的科学技术手段；鉴定、检测部门和鉴定、检测人鉴定、检测资格的说明；鉴定的依据和使用的科学技术手段；鉴定、检测结论；鉴定、检测人的签名和鉴定、检测部门的盖章，这有助于确认鉴定结论的真实性、准确性；通过分析获得的鉴定结论，应当对分析过程予以说明。该说明有助于审查鉴定结论的论据与结论之间有无矛盾，依据现有的论据能否必然推导出现在的结论，防止将自相矛盾的鉴定结论作为证据使用。

（七）收集制作勘验/检查笔录、现场笔录遵循的规则

勘验、检查笔录应制作笔录，勘验、检查笔录应当全面记载勘验、检查过程中发现的可以用作证明案件事实的证据，客观准确地描述勘验、检查对象的特征以

及勘验、检查的方法和过程等情况。现场笔录在治安管理处罚过程和行政诉讼过程中都具有极为重要的作用,在行政诉讼上,它是为了防止中国海警在某些特殊情况下难以取证导致败诉的后果而设置的一种特殊的证据形式。收集制作勘验、检查笔录和现场笔录的总体要求是:第一,笔录必须是在现场制作的,而不能是在事后补做的。第二,参加勘验、检查的执法人员,应当在勘验、检查、现场笔录上签名,被检查人及其成年家属、见证人应当在勘验、检查笔录和现场笔录上签名或者盖章,拒绝签名或者盖章的,执法人员应当在勘验、检查笔录和现场笔录中予以注明。现场笔录应当载有执法人员的姓名、职务;当事人、见证人的姓名、年龄、性别、职业、住址或者工作单位;发现的案件事实及其处理经过;制作笔录的时间、地点;执法人员的签名;当事人、见证人的签名、盖章或者按捺的指印等。第三,现场笔录的制作和运用不宜过宽。现场笔录是中国海警在治安处罚程序中经常使用的一种证据形式,许多规范行政执法的单行法律、法规和规章中都有关于现场笔录的内容和制作程序等的规定,其中可能有一些特殊规定,只要不与法律以及基本的法理相冲突,从其规定。但由于它的即时性和不可再现性,而具有一定的局限,其运用范围不可过宽,只有在必需的情况下才可运用:如在证据难以保全的情况下,如对腐烂变质的食品、数量较大的伪劣药品等;在事后难以取证的情况下,如对不洁餐具的检查;不可能取得其他证据或者其他证据难以证明案件事实(违法活动场所的方位)时才制作和运用现场笔录。

二、海上治安案件证据收集与固定的具体要求

(一) 扰乱公共秩序案件证据的收集与固定

1. 扰乱单位秩序案件

扰乱单位秩序案件应收集、固定的证据包括:物证、书证,主要包括单位财物受到破坏、秩序受到干扰以致不能正常进行工作的物证与书证材料;视听资料、电子数据,包括案发现场单位提供的视听材料以及计算机记录的相关数据资料;证人证言,包括证人亲笔书写的书面证词,或者由本人签名、捺印的打印文本;受害人的陈述;违法嫌疑人的陈述和申辩;鉴定、检测结论;勘验、检查笔录。

2. 扰乱公共交通工具秩序案件

扰乱公共交通工具秩序案件应收集、固定的证据包括:物证、书证;视听资料、电子数据;证人证言,包括证人亲笔书写的书面证词,或者由本人签名、捺印的打印文本;受害人的陈述;违法嫌疑人的陈述和申辩;勘验、检查笔录。

3. 投放虚假的危险物质扰乱公共秩序案件

投放虚假的危险物质扰乱公共秩序案件应收集、固定的证据包括:虚假危险物品的原物及其残留物;对公共场所现场混乱情况所录入的视听资料、电子数据;

证人证言,包括证人亲笔书写的书面证词,或者由本人签名、捺印的打印文本;受害人的陈述;违法嫌疑人的陈述和申辩;鉴定、检测结论;勘验、检查笔录。

4. 寻衅滋事案件

寻衅滋事案件应收集、固定的证据包括:结伙斗殴所持器械、强拿硬要或者毁损占用他人财物等的物证、书证;视听资料、电子数据;证人证言,包括证人亲笔书写的书面证词,或者由本人签名、捺印的打印文本;受害人的陈述;违法嫌疑人的陈述和申辩;受害人受到伤害人的程度的鉴定、检测结论;勘验、检查笔录。

5. 非法侵入计算机信息系统案件

非法侵入计算机信息系统案件应收集、固定的证据包括:物证、书证;视听资料、电子数据;证人证言,包括证人亲笔书写的书面证词,或者由本人签名、捺印的打印文本;受害人单位负责人或者相关管理人员的陈述;违法嫌疑人的陈述和申辩;鉴定、检测结论;勘验、检查笔录。

(二) **妨害公共安全案件证据的收集与固定**

1. 危险物质被盗、被抢或者丢失未按规定报告案件

危险物质被盗、被抢或者丢失未按规定报告案件应收集、固定的证据包括:危险物质被盗、被抢或者丢失的物证、书证;视听资料、电子数据;证人证言,包括证人亲笔书写的书面证词,或者由本人签名、捺印的打印文本;盗窃、抢劫或者拾到行为人的陈述;违法嫌疑人的陈述和申辩;勘验、检查笔录。

2. 非法携带枪支、弹药、管制器具案件

非法携带枪支、弹药、管制器具案件应收集、固定的证据包括:具体携带枪支、弹药、管制器具的物证、书证;视听资料、电子数据;证人证言,包括证人亲笔书写的书面证词,或者由本人签名、捺印的打印文本;违法嫌疑人的陈述和申辩;鉴定、检测结论;勘验、检查笔录。

3. 盗窃、损毁油气管道、电力电信等公共设施案件

盗窃、损毁油气管道、电力电信等公共设施案件应收集、固定的证据包括:被盗、被损毁的公共设施原物及其残留物等物证;公共设施相关的监视检测等视听资料、电子数据;证人证言,包括证人亲笔书写的书面证词,或者由本人签名、捺印的打印文本;公共设施管理人或者保护人等的陈述;违法嫌疑人的陈述和申辩;鉴定、检测结论;勘验、检查笔录。

4. 擅自安装、使用电网案件

擅自安装、使用电网案件应收集、固定的证据包括:安装、使用电网现场存在的物证、书证;证人证言,包括证人亲笔书写的书面证词,或者由本人签名、捺印的打印文本;受害人的陈述;违法嫌疑人的陈述和申辩;鉴定、检测结论;勘验、检查

笔录。

5. 违反通道施工安全规定案件

违反通道施工安全规定案件应收集、固定的证据包括：物证、书证；证人证言，包括证人亲笔书写的书面证词，或者由本人签名、捺印的打印文本；受害人的陈述；违法嫌疑人的陈述和申辩；鉴定、检测结论；勘验、检查笔录。

（三）侵犯人身权、财产权利案件证据的收集与固定

1. 组织、胁迫、诈骗未成年人或者残疾人进行恐怖、残忍表演案件

组织、胁迫、诈骗未成年人或者残疾人进行恐怖、残忍表演案件应收集、固定的证据包括：表演现场的物证、书证；视听资料、电子数据；证人证言，包括证人亲笔书写的书面证词，或者由本人签名、捺印的打印文本；受害人的陈述；违法嫌疑人的陈述和申辩；鉴定、检测结论；勘验、检查笔录。

2. 强迫他人劳动案件

强迫他人劳动案件应收集、固定的证据包括：强迫他人劳动现场的物证、书证；视听资料、电子数据；证人证言，包括证人亲笔书写的书面证词，或者由本人签名、捺印的打印文本；受害人的陈述；违法嫌疑人的陈述和申辩；勘验、检查笔录。

3. 冒犯性乞讨案件

冒犯性乞讨案件应收集、固定的证据包括：强要纠缠等行为的物证、书证；证人证言，包括证人亲笔书写的书面证词，或者由本人签名、捺印的打印文本；受害人的陈述；违法嫌疑人的陈述和申辩；勘验、检查笔录。

4. 发送信息干扰他人正常生活案件

发送信息干扰他人正常生活案件应收集、固定的证据包括：发送信息干扰他人正常生活的物证、书证；视听资料、电子数据；证人证言，包括证人亲笔书写的书面证词，或者由本人签名、捺印的打印文本；受害人的陈述；违法嫌疑人的陈述和申辩；发送信息是否为干扰他人正常生活的鉴定、检测结论；勘验、检查笔录。

5. 侵犯他人隐私案件

侵犯他人隐私案件应收集、固定的证据包括：侵犯他人隐私的物证、书证；保存固定的视听资料、电子数据；证人证言，包括证人亲笔书写的书面证词，或者由本人签名、捺印的打印文本；受害人的陈述；违法嫌疑人的陈述和申辩；鉴定、检测意见；勘验、检查笔录。

6. 殴打他人或者故意伤害他人案件

殴打他人或者故意伤害他人案件应收集、固定的证据包括：现场提取的殴打他人或者故意伤害他人的物证、书证；视听资料、电子数据；证人证言，包括证人亲笔书写的书面证词，或者由本人签名、捺印的打印文本；受害人的陈述；违法嫌疑

人的陈述和申辩；人体伤害鉴定；勘验、检查笔录。

7. 猥亵他人案件

猥亵他人案件应收集、固定的证据包括：猥亵现场使用或者残留的物证、书证；视听资料、电子数据；证人证言，包括证人亲笔书写的书面证词，或者由本人签名、捺印的打印文本；受害人的陈述；违法嫌疑人的陈述和申辩；勘验、检查笔录。

8. 强迫交易案件

强迫交易案件应收集、固定的证据包括：物证、书证；视听资料、电子数据；证人证言，包括证人亲笔书写的书面证词，或者由本人签名、捺印的打印文本；受害人的陈述；违法嫌疑人的陈述和申辩；勘验、检查笔录。

（四）妨害社会管理案件证据的收集与固定

1. 阻碍执行公务案件

阻碍执行公务案件应收集、固定的证据包括：物证、书证；视听资料、电子数据；证人证言，包括证人亲笔书写的书面证词，或者由本人签名、捺印的打印文本；受害人的陈述；违法嫌疑人的陈述和申辩；勘验、检查笔录。

2. 招摇撞骗案件

招摇撞骗案件应收集、固定的证据包括：违法嫌疑人的在进行违法时所使用的虚假证件、财物等物证、书证；视听资料、电子数据；证人证言，包括证人亲笔书写的书面证词，或者由本人签名、捺印的打印文本；受害人的陈述；违法嫌疑人的陈述和申辩；勘验、检查笔录。

3. 伪造、变造、买卖、使用公文、证件、证明文件、印章案件

伪造、变造、买卖、使用公文、证件、证明文件、印章案件应收集、固定的证据包括：物证、书证；视听资料、电子数据；证人证言，包括证人亲笔书写的书面证词，或者由本人签名、捺印的打印文本；受害人的陈述；违法嫌疑人的陈述和申辩；鉴定、检测结论；勘验、检查笔录。

4. 违反社会团体登记管理规定案件

违反社会团体登记管理规定案件应收集、固定的证据包括：物证、书证；视听资料、电子数据；证人证言，包括证人亲笔书写的书面证词，或者由本人签名、捺印的打印文本；受害人的陈述；违法嫌疑人的陈述和申辩；勘验、检查笔录。

5. 制造噪声干扰正常生活案件

制造噪声干扰他人正常生活案件应收集、固定的证据包括：噪声产生的物证、书证；检测噪声的视听资料、电子数据；证人证言，包括证人亲笔书写的书面证词，或者由本人签名、捺印的打印文本；受害人的陈述；违法嫌疑人的陈述和申辩；鉴定、检测结论；勘验、检查笔录。

6. 伪造、隐匿、毁灭证据案件

伪造、隐匿、毁灭证据案件应收集、固定的证据包括：伪造、隐匿、毁灭证据现场的物证、书证；保存与受到破坏的证据有关的视听资料、电子数据；证人证言，包括证人亲笔书写的书面证词，或者由本人签名、捺印的打印文本；受害人的陈述；违法嫌疑人的陈述和申辩；勘验、检查笔录。

7. 无证驾驶、偷开航空器或者机动船舶案件

无证驾驶、偷开航空器或者机动船舶案件应收集、固定的证据包括：物证、书证；储存于机动车船或者航空器之中的视听资料、电子数据；证人证言，包括证人亲笔书写的书面证词，或者由本人签名、捺印的打印文本；受害人的陈述；违法嫌疑人的陈述和申辩；勘验、检查笔录。

8. 卖淫、嫖娼案件

卖淫、嫖娼案件应收集、固定的证据包括：物证、书证；视听资料、电子数据；证人证言，包括证人亲笔书写的书面证词，或者由本人签名、捺印的打印文本；受害人的陈述；违法嫌疑人的陈述和申辩；鉴定、检测结论；勘验、检查笔录。

9. 拉客招嫖案件

拉客招嫖案件应收集、固定的证据包括：在公共场所拉客招嫖的物证、书证；视听资料、电子数据；证人证言，包括证人亲笔书写的书面证词，或者由本人签名、捺印的打印文本；受害人的陈述；违法嫌疑人的陈述和申辩；现场检查笔录。

10. 引诱、容留、介绍卖淫案件

引诱、容留、介绍卖淫案件应收集、固定的证据包括：在卖淫现场提取的物证、书证；卖淫场所提取的卖淫活动情况的视听资料、电子数据；证人证言，包括证人亲笔书写的书面证词，或者由本人签名、捺印的打印文本；受害人的陈述；违法嫌疑人的陈述和申辩；对卖淫人员进行性病检查的鉴定结论；勘验、检查笔录。

11. 传播淫秽信息案件

传播淫秽信息案件应收集、固定的证据包括：物证、书证；视听资料、电子数据；证人证言，包括证人亲笔书写的书面证词，或者由本人签名、捺印的打印文本；受害人的陈述；违法嫌疑人的陈述和申辩；鉴定、检测结论；勘验、检查笔录。

12. 赌博案件

赌博案件应收集、固定的证据包括：在赌博场所提取的用于赌博的物证、书证；视听资料、电子数据；证人证言，包括证人亲笔书写的书面证词，或者由本人签名、捺印的打印文本；违法嫌疑人的陈述和申辩；现场检查笔录。

13. 非法持有毒品案件

非法持有毒品案件应收集、固定的证据包括：从违法现场或者持有人身上提取的毒品物证、书证；视听资料、电子数据；证人证言，包括证人亲笔书写的书面证词，或者由本人签名、捺印的打印文本；违法嫌疑人的陈述和申辩；鉴定、检测结论；勘验、检查笔录。

第四章
海上治安案件查处程序

第一节 调查措施

一、盘查

盘查是指中国海警为维护社会秩序,依法对有违法嫌疑的人员进行盘问、检查的法律活动。盘查权是中国海警维护社会治安秩序,执行警察勤务的重要职权之一。

(一) 盘查的方式

首先,观察和辨别。针对盘查对象的复杂性,海警除了对正在实施违法犯罪的行为人直接控制并执行讯问、检查外,还要对特定人员进行观察,确认盘查对象与自己掌握的情况是否一致,是否具备身份可疑、行为可疑、体貌特征与面部表情可疑、携带物品可疑、与同行者相互之间关系可疑以及其他违反常规、常态、常情的可疑现象。同时,切勿忽略对周围环境、人员的观察。其次,接近与截停。确定盘查对象之后,根据案件具体情况及时间、地点、环境条件,灵活选择、确定接近盘查目标的方式和控制方法。在接近时,要留意目标周围可能会影响接近的因素,同时充分估计盘查对象可以逃脱的路线。第三,控制与告知。站位是指海警实施盘查时与盘查对象所处的位置。常用的站位控制有:侧应站位、前后夹击站位、三角站位、半弧形站位。告知是实施盘查的前提,要做到语言规范,有理有节,掌握好技巧,避免激化情绪。根据《公安机关人民警察盘查规范》的规定,海警执行盘查任务时,应着制式服装;未着制式服装的,应当出示具有执法资格的警官证;应当向被盘查人敬礼并告知:"我是×××(单位)海警,现依法对你进行检查,请你配合。"盘查排除违法犯罪嫌疑的,海警应当向被盘查人敬礼,并说"谢谢你的合作",礼貌让其离去。第四,人与物分离。盘查携带包裹的嫌疑人,必须首先把嫌疑人与其携带的包裹分离开,再进行盘问和检查,防止嫌疑人趁机使用装在包内的武器行凶顽抗。第五,盘问和检查。海警在实施盘问前,自己应清楚:我们要弄清什么,我们怀疑对方什么,怎样去证实对方是否与某件事有关,我们该怎样提问等。对盘查对象的检查包括证件、人身和物品。

（二）盘查的规范

根据《公安机关人民警察盘查规范》规定，海警执行盘查任务时，应当始终坚持理性、平和、文明、规范，因情施策，确保安全。盘查一般由两名以上海警进行，并明确警戒和盘查任务分工。海警在盘查过程中应当保持高度警惕，注意被盘查人的身份、体貌、衣着、行为、携带物品等可疑之处，随时做好应对突发情况的准备。

第一，盘查可疑人员时，应当遵守下列规定：与被盘查人保持适当距离，尽量让其背对开阔场地；对有一定危险性的违法犯罪嫌疑人，先将其控制并进行检查，确认无危险后方可实施盘问；盘问时由一人主问，其他人员负责警戒，防止被盘查人或者其同伙的袭击。盘查多名可疑人员时，海警应当责令所有被盘查人背对开阔场地，并在实施控制后，分别进行盘查。当盘查警力不足以有效控制被盘查人时，应当维持控制状态，立即报告，请求支援。查验身份时，应当先查验身份证件并遵守下列规定：查验证件防伪暗记和标识，判定证件的真伪；查验证件内容，进行人、证对照；注意被盘查人的反应，视具体情况让持证人自述证件内容，边问边查；通过身份证识别仪器或者公安信息系统进行核对。对经过盘问，确认有违法犯罪行为或者嫌疑不能排除的，应当先对被盘查人依法进行人身检查，并进一步检查其携带物品。对可疑人员进行人身检查时，应当遵守下列规定：有效控制被检查的嫌疑对象，在警戒人员的掩护下对其进行检查，防止自身受到攻击和伤害；对女性进行人身检查，应当由女性工作人员进行，可能危及检查海警人身安全或者直接危害公共安全的除外；对拒绝接受检查的，可依法将其带回海警机关继续盘问；对可能携带凶器、武器或者爆炸物品的违法犯罪嫌疑人检查时，应当先检查其有无凶器、武器和爆炸物品，如有，则应当当场予以扣押，必要时，可以先依法使用约束性警械，然后进行检查；责令被检查人伸开双臂高举过头，面向墙、车等，扶墙或者扶车站立，双脚分开尽量后移，海警站于其身后并将一只脚置于其双脚中间，迅速从被检查人的双手开始向下对衣领及身体各部位进行检查，特别注意腋下、腰部、裆部及双腿内侧等可能藏匿凶器或者武器的部位；当盘查对象有异常举动时，海警应当及时发出警告，命令其停止动作并做好自身防范，可以依法视情使用警棍、催泪喷雾器及武器等予以制止。对有违法嫌疑的人员当场盘问、检查后，不能排除其违法犯罪嫌疑，且具有下列情形之一的，海警可以将其带至办案机关继续盘问：被害人、证人控告或者指认其有犯罪行为的；有正在实施违反治安管理或者犯罪行为嫌疑的；有违反治安管理或者犯罪嫌疑且身份不明的；携带的物品可能是违反治安管理或者犯罪的赃物的。

第二，对可疑物品进行检查时，应当遵守下列规定：责令被检查人将物品放在适当位置，不得让其自行翻拿；由一名海警负责检查物品，其他海警负责监控被检查人；开启箱包时应当先仔细观察，注意避免接触有毒、爆炸、腐蚀、放射等危险物品;按照自上而下顺序拿取物品,不得掏底取物或者将物品直接倒出;对有声、有味的物品,应当谨慎拿取;发现毒害性、爆炸性、腐蚀性、放射性或者传染病病原体等危险物质时,应当立即组织疏散现场人员,设置隔离带,封锁现场,及时报告,由专业人员进行排除;对于需没收或者扣押的各类违禁物品,应当会同在场见证人和被扣押物品持有人查点清楚,当场开列清单,及时上交有关部门;避免损坏或者遗失财物。

第三,对可疑车辆进行检查时,应当遵守下列规定:对行进中的车辆进行拦截检查时,应当手持停车标志牌或者放置停车标志,在被检查车辆前方向其作出明确的停车示意;责令驾驶员将车辆熄火,拉紧手制动,将双手放在方向盘上,确认安全后拉开车门责令其下车,必要时应当暂时收存车钥匙;对人员进行检查并予以控制;查验身份证、驾驶证、行驶证和车辆牌照,条件允许情况下,通过公安信息查询系统进行查询比对;观察车辆外观、锁具和内部装置;检查车载货物和车内物品;如驾驶员拒检逃逸,应当立即报告,请求部署堵截、追缉。

第四,中国海警执行设卡检查任务时,应当遵守下列规定:制定方案,周密部署,方案应当包括任务目标、卡点布局、指挥关系、协作机制和警力、装备、通信、后勤保障措施以及处置突发情况的应对措施等内容;设置卡点应当选择视野开阔、便于拦截检查和展开警力的地点,并尽量避开人群、居民稠密区、密林地、易燃易爆和剧毒化学物品仓库等复杂地段和场所;检查卡点应当根据任务需要配置警力,每个卡点一般不得少于4人,海警之间应当明确拦截、警戒和盘查等任务分工;执行重要设卡堵截任务时,海警应当在卡点前方设置阻车路障,并在前方适当距离内设置隐蔽观察哨位,以便提前发现目标,及时通知卡点准备拦截;海警拦截车辆时,应当在卡点前方设置明显停车示意标志或者由执行拦截任务的海警手持停车示意牌示意停车,其他海警负责警戒和盘查;被检查人如驾车闯卡,海警应当立即采取措施追其停车,或者追击、拦截,并及时向上级报告,请求支援;对被拦截车辆进行检查时,执行盘查任务的海警应当从车辆的驾驶员一侧接近车辆,迅速控制驾驶员和车内其他人员;执行警戒任务的海警应当占据有利位置,从各个角度密切监视车内人员,车上人员应当逐一下车接受盘查。

第五,执行盘查任务的海警应当携带单警装备,每个盘查组应当携带手持电台及手持身份证识别仪器。各地可根据实际情况,为盘查海警配备现场执法录音录像设备。海警执行设卡检查任务时,应当穿着防弹背心,戴防弹头盔;夜间视情穿着反光背心。盘查海警驾驶车辆上应当配备轻型冲锋枪、防弹衣、反光背心、防弹头盔、防毒面具、车载电台、停车示意牌、救生器材、急救药箱、搜索灯、强光手电、阻车路障、警戒带等装备。盘查卡点应当配置机动车辆、通讯工具、阻车路障、强光手电、警戒带、停车示意牌等装备器材,并视勤务需要配置防弹盾牌。

二、约束

约束是指中国海警对醉酒的人、精神病人,在他们危害公共安全或他人安全时,或者不能保障自身的安全时,所采取的保护性限制和管束措施。约束是一种行政强制措施,其原理来源于行政法学上的行政管束行为,是一种能够直接引起法律后果的行政行为。

(一)约束的对象

《治安管理处罚法》第 15 条在规定人民警察处置醉酒的人时,称之为"约束"行为,《人民警察法》第 9 条在规定公安机关人民警察对有违法犯罪嫌疑的人员带至公安机关进行继续盘问时,称之为"留置",第 14 条在规定公安机关人民警察处置严重危害公共安全和他人人身安全的精神病人时,称之为"保护性约束措施"。

(二)约束的规范

约束是一种保护性措施,首先要遵循最基本的正当目的,其次应当遵循行政比例原则,以最小损失和最低程度的损害为前提,然后是遵循法治的程序。依照《人民警察使用警械和武器条例》的规定,警械使用的对象一般为违法犯罪嫌疑人,警械的使用目的是及时有效地制止违法犯罪行为。但如果在实施警察行政约束行为的过程中出现当事人具有暴力性、攻击性的倾向时可以使用警械,例如精神病人、醉酒的人等出现暴力抗拒管束、自伤自残、毁坏财物或者强行逃离管束场所时,海警就可以酌情使用警械,但仅限于使用约束带、警绳等而不能使用手铐、脚镣,更不能使用警棍等驱逐性、制服性警械。

三、传唤

传唤是指中国海警为了查明案情,依法命令违反治安管理嫌疑人于指定时间到达指定地点接受询问调查的行政措施。传唤是中国海警在指定时间、指定地点对违反治安管理嫌疑人进行询问调查的必要准备工作,是一种法律措施,具有法律约束力。传唤只能适用于实施了违反治安管理的行为人或嫌疑人,而不能适用于被侵害人、证人或者其他人员。

(一)传唤的方式

根据实施传唤的形式不同,可分为书面传唤和口头传唤。书面传唤(又称传唤证传唤)是指中国海警根据已经掌握的治安案件线索,开具书面的《传唤证》,依法命令违反治安管理嫌疑人于指定时间到达指定地点接受询问调查的传唤方式。口头传唤是指中国海警依法口头命令当场发现的违反治安管理嫌疑人于指定时间到达指定地点接受询问调查的传唤方式。强制传唤是指中国海警依法采取强制的方法,将无正当理由不接受传唤或者逃避传唤的违反治安管理嫌疑人,带到海警机关或指定地点接受询问调查的一种强制措施。中国海警对违反治安管理的嫌疑人实施口头传唤或书面传唤后,被传唤人必须到案接受询问。如果被传唤人无正当理由,不接受传唤或逃避传唤的,中国海警可以对其实施强制传唤。强行的方法,应以能将被传唤人传唤到海警机关为限度,必要时,可依法使用手铐。根据《程序规定》第42条的规定,强制传唤是一种行政强制措施。《人民警察使用警械和武器条例》第8条规定:"人民警察依法执行下列任务,遇有违法犯罪分子可能脱逃、行凶、自杀、自伤或者有其他危险行为的,可以使用手铐、脚镣、警绳等约束性警械:一是抓获违法犯罪分子或者犯罪重大嫌疑人的;二是执行逮捕、拘留、看押、押解、审讯、拘传、强制传唤的;三是……"从前述分析可以得出,强制传唤时使用手铐必须同时具备的条件:行为人具有可能脱逃、行凶、自杀、自伤或者有其他危险行为的;符合抓获违法犯罪分子或者犯罪重大嫌疑人的,或者执行逮捕、拘留、看押、押解、审讯、拘传、强制传唤的等。强制传唤是一种即时性的强制措施,将被传唤人传唤到指定地点,传唤即结束。

(二) 传唤的规范

根据《治安管理处罚法》和《程序规定》的规定,传唤应当遵循以下规范要求:第一,表明执法身份。海警在依法传唤时,应当首先表明执法身份。执行传唤的海警的人数一般不得少于二人;依法传唤时,应当首先表明执法身份,表明执法身份的具体方式是出示工作证。表明执法身份是行政执法程序的基本要求,是通过出示合法、有效的证件或采取其他形式使被执法对象足以了解执法人员是在代表其所属行政机关执行公务,这是表明主体合法的必要形式和条件。第二,告知/通知传唤的原因和依据。(1)告知被传唤人。中国海警应当将传唤的原因和依据告知被传唤人。使用《传唤证》书面传唤的,应当出示并宣读传唤证后,将《传唤证》送达被传唤人,并要求被传唤人在《传唤证》上签名;口头传唤的,口头将传唤的原因和依据告知被传唤人。(2)通知被传唤人家属。中国海警应当将传唤的原因和依据通知被传唤人家属。通知被传唤人家属,是被传唤人家属的知情权的具体体现,也是尊重和保障被传唤人人权的一种具体体现。通知被传唤人家属,应当根据《程序规定》的有关规定,告知当事人家属实施传唤的中国海警机关、理由、地点和期限;无法当场告知的,应当在实施传唤后立即通过电话、短信、传真等方式通知。身份不明、拒不提供家属联系方式或者因自然灾害等不可抗力导致无法通知的,可以不予通知。告知、通知家属情况或者无法通知家属的原因应当在询问笔录中注明。第三,及时询问查证。对被传唤的违法嫌疑人,应当及时询问查证。根据《治安管理处罚法》和《程序规定》的有关规定,海警机关传唤后应当及时询问查证,询问查证的时间不得超过八小时;情况复杂,依照《治安管理处罚法》可能适用行政拘留处罚的,询问查证的时间不得超过二十四小时。口头传唤的,应当在询问笔录中注明违法嫌疑人到案经过、到案时间和离开时间。不得以连续传唤的形式变相拘禁违法嫌疑人。第四，制作《传唤证》等法律文书。《传唤证》一式两份，一份交被传唤人，一份附卷。

四、询问

询问是指中国海警为查明违反治安管理事实，依法对违反治安管理嫌疑人、被侵害人和证人进行了解、查问的法律活动。具体来说，对违法嫌疑人询问的任务是获取违法嫌疑人的陈述和申辩，对被侵害人询问的任务是获取被侵害人陈述，对证人询问的任务则是获取证人证言。

（一）询问违法嫌疑人

询问违法嫌疑人的地点。根据《程序规定》第52条的规定："询问违法嫌疑人，可以到违法嫌疑人住处或者单位进行，也可以将违法嫌疑人传唤到其所在市、县内的指定地点进行。"《程序规定》第57条规定："询问违法嫌疑人，应当在公安机关的办案场所进行。询问查证期间应当保证违法嫌疑人的饮食和必要的休息时间，并在询问笔录中注明。在询问查证的间隙期间，可以将违法嫌疑人送入候问室，并按照候问室的管理规定执行。"据此，我们可以这样理解：询问违法嫌疑人，既可以到其住处或者单位进行，也可以将其传唤到指定地点进行。因此，对违法嫌疑人的询问不是必须传唤，能够达到询问目的即可。如果在公安机关的办案场所询问违法嫌疑人的，应当保障违法嫌疑人的合法权益，即询问查证期间应当保证违法嫌疑人的饮食和必要的休息时间，并在询问笔录中注明。在询问查证的间隙期间，可以将违法嫌疑人送入候问室，并按照候问室的管理规定执行。

询问违法嫌疑人的时间。根据《治安管理处罚法》第83条规定："对违反治安管理行为人，公安机关传唤后应当及时询问查证，询问查证时间不得超过八小时；情况复杂，依照本法规定可能适用行政拘留处罚的，询问查证的时间不得超过二十四小时。"《程序规定》第55条规定："对被传唤的违法嫌疑人，应当及时询问查证，询问查证的时间不得超过八小时；案情复杂，违法行为依法可能适用行政拘留处罚的，询问查证的时间不得超过二十四小时。不得以连续传唤的形式变相拘禁违法嫌疑人。"《程序规定》第56条规定，"对于投案自首或者群众扭送的违法嫌疑人，公安机关应当立即进行询问查证，并在询问笔录中记明违法嫌疑人到案经过、到案和离开时间。询问查证时间适用本规定第五十五条第一款的规定。"询问违法嫌疑人的时间，应当包含如下内容：(1)违法嫌疑人到案后应当及时询问查证。包括对投案自首或者群众扭送的违法嫌疑人的询问，公安机关均应当立即进行询问查证，并在询问笔录中记明违法嫌疑人到案经过、到案和离开时间。(2)询问查证时间一般情况下不得超过八小时。(3)情况复杂，依照《治安管理处罚法》规定可能适用行政拘留处罚的,询问查证的时间不得超过二十四小时。(4) 不得以连续传唤的形式变相拘禁违法嫌疑人。所谓连续传唤是指在一次询问查证时间届满后,接连又使用传唤继续询问。(5) 询问查证时间已到,违法嫌疑人人身即不受限制,需要继续询问查证的,可以再次传唤其到公安机关、其他指定地点或者其住处、所在单位进行询问。

询问违法嫌疑人的内容。根据《程序规定》第59条的规定,首次询问违法嫌疑人,应当问明的情况为:(1) 违法嫌疑人的姓名、出生日期、户籍所在地、现住址、身份证件种类及号码;(2) 是否为各级人民代表大会代表;(3) 是否受过刑事处罚或者行政拘留、收容教育、强制隔离戒毒、社区戒毒、收容教养等情况。(4) 必要时,还应当问明其家庭主要成员、工作单位、文化程度、民族、身体状况等情况;(5) 违法嫌疑人为外国人的,首次询问时还应当问明其国籍、出入境证件种类及号码、签证种类、入境时间、入境事由以及是否有中文姓名等情况,必要时,还应当问明其在华关系人等情况。

保障被询问违法嫌疑人的合法权益。根据《程序规定》第60条、65条的规定,询问违法嫌疑人时,应当保障其合法权益如下:(1) 询问时,应当告知被询问人必须如实提供证据、证言和故意作伪证或者隐匿证据应负的法律责任,对与本案无关的问题有拒绝回答的权利。(2) 违法嫌疑人、被侵害人或者其他证人请求自行提供书面材料的,应当准许。(3) 询问违法嫌疑人时,应当听取违法嫌疑人的陈述和申辩。对违法嫌疑人的陈述和申辩,应当核查。

(二) 询问被侵害人、证人或者其他与案件有关的人

根据《程序规定》第58条、66条的规定,询问被侵害人、证人或者其他与案件有关的人,应当采取如下方式进行:(1) 询问违法嫌疑人、被侵害人或者其他证人,应当个别进行。(2) 询问被侵害人、其他证人或者其他与案件有关的人,可以在现场进行,也可以到其单位、学校、住所、其居住地居(村)民委员会或者其提出的地点进行。(3) 必要时,也可以书面、电话或者当场通知其到公安机关提供证言。(4) 在现场询问的,办案海警应当出示工作证件。(5) 询问前,应当了解被询问人身份以及其与被侵害人、其他证人、违法嫌疑人之间的关系。

(三) 询问特殊情形的人员

根据《程序规定》第61条、62条的规定,询问特殊情形的人员有特殊法律规定:(1) 询问未成年人时,应当通知其父母或者其他监护人到场,其父母或者其他监护人不能到场的,也可以通知未成年人的其他成年亲属,所在学校、单位、居住地基层组织或者未成年人保护组织的代表到场,并将有关情况记录在案。确实无法通知或者通知后未到场的,应当在询问笔录中注明。(2) 询问聋哑人,应当有通晓手语的人提供帮助,并在询问笔录中注明被询问人的聋哑情况以及翻译人员

的姓名、住址、工作单位和联系方式。(3) 对不通晓当地通用的语言文字的被询问人,应当为其配备翻译人员,并在询问笔录中注明翻译人员的姓名、住址、工作单位和联系方式。

(四) 制作询问笔录

根据《程序规定》第 63 条的规定,制作询问笔录,应当采取如下方式进行:(1) 询问笔录应当交被询问人核对,对没有阅读能力的,应当向其宣读。(2) 记录有误或者有遗漏的,应当允许被询问人更正或者补充,并要求其在修改处捺指印。被询问人确认笔录无误后,应当在询问笔录上逐页签名或者捺指印。拒绝签名和捺指印的,办案人民警察应当在询问笔录中注明。(3) 办案人民警察应当在询问笔录上签名,翻译人员应当在询问笔录的结尾处签名。(4) 询问时,可以全程录音、录像,并保持录音、录像资料的完整性。

五、勘验

勘验是指对案件现场所作的勘查、检验、分析,收集、固定证据的法律活动,是及时调查证据和了解案情的一种调查方法。违法行为案发现场是治安案件证据的重要来源,对违法行为案发现场的勘验就成为收集治安案件证据的重要途径。《程序规定》第 67 条的规定:"对于违法行为案发现场,必要时应当进行勘验,提取与案件有关的证据材料,判断案件性质,确定调查方向和范围。……现场勘验参照刑事案件现场勘验的有关规定执行。"为了规范现场勘验行为,维护当事人和海警的合法权益,海警机关应当为执行现场勘验任务的海警配备现场执法记录设备。在现场勘验的过程中,办案海警对现场勘验的全过程进行记录,记录的内容应当清晰、连续和完整。记录完毕后,办案海警应当及时向管理人员移交现场勘验音视频资料。

(一) 现场勘验理念[①]

现场勘验坚持合法、及时、全面、细致、客观等理念,组织与指挥好现场勘验工作。合法理念是指实施现场勘验时,应当遵守国家法律法规和相关规章的规定。具体包括现场勘验只能由办案人员及其指派或聘请的专业人员实施,执行现场访问及实地勘验的办案人员不得少于 2 人;现场勘验须邀请 1 至 2 名与案件无关的公民担任见证人;勘验人员必须依照法律规定实施勘验事项,对涉及物品的扣押、封存等必须依法进行。现场勘验人员接到勘验现场的命令后,应当迅速赶赴现场,立即组织实施现场勘验工作。不得无故拖延,以免影响对证据的收集和线索的发现。勘验人员应当对案件现场及其相关事项进行无遗漏的勘验和调查。勘

---

① 翟金鹏.公安刑事执法办案实务与实训教程[M].北京:中国人民公安大学出版社,2014:61-62.

验人员应当对与案件有关的场所进行全面勘验,对与治安案件现场有关的人与事应当进行调查,全面收集和分析与案件有关的材料或事实。勘验人员应对现场进行仔细、认真的勘验,不仅要注重发现和收集中心现场的明显的痕迹、物证,而且也要特别要注意发现和收集那些细微的或不易发现的痕迹、物证,注意关联现场的痕迹、物证寻找和收集相关证据。勘验人员应本着求真务实的态度去发现和认识现场。不得先入为主、预设立场,不顾客观事实的存在,想当然地去收集证据和分析案情。

（二）现场勘验的组织与指挥

在现场勘验过程中,现场勘验指挥员依法履行下列职责：决定和组织实施现场勘验的紧急措施；制定和实施现场勘验的工作方案；对参加现场勘验人员进行分工；指挥、协调现场勘验工作；确定现场勘验见证人；审核现场勘验工作记录；组织现场分析；决定对现场的处理。现场勘验人员在现场勘验指挥员的指挥下,依法履行下列职责：实施现场紧急处置；进行现场调查访问；发现、固定和提取现场痕迹、物证等；记录现场保护情况、现场原始情况和现场勘验的过程与所见,制作现场勘验工作记录；参与现场分析；提出处理现场的意见。

《刑事诉讼法》第126条规定："侦查人员对于犯罪有关的场所、物品、人身、尸体应当进行勘验或者检查。在必要的时候,可以指派或者聘请具有专门知识的人,在侦查人员的主持下进行勘验、检查。"因此,现场勘验的主体只能是办案人员。现场勘验的主体人员由现场勘验指挥员、办案海警、技术员等组成。其他工作人员一般包括案发地区的派出所海警、巡警以及单位内部的保卫干部等,主要负责现场警戒、维护现场秩序、参与现场紧急措施等。勘验一般治安案件现场,可以分为现场调查组和实地勘验组两个组开展工作。勘验重大治安案件现场,一般分为现场保护组、现场调查组、实地勘验组、现场搜索组和机动组等。

（三）现场保护[①]

现场保护是指为了维护案发现场的秩序与安全,避免现场痕迹、物证受到破坏,依法由海警对现场实施警戒、封锁,保全、维护现场痕迹、物证的措施。现场保护的方法分为：(1)现场保护的一般方法。在室内现场一般可用警戒带、警戒标识牌等标识出明显的现场保护范围,在进出口处设岗警戒,禁止无关人员进入现场保护区域。室外现场,尤其是街道、高速公路或者面积较大的室外现场,由于情况复杂,难以使用警戒带或警戒标识牌等标识出现场保护范围,可动用公安机关的公务车辆,采取实物屏蔽的方式来保护现场,并同时设立流动警戒岗哨,阻止试图进入或通过现场保护区域的人。随着勘验工作的开展,划定的现场保护范围也

[①] 翟金鹏.公安刑事执法办案实务与实训教程[M].北京:中国人民公安大学出版社,2014:63-68.

应当随之改变,可通过调整实物屏障摆放位置的方式,以扩大或缩小现场保护的区域。保护现场的时间,从发现案件现场开始,至现场勘验完成结束。不能完成现场勘验的,应当对整个现场或者部分现场继续予以保护。负责保护现场的海警除抢救伤员、保护物证等紧急情况外,不得进入现场,不得触动现场上的痕迹、物品。处理紧急情况时,应当尽可能避免破坏现场上的痕迹、物品。(2)痕迹、物证的现场保护。对痕迹、物证的保护,一般采用以下保护方法:一是标示保护。用物证牌或者粉笔等标画出来。二是记录保护。无论由于何种原因导致痕迹、物证可能发生变化,都可以采用文字记录、绘图记录、照相(录像)记录等保护方法。三是遮盖保护。在天气不好而现场痕迹、物证还来不及处理的情况下,应当将痕迹、物证用干净的遮盖物妥善地遮盖起来。四是转移保护。因为采取紧急措施而必须变动现场原始状态时,可以将遗留有现场痕迹、物证的物品转移至安全的地方,妥善保护。在现场保护的执法实践中,经常会遇到复杂的情况,很容易导致现场人员在无意中改变现场的原始状态。现场保护的紧急措施一般包括以下几个方面:(1)封锁现场。发现治安案件现场后,要立即用警戒带、警戒标识牌或者其他方法保护现场。若现场原始状态或物证发生变化,应当记录或保护。(2)救助被侵害人。(3)扑灭火情。(4)排除爆炸危险品。(5)疏导交通。(6)控制违法嫌疑人。

(四)现场访问

现场访问是指为了发现、收集案件线索和证据,在现场勘验过程中依法对了解案件情况的人进行调查询问的一项工作。现场访问应及时进行,如果有多个对象,应当分别进行。现场访问一般分为四个步骤进行:(1)向被询问人提出询问内容。开始询问时,通常采取笼统的提问方式,提问的内容有一个主题明确的整体轮廓,让被询问人在知道的范围内如实陈述。(2)让被访问人自由地陈述。办案人员提出问题后,被询问人即可以按照询问内容,自由充分地陈述自己所了解的情况。对陈述的内容一般不要求被访问人作出判断或提出自己的意见,但如果其分析判断是有事实根据的,可作为参考。(3)根据被访问人的陈述有针对性地提出问题。被访问人陈述后,办案人员针对陈述内容的事实是否清楚,情节是否有矛盾,问题是否有遗漏等情况,可向被访问人提出问题,再让其补充回答。提问应当符合针对性、逻辑性和客观性要求,不得暗示、诱导、凭空想象。如有多个问题,应按时间顺序和逻辑关系依次提问,让被访问人逐项回答。(4)核对询问笔录。询问完毕后,办案人员应将询问笔录交由被询问人核对。被询问人如果认为有记载错误、遗漏或不准确的地方,应当向海警提出,并予以补充或修改。

(五) 现场实地勘验

现场实地勘验是指勘验人员运用感觉器官和刑事科学技术手段，对与治安案件有关的场所、物品、痕迹、遗留物和人体等拍照、固定、记录、采取、检验。实地勘验可以为搜集证据，分析案情，确定案件性质，查找和证实违法嫌疑人提供线索和依据。根据《公安机关刑事案件现场勘验检查规则》第35条的规定，现场勘验按照以下工作步骤进行：巡视现场，划定勘验范围；按照"先静后动，先下后上；先重点后一般，先固定后提取"的理念，根据现场实际情况确定勘验流程；初步勘验现场，固定和记录现场原始状况；详细勘验现场，发现、固定、记录和提取痕迹、物证；记录现场勘验情况。根据上述要求，现场实地勘验要经过整体静态勘验（巡视现场）、局部静态勘验、个体静态勘验和个体动态勘验四个阶段。

对现场痕迹物证的发现、显现、提取、固定是现场勘验的核心工作。具体提取方法如下：(1) 手印的提取。手印的提取首先需要显现，通常使用粉末显现法、502胶熏显法等。手印的提取方法有照相法、胶带粘取法和原物提取法等。无论是采取何种提取方法，都要首先用照相法提取，以反映手印的原始状态。胶带提取法适用于光滑客体上粉末法显现出的手印的提取。在条件许可的情况下，可以提取留有手印的原物，以保留手印的原始状态。(2) 足迹的提取。方法有照相法、静电吸附法和制模法等，要根据现场足迹的反映形式及其承痕体的性质，分别采用不同的提取方法。照相法可以如实记录足迹状态、位置及其与周围环境的关系，拍照时应保证足迹不变形，并加放比例尺。静电吸附法主要用于提取遗留在水泥、水磨石等物体表面的粉末足迹。制模法主要适用于提取立体足迹，可利用石膏和硅橡胶两种物质制模。(3) 文书的提取。一般应将原物提取，保持物证的清洁，并在包装上做好标记。对于遭受撕碎、烧毁、受潮、水浸等文书物证的提取，应当记录其原始的存在状态，并对其予以合理的保管和复原处理。(4) 工具痕迹的提取。常用方法有原物提取法、醋酸纤维素薄膜法、硅橡胶制模法等。工具痕迹提取之前，必须先用拍照或录像的方法将痕迹所在位置、原始状态和痕迹特征固定下来，并做出翔实的文字记录。还要注意痕迹上的其他附着物，妥善地记录提取。(5) 微量物证的提取。对于固体颗粒状物质，可以用镊子夹取；粉末状物质或土壤，量多可用扫取法，量少可用黏附法；纤维物质可采用镊子夹取、胶带粘取、真空器吸附等。在提取微量物证前，必须拍照，记录其原始位置及状态；保证提取工具和包装物的清洁；同时提取空白检材和对照检材。(6) 生物物证的提取。对于血液、唾液、体液等液态生物物证的提取，一般使用消毒棉签或洁净的医用纱布提取液体检材，待其自然阴干后放入物证袋密封保存；如果量较多，可用吸液管或注射器提取，放入棕色玻璃瓶密闭保存；如果其呈潮湿状附着在衣物等织物上，应在织物自然阴干后，装入纸袋中保存。对于干燥的血液等，如附着的物体较小，可将原物提取，放入包装袋内密闭保存；如不能原物提取，可采用刮取法、擦拭法提取。(7) 电子证据的提取。为了提取、固定现场存留的与治安案件有关的电子证据，作为证据使用的存储媒介、电子设备和电子数据应当在现场固定或封存。采用的封存方法应当保证在不解除封存状态的情况下，无法使用被封存的存储媒介和启动被封存电子设备。封存前后应当拍摄被封存电子设备和存储媒介的照片并制作《封存电子证据清单》。固定存储媒介和电子数据包括以下方式：一是完整性校验方式，即计算电子数据和存储媒介的完整性校验值，并制作、填写《固定电子证据清单》；二是备份方式，即复制、制作原始存储媒介的备份，并封存原始存储媒介；三是封存方式，即对于无法计算存储媒介完整性校验值或制作备份的情形，应当封存原始存储媒介，并在勘验、检查笔录上注明不计算完整性校验值或制作备份的理由。远程勘验过程中提取的目标系统状态信息、目标网站内容以及勘验过程中生成的其他电子数据，应当计算其完整性校验值并制作《固定电子证据清单》。

现场勘验记录是如实反映治安案件现场的客观状态和勘验人员执行勘验情况的法律文书及相关图像资料。现场勘验记录包括现场勘验笔录、现场绘图和现场照相（现场录像）三个部分，三者在现场勘验记录中互相补充和印证。现场照相是运用摄像技术，将治安案件现场状况和现场上与案件有关的痕迹、物品及其相关之间的关系，准确、客观地加以固定的一种技术方法。根据拍照内容和要求的不同，现场照相分为现场方位照相、现场全貌照相、现场重点部位照相和现场细目照相。现场照相能逼真地反映现场的状态和现场客体物的形象、特点、位置及其相互关系。现场绘图是运用制图学的原理和写实的方法，记录、固定和反映案发现场情况的一种技术手段。现场绘图包括现场方位图和现场平面图。现场绘图能够用一些简练的线条、图案、符号等将现场周围环境和内部痕迹物证及其相互之间的位置关系等准确地反映出来，以弥补笔录和照相的不足。现场分析是指现场勘验人员在对现场勘验和调查访问后，在现场勘验指挥人员的主持下，根据勘验和调查访问所获取的材料，对在现场发生的各种情况进行充分讨论，并力求作出符合客观实际的分析判断的活动。现场分析的步骤一般为：(1) 汇集材料。按照临场人员的分工，分别汇报情况，并通过进一步的讨论，提出补充、修正、质疑等。(2) 分析综合。分析材料的可信度、关联性和证明力及其应用价值。(3) 论断决策，指挥员在集中大家意见的基础上，对整个案情作出分析综合、论断决策，提出展开进一步调查的工作方案。现场分析的内容包括：(1) 判明事件性质。通过汇集评断现场访问、现场勘验的所有资料后，根据这些材料对事件性质进行分析研判，确定是属于犯罪案件、治安案件还是其他事件。(2) 分析判断案情。对案件性质、作案时间、地点、实施违法行为的工具等进行分析判断。(3) 刻画作案人。对作案人数、作案人特征、作案活动情况等进行分析判断。(4) 确定调查方向和调查范围。

现场勘验笔录是指勘验人员在勘验案发现场的过程中,对现场情况和勘验情况所作的客观真实的文字记载。现场勘验笔录的结构可以分为前言、正文和结尾三个部分。(1) 前言,主要交代受案的情况,勘验人员出动时间、到达时间,现场保护情况,参与现场勘验的指挥人员和其他人员的姓名、单位、职务、职称,现场勘验开始的时间(年、月、日、时、分),当时的天气、风向、风级、光线、温度、湿度、照明灯情况。(2) 正文部分,主要包括现场的具体地址、现场周围环境情况、现场的情况、勘验所见的详细情况等。(3) 结尾部分,记录现场勘验结束的时间,采集物品、痕迹的名称、数量,物品应记明其体积、重量及其特殊标记等,现场拍照的内容、数量,录像的时长,是否录音;说明绘制案发现场图的种类、数量;现场勘验的指挥员、工作人员及见证人签名。制作勘验笔录应当在勘验过程中完成,并在勘验结束时当场履行法律手续。制作方法如下:(1) 了解情况。到达现场后,现场勘验人员应当运用询问的方法,向事件的报告人了解发生了哪些情况,并向现场保护人员了解采取了哪些保护措施,是否有人进入现场及进入现场的路线、接触的物品、现场是否发生过变动或破坏等。之后,做好现场勘验笔录的前言部分。(2) 认真观察。在巡视现场时,现场勘查记录人员应与其他参与勘查的人员同步,仔细观察现场环境、外貌以及内部的大体情况。(3) 准确定位。将现场和违法后果及其相关的痕迹、物品的位置,以笔录的形式准确地固定下来。(4) 客观描述。对现场以及破坏部位、痕迹、物品等定位后,对这些现场现象进行描述。描述用语应反映真实形态,并符合规范。[①] 此外,制作现场勘验笔录应当注意笔录内容的客观性、语言的规范性和准确性,笔录的顺序也应当与勘验的顺序一致。

六、检查

检查是指对与违反治安管理行为有关的场所、物品、人身进行查看、检验,以发现和收集有关证据的一种调查活动。根据《程序规定》的规定,检查是办理行政案件的一种主要的法律措施。与违反治安管理行为有关的场所、物品、人身也是中国海警行政执法案件证据的重要来源。因此,对与违反治安管理行为有关的场所、物品、人身进行检查也是收集海警行政执法案件证据的重要途径。检查时,办案海警通过制作检查笔录、扣押、登记、收缴、提取电子数据、先行登记保存等措施,可以固定保全检查中发现的治安案件证据。

(一) 检查的种类

依照不同的标准,检查的种类如下划分:(1) 按照检查对象划分为场所检查、物品检查及人身检查。场所检查是指对与违法行为有关的场所进行查看、检验的

---

① 任惠华,马方.侦查学教程[M].北京:法律出版社,2014:188-189.

法律活动。检查场所应当对案发场所进行检查,对与违法行为有关的人、物的非案发场所也应当进行检查。例如,违法嫌疑人藏身的地方、将赃物藏匿的地方等都属于场所检查的范围。物品检查是指对与违法行为有关的物品进行查验的法律活动。物品是指通过违法行为获取的赃物、实施违法行为的工具,还有其他非法物品,如毒品、淫秽物品、枪支、弹药等。人身检查是指对与违法行为有关的人身进行查看、检验的法律活动。检查违法嫌疑人的人身主要是查验违法嫌疑人是否随身携带了危险物品、违禁品。(2)按照检查方式划分为一般检查和当场检查。一般检查指下列情形:中国海警对与违反治安管理行为有关的场所、物品、人身可以进行检查。检查时,海警不得少于二人,并应当出示工作证件和海警支队以上机关开具的检查证明文件,简称"两人两证"。当场检查是指对公民住所在确有必要立即进行检查的紧急情形下,海警经出示工作证件,可以当场对公民住所进行查验的一种法律活动。当场检查适用的条件是:一是有证据表明或者有群众报警;二是公民住所内发生三种紧急事件,即危害公共安全或者公民人身安全的案(事)件,或者违法存放危险物质,不立即检查可能会对公共安全或者公民人身、财产安全造成重大危害;三是海警出示工作证件。当场检查是相对于公民住所的一般检查,为了保障公民住所不受任意侵犯,法律对公民住所检查作出了严格规定,必须履行严格手续;但在紧急情形下,符合法定条件时,为了保障公共安全和人身安全,海警经出示工作证件可以当场检查公民住所。(3)按照检查情形划分为安全检查、公民住所检查及特殊对象检查。安全检查是指中国海警依法对查获或者到案的违法嫌疑人进行查看、检验,以发现嫌疑人是否携带管制刀具、武器、易燃易爆等危险品的法律措施。安全检查是一种防范性的法律措施,主要用于防范刚查获或者到案的违法嫌疑人是否存在着对公众、公共安全、办案机关及其海警有威胁,或者对其自身有危险的情况。安全检查不需要开具检查证。《程序规定》第41条规定:"对查获或者到案的违法嫌疑人应当进行安全检查,……安全检查时发现管制刀具、武器、易燃易爆等危险品的,应当立即扣押。"对公民住所的检查有以下两种情形:一是一般情况下,检查公民住所应当出示工作证件和海警支队以上机关开具的检查证明文件。二是在紧急情况下,必须有证据表明或者有群众报警公民住所内正在发生危害公共安全或者公民人身安全的案(事)件,或者违法存放危险物质,不立即检查可能会对公共安全或者公民人身、财产安全造成重大危害,海警经出示工作证件,可以当场检查。关于对特殊对象的检查应注意:检查妇女的身体,应当由女性工作人员进行;依法对卖淫、嫖娼人员进行性病检查的,应当由医生进行。

(二)检查的规范

海警在检查过程中应遵守如下规范:(1)表明执法身份,出示相关证件。海警在依法检查时,应当首先表明执法身份。执行检查的海警原则上是"两人两证",即执行检查的海警的人数一般不得少于二人,并应当携带有工作证和检查证。依法检查时,应当首先表明执法身份,表明执法身份的具体方式是着警服、出示工作证;一般情况下的检查,还应当出示检查证。(2)尊重当事人,保障当事人的合法权益。检查时,一般会涉及当事人的人身权与财产权,因而也较易侵犯当事人的权利。因此,必须依法实施检查,尊重被检查人的人格尊严,不得以有损人格尊严的方式进行检查,保障当事人的合法权益。(3)保障安全。检查是针对与违反治安管理行为有关的场所、物品、人身进行的,实施检查的海警应当保障检查的安全进行,如对查获或者到案的违法嫌疑人进行查看、检验,以发现嫌疑人是否携带管制刀具、武器、易燃易爆等危险品;若有证据表明或者有群众报警公民住所内正在发生危害公共安全或者公民人身安全的案(事)件,或者违法存放危险物质,不立即检查可能会对公共安全或者公民人身、财产安全造成重大危害,海警经出示工作证件,可以当场检查,均是法律赋予执法海警在检查时着重保障安全的权力。(4)制作《检查笔录》。检查的情况应当制作《检查笔录》,由检查人、被检查人和见证人签名或者盖章;被检查人拒绝签名的,海警应当在笔录上注明。

七、鉴定(检测)

鉴定是指受公安机关指派或聘请具有鉴定资格的专门知识人员,运用科学技术知识和技能对违法案件涉及的专门性问题,进行鉴别、分析、判断、评定的法律活动。鉴定意见是法定证据的一种。

(一) 鉴定(检测)的种类

在司法实践中,鉴定(检测)分为以下几种。(1)人身伤害鉴定。根据《程序规定》第74条至第76条的规定,办案机关及其办案警察,应做好人身伤害鉴定的以下工作:第一,对人身伤害的鉴定由法医进行。卫生行政主管部门许可的医疗机构具有执业资格的医生出具的诊断证明,可以作为公安机关认定人身伤害程度的依据,但具有本规定第75条规定情形的除外。第二,人身伤害案件具有下列情形之一的,公安机关应当进行伤情鉴定:受伤程度较重,可能构成轻伤以上伤害程度的;被侵害人要求作伤情鉴定的;违法嫌疑人、被侵害人对伤害程度有争议的。第三,对需要进行伤情鉴定的案件,被侵害人拒绝提供诊断证明或者拒绝进行伤情鉴定的,公安机关应当将有关情况记录在案,并可以根据已认定的事实作出处理决定。经公安机关通知,被侵害人无正当理由未在公安机关确定的时间内作伤情鉴定的,视为拒绝鉴定。(2)精神病鉴定。对精神病的鉴定,由有精神病鉴定资格的鉴定机构进行。(3)价格鉴定。根据《程序规定》第77条的规定,办案机关及其办案民警,做好价格鉴定的以下工作:涉案物品价值不明或者难以确定的,公安机关应当委托价格鉴证机构估价;根据当事人提供的购买发票等票据能够认定价值的涉案物品,或者价值明显不够刑事立案标准的涉案物品,公安机关可以不进行价格鉴证。(4)吸毒检测。吸毒检测结论属于鉴定意见的一种,是指公安机关依法对违法嫌疑人的身体血液是否含有毒品进行检查、测定等作出的结论性的书面意见。对涉嫌吸毒的人员,公安机关可以对其进行人体毒品成分检测:涉嫌吸毒的人员;被决定执行强制隔离戒毒的人员;被公安机关责令接受社区戒毒和社区康复的人员;戒毒康复场所内的戒毒康复人员。吸毒检测分为现场检测、实验室检测、实验室复检。现场检测由县级以上公安机关或者其派出机构进行。实验室检测由县级以上公安机关指定的取得检验鉴定机构资格的实验室或者有资质的医疗机构进行。实验室复检由县级以上公安机关指定的取得检验鉴定机构资格的实验室进行。实验室检测和实验室复检不得由同一检测机构进行。被检测人员拒绝接受检测的,经县级以上公安机关或者其派出机构负责人批准,可以对其进行强制检测。根据《程序规定》第 42 条的规定,强制检测是一种行政强制措施。

(二) 鉴定意见的规范

根据《程序规定》第 80 条的规定,鉴定意见的规范如下:(1)鉴定人鉴定后,应当出具鉴定意见。(2)鉴定意见应当载明委托人、委托鉴定的事项、提交鉴定的相关材料、鉴定的时间、依据和结论性意见等内容,并由鉴定人签名或者盖章。(3)通过分析得出鉴定意见的,应当有分析过程的说明。(4)鉴定意见应当附有鉴定机构和鉴定人的资质证明或者其他证明文件。(5)鉴定人对鉴定意见负责,不受任何机关、团体、企业、事业单位和个人的干涉。多人参加鉴定,对鉴定意见有不同意见的,应当注明。(6)鉴定人故意作虚假鉴定的,应当承担法律责任。根据《程序规定》第 81 条的规定,鉴定意见的审查如下:(1)办案人民警察应当对鉴定意见进行审查。(2)对经审查作为证据使用的鉴定意见,公安机关应当在收到鉴定意见之日起 5 日内将鉴定意见复印件送达违法嫌疑人和被侵害人。(3)医疗机构出具的诊断证明作为公安机关认定人身伤害程度依据的,应当将诊断证明结论书面告知违法嫌疑人和被侵害人。

(三) 重新鉴定

当事人是否申请重新鉴定,不影响案件的正常办理。根据《程序规定》第 81 条、第 82 条的规定,重新鉴定规范如下:(1)违法嫌疑人或者被侵害人对鉴定意见有异议的,可以在收到鉴定意见复印件之日起 3 日内提出重新鉴定的申请,经县级以上公安机关批准后,进行重新鉴定。(2)同一行政案件的同一事项重新鉴定以 1 次为限。(3)公安机关认为必要时,也可以直接决定重新鉴定。(4)应当进行重新鉴定的情形包括:鉴定程序违法或者违反相关专业技术要求,可能影响鉴定意见正确性的;鉴定机构、鉴定人不具备鉴定资质和条件的;鉴定意见明显依据不足的;鉴定人故意作虚假鉴定的;鉴定人应当回避而没有回避的;检材虚假或者被损坏的;其他应当重新鉴定的。(5)不符合重新鉴定情形的,经县级以上公安机关负责人批准,作出不准予重新鉴定的决定,并在作出决定之日起3日以内书面通知申请人。(6)重新鉴定,公安机关应当另行指派或者聘请鉴定人。(7)鉴定费用由公安机关承担,但当事人自行鉴定的除外。

八、辨认

辨认是指对违法嫌疑人,或者与违法行为有关的物品、场所进行辨别、确认的行为。为了查明案情,办案海警可以让违法嫌疑人、被侵害人或者其他证人对与违法行为有关的物品、场所或者违法嫌疑人进行辨认。

辨认过程中应遵守如下操作规范:辨认由2名以上办案海警主持;组织辨认前,应当向辨认人详细询问辨认对象的具体特征,并避免辨认人见到辨认对象;多名辨认人对同一辨认对象或者一名辨认人对多名辨认对象进行辨认时,应当个别进行;辨认时,应当将辨认对象混杂在特征相类似的其他对象中,不得给辨认人任何暗示;辨认违法嫌疑人时,被辨认的人数不得少于7人;对违法嫌疑人照片进行辨认的,不得少于10人的照片;辨认每1件物品时,混杂的同类物品不得少于5件;同一辨认人对与同一案件有关的辨认对象进行多组辨认的,不得重复使用陪衬照片或者陪衬人;辨认人不愿意暴露身份的,对违法嫌疑人的辨认可以在不暴露辨认人的情况下进行,办案海警应当为其保守秘密;辨认经过和结果,应当制作辨认笔录,由办案海警和辨认人签名或者捺指印;必要时,应当对辨认过程进行录音、录像;制作《辨认笔录》。

九、证据保全

(一)扣押、登记、先行登记保存

扣押是指将与治安案件有关的物品等强制留置的法律活动。登记是指将与治安案件有关的物品予以记载的法律活动。扣押、登记都属于证据保全措施,属于登记范畴的还有一种证据保全措施是先行登记保存。先行登记保存是指可能与案件有关需要作为证据的物品,在其可能灭失或者以后难以取得的情况下,由中国海警予以先行登记,由物品的持有人予以妥善保存的行政措施。根据《程序规定》的规定,扣押、先行登记保存是行政强制措施,而登记是行政措施,不是行政强制措施。与治安案件有关的物品是办理治安案件的证据中物证、书证等实物证据的重要来源。因此,在治安案件办理中,应当注重对与治安案件有关的物品进行调查,从中获取能够反映治安案件事实情况的证据,而所获取的证据应当依法使用扣押、登记予以固定。

扣押、登记、先行登记保存的适用范围是:(1)对与案件有关的需要作为证的物品,可以扣押。扣押是一种强制措施,对与案件有关并需要作为证据的物品,可以依法扣押。(2)对被侵害人或者善意第三人合法占有的财产,或者公民个人及其所扶养家属的生活必需品,与案件有关、需要作为证据并必须鉴定的,可以依法扣押,鉴定结束后应当立即解除扣押;上述物品尽管与案件有关需要作为证据,但如果不需要鉴定的,也不得扣押,应当予以登记。(3)对抽样取证的样品应当及时进行检验。经检验,能够作为证据使用的,应当依法扣押、先行登记保存或者登记。(4)在证据可能灭失或者以后难以取得的情况下,经公安机关办案部门负责人批准,可以先行登记保存。(5)对与案件无关的物品,不得扣押;如果已经扣押的物品,经查明与案件无关的,应当立即解除扣押。扣押期限一般为 30 日,情况复杂的,经中国海警负责人批准,可以延长 30 日;法律、行政法规另有规定的除外。逾期不作出处理决定的,中国海警应当将被扣押物品退还当事人。但是对扣押物品需要进行鉴定、检测、检验的,鉴定、检测、检验期间不计入扣押期间,但应当将鉴定、检测、检验时间告知当事人。对先行登记保存的证据,应当在 7 日内作出处理决定。逾期不作出处理决定的,视为自动解除。

扣押、登记、先行登记保存规范和要求:(1)对扣押的物品,应当会同在场见证人和被扣押物品持有人查点清楚,当场开列清单一式二份,由调查人员、见证人和持有人签名或者盖章,一份交给持有人,另一份附卷备查。(2)对扣押的物品,应当妥善保管,不得挪作他用;对不宜长期保存的物品,按照有关规定处理。经查明与案件无关的,应当及时退还;经核实属于他人合法财产的,应当登记后立即退还;满 6 个月无人对该财产主张权利或者无法查清权利人的,应当公开拍卖或者按照国家有关规定处理,所得款项上缴国库。(3)登记时写明登记财物的名称、规格、数量、特征,并由占有人签名或者捺指印,必要时,可以进行拍照。(4)实施扣押、扣留、查封、抽样取证、先行登记保存等证据保全措施时,应当会同当事人查点清楚,制作并当场交付证据保全决定书。必要时,应当对采取证据保全措施的证据进行拍照或者对采取证据保全的过程进行录像。(5)证据保全决定书应当载明下列事项:当事人的姓名或者名称、地址;抽样取证、先行登记保存、扣押、扣留、查封的理由、依据和期限;申请行政复议或者提起行政诉讼的途径和期限;作出决定的海警机关的名称、印章和日期。证据保全决定书应当附清单,载明被采取证据保全措施的场所、设施、物品的名称、规格、数量、特征等,由办案海警和当事人签名后,一份交当事人,一份附卷。有见证人的,还应当由见证人签名。当事人或者见证人拒绝签名的,办案海警应当在证据保全清单上注明。对可以作为证据使用的录音带、录像带、电子数据存储介质,在扣押时应当予以检查,记明案由、内容以及录取和复制的时间、地点等,并妥为保管。

(二)查封

查封是指公安机关对专门用于从事无证经营活动的场所、设施、物品予以检查并贴上封条,从而禁止动用的法律活动。查封是一种行政强制措施。查封的对象是:擅自经营按照国家规定需要由公安机关许可的行业的;依照《娱乐场所管理条例》可以由公安机关采取取缔措施的;法律、法规规定适用查封的其他行政案件。场所、设施、物品已被其他国家机关依法查封的,不得重复查封。查封期限为30日,情况复杂的,经县级以上公安机关负责人批准,可以延长30日;法律、行政法规另有规定的除外。延长查封期限的,应当及时书面告知当事人,并说明理由。对物品需要进行鉴定的,鉴定期间不计入查封期间,但应当将鉴定的期间书面告知当事人。

(三)抽样取证

抽样取证是指随机地从数量较大的相同物品中抽取部分物品进行查验、收集证据的法律活动。抽样取证是一种行政强制措施。抽样取证应当采取随机的方式,抽取样品的数量以能够认定本品的品质特征为限。抽样取证时,应当对抽样取证的现场、被抽样物品及被抽取的样品进行拍照或者对抽样过程进行录像。对抽取的样品应当及时进行检验。经检验,能够作为证据使用的,应当依法扣押、先行登记保存或者登记;不属于证据的,应当及时返还样品。样品有减损的,应当予以补偿。

(四)证据保全决定书

《程序规定》第95条、第97条规定了证据保全决定书的规范。实施扣押、扣留、查封、抽样取证、先行登记保存等证据保全措施时,应当会同当事人查点清楚,制作并当场交付证据保全决定书。必要时,应当对采取证据保全措施的证据进行拍照或者对采取证据保全的过程进行录像。证据保全决定书应当载明下列事项:当事人的姓名或者名称、地址;抽样取证、先行登记保存、扣押、扣留、查封的理由、依据和期限;申请行政复议或者提起行政诉讼的途径和期限;作出决定的公安机关的名称、印章和日期。证据保全决定书应当附清单,载明被采取证据保全措施的场所、设施、物品的名称、规格、数量、特征等,由办案海警和当事人签名后,一份交当事人,一份附卷。有见证人的,还应当由见证人签名。当事人或者见证人拒绝签名的,办案海警应当在证据保全清单上注明。对可以作为证据使用的录音带、录像带、电子数据存储介质,在扣押时应当予以检查,记明案由、内容以及录取和复制的时间、地点等,并妥为保管。

有下列情形之一的,海警机关应当及时作出解除证据保全决定:当事人没有违法行为的;被采取证据保全的场所、设施、物品与违法行为无关的;已经作出处理决定,不再需要采取证据保全措施的;采取证据保全措施的期限已经届满的;被临时查封的危险部位和场所的火灾隐患已经消除的;其他不再需要采取证据保全措施的。解除证据保全措施的,应当立即退还财物,并由当事人签名确认,制作

《证据保全决定书》《证据保全清单》等法律文书。

十、实施行政强制措施的规范

根据《程序规定》的规定,上述法律措施中的强制传唤、强制检测、扣押、先行登记保存是行政强制措施,根据《程序规定》第43条的规定,实施行政强制措施应当遵守下列规定:(1)实施前须依法向中国海警负责人报告并经批准。(2)通知当事人到场,当场告知当事人采取行政强制措施的理由、依据以及当事人依法享有的权利、救济途径。当事人不到场的,邀请见证人到场,并在现场笔录中注明。(3)听取当事人的陈述和申辩。(4)制作现场笔录,由当事人和办案海警签名或者盖章,当事人拒绝的,在笔录中注明。当事人不在场的,由见证人和办案人民警察在笔录上签名或者盖章。(5)实施限制公民人身自由的行政强制措施的,应当当场告知当事人家属实施强制措施的中国海警机关、理由、地点和期限;无法当场告知的,应当在实施强制措施后立即通过电话、短信、传真等方式通知;身份不明、拒不提供家属联系方式或者因自然灾害等不可抗力导致无法通知的,可以不予通知。告知、通知家属情况或者无法通知家属的原因应当在询问笔录中注明。(6)法律、法规规定的其他程序。

第二节 基本程序

治安案件的基本程序又称独立程序,包括简易程序和普通程序。无论是简易程序还是普通程序都从受理案件开始到作出处理结束。

一、简易程序

简易程序也称当场处罚程序,是指中国海警对当场发现的事实清楚、情节简单、因果关系明确、处罚较轻的违反治安管理行为,依法当场作出处理决定的法律活动。简易程序是和普通程序相对应的一种程序。

(一)简易程序的适用条件

为了规范简易程序的实施,《治安管理处罚法》第100条严格限定了简易程序的适用条件,即"违反治安管理行为事实清楚,证据确凿,处警告或者二百元以下罚款的,可以当场作出治安管理处罚决定"。结合《程序规定》的有关规定,简易程序的适用必须符合以下几个条件:(1)当场发现的违反治安管理行为。该条件可以从两个方面加以理解:一是"当场发现",即办案海警是在违法行为人正在进行违法活动时发现了该违法行为,而非在事后发现的。事后发现的违反治安管理行为,即使是符合"事实清楚,证据确凿,处警告或者二百元以下罚款"的条件,也不得适用简易程序处理。二是发现的对象是违反治安管理行为,而非指当场发现的违法行为人。如果在案件发生后,在案发现场或其他地方发现了违法行为人,不得适用简易程序。(2) 构成违反治安管理行为。当场发现的违法行为属于违反治安管理行为,而非犯罪行为,也不是其他类型的行政违法行为(如违反交通管理、消防管理、出入境管理等)。如果不构成违反治安管理行为或构成了其他违法犯罪行为,应当依法按照其他法律程序处理。(3) 属于可以适用简易程序处理的案件范围。《程序规定》第 34 条第 2 款规定,除涉及卖淫、嫖娼、赌博、毒品的案件外,对其他符合条件的违反治安管理行为可以适用简易处罚程序。在一般情况下,涉及卖淫、嫖娼、赌博、毒品的案件案情较为复杂,对社会的危害较大,并且经常需要通过后期的调查取证才能确定是否还有其他关联的违法犯罪行为。(4) 符合法定的事实条件。适用简易程序处理的治安案件必须符合情节简单、事实清楚、因果关系明确、证据确实充分的条件。在当事人的基本情况,违法行为实施的时间、地点、动机、目的、原因、手段、后果等清楚明确;办案人员收集的证据确实充分;当事人对办案人员认定的违反治安管理事实无异议,且无需进一步调查取证的情况下,可以采用简易程序。如果案情比较复杂,事实不清,或因果关系不明确,则应当适用普通程序。(5) 符合当场处罚权限。根据《治安管理处罚法》第 100 条和《程序规定》第 34 条第 1 款的规定,办案海警对违反治安管理行为人处 200 元以下罚款或者警告,对单位处 1 000 元以下罚款或警告的,可以适用简易处罚程序处理。违反治安管理行为的情节轻微,具体表现为后果轻微、危害较小、拟处治安处罚较轻等。鉴于这些违法行为的社会危害性并不大,没有必要启动较为复杂的调查处理程序。若超过了上述处罚权限,则必须适用普通程序。

(二) 简易程序的适用规范

简易程序可以由 1 名海警依法作出处罚决定。根据《行政处罚法》《治安管理处罚法》和《程序规定》的有关规定,简易程序的适用应当符合以下规范要求:(1) 表明执法身份。在执法过程中,办案海警应当通过出示证件或以其他形式向当事人表明其执法身份,如着警服、执勤标志等。表明执法身份既是法定的形式要求,也是告知当事人其主体合法性的必要条件。根据《治安管理处罚法》第 101 条的规定,当场作出治安管理处罚决定的,办案海警应当向违反治安管理行为人出示工作证件。如果海警不依法表明其执法身份的,当事人可以拒绝接受当场处罚行为。(2) 及时全面收集证据。任何处罚决定的作出,都应当建立在事实清楚、证据确实充分的基础上。因此,海警应当在案发现场及时、全面、客观地收集证据,绝不能由于程序的简略就忽视取证,更不能因为是海警当场发现的违法行为,而认为无需固定证据。(3) 口头告知。海警应当口头告知违法行为人拟作出治安管理处罚决定的事实、理由和依据,并告知违法行为人依法享有的陈述权和申辩权。(4) 充分听取违法行为人的陈述和申辩。为了进一步地查明案件事实,并确认处罚决定的合法性与合理性,海警应当充分听取违法行为人的陈述和申辩。违法行为人提出的事实、理由或者证据成立的,应当依法予以采纳。海警既不能剥夺违法行为人的陈述和申辩权,也不得因为违法行为人的陈述和申辩而加重对其处罚。(5)填写当场处罚决定书并当场交付被处罚人。当场作出治安管理处罚决定的,海警应当填写预定格式的当场处罚决定书,并当场交付被处罚人。当场处罚决定书应载明被处罚人的姓名、违法行为、处罚依据、罚款数额、时间、地点以及海警机关名称等,并由经办的海警签名或者盖章。《程序规定》第33条第1款第1项规定:"依照简易程序作出当场处罚决定的,应当将决定书当场交付被处罚人,并由被处罚人在备案的决定书上签名或者捺指印;被处罚人拒绝的,由办案人民警察在备案的决定书上注明。"与此同时,人民警察还应当告知当事人所享有的申请行政复议和行政诉讼的权利,有被侵害人的,应当将决定书副本抄送被侵害人。(6)处罚的执行。对予以警告处罚的,应当场宣读处罚决定书,并对违法行为人进行告诫,指出其违法情况及其危害性。当场收缴罚款的,应当同时填写省级或国家财政部门统一印制的罚款收据,否则被处罚人有权拒绝缴纳罚款,罚款收据应当交付被处罚人。(7)报所属海警机关备案。为了便于中国海警对所属海警作出的当场处罚行为实施监督管理,海警当场作出行政处罚决定后,应当在作出决定后的24小时内将当场处罚决定书报所属海警机关备案。

二、普通程序

普通程序也称一般程序,是指中国海警对违反治安管理的案件,经过受理案件、调查取证、适用必要的法律措施、告知并听取当事人的陈述和申辩、作出处理决定等阶段的法律过程。除了法律规定可以适用治安调解和简易程序的案件外,办理治安案件一般应当适用普通程序。根据《行政处罚法》《治安管理处罚法》和《程序规定》的相关规定,普通程序主要包括以下阶段:受理案件;调查取证;案件审核;告知与听取(听证);处理决定;涉案财物处置;案件终结等。

(一)受理案件

受理案件是指中国海警在工作中积极发现案件和被动接受案件,并做出初步识别登记的过程,是案件调查的前期基础性工作,是办理一切案(事)件的逻辑起点,在此环节尤其重要。中国海警对报案、控告、举报、群众扭送或者违反治安管理嫌疑人投案,以及在日常执法执勤中发现的违法行为、其他行政主管部门、司法机关移送的案件等,予以受理,制作受案登记表并依法作出相应的处理。

1. 受理案件的理解

受理案件是指中国海警对报案、控告、举报或者违法行为人主动投案,以及有关机关移送的违反治安管理的案件,表示接受并进行登记、审理的法律活动。受理案件是中国海警办理治安案件法律程序中的第一步。这一环节出现失误会导致案件处置全程无意义,甚至要承担行政不作为以及失职的违法责任,一定要注意程序启动阶段的重要意义,一旦失误轻者为行政不作为,重者为渎职,而这二者往往又混合在一起,海警在受案环节出现认识错误或判断不准,最轻最常见就是其执法行为往往构成程序性的行政不作为和事实性的失职渎职行为。治安案件的主要来源一是工作中积极发现,二是被动受案来源。被动受案来源主要有:报案、控告、举报、群众扭送或者违法嫌疑人投案的;110报警服务台指令的;其他行政主管部门、司法机关移送的。

2. 受理案件的步骤

受理案件一般包括接受案件、提出处理意见、作出决定等步骤。

第一,接受案件。(1)制作《询问笔录》。对于报案、控告、举报、扭送或者违法嫌疑人投案的,都应当立即受理,问明情况,并制作笔录,经宣读无误或者报案、控告、举报、扭送、投案人阅读无误后,由其签名或者盖章。必要时可以录音、录像。受理案件的海警,应当向控告人、举报人说明诬告应负的法律责任。报案、控告、举报、扭送人如果不愿意公开自己姓名和报案行为的,应当为其保守秘密。以上情况,应当在笔录中注明。(2)接受证据。受理案件的海警对报案人提供的有关证据材料、物品等,应当登记,必要时拍照、录音、录像,并妥善保管。(3)制作《受案登记表》。受理案件的海警应当制作《受案登记表》,记明以下内容:案件来源——填写工作中发现、报案、投案、移送、扭送等内容;报案人的基本情况——填写姓名、性别、单位、住址、联系电话等内容;简要案情——违法嫌疑人明确的,记明违法嫌疑人的姓名、性别、出生日期、现住址和工作单位等基本情况;违法嫌疑人是单位的,记明单位名称、地址和法定代表人;发案时间、地点、过程、后果及现状;有被侵害人的,记明被侵害人受害情况、损失物品及其数量、特征等要素;接报人——写明受案海警的姓名,并写明接报时间。(4)制作《接受案件回执单》。海警接受案件时,应当制作《接受案件回执单》,交报案、控告、举报、扭送、投案人,并留存一份备查,需要报送其他单位备案的,按照有关规定执行。回执单中必须填明受案单位名称、受案海警姓名以及相关电话号码,以便报案人了解受案情况,监督受案单位的工作进展情况。对其他行政主管部门、司法机关移送的案件,应当在《移送案件通知书》等文书或者其他送达回执上签收,不必制作《接受案件回执单》。(5)现场处置。对于需要立即赶赴现场处置的,或者110报警服务台指令赶赴现场处置的,应当尽快到达现场,依法、稳妥、果断处置。处警海警应当及时报告案件处理情况。对治安案件现场的处置,应当做到:维护现场秩序;进行现场调查;搜集、保全证据;收缴和扣押违法、违禁物品;除按法律规定实行当场处罚、现场调解外,依法将有关人员带回海警机关继续调查处理;违法嫌疑人在醉酒状态中,对本人有危险或者对他人的人身、财产或者公共安全有威胁的,可以对其采取保护性措施约束至酒醒,也可以通知其所属单位或者家属将其领回看管。对行为举止失控的醉酒人,可以使用约束带或者警绳等进行约束,但是不得使用手铐、脚镣等警械。约束过程中,应当注意监护。确认醉酒人酒醒后,应当立即解除约束,并及时进行询问。约束时间不计算在询问查证时间内。

第二,提出处理意见。经初步审查案件材料结合现场前期处置需要,受理案件的海警应当分别提出以下处理意见,在《受案登记表》中注明,报办案部门负责人审批:(1)对属于本单位管辖范围内的事项,建议及时调查处理;(2)对属于中国海警职责范围,但不属于本单位管辖的,建议移送有管辖权的单位调查处理;(3)对不属于中国海警职责范围内的事项,当场告知当事人不予调查处理。或者建议当事人向其他主管机关报案或者投案。当事人要求中国海警处理的,受理案件的海警应当在《受案登记表》中注明不予调查处理的意见。

第三,作出决定。办案部门负责人在《受案登记表》上签署处理意见。办案部门负责人批准调查处理的,依法进行调查,收集证据,作出处理,并将有关情况告知报案、控告、举报、投案人。办案部门负责人决定不予调查处理的:对有报案、控告、举报、投案人的,及时告知其不予调查处理的决定,说明理由,并告知当事人向其他主管机关报案或者投案;对其他部门移送的案件,将不予处理决定书面送达移送案件的部门签收,并说明理由。办案部门负责人批示移送案件的,依照规定办理。

3. 受理案件的规范

对于报案、控告、举报、扭送或者违法嫌疑人投案的,接警海警都应当立即受理,书面告知有关人员,立即派出警力,赶赴现场,应当为报案人保密,妥善处理有关人员、物品等,制作受案回执单等。属于中国海警职责范围但不属于本单位管辖的案件,具有下列情形之一的,受理案件或者发现案件的中国海警应当依法先行采取必要的强制措施或者其他处置措施,再移送有管辖权的单位处理:违法嫌疑人正在实施危害行为的;正在实施违法行为或者违法后即时被发现的现行犯被扭送至中国海警的;在逃的违法嫌疑人已被抓获或者被发现的;有人员伤亡,需要立即采取救治措施的;其他应当采取紧急措施的情形。受理案件后,对属于本单位管辖范围内的事项,应当及时调查处理。对属于中国海警职责范围,但不属于本单位管辖的,应当在受理后的二十四小时内移送有管辖权的单位处理,并告知报案人、控告人、举报人、扭送人、投案人。对不属于中国海警职责范围内的事项,书面告知报案人、控告人、举报人、扭送人、投案人向其他有关主管机关报案或者投案。对发现或者受理的案件暂时无法确定为刑事案件或者行政案件的,可以按照行政案件的程序办理。在办理过程中,认为涉嫌构成犯罪的,应当按照《公安机关办理刑事案件程序规定》办理。

4. 制作法律文书

《受案登记表》《受案回执》格式及《受案登记表》填写的要素有如下要求。

第一，《受案登记表》《受案回执》格式要求。中国海警对报案、控告、举报、群众扭送或者违法嫌疑人投案，以及其他行政主管部门、司法机关移送的案件，应当及时受理，制作受案登记表；中国海警接受案件时，应当制作受案回执单一式二份，一份交报案人、控告人、举报人、扭送人，一份附卷。回执单中必须填明受案单位名称、受案海警姓名以及相关电话号码，以便报案人了解受案情况，监督受案单位的工作进展情况。根据公安部关于印发《公安行政法律文书式样》的通知（公通字〔2012〕63号）之规定，(1)受案登记表、接受证据清单，是中国海警接受案件时所使用的文书。接受证据清单作为受案登记表的附件，用于在受案时登记报案人、举报人、控告人、投案人、扭送人提交的证据。"案件来源"栏由受案海警在相应的"□"中打钩选定。"报案人"栏填写报案人、举报人、控告人、投案人、扭送人的姓名、性别、出生日期、身份证件种类及号码、工作单位、联系方式和现住址。报案人不愿公开自己的姓名和报案行为的，此栏可注明"匿名"，但应当写明联系方式。"移送单位"栏填写移送案件的单位名称。"简要案情或者报案记录"栏填写简要案情或者报案人报称的基本情况，可采用问答方式记录，主要包括发案时间、地点、简要过程、后果和现状，违法犯罪嫌疑人的姓名、性别、出生日期、现住址和工作单位等基本情况以及到案经过，有被害人（被侵害人）的，应当写明人身伤害、财物损失及数量、特征等情况。违法犯罪嫌疑人是单位的，应当填写单位名称、地址和法定代表人。该栏还应当注明是否接受了报案人、举报人、控告人、投案人、扭送人等提供的证据，接受证据的，应当在该栏中注明"接受证据情况见所附《接受证据清单》"，并按照要求制作《接受证据清单》。"受案意见"是受案海警在初步判定案件性质、管辖权限以及可否追究法律责任等情况后提出的处理建议，由受案海警在相应的"□"内打钩选定。选择"其他"情形的，应当在随后的横线处注明具体情况。"受案审批"栏由受案部门负责人签署审批意见，根据具体情况填写"同意"或者其他处理意见，并签名、注明日期。(2)受案回执是中国海警受案后给报案人、控告人、举报人、扭送人的回执。属于其他单位移送案件的，受案单位应当在《移送案件通知书》等文书或者有关送达回执上签收，不必制作受案回执。抬头部分横线处填写报案人、控告人、举报人、扭送人姓名或者单位名称。"可通过查询案件进展情况"的横线处填写查询案件进展情况的方式，包括电话、网址等。"联系人、联系方式"后的横线处填写受案或者办案海警的姓名、电话或者其他联系方式。

第二，《受案登记表》填写的要素。受理案件的海警应当制作《受案登记表》，记明以下要素：(1)案件来源。填写工作中发现、报案、投案、移送、扭送等内容。(2)报案人的基本情况。填写姓名、性别、单位、住址、联系电话等内容。(3)简要案情。违法嫌疑人明确的,记明违法嫌疑人的姓名、性别、出生日期、现住址和工作单位等基本情况;违法嫌疑人是单位的,记明单位名称、地址和法定代表人;发案时间、地点、过程、后果及现状;有被侵害人的,记明被侵害人受害情况、损失物品及其数量、特征等要素。(4)接报人。写明受案海警的姓名,并写明接报时间。

(二) 调查取证

中国海警在受理案件后,为了查明违反治安管理行为的事实情况(如当事人的基本信息、违法行为是否存在、实施违法行为的时间、地点、手段、后果以及其他情节等),应当通过传唤、询问、勘验、检查、鉴定、证据保全等方式,合法、及时、客观、全面地收集、调取与案件相关证据材料,并予以审查、核实。

1. 治安案件调查的事实

治安案件的调查围绕案件发生的情况进行,每一个案件都有其特点,又都有共同之处,治安案件调查的事实包括所有案件共同的基本事实和个案的重点调查的案件事实。

第一,调查的基本事实。需要调查案件的基本事实如下:(1)违法嫌疑人的基本情况。主要包括:姓名,是否有曾用名、化名、绰号、笔名等;性别;年龄、出生日期;居民身份证号码;民族;籍贯;户籍所在地、现住址;工作单位;文化程度;是否受过任何处罚等。嫌疑人为外国人的,应查明其国籍、出入境证件种类及号码、签证种类、入境时间、入境事由以及其是否有中文姓名等有关情况,必要时,还应当问明在华关系人等情况。(2)违法行为是否存在。所受理违法行为的事实是否存在,是什么性质的违法行为,必须以调查的证据证实。(3)违法行为是否为违法嫌疑人实施。(4)实施违法行为的时间、地点、手段、后果以及其他情节。(5)违法嫌疑人有无法定从重、从轻、减轻以及不予行政处罚的情形。前述情形是指依照《治安管理处罚法》《程序规定》和《行政处罚法》等的规定,能够从重、从轻、减轻以及不予行政处罚的情形。(6)与案件有关的其他事实。

第二,重点调查的案件事实。重点调查的案件事实主要是结合每一起个案在违法行为构成和处罚方面所具有的特殊情形进行。(1)扰乱公共秩序行为的调查。这类行为在客观方面的构成除了危害行为外,一般以造成社会秩序混乱的危害结果为构成要件。因此,重点调查的案件事实就是查明扰乱公共秩序的行为对社会秩序造成的混乱状态是怎样的,若造成严重的混乱状态,还要分析其是否构成犯罪。(2)妨害公共安全行为的调查。对公共安全造成危害的后果是难以预料、不可控制的。因此,法律对妨害公共安全行为的惩罚比较严厉,无论是只实施了危害行为,还是实施的危害行为又造成了危害结果;无论是一般危害结果,还是严重危害结果等,均应当受到惩罚。治安管理处罚法更多地是从预防的角度出发,对危害公共安全行为的惩罚表现在只要实施了危害公共安全的行为就给予处罚。因此,对这类行为的重点调查的案件事实是危害公共安全的行为如何,即一旦对公共安全造成危害结果,则可以直接分析其是否构成犯罪。(3)侵犯人身权利行为的调查。治安管理处罚法调整的侵犯人身权利的行为中,一部分与刑法调整的犯罪衔接,一部分是治安管理处罚法独有调整的。对前者重点调查的案件事实是,侵犯人身权利所造成的危害后果是否严重;对后者重点调查的案件事实是,侵犯人身权利的行为是什么。(4)侵犯财产权利行为的调查。侵犯财产权利行为与刑法调整的犯罪衔接。因此,对侵犯财产权利行为的重点调查的案件事实是侵犯财产权利所造成的危害后果是否严重。(5)妨害社会管理行为的调查。妨害社会管理行为所包含的内容较多,有的与刑法调整的犯罪衔接,有的是治安管理处罚法独有调整的;治安管理处罚法独有调整的妨害社会管理行为中有的以实施危害行为为构成要件,有的以实施危害行为并造成一定后果为构成要件。因此,不同的妨害社会管理行为,重点调查的案件事实不同,可以参考前述对各种违反治安管理行为重点调查的情形。

2. 调查的规范

《程序规定》第 37 条规定:"对行政案件进行调查时,应当合法、及时、客观、全面地收集、调取证据材料,并予以审查、核实。"第一,调查主体的基本要求。根据《程序规定》第 40 条的规定,对调查主体的基本要求如下:调查主体是具有执法资格的海警;调查的具有执法资格的海警不得少于 2 人;调查的具有执法资格的海警应当表明执法身份。第二,收集、调取证据的基本要求是合法、及时、客观、全面。合法是调查的基础,用正义惩罚邪恶,正义及其手段必然是合法的,获取证据的调查手段必然要合法。对案件进行调查,要抓住时机尽快进行,许多证据具有容易消失的特点,及时调查才能获取证据,时过境迁,有些证据就会难以获得。证据是证明案件事实的事实,必须是客观事实才能证明案件事实,获取客观事实的调查必然要合法。需要调查的案件事实诸多,每一个证据仅能证明案件的某个局部,调查必须尽可能全面,证据才有证明力。

3. 调查的主要方法

无论是治安案件还是刑事案件,调查案件的方法有共同之处,治安案件调查可以从刑事案件调查中获取一些方法。①

第一,访问调查。访问调查是指为了查明案件事实情况,了解事实真相,对可能了解案件事实情况的人员进行访谈,从而获取案件线索的一种调查方法。这里的访问调查主要指不取证的访问调查,目的在于寻找案件线索,确定调查范围、对象等。第二,摸底调查。摸底调查是指根据已经掌握、了解的治安案件线索、情况,在分析案情的基础上,继续确定调查范围、对象,查找案件证据的调查方法。

---

① 熊一新.治安案件查处教程[M].北京:中国人民公安大学出版社,2007:92-95.

摸底调查主要目的是扩大案件线索,核实证据,发现、核实违法嫌疑人及其违法行为。第三,模拟实验。模拟实验是指为了确定治安案件的某一事实的存在与否,存在的情况如何,通过现场模拟实验或者模拟现场实验验证案件情况的一种调查方法。模拟实验的关键在于设定与案情有关的条件下进行,脱离案情条件的模拟实验是没有意义。模拟实验在案件调查中是一种非常重要的调查方法,常常用于案件的证据的不确定的验证,治安案件的证据并不会因为危害后果比刑事案件小,其调查就简单、容易,相反,治安案件常常因为危害后果较小,获取证据更难,通过模拟实验以验证事实的可能性就显得尤为重要。(1)根据要检验的案件事实不同,模拟实验一般可以分为感知可能性实验、行为可能性实验和事物可能性实验。感知可能性实验是为了检验与案件有关人员能否在某一特定条件下感知有关治安案件的某一状况的模拟实验。例如,在某种情况下,与案件有关人员是否能看到、听到与案件有关的情况。行为可能性实验是为了检验与案件有关人员能否在某一特定条件下实施某一特定行为的模拟实验,此行为可能性包括行为能力可能性、行为过程可能性和行为结果可能性。例如,在某种情况下,与案件有关人员是否能够实施某种行为,行为发生、发展过程是怎样的,能否产生某种后果。事物可能性实验是为了检验与案件有关的某一特定事物能否在某一特定条件下发生的模拟实验。例如,如果要验证"公共场所经营管理人员违反安全规定行为"中的"致使该场所有发生事故危险"的情形,可以进行事物可能性实验。(2)根据模拟实验的场所是否在治安案件案发现场,模拟实验又可以分为现场实验与非现场实验。现场实验是在治安案件案发现场进行的模拟实验。非现场实验是在治安案件案发现场之外,通过模拟还原现场进行的模拟实验。一般情况下,在案件案发现场有条件进行现场实验的,就进行现场实验;已经没有条件进行现场实验时,尽量模拟还原现场,进行非现场实验。

(三)案件审核

案件审核是指治安案件的审核部门对治安案件的调查处理情况进行审核,根据案件具体情况,核定处理意见,供中国海警决定的工作。治安案件经过前期的调查取证后,办案部门应当按照规定程序向案件审核人员提交对案件处理的建议、理由及依据,并由中国海警负责人审批。根据《程序规定》第146条的规定,案件审核人员和公安机关负责人在对治安案件进行审核、审批时,应当审查下列内容:(1)违法嫌疑人的基本情况。办案部门对违法嫌疑人的基本情况应当调查清楚,如违法嫌疑人的姓名、性别、年龄、国籍、住所、身份证件情况、是否有因为违法犯罪而受处罚的经历、是否是人大代表等。根据《程序规定》第142条的规定,违法嫌疑人不讲真实姓名、住址,身份不明,但只要违法事实清楚、证据确实充分的,可以按其自报的姓名、贴附照片作出处理决定,并在相关法律文书中注明。(2)案件事实是否清楚,证据是否确实充分。案件事实包括当事人的基本情况,违法行为的存在与否和具体实施者,违法行为的时间、地点、方式、手段、原因、后果等,以及量罚的法定情节与酌定情节。案件事实和证据其实是一体两面,案件事实是由证据支撑的,证据之间也应形成符合逻辑的证据链。如果证据之间不能互相印证,或某些证据存在疑点,案件事实必然是不清楚;反之,如果案件事实不清楚,证据必然是不确实充分的。审核部门或审核人认为案件事实不清、证据不足的,应当退回办案部门或办案人,并限期进行补充调查。若存在非法证据的,应当依法予以排除。(3)案件定性是否准确。案件定性是指对违法嫌疑人是否构成违法行为以及构成何种违法行为的界定,如案件是属于行政案件,还是属于刑事案件或民事案件;若是行政案件,是否属于治安案件;若是治安案件,具体属于何种违反治安管理行为。如果违法行为人实施了多个违反治安管理行为,应对其分别定性后分别决定,合并执行。审核部门或审核人如果认为案件定性不准确的,应当提出纠正意见或直接予以纠正。(4)适用法律、法规和规章是否正确。在对法律适用情况进行审查时,应遵循法律适用的基本原则,对办案部门适用法律、法规和规章的情况进行审查。如果办案部门错误适用具体法律依据的,应当提出修正意见或予以纠正。(5)办案程序是否合法。随着社会的发展,行政程序在治安案件办理中得到了更多关注,无论是当事人、行政机关,还是法院对办案程序提出了更高的要求,许多地方也都出现了因为程序不合法而被行政复议机关或法院撤销的案例。因此,在案件审查时,应特别关注办案程序的合法性。若程序存在违法或瑕疵情形的,应当依法予以及时纠正或补正。(6)拟作出的处理决定是否适当。拟作出的处理决定既要合法,也要合理。因此,审核部门或审核人应当对办案部门裁量权的行使予以制约,应重点审查拟处罚决定是否存在畸轻畸重,是否考虑了法定情节,是否存在不应当考虑的因素等。根据2014年修正的《行政诉讼法》第70、77条的有关规定,行政处罚明显不当的,人民法院可以判决撤销或变更。

(四)告知、听取(听证)

中国海警在作出治安管理处罚决定之前,应当告知当事人作出处罚决定的事实、理由及依据,并告知当事人依法享有的权利。中国海警必须充分听取当事人的陈述和申辩,对当事人提出的事实、理由和证据,应当进行复核。当事人提出的事实、理由或者证据成立的,中国海警应当采纳。中国海警在作出责令停产停业、吊销许可证或较大数额罚款等行政处罚决定之前,应当告知当事人有要求举行听证的权利。当事人要求听证的,行政机关应当组织听证。

1. 告知

告知是指中国海警在作出治安管理处罚决定之前,将拟作出治安管理处罚决定的事实、理由和依据,以及当事人依法享有的权利,告知当事人的法律活动。①

告知不仅是办理各类治安案件的必经程序,也是为保障当事人的合法权益而设定的事中救济程序。任何行政处罚决定的作出,都应当建立在事实清楚、证据确实充分、适用法律法规正确的基础上。告知是保护行政相对人合法权益的法定程序,《行政处罚法》第31条规定:"行政机关在作出行政处罚决定之前,应当告知当事人作出行政处罚决定的事实、理由及依据,并告知当事人依法享有的权利。"《治安管理处罚法》第94条第1款规定:"公安机关作出治安管理处罚决定前,应当告知违反治安管理行为人作出治安管理处罚的事实、理由及依据,并告知违反治安管理行为人依法享有的权利。"在治安管理处罚决定作出前,相对人只有获得拟作出行政处罚决定的相关信息,才能有针对地陈述自己的看法,提出新的证据。因此,告知对行政相对人保护自身的合法权益具有重要意义,是相对人所享有的程序性权利。告知也是治安管理处罚决定成立的法定形式要件。根据《行政处罚法》第41条规定:"行政机关及其执法人员在作出行政处罚决定之前,不依照本法第三十一条、第三十二条的规定向当事人告知给予行政处罚的事实、理由和依据,或者拒绝听取当事人的陈述、申辩,行政处罚决定不能成立;当事人放弃陈述或者申辩权利的除外。"如果中国海警在作出治安管理处罚决定之前不依法履行告知义务,治安管理处罚决定不具有法律效力。需要指出的是,告知程序是行政处罚决定成立的法定形式要件,但并非是中国海警征得被处罚人同意才能就实体内容作出处罚决定。②

告知的事项主要包括以下几个方面:(1)告知的对象。《程序规定》第143条第1款规定,告知的对象是因为涉嫌违反治安管理法律、法规和规章的规定,正在接受治安管理处理的违反治安管理嫌疑人或其监护人。单位违法的,应当告知其法定代表人、主要负责人或者其授权的人员。根据该规定,没有违反治安管理的被侵害人不是告知的法定对象。我们认为,根据《行政处罚法》第31条的规定,被侵害人作为同一个治安案件的一方当事人,也与案件处理结果具有直接的利害关系,应当以合适的方式予以告知。(2)告知的时间。治安管理处罚的告知,应在办案部门调查取证完毕并提出处罚意见后,作出治安管理处罚之前进行,以保障行政相对人的知情权和陈述、申辩权。(3)告知的内容。中国海警在作出处罚决定前的告知包括两个方面。一是告知当事人拟作出治安管理处罚的事实、理由及依据。其中,事实是指中国海警认定的拟被处罚人违反治安管理行为的案件事实以及认定案件事实的证据;理由是指被处罚人的行为具有治安管理违法性和社会危害性,应当接受何种治安管理处罚的原因;依据是指中国海警拟作出处罚决定

---

① 熊一新.治安案件查处教程[M].北京:中国人民公安大学出版社,2007:116.
② 李春华.治安管理处罚法通论[M].北京:中国人民公安大学出版社,2009:317.

所依据法律、法规或规章的具体法律条文。二是告知当事人依法享有的权利,即当事人依法享有的陈述权、申辩权,涉及可以听证的案件,还应当告知当事人享有申请听证的权利。由于在告知阶段处罚决定尚未生效,因此,无需告诉当事人申请行政复议或行政诉讼的权利。

根据相关法律的规定,行政处罚的告知主要有以下三种形式:(1)书面告知。《程序规定》第143条第2款规定:"适用一般程序作出行政处罚决定的,采用书面形式或者笔录形式告知。"告知笔录的内容应当是明确和详细的,使当事人对案件事实、处罚理由和法律依据有充分的了解,以保障当事人更好地行使陈述权和申辩权。适用普通程序作出治安管理处罚决定,应当采取书面告知方式,不得以口头告知代替。(2)公告告知。公告告知是中国海警在无法通过书面告知的情况下,采用的特殊告知方式。《程序规定》第144条规定:"对违法行为事实清楚,证据确实充分,依法应当予以行政处罚,因违法行为人逃跑等原因无法履行告知义务的,公安机关可以采取公告方式予以告知。自公告之日起七日内,违法嫌疑人未提出申辩的,可以依法作出行政处罚决定。"基于行政效率和实质正义的考虑,在因违法行为人逃跑等原因无法履行告知义务的,不得以无法完成书面告知为由回避行政处罚决定的作出。采用公告告知方式,必须符合以下两个条件,即"违法行为事实清楚,证据确实充分,依法应当予以行政处罚"和"因违法行为人逃跑等原因无法履行告知义务"。采用公告告知的,中国海警可以根据案件的具体情况,采取以下一种或者几种方式:在被告知人住所地和派出所公告栏同时张贴公告、在报纸上登载公告、在电视台播报公告、在网络上登载公告等方式,其目的是尽可能保障当事人获得告知的权利。公告告知的内容与书面告知的内容相同,并需要注明采用公告告知的原因和法律后果。公告告知的,应当在案卷中记明公告告知的原因、经过和结果。(3)口头告知。在简易处罚程序中,治安管理处罚决定书是由海警当场作出的,没有必要再书面告知。根据《程序规定》第35条第3项的规定,在简易处罚程序中,办案海警在制作当场处罚决定书之前,应当口头告知违法行为人拟作出行政处罚决定的事实、理由及依据,并告知当事人依法享有的陈述权和申辩权。简易处罚程序虽然比一般处罚程序更为简略,但是当事人应当获得的核心权利并不能有所削减。因此,不仅应当告知当事人处罚决定的事实、理由和依据,也应当告知当事人拟作出的治安管理处罚决定。

2. 听取

听取是指对当事人就其被告知的内容进行陈述和申辩所提出的事实、理由和证据,中国海警予以复核并决定是否采纳的法律活动。听取的目的,在于防止中国海警在事实认定和法律适用上出现偏差或错误。相对于事后的救济手段,行政相对人在处罚决定作出前的参与,不仅可以有效保护其合法权益,也有利于提高执法的正义水平。且经过正当的告知和听取程序,会有效降低行政相对人对中国海警和处罚决定的抵触心理，不仅有利于其对处罚决定的履行，也有助于提高中国海警的执法公信力。《治安管理处罚法》第 94 条第 2 款规定："违反治安管理行为人有权陈述和申辩。公安机关必须充分听取违反治安管理行为人的意见，对违反治安管理行为人提出的事实、理由和证据，应当进行复核；违反治安管理行为人提出的事实、理由或者证据成立的，公安机关应当采纳。"据此，中国海警在告知当事人后应当充分听取当事人的陈述和申辩，并为当事人提供相应的陈述和申辩时间。然而，在治安案件办理中存在许多听取程序走过场的现象，包括拒绝听取或不认真听取当事人的陈述与申辩；不予以复核和采纳当事人的陈述与申辩；告知与处罚决定作出的时间间隔太短，使当事人无法有效行使陈述权和申辩权等。

3. 告知与听取的规范

在办理治安案件的普通程序中，告知与听证应遵循以下规范要求：(1) 制作告知笔录。中国海警在作出治安管理处罚决定前应当制作告知笔录，告知笔录的内容应当包括拟作出治安管理处罚决定的事实、理由、依据，以及当事人依法享有的陈述权和申辩权等。(2) 告知。中国海警在作出治安管理处罚决定前，向当事人送达并宣读告知笔录。因为违反治安管理行为人逃跑等原因无法告知的，通过公告的方式予以告知。(3) 听取违反治安管理行为人的陈述和申辩。听取是赋予告知程序实效性的保障。当事人在收到告知笔录后，有权进行陈述和申辩。除当事人明确表示自己放弃陈述和申辩外，中国海警必须保障当事人陈述权和申辩权的行使，并充分听取违反治安管理行为人的意见。被告知人既可以当场进行口头陈述和申辩，也可以提交书面的材料。告知人应在告知笔录上如实记录被告知人的口头陈述和申辩内容，或将其书面的陈述、申辩材料附在告知笔录上，并由被告知人签字确认。(4) 复核。中国海警应当认真复核当事人提出的事实、理由和证据。必要时可以对中国海警认定的证据重新审核或继续进行调查取证。(5) 采纳。当事人提出的事实、理由或者依据成立的，中国海警应当依法予以采纳。(6) 不得加重处罚。中国海警不得因为违反治安管理行为人的陈述和申辩而加重对其的处罚。

(五) 处理决定

处理决定必须建立在案件事实清楚、证据确实充分、适用法律法规正确、定性准确、程序合法、量罚合理和文书规范、齐全的基础上。根据《治安管理处罚法》第 95 条和《程序规定》第 147 条的规定，中国海警应当根据不同的情况作出以下处理决定：(1) 作出治安管理处罚决定。经过依法调查、审核，认为违法行为人确有违反治安管理行为，应当给予治安管理处罚的，根据其违法情节和危害后果的轻重，以及其他应当考虑的情节和法律规定，作出行政处罚决定。(2) 作出不予行政处罚决定。经过依法调查、审核，认为违法行为人确有违反治安管理行为，但有依法不予行政处罚情形的,作出不予行政处罚决定。有违法所得和非法财物、违禁品、管制器具的,应当予以追缴或者收缴。(3)违法事实不能成立的,作出不予行政处罚决定。此处的违法事实不能成立,既包括经过调查取证,认定违法嫌疑人确实没有违法行为,也包括根据已经调查收集的证据,不能确实认定违法嫌疑人存在违法行为,即证据不充分或证据存在疑问。(4)作出处理措施决定。对需要给予社区戒毒、强制隔离戒毒等处理的,中国海警应当依法作出决定。(5)转为刑事案件办理或者移送有权处理的主管机关、部门办理。违法行为涉嫌构成犯罪的,无需撤销行政案件。如有管辖权的,中国海警应当将其直接转为刑事案件办理;如没有管辖权的,应当移送有权处理的主管机关、部门办理。中国海警已经作出行政处理决定的,应当附卷。(6)通知有关行政主管部门处理。发现违法行为人有其他行政违法行为的,中国海警如有管辖权的,应当依法作出行政处理决定。如没有管辖权的,应当通知有关行政主管部门处理。

(六)涉案财物处置

在处罚决定生效后,对收缴和追缴的财物,经原决定机关负责人批准,分别作出如下处理:属于被侵害人或者善意第三人的合法财物,应当及时返还;没有被侵害人的,登记造册,按照规定上缴国库或者依法变卖、拍卖后,将所得款项上缴国库;违禁品、没有价值的物品,或者价值轻微,无法变卖、拍卖的物品,统一登记造册后销毁;对无法变卖或者拍卖的危险物品,由县级以上中国海警主管部门组织销毁或者交有关厂家回收。

(七)案件终结

治安案件具有下列情形之一的,应当予以结案:作出不予处罚决定的;适用调解程序的案件达成协议并已履行的;作出行政处罚等处理决定,且已执行的;违法行为涉嫌构成犯罪,转为刑事案件办理的;作出处理决定后,因执行对象灭失、死亡等客观原因导致无法执行或者无需执行的。经过调查,发现治安案件具有以下情形的:没有违法事实的;违法行为已过追究时效的;违法嫌疑人死亡的;其他需要终止调查的情形的,经公安派出所、县级公安机关办案部门或者出入境边防检查机关以上负责人批准,终止调查。终止调查时,违法嫌疑人已被采取行政强制措施的,应当立即解除。对在办理治安案件过程中形成的文书材料,应当按照一案一卷原则建立案卷,并按照有关规定在结案或者终止案件调查后将案卷移交档案部门保管或者自行保管。

第三节 听证程序

任何公权力都应当公正行使,在作出决定前必须听取当事人的意见。听证制度不仅是英国普通法上自然正义原则的核心要义,也是美国宪法关于正当法律程序的要求。1996年3月17日,全国人大通过的《行政处罚法》专节设置了听证制度,规定了行政听证的范围和基本程序,该法的颁布与实施使我国进入了听证时代。2005年全国人大常委会通过的《治安管理处罚法》第98条中明确规定了治安案件的听证范围。但该法并未对听证程序予以细化,而《行政处罚法》规定的听证程序又过于原则。因此,根据相关法律的规定,公安部在《程序规定》中对听证制度予以细化。严格意义上讲,听证程序不是完整的独立的程序,它是普通程序的一个特殊阶段。

一、听证的理解

听证有广义和狭义两种含义,广义上的听证是指行政机关在作出任何影响行政相对人利益的决定之前,征求与听取利害相关人意见的活动,包括行政听证会、告知与听取等。狭义上的听证是指履行严格法律程序的行政听证会,即行政机关为了合理地作出行政决定,公开举行由利害相关人参加的行政听证会,以广泛听取各方意见的活动。① 除特别说明外,本节所探讨的听证仅指狭义上的行政听证会。听证既是一个独特的法定调查程序,也构成了普通行政程序中一个可选择的组成部分,在符合法定条件的情况下,由当事人选择是否启动。治安案件办理中的听证是指中国海警在办案过程中,在拟作出法律规定的治安管理处罚决定前,依法由非本案调查人员主持,召开行政听证会,听取当事人对拟作出治安管理处罚决定及其事实、理由和依据所进行的申辩、质证的法律活动。听证制度的核心是行政机关在作出行政决定之前,必须听取利害相关人的意见,否则,就是违反了法定程序。在治安案件办理过程中,中国海警一方面要保障当事人所享有的启动行政听证的权利;另一方面,更应该将听证作为一种正当法律程序的要求,警示海警在行政执法过程中认真地思考如何有效地保障相对人的知情权、陈述权和申辩权。

二、听证的基本原则

为了保障当事人的合法权益,有利于中国海警查明案件事实,治安案件办理

---

① 李兴林,刘建昌.公安机关办理行政案件程序规定实务解读[M].北京:中国人民公安大学出版社,2013:109.

中的听证程序必须遵循以下几个基本原则:(1)公开原则。公开原则是指除涉及依法应当保密的案件外,听证都应当公开进行,提前向社会公布听证的时间、地点,允许公众旁听,允许新闻媒体进行采访和报道。听证在性质与形式上类似于法院审判的准司法行为,根据我国《行政处罚法》第 42 条的规定,除涉及国家秘密、商业秘密或者个人隐私外,听证公开举行。因此,治安案件办理中的听证应该以公开为原则,以不公开为例外。公开是最好的防腐剂,通过公开,可以向社会提供一个开放的平台,建立一种保障当事人权利的辩论平台,并有助于保障相对人的知情权。在公开过程中,中国海警必须通过证据和法律依据的展示表现对案件事实的认定,通过对拟处治安管理处罚的说理使相对人了解行政行为的合法性与合理性。(2)公正原则。公正原则是指在听证过程中,听证人员办事公道,不徇私情,平等对待不同的当事人。公正原则包括实体公正和程序公正。实体公正的要求包括依法办事、不偏私、合理考虑相关因素、不专断等。程序公正主要包括自己不做自己的法官、不单方接触、不在事先未通知和听取当事人陈述、申辩的情况下作出对其不利的行政行为等。[①] 其中,程序公正是实体公正的前提和保障,实体公正是程序公正的结果和要求。(3)案卷排他性原则。案卷排他性原则是指为了保护当事人的知情权,行政机关在作出行政处罚决定时,除非发现对当事人有利的新证据,原则上必须以行政案卷中所记载的内容为依据。听证中的案卷排他性原则包含两个方面:一是指听证主持人对听证报告书的作出,必须依据听证案卷作出,不得接纳听证案卷以外的证据和观点;二是指行政处罚决定的作出,只能以经过听证的全部案卷内容作为依据,不得以案卷之外当事人不知或未质证的证据作为根据。案卷排他性原则赋予听证以实效性意义,因为经过听证所形成的案卷如不能成为处罚决定的依据的话,听证就没有任何法律与社会效益。因此,案卷排他性原则是使符合形式正义要求的听证程序达到实质正义的桥梁与保障。

三、听证的适用范围

根据有关规定,治安案件办理中听证程序的适用范围是:(1)责令停产停业。责令停产停业是指公安机关要求从事违法生产经营活动的行政相对人停止生产、经营活动的行政处罚形式。责令停产停业是行为罚(能力罚)的一种,被处罚人在一定时限内不得继续从事某种生产经营活动,只有当其在此期限内纠正了违法行为,方可恢复生产和经营。责令停产停业与责令停止违法行为不同。《行政处罚法》第 23 条规定:"行政机关实施行政处罚时,应当责令当事人改正或者限期改正违法行为。"因此,后者不属于行政处罚,而是行政机关要求当事人停止正在实施违法行为的一种行政命令,其目的是为了恢复合法的状态,行政相对人不得申请

[①] 姜明安.行政法与行政诉讼法(第五版)[M].北京:北京大学出版社,高等教育出版社,2011:345.

听证。(2) 吊销许可证。吊销许可证是指公安机关依法收回违法行为人已经获得的从事某种经营行为资格或权利的许可证书,从而剥夺或限制其从事该种活动的处罚形式。(3) 较大数额的罚款。根据《程序规定》第 99 条第 2 款的规定,"较大数额罚款"是指对个人处以 2 000 元以上罚款,对单位处以 1 万元以上罚款,对违反边防出境入境管理法律、法规和规章的个人处以 6 000 元以上罚款;对依据地方性法规或者地方政府规章作出的罚款处罚,适用听证的罚款数额按照地方规定执行。(4) 法律、法规和规章规定违法嫌疑人可以要求举行听证的其他情形。作为一项兜底性规定,其具有扩大当事人申请听证权利的目的。这类情形包括两个方面:一是《治安管理处罚法》和《程序规定》没有作出规定,而现行的其他法律、法规和规章规定了违法嫌疑人可以要求举行听证的情形,应当适用该规定;二是随着社会的发展,当其他法律、法规和规章新设定的违法嫌疑人可以要求举行听证的其他情形,应当适用新设定的规定。但当规定之间存在竞合或冲突时,应从保障当事人听证权利的角度作出解释与适用。此外,行政拘留尽管属于一种剥夺公民人身自由且最严厉的治安管理处罚,但现行法律并没有赋予行政相对人申请听证的权利。因此,行政拘留并不适用于听证程序。只有当行政相对人被处以行政拘留,并被处可以要求举行听证的其他情形时,如个人被处以行政拘留、并处 2 000 元以上罚款,才有权申请听证。

四、听证人员和听证参加人

《程序规定》第 103 条规定,听证人员有听证主持人、听证员和记录员等。听证会设听证主持人 1 名,负责组织听证;记录员 1 名,负责制作听证笔录。必要时,可以设听证员 1 至 2 名,协助听证主持人进行听证。根据回避制度的要求,本案调查人员不得担任听证主持人、听证员或者记录员。听证主持人在听证人员中处于核心地位,是听证活动的主持和调控者。听证主持人的中立在听证过程中十分重要,不得因为与本案调查人员属于同一单位而有所偏向。听证主持人在听证活动中决定或者开展下列事项:确定举行听证的时间、地点;决定听证是否公开举行;要求听证参加人到场参加听证,提供或者补充证据;决定听证的延期、中止或者终止;主持听证,就案件的事实、理由、证据、程序、适用法律等组织质证和辩论;维持听证秩序,对违反听证纪律的行为予以制止;决定听证员、记录员是否回避;其他有关事项。在听证过程中,听证主持人虽然无权决定案件的实体性问题,但对听证程序具有决定权。听证员是协助听证主持人进行听证的人员,可以对涉及听证的各类事实与法律问题向听证主持人提出建议,并享有一定的程序性权力,但不得直接作出程序方面的决定。如听证员有不同于听证主持人或其他听证员的意见,可在听证报告书中注明。记录员角色类似于法庭的书记员,在听证主持人的指挥下,负责听证的准备工作,制作听证笔录等。

听证参加人主要是指当事人及其代理人、本案办案海警、第三人等,此外,证人、鉴定人、翻译人员以及其他有关人员等也属于听证参加人。当事人是指同被申请听证的治安管理处罚决定有直接的利害关系,申请听证并参加听证会的违法嫌疑人,也可以被称为听证申请人。当事人在听证活动中享有下列权利:申请回避;委托一至二人代理参加听证;进行陈述、申辩和质证;核对、补正听证笔录;依法享有的其他权利。其中,申请回避与核对、听证笔录是当事人重要的程序性权利,也是维护自身合法权益的关键环节。委托代理人对保障当事人的权利具有重要的作用,可以更好地行使自己的陈述权和申辩权。而进行陈述、申辩和质证是当事人申请听证的实质内容,也是维护自身合法权益的核心环节。第三人在听证中具有类似于当事人的独立地位。与听证案件处理结果有直接利害关系的其他公民、法人或者组织,作为第三人申请参加听证的,应当允许。其中,违法嫌疑人提出听证的,被侵害人是第三人;共同被处罚案件中,部分违法嫌疑人提出听证的,其他违法嫌疑人是第三人。为查明案情,必要时听证主持人也可以通知第三人参加听证。第三人在听证过程中享有申请回避,委托代理人参加听证,进行陈述、申辩和质证,核对、补正听证笔录等权利。听证参加人和旁听人员在听证过程中应当遵守听证会场纪律。对违反听证会场纪律的,听证主持人应当警告制止;对不听制止、干扰听证正常进行的旁听人员,听证主持人可以责令其退场。

五、听证的实施

根据《行政处罚法》《治安管理处罚法》和《程序规定》的相关规定,听证的实施在一般情况下应当遵循以下步骤:

(一)听证的告知

根据《程序规定》第108条的规定,对适用听证程序的治安案件,办案部门在提出处罚意见后,应当告知违法嫌疑人拟作出治安管理处罚决定的具体内容,告知其有要求举行听证的权利,并在告知笔录中记明,由被告知人、告知人签字确认。被告知人拒绝签字的,告知人应当在笔录中注明。听证的告知,具体包括以下内容:告知的主体,由于中国海警的办案部门具体负责办理案件,应由其履行告知义务;告知的形式,应采用书面通知方式,一般采用公安行政处罚告知笔录的形式;告知的内容,包括拟作出的治安管理处罚决定以及当事人申请听证的权利;告知的时间,办案部门应在其提出处罚意见后,公安机关作出处罚决定前履行告知义务。

(二)听证的申请

是否申请听证是违法嫌疑人的一项法定权利。根据《程序规定》第109条的规定,违法嫌疑人要求听证的,应当在公安机关告知后3日内提出申请。听证的申请包含以下内容:(1)申请的主体。听证申请人是拟被处罚的违法嫌疑人,其他主体如被侵害人等无权提出听证申请。(2)申请的形式。法律并未规定听证的申请形式,根据便利当事人的原则,听证申请可以采用书面、口头、电话、电子邮件等形式提出。听证申请采用非书面(如口头、电话、电邮等)形式的,公安机关应当接受并记录在案。(3)申请的时间。违法嫌疑人要求听证的,应当在公安机关告知后3日内提出申请。因不可抗力或其他特殊情况无法在3日内提出听证申请的,应在障碍消除之日起3日内提出;是否准许,由公安机关决定。(4)听证申请的反复。违法嫌疑人放弃听证或者撤回听证要求后,在处罚决定作出前又提出听证要求的,只要在听证申请有效期限内,应当允许。

(三)听证的受理

中国海警在接受听证申请后,应当及时审查,决定是否受理。审查的内容包括申请人是否具有申请主体资格、申请是否符合法定期限和是否属于听证的适用范围等。根据《程序规定》第111条的规定,中国海警收到听证申请后,应当在2日内决定是否受理。认为听证申请人的要求不符合听证条件,决定不予受理的,应当制作《不予受理听证通知书》,告知听证申请人。逾期不通知听证申请人的,视为受理。中国海警受理听证后,应当在举行听证的7日前将《举行听证通知书》送达听证申请人,并将举行听证的时间、地点通知其他听证参加人。《举行听证通知书》既表明了中国海警受理听证的法律事实,也便于听证申请人准备参加听证会的资料。关于听证时间和地点的确定,听证主持人可以在法律规定范围内行使其裁量权。但听证的时间和地点的确定应本着便利听证参加人的原则,而不能有意对参加人造成不便,特别是听证地点的确定应有利于纠纷的解决。听证通知书的送达应当采取合理的方式,既可以直接送达申请人,也可以通过邮寄方式送达。

(四)听证的准备

为了保障听证顺利进行,中国海警必须做好听证的各项准备工作,如确定听证人员、记录员、听证时间、听证方式等事项,并发出通知、予以公告等。(1)确定听证部门。治安案件的听证一般由中国海警法制部门组织实施,中国海警内设机构依法以自己名义作出行政处罚决定的,由该机构非本案调查人员组织听证。(2)确定听证主持人。中国海警负责人应当指定主持人一名,负责组织听证。听证主持人指定记录员一名,负责制作《听证笔录》。必要时,听证主持人可以设听证员一至二名,协助主持人进行听证。(3)确定听证时间。听证应当在中国海警收到听证申请之日起10日内举行。听证申请人不能按期参加听证的,可以申请延期,是否准许,由听证主持人决定。(4)确定听证方式。除涉及国家秘密、商业秘密、个人隐私的治安案件外,听证应当公开举行。(5)听证的合并。两个以上违法嫌疑人分别对同一治安案件提出听证要求的,可以合并举行。同一治安案件中有两个以上违法嫌疑人，其中部分违法嫌疑人提出听证申请的，应当在听证举行后一并作出处理决定。

（五）听证的举行

根据《程序规定》第117条至第123条的规定，听证的举行一般步骤如下：（1）入场。记录员首先查明听证参加人是否入场，并报告听证主持人，宣读听证会纪律。（2）开始听证。听证开始时，听证主持人核对听证参加人的到会情况及其身份信息；宣布案由；宣布听证员、记录员和翻译人员名单；告知当事人在听证中的权利和义务；询问当事人是否提出回避申请；对不公开听证的治安案件，宣布不公开听证的理由。（3）办案海警陈述。听证开始后，首先由办案海警提出听证申请人违法的事实、证据和法律依据及治安管理处罚意见。办案海警提出证据时，应当向听证会出示。对证人证言、鉴定意见、勘验笔录和其他作为证据的文书，应当场宣读。（4）听证申请人陈述、申辩和质证。听证申请人可以就办案海警提出的违法事实、证据和法律依据以及治安管理处罚意见进行陈述、申辩和质证，并可以提出新的证据。在质证过程中，听证主持人应保障当事人的质证权，为了查明事实真相，主持人也可以向证人发问，但不得有倾向性，且不得替代当事人在质证过程中的主体地位。听证过程中，当事人及其代理人有权申请通知新的证人到会作证，调取新的证据。对上述申请，听证主持人应当场作出是否同意的决定。对申请重新鉴定的，听证主持人应当依照法定程序作出决定。（5）第三人陈述。第三人可以陈述事实、进行质证，表达对处罚决定的意见，并提出新的证据。（6）辩论。听证会的辩论是各方主张自己的观点和驳斥对方主张的相互辩驳过程，听证申请人、第三人和办案海警围绕案件的事实、证据、程序、适用法律、处罚种类和幅度等问题进行辩论，以达到明确案件事实的目的。听证辩论可以是多轮的，在听证主持人的主持下，每轮辩论按照听证申请人、办案海警和第三人的顺序进行发言。听证主持人应当引导各方围绕争议焦点进行辩论，相互之间可以辩论，但是对他方的提问必须经听证主持人的准许。在每轮辩论结束后，听证主持人应询问各方是否还有其他辩论意见。当各方没有新的问题或补充时，听证主持人应宣布结束辩论。听证主持人应注意对听证过程的控制，特别是应将质证或辩论的要点进行归类合并，并制止当事人对同一事实或理由的无意义重复，或提出无关的证据，以提高听证效率。（7）最后陈述。辩论结束后，听证主持人应当听取听证申请人、第三人、办案海警各方的最后陈述意见。听证申请人和第三人的最后陈述主要针对办案海警提出的事实、证据、处罚及其法律依据等进行肯定或否定的表态，并总结己方的主要观点。办案海警的最后陈述是对听证申请人和第三人陈述和申辩意见的表态，并对拟处罚决定及其事实、证据、法律依据等作最后的说明。

(六)听证的中止与终止

在听证过程中,因为法定情形,听证主持人可以宣布中止或终止听证。(1)听证的中止。听证的中止是指因为法定情形的出现,导致听证会不能正常进行,听证主持人决定暂时中止听证会进行,待法定事由消除后继续进行听证的制度。根据《程序规定》第124条的规定,在听证过程中遇有下列情形之一,听证主持人可以中止听证:需要通知新的证人到会、调取新的证据或者需要重新鉴定或者勘验的;因回避致使听证不能继续进行的;其他需要中止听证的。中止听证的决定由听证主持人口头作出,并在听证笔录中载明。当中止听证的事由消失后,听证主持人应当及时恢复听证。(2)听证的终止。听证的终止是指因为法定情形的出现,使得听证会无法继续进行或继续听证已经没有意义,听证主持人决定结束听证活动的制度。根据《程序规定》第125条的规定,听证过程中遇有下列情形之一,应当终止听证:听证申请人撤回听证申请的;听证申请人及其代理人无正当理由拒不出席或者未经听证主持人许可中途退出听证的;听证申请人死亡或者作为听证申请人的法人或者其他组织被撤销、解散的;听证过程中,听证申请人或者其代理人扰乱听证秩序,不听劝阻,致使听证无法正常进行的;其他需要终止听证的。

(七)听证结束与听证笔录

在听证申请人、第三人、办案海警等各方陈述最后意见后,听证主持人即可以宣布结束听证会,并对听证笔录进行审核与签字。在最后陈述完毕之后,听证笔录应当交听证申请人阅读或者向其宣读。听证笔录中的证人陈述部分,应当交证人阅读或者向其宣读。听证申请人或者证人认为听证笔录有误的,可以请求补充或者改正。听证申请人或者证人审核无误后签名或者捺指印。听证申请人或者证人拒绝的,由记录员在听证笔录中记明情况。听证笔录经听证主持人审阅后,由听证主持人、听证员和记录员签名。记录员应当将举行听证的情况如实记入听证笔录。听证笔录应当载明下列内容:案由;听证的时间、地点和方式;听证人员和听证参加人的身份情况;办案具有执法资格的警官陈述的事实、证据和法律依据以及行政处罚意见;听证申请人或者其代理人的陈述和申辩;第三人陈述的事实和理由;办案具有执法资格的警官、听证申请人或者其代理人、第三人质证、辩论的内容;证人陈述的事实;听证申请人、第三人、办案海警的最后陈述意见;其他事项,如回避、中止或延期等情况。

(八)制作听证报告书

听证结束后,听证主持人应当写出听证报告书,连同听证笔录一并报送中国海警负责人。听证报告书应当包括下列内容:(1)案由。(2)听证人员和听证参加人的基本情况。(3)听证的时间、地点和方式。(4)听证会的基本情况。包括办案海警提出的行政处罚意见及其事实、理由、依据等；听证申请人的陈述、申辩和质证；听证各方围绕案件的事实、证据、程序和法律等进行辩论的主要观点；最后陈述意见等事项。在听证过程中,如有申请回避、延期、中止、终止等情况,也应进行简要地说明。(5)案件事实。听证人员应对经听证后认定的案件事实、理由、证据等进行详细的说明。(6)处理意见和建议。听证人员应在听证报告书中提出对违法嫌疑人是否予以处罚、给予何种处罚、具体处罚的幅度等方面的意见和建议。

作为实践正当法律程序的一种制度,在治安管理处罚听证的整个过程中,无论是听证的告知与受理、听证时间和地点、听证人员的确定、辩论与质证、听证笔录和听证报告书的作出等方面都应遵循相应的法定程序和正当程序的要求。中国海警负责人必须根据听证案卷对相对人违反治安管理的事实进行重新审查,并根据法律作出相应的行政处罚决定。

第四节 调解程序

治安调解,是指因民间纠纷引起的违反治安管理、情节较轻的治安案件,由中国海警主持,通过教育调停的方法,促成案件双方当事人协商达成协议,不再予以治安管理处罚的一种处理治安案件的法律活动。治安调解是从根本上解决一些因民间纠纷引起的治安案件的有效办法。

一、治安调解的适用范围与条件

(一)治安调解的适用范围

《治安管理处罚法》第9条规定,"对于因民间纠纷引起的打架斗殴或者损毁他人财物等违反治安管理行为,情节较轻的,公安机关可以调解处理"。公安部颁布实施的《程序规定》第10章和公安部印发的《公安机关治安调解工作规范》对治安调解的适用范围作了比较具体的规定。根据上述法律、规章和规范性法律文件的规定,治安调解的适用范围是因民间纠纷引起的打架斗殴或者损毁他人财物等情节较轻的治安案件,具体如下：(1)违反治安管理行为是因民间纠纷引起的。"民间纠纷"本来是与"政府、组织间纠纷"相对应的词语,是指百姓之间的纠纷,显然治安调解中的"民间纠纷"不是在这个意义上使用该词。由于"民间纠纷"的提法不科学,在治安案件办理实践中造成了诸多争议和问题。我们认为,从设立治安调解制度的原意出发,"民间纠纷"应当是指公民之间因生活琐事发生的争执纠纷,通常在日常生活中需在共同时空范围相处的邻里乡亲、同事、同学等关系较密切人员之间发生,或者因一方过错引发另一方的侵害行为。如《程序规定》规定的,"亲友、邻里、同事、在校学生之间因琐事发生纠纷引起的","行为人的侵害行为系由被侵害人事前的过错行为引起的"。违反治安管理行为必须因民间纠纷引起才能治安调解,在治安案件办理实践中,要注意把民间纠纷与其他纠纷区分开来。(2)违反治安管理行为是打架斗殴或者损毁他人财物等违反治安管理行为。根据《治安管理处罚法》第9条的规定,只有"打架斗殴或者损毁他人财物等违反治安管理行为"才能适用治安调解,其他行政违法行为、刑事犯罪行为、民事违法行为、违纪行为都不能适用治安调解。"打架斗殴"的提法不严谨,《治安管理处罚法》第3章没有规定"打架斗殴"的违反治安管理行为,只规定了"殴打他人的,或者故意伤害他人身体的"违反治安管理行为,因此我们认为"打架斗殴"应当理解为殴打他人或故意伤害他人。应当注意正确理解"损毁他人财物"的含义,因为《治安管理处罚法》第3章规定的违反治安管理行为有多种涉及"损毁",而且"损毁"的都是财物,既然是财物,一般都有财物所有人,若把"他人财物"理解为有主财物,就容易扩大"损毁他人财物"的范围。我们认为,从治安调解的原意出发,"他人"应当是指民间纠纷的另一方,"损毁他人财物"应当是指《治安管理处罚法》第49条规定的"盗窃、诈骗、哄抢、抢夺、敲诈勒索或者故意损毁公私财物"中的故意损毁财物。"等"的理解有两种:一是内等,认为可以治安调解的违反管理行为只有打架斗殴和损毁他人财物两种;二是外等,认为可以治安调解的违反管理行为不限于打架斗殴和损毁他人财物两种,其他符合条件的违反治安管理行为也可以治安调解。我们认为,第二种理解更为准确,主要理由是:《程序规定》规定可以调解处理的治安案件不限于打架斗殴和损毁他人财物这两种。《程序规定》第153条规定,对于因民间纠纷引起的殴打他人、故意伤害、侮辱、诽谤、诬告陷害、故意损毁财物、干扰他人正常生活、侵犯隐私、非法侵入住宅等违反治安管理行为,情节较轻,且具有相关情形之一的,可以调解处理。相关情形包括:亲友、邻里、同事、在校学生之间因琐事发生纠纷引起的;行为人的侵害行为系由被侵害人事前的过错行为引起的;其他适用调解处理更易化解矛盾的。2004年5月18日最高人民法院发布的《关于审理行政案件适用法律规范问题的座谈会纪要》对法律规范的解释明确规定:"法律规范在列举其适用的典型事项后,又以'等''其他'等词语进行表述的,属于不完全列举的例示性规定。以'等''其他'等概括性用语表示的事项,均为明文列举的事项以外的事项,且其所概括的情形应为与列举事项类似的事项。"(3)违反治安管理行为的情节较轻。违反治安管理行为有情节轻重之分。根据《治安管理处罚法》第9条的规定,只有情节较轻的违反治安管理行为,中国海警才能调解处理。从法理上来看,违反治安管理行为本来都应当依法追究其行为人的法律责任,给予与其行为的性质、情节、社会危害大小相当的治安管理处罚。在治安调解中,因民间纠纷引起的违反治安管理行为情节较轻,行为人能够主动消除或者减轻违法后果,并取得被侵害人谅解的,按照《治安管理处罚法》第 19 条的规定应当依法减轻或者不予处罚,对治安调解案件的违反治安管理行为人不予处罚,对法律严肃性的影响极小。但若违反治安管理行为情节不轻,仍然进行治安调解,对违反治安管理行为人不予处罚,实际上私力救济就冲击了公力救济,法律严肃性将受到损害。因此,治安调解实践中要注意把握情节较轻这一适用范围要求。由于现有规范性法律文件没有对情节较轻的具体情形予以明确规定,在治安调解实务中如何准确把握情节较轻的情形有一定难度。我们认为,违反治安管理行为的情节轻重必然表现在行为的性质、手段、对象、后果、次数等客观方面。如果在违反治安管理行为的性质、手段、对象、后果、次数等客观方面没有较重情形,且在某一方面具有较轻情形,则可视为情节较轻。若违反管理行为在客观方面既有较重情形也有较轻情形,则不宜视为情节较轻。

(二)治安调解的适用条件

根据《治安管理处罚法》和《程序规定》《公安机关治安调解工作规范》的有关规定,治安调解必须同时满足三个适用条件:(1)治安案件在治安调解的适用范围内。只有在治安调解适用范围内的治安案件,中国海警才能以治安调解方式处理。(2)中国海警选择并主持治安调解。治安调解是中国海警处理由民间纠纷引起的打架斗殴或者损毁他人财物等违反治安管理行为的一种方法,不是唯一方法。对属于治安调解适用范围的治安案件,法律规定中国海警"可以"调解处理,而不是"应当"或者"必须"调解处理。从立法的宗旨与意图来看,"可以"意味着"一般应该"。对于适用治安调解处理更能达到教育双方、消除矛盾,不再继续或者重新违反治安管理目的的,中国海警应尽量尝试以治安调解处理。但若治安调解不能达到教育当事人双方、消除矛盾、不再继续或者重新违反治安管理的目的,中国海警就不应以调解方式处理案件。通常不选择适用治安调解的情况有:恶意利用民间纠纷打击报复的;一贯蛮不讲理,经常与他人发生纠纷的;在调解过程中或达成调解协议后又重新挑起争端或再次违反治安管理行为的;社会影响较大的等。(3)治安案件当事人双方均有治安调解的意思表示。治安调解从根本上属私力救济的范畴,是在中国海警主持下,当事人互让互谅,友好协商,达成调解协议,解决当事人之间纠纷的处理方式。在这个过程中,若没有当事人的自愿,当事人之间的纠纷不能顺利化解,治安调解无法有效进行。没有双方当事人意愿的勉强调解是强制调解,不能顺利达到治安调解的目的。

(三)不适用治安调解的情形

为防止错误适用治安调解,《程序规定》第 154 条明确规定了以下 7 种不适用治安调解的情形:(1)雇凶伤害他人的。雇凶伤害他人在行为方式上是伤害他人的严重情节,不属于情节较轻的范围,不能适用治安调解。(2)结伙斗殴或者其他寻衅滋事的。结伙斗殴或者其他寻衅滋事的违反治安管理行为不是由民间纠纷引起,不能适用治安调解。(3) 多次实施违反治安管理行为。多次实施违反治安管理行为是在行为次数上的情节严重的表现,不能适用治安调解。(4) 当事人明确表示不愿意调解处理的。当事人明确表示不愿意调解处理,当事人之间就没有协商解决矛盾的基础,不具备适用治安调解的条件。(5) 当事人在治安调解过程中又针对对方实施违反治安管理行为的。这种情形既是行为次数上情节较重的表现,也表明当事人没有协商化解纠纷的意愿,不能适用治安调解。(6) 调解过程中,违法嫌疑人逃跑的。调解过程中违法嫌疑人逃跑,是当事人没有调解意愿的体现。没有当事人意愿,不能适用治安调。(7) 其他不宜调解处理的。在执法实践中,治安案件复杂多样,准确适用治安调解必须严格遵守治安调解的适用范围和适用条件。不在治安调解适用范围内或者不具备治安调解适用条件都不能治安调解。

二、治安调解的原则

治安调解的原则包括:

(1) 合法原则。治安调解的合法原则是指治安调解的所有活动都应当合法,这包括治安调解的条件合法、治安调解的过程合法、治安调解的结果合法。条件合法是指治安调解符合法定条件;过程合法是指治安调解的程序步骤以及与程序步骤相关的调解工作合法;结果合法是指经过治安调解当事人达成的协议内容以及协议的履行方式合法。

(2) 公正原则。治安调解的公正原则是指中国海警进行治安调解,无论在主观上还是客观上,实体上还是程序上,都应当不偏不倚,排除偏见,公正地对待案件当事人,并教育引导监督当事人公正地解决他们之间的纠纷。

(3) 自愿原则。治安调解的自愿原则是指中国海警对治安案件进行治安调解应当始终建立在当事人自愿的基础上,这既包括治安调解的条件,也包括治安调解的过程,还包括治安调解的结果。

(4) 及时原则。治安调解的及时原则是指中国海警对治安案件进行治安调解要及时,讲究效率。治安调解案件的当事人不能以恰当的方式处理好他们之间的矛盾纠纷,进而发展到以实施违反治安管理行为的方式寻求其个人目的。因此,治安调解案件的发生意味着当事人之间的矛盾正在恶化升级,及时调解可以及时消除当事人之间的矛盾纠纷,防止当事人之间的矛盾纠纷进一步升级恶化。若调解失败,中国海警也可以及时追究案件当事人的违法责任,对违反治安管理行为人予以治安管理处罚,及时发挥治安案件办理的特殊教育作用和一般教育作用,即惩戒和震慑作用。

(5) 公开原则。治安调解的公开原则是指治安调解应当公开进行,但涉及国家机密、商业秘密或者个人隐私,以及双方当事人都要求不公开的除外。

(6) 教育原则。治安调解的教育原则是指治安调解应当通过查清事实,讲明道理,指出当事人的错误和违法之处,教育当事人自觉守法并通过合法途径解决纠纷。

三、治安调解的程序

治安调解的程序是指治安调解工作的展开过程、步骤和先后顺序。根据现有规范性法律文件规定,治安调解既有程序较完整的一般程序,治安调解也有程序较简化的当场调解。

(一) 受理案件

受理案件是治安调解程序的第一个环节。治安调解案件的受理案件和一般治安案件的受理案件一样,应当严格按照管辖规定和审批要求进行。受理案件时要注意做好对当事人的教育疏导工作。中国海警受理案件时当事人之间的矛盾纠纷都还存在其至仍在激烈进行着,对此,中国海警要做好的第一项工作就是教育疏导。通过教育疏导使当事人之间的纠纷冲突缓解、停止下来,情绪平静下来。为后面的调解工作奠定基础。

(二) 调查取证

调查取证是治安调解程序的基础环节。中国海警进行治安调解应在查明案情,明确是非责任的基础上进行,这样才能有针对性地对当事人进行有效地教育疏导。因此,治安调解必须有调查取证工作,切忌没有调查取证的匆忙调解。若经中国海警调解最终不能达成协议或者达成协议后在履行协议前反悔的,中国海警应当依法对违反治安管理行为人作出治安管理处罚决定,而治安管理处罚决定必须建立在调查取证事实清楚,证据确凿的基础之上。调查取证的对象主要是当事人、旁观者、邻里及其他知情人。人身伤害的认定主要靠伤情鉴定。财物损失一般要委托价格鉴证机构估价。

(三) 教育调停

对属于治安调解范围的治安案件,经调查取证,查明案件事实后,中国海警认为适宜调解处理,当事人也愿意在中国海警主持下进行调解,即可经办案部门负责人审批决定后进入到教育调停环节。教育调停是治安调解程序的关键环节。中国海警进行治安调解,能否最终促使当事人达成并履行调解协议,关键在于教育调停工作。教育调停工作做得好,当事人才能主动地达成并履行调解协议。在教育调停中,中国海警一方面要对当事人的违反治安管理行为进行法制教育,使其认识到其行为的性质和危害,教育其不再继续或重新违反治安管理;另一方面又要对当事人之间的矛盾纠纷、人身伤害或财物损失的赔偿等进行调停,使当事人之间自愿达成合情合理、公正合法的调解协议,两个方面都要做好,避免取此舍彼或一手强一手弱。教育调停应当注重教育疏导,化解矛盾,注意方式方法的恰当使用,讲究治安调解工作艺术。

(四)达成协议

达成协议是治安调解的中心环节。中国海警进行治安调解,直接的目的就是教育调停当事人,促使当事人自愿达成调解协议,达成协议的应制作《治安调解协议书》。《治安调解协议书》是前面几个步骤的结晶,又是后面协议执行程序的依据,必须规范制作,包括标题、开头、正文和结尾四个构成部分。标题印制中国海警名称和"治安调解协议书"字样,并填写文号;开头写明主持人姓名、工作单位,调解地点,双方当事人和其他在场人员的基本情况;正文包括主要事实(案件发生时间、地点、人员、起因、经过、情节、结果等)和协议内容(在"经调解,双方自愿达成如下协议内容"后填写协议内容、履行期限和方式等);结尾部分写明本调解协议的份数、持有人、法律效力和告知事项,并有主持人、见证人、双方当事人和调解机关的签字或盖章,以及治安调解协议书的制作时间。《治安调解协议书》一式三份,双方当事人各执一份,治安调解机关留存一份备查。

(五)协议履行

协议履行是治安调解协议的落实程序。《治安调解协议书》不履行便等于一纸空文。在调解协议的履行上需要明确两个问题:一是治安调解协议书的法律效力;二是治安调解协议的具体执行方式。治安调解协议书只要是依法制作,且经双方当事人签字或盖章认可,就具有法律效力,中国海警不能随意更改,双方当事人也应当自觉履行协议所确定的内容。但协议达成后一方或者双方当事人不履行调解协议的,中国海警应当了解情况,查明原因,对无正当理由不履行协议的,依法对违反治安管理行为人予以处罚,并告知当事人可以就民事争议依法向人民法院提起民事诉讼。治安调解协议的具体履行方式在达成调解协议时在治安调解协议书写明,中国海警应教育督促当事人自觉履行协议,调解协议履行期满3日内,办案海警应当了解协议履行情况。

四、当场调解

当场调解是指对当场发现,符合治安调解条件,情节轻微、事实清楚、因果关系明确,不涉及医疗费用、物品损失或者双方当事人对医疗费用和物品损失的赔付无争议的治安案件,可在中国海警具有执法资格的警官主持下,由双方当事人同意调解并当场履行调解协议的治安调解。《程序规定》第153条第3款规定,"对情节轻微、事实清楚、因果关系明确,不涉及医疗费用、物品损失或者双方当事人对医疗费用和物品损失的赔付无争议,符合治安调解条件,双方当事人同意当场调解并当场履行的治安案件,可以当场调解,并制作调解协议书。"从该规定可知当场调解有以下四个适用条件:(1)符合治安调解条件。因民间纠纷引起的打架斗殴或者损毁他人财物等情节较轻的治安案件才能当场调解。(2)情节轻微、事实清楚、因果关系明确。当场调解的治安案件应当是情节轻微,案件事实清楚,因果关系明确,无需多方调查即可查明案件事实的治安案件。(3)不涉及医疗费用、物品损失或者双方当事人对医疗费用和物品损失的赔付无争议。当场调解的治安案件应当不涉及医疗费用、物品损失,或者双方当事人对医疗费用的具体承担和物品损失的具体赔付达成共识没有争议。(4)双方当事人同意当场调解达成调解协议并当场履行。当场调解的治安案件必须是双方当事人同意当场在海警的主持下进行调解,达成调解协议,并当场履行协议。当场调解既能及时化解当事人之间的矛盾,增进社会和谐,又能提高执法效率,减少执法成本,因此我们认为,对于符合当场调解适用条件的治安案件,可以积极适用当场调解。

五、自行和解

自行和解原指矛盾双方当事人在矛盾发生后自行协商化解矛盾的行为。此处的自行和解指符合治安调解条件的治安案件,双方当事人自行协商,达成和解协议并履行,书面申请并经中国海警认可的法律活动。治安案件双方当事人之间的矛盾纠纷即使没有海警介入也可能解决,这既包括双方当事人自愿协商化解矛盾纠纷,也包括在其他第三方劝说下主动化解矛盾纠纷。从法律意义上来说,当事人自身或其他第三方并无办理治安案件的权力,治安案件应当由有管辖权的海警办理。但是,治安案件双方当事人若能自愿协商化解矛盾纠纷,或者在其他第三方劝说下主动化解矛盾纠纷,这在现实中有利于增进社会和谐,维护社会稳定。因此,对于治安调解适用范围内的治安案件,中国海警认可双方当事人的自行和解活动具有积极意义,其实质是通过海警的认可使当事人之前的积极和解行为具有了与治安调解相同的法律效力。自行和解经海警认可后,对于违反治安管理行为人海警不予治安管理处罚,但海警已依法作出处理决定的除外。尽管治安案件双方当事人自愿协商化解矛盾纠纷,或者在其他第三方劝说下主动化解矛盾纠纷,在现实中有利于增进社会和谐,维护社会稳定,但并不是所有自行和解行为都合情、合理、合法,因此,当事人之间的和解行为必须经过海警的认可,才具有治安案件处理上的合法性。《程序规定》第161条规定:"对符合本规定第一百五十三条规定的治安案件,当事人自行和解并履行和解协议,双方当事人书面申请并经公安机关认可的,公安机关不予治安管理处罚,但公安机关已依法作出处理决定的除外。"从该规定可知中国海警认可当事人之间的自行和解行为需要具备以下几个条件:(1)符合治安调解的适用范围。当事人之间发生的案件必须是因民间纠纷引起的打架斗殴或者损毁他人财物等情节较轻的治安案件。(2)当事人自行和解并履行和解协议。案件发生之后,当事人之间已经自行和解并且履行了和解协议。(3)双方当事人书面向海警提出申请。双方当事人均需要书面向海警提出申请,请求公安认可其自行和解行为。(4)海警尚未处理该案件,且认可当事人的和解行为。中国海警尚未对该案作出处理决定,且经过确认当事人之间的和解行为符合治安调解的条件,当事人之间的和解协议内容符合法律规定。

第五节　执行程序

一、执行的一般规定

(一)自行履行

自行履行是指在中国海警作出治安管理处罚决定后,被处罚的行政相对人[①]自动地履行治安管理处罚决定所设定的义务的行为。自行履行的特点为:(1)自行履行的主体是被处罚的行政相对人。行政相对人是在行政管理过程中与执法的中国海警相对应的受行政行为约束的被管理一方被处罚人,具体到治安管理处罚中即被处罚的公民、法人或者其他组织。这是自行履行区别于强制执行的特点之一。(2)自行履行的内容是治安管理处罚已经设定的法定义务。治安管理处罚决定一经做出后就具有相对的稳定性,非依法定程序不得进行变更。中国海警作为行政机关,它所作出的处罚决定具有法律效力,即使被认为是违法的,在有权机关予以撤销或者变更之前,行政相对人及其他人都不能以任何理由否认其存在,行政相对人和中国海警都必须遵守该决定。(3)自行履行最突出的特点就是主动性。这是自行履行与强制履行的最根本区别。在治安管理处罚决定做出后,行政相对人就积极主动地履行自己的义务。(4)自行履行的基本含义就是行政相对人全部履行自己的义务。依据《行政处罚法》第44条的规定,"行政处罚决定做出后,被处罚人应当在行政处罚决定的期限内,予以履行"。行政处罚中的警告和当场收缴罚款,不存在履行期限的问题,没收、吊销或者暂扣许可证、执照及其限制人身自由等的处罚方式,中国海警可以根据实际情况在法律允许的范围内做出具体的决定。对于依据罚款缴纳分离原则罚款的自行履行,依据《行政处罚法》第46条的规定,"被处罚人应当自收到行政处罚决定书之日起15日内,到指定银行缴纳罚款。银行应当收受罚款,并将罚款上交国库"。《治安管理处罚法》第104条和《程序规定》第188条中对罚款的自行履行的方式与期限都做出了明确

[①] 行政相对人,简称"相对人",就是在行政法律关系中与行政主体相对应,处于被管理和被支配地位的机关、组织或者个人。行政相对人可分为如下几类:第一,公民。是与外国人相对应的一个法律概念,即具有我国国籍的自然人。第二,法人。包括机关法人、事业法人、企业法人和社团法人。第三,其他组织。第四,外国组织和个人。

规定,要求受到罚款处罚的被处罚人应当自收到处罚决定书之日起 15 日内,到指定的银行缴纳罚款。

(二) 强制执行

1. 强制执行的催告

治安管理处罚中的催告是指中国海警向逾期不履行其应当履行义务的相对人发出的通知,要求和督促其在限期内自动履行义务,否则将采取强制执行措施的一种具体行政行为。催告是给予被处罚人自动履行的一个机会。催告不仅可以让被处罚人了解到不履行义务的法律后果,同时可以使中国海警了解到被处罚人不履行义务的具体原因。《行政强制法》第 35 条规定,"行政机关作出强制执行前,应当事先催告被处罚人履行义务"。《程序规定》第 174 条规定,"公安机关在依法作出强制执行决定或者申请法院强制执行前,应当事先催告被处罚人履行行政处理决定。催告以书面形式作出,并直接送达被处罚人。被处罚人拒绝接受或者无法直接送达被处罚人的,依照本规定第五章的有关规定送达"。《行政强制法》第 36 条规定:"被处罚人收到催告书有权进行陈述和申辩。行政机关应当充分听取被处罚人的意见,对被处罚人提出的事实、理由和证据,应当进行记录、复核。被处罚人提出的事实、理由或者证据成立的,行政机关应当采纳。"《程序规定》第 175 条规定,"被处罚人收到催告书后有权进行陈述和申辩。公安机关应当充分听取并记录、复核。被处罚人提出的事实、理由或者证据成立的,公安机关应当予以采纳"。被处罚人在收到催告书后有权对逾期不履行义务的事实和理由向公安机关的人民警察进行详细的陈述和申辩。依据《行政强制法》第 36 条和《程序规定》第 175 条的规定,被处罚人在收到催告书后,有权对逾期不履行义务的具体原因进行陈述和申辩,办案海警应当认真地听取被处罚人的陈述的事实、理由或者其提供的证据,并对其陈述的事实和理由进行记录,对其提供的证据进行复核,如果经过复核后证据成立的,海警机关应当予以采纳,依照法定程序,对作出的强制执行决定撤销。

2. 行政强制执行

公安行政强制执行是指公安机关及其人民警察对于逾期不履行公安机关依法作出的治安管理处罚决定的被处罚人,依照相关的法定程序和法定权限强制被处罚人履行义务或者达到与履行义务相同状态的执法行为。

第一,行政强制执行的分类。依据执行的方法和作用,公安行政强制执行来划分可以分为直接强制和间接强制。直接强制是指公安机关对逾期不履行义务的行政相对人的人身、财产或者行为,以直接强制执行的手段强制其履行义务的一种执行方法。

间接强制是指公安机关对逾期不履行义务的行政相对人,通过间接的措施使其履行义务或者达到履行义务的相同状态的一种执行方法。在日常的工作中,间接强制优先于直接强制。间接强制一般分为代履行和强制金两种。强制金又称为执行罚,是指对逾期不履行义务的行政相对人,公安机关对其赋予新的金钱给付义务的一种强制执行方法。依据《行政强制法》第 45 条的规定,"行政机关依法作出金钱给付义务的行政决定,被处罚人逾期不履行的,行政机关可以依法加处罚款或者滞纳金。加处罚款或者滞纳金的标准应当告知被处罚人"。在日常工作中,需要注意加处的罚款或者滞纳金不得超过金钱给付义务的数额。

第二,申请强制执行。《行政强制法》第 34 条规定:"行政机关依法作出行政决定后,被处罚人在行政机关决定的期限内不履行义务的,具有行政强制执行权的行政机关依照本章规定强制执行。"《程序规定》第 180 条、181 条和 182 条规定:"在法定期限内不申请行政复议或者提起行政诉讼,又不履行行政处理决定的,法律没有规定公安机关强制执行的,作出行政处理决定的公安机关可以自期限届满之日起三个月内,向所在地有管辖权的人民法院申请强制执行。因情况紧急,为保障公共安全,公安机关可以申请人民法院立即执行。强制执行的费用由被执行人承担。"申请强制执行的前提是被处罚人在法定期限内不申请行政复议或者提起行政诉讼,又不履行治安管理处罚决定的,强制执行的主体可以是公安机关或者人民法院,法律没有规定公安机关可以强制执行的,须由公安机关向有管辖权的人民法院提出强制执行申请。在向人民法院提出强制执行前,公安机关应当催告被处罚人履行义务,若催告书送达 10 日后被处罚人仍然未履行义务的,公安机关可以向人民法院申请强制执行。公安机关向人民法院申请强制执行时,应当提供以下材料:强制执行申请书;治安管理处罚决定书及其作出决定的事实、理由和依据;被处罚人的意见及公安机关催告情况;申请强制执行标的情况;法律、法规规定的其他材料。强制执行申请书应当由作出处罚决定的公安机关负责签名,加盖公安机关印章,并注明日期。

第三,中止与终结强制执行。依据《行政强制法》第 39 条和《程序规定》第 184 条的规定,具有下列情形之一的,中止强制执行:被处罚人履行治安管理处罚决定确有困难或暂无履行能力的;第三人对执行标的主张权利,确有理由的;执行可能对他人或者公共利益造成难以弥补的重大损失的,且中止执行不损害公共利益的;公安机关认为需要中止执行的其他情形。依据《行政强制法》第 40 条和《程序规定》第 185 条的规定,具有下列情形之一的,终结强制执行:公民死亡,无遗产可供执行,又无义务承受人的;法人或者其他组织终止,无财产可供执行的,又无义务承受人的;执行标的灭失的;据以执行的治安管理处罚决定被撤销的;行政机关认为需要终结执行的其他情形。

(三) 代履行

代履行是一种间接强制执行方式,又称代执行,是指被处罚人逾期不履行公安机关的治安管理处罚决定中要求履行的义务,如果该项义务由他人代为履行同样可以达到目的时,公安机关可以代为履行,或者委托没有利害关系的第三人代替义务人履行,并向义务人征收代履行费用的一种强制执行方法。代履行的主体是公安机关或者指定的第三人。公安机关代替义务主体履行义务,是完成其所承担义务的一种有效的途径,也是在法律允许的范围内进行的。如果是委托第三人来代履行,只有在第三人与公安机关发生某种关系,也就是接受该机关委托后才能代履行。

依据《行政强制法》第 50 条的规定:"行政机关依法作出要求被处罚人履行排除妨碍、恢复原状等义务的行政决定,被处罚人逾期不履行,经催告仍不履行,其后果已经或者将危害交通安全、造成环境污染或者破坏自然资源的,行政机关可以代履行,或者委托没有利害关系的第三人代履行。"《程序规定》第 177 条规定,"依法作出要求被处罚人履行排除妨碍、恢复原状等义务的行政处理决定,被处罚人逾期不履行,经催告仍不履行,其后果已经或者将危害交通安全、消防安全的,公安机关可以代履行,或者委托没有利害关系的第三人代履行"。《行政强制法》和《程序规定》都规定了适用代履行的具体情形,规定要求被处罚人履行排除妨碍、恢复原状等义务的治安管理处罚决定,被处罚人逾期不予履行,经催告后仍不履行,且后果已经或将危害交通安全、消防安全的,公安机关可以适用代履行。依据《行政强制法》第 51 条的规定和《程序规定》第 177 条的规定,代履行必须遵守以下规定:在代履行前送达决定书,代履行决定书应当载明被处罚人的姓名或者名称、地址,代履行的理由和依据、方式和时间、标的、费用预算及代履行人;代履行三日前,催告被处罚人履行,被处罚人履行的,停止代履行;代履行时,作出处罚决定的公安机关应当派人到场监督;代履行完毕,公安机关到场监督人员、代履行人和被处罚人或者见证人应当在执行文书上签字或者盖章。

二、警告处罚的执行

警告是指中国海警对违反治安管理行为的被处罚人予以谴责和告诫的处罚形式。警告是治安管理处罚体系中最轻的一种,处罚的目的主要是通过对违法被处罚人精神上的告诫,申明其存在违法行为,以使其不再违法。警告作为一种精神或申诫罚,主要适用于违反治安管理情节轻微、后果不重的情况,对情节轻微、后果不重的违反治安管理被处罚人适用警告处罚能较好地体现教育与处罚相结合的原则。警告处罚虽然对被处罚被处罚人的惩罚力度较轻,主要是对被处罚人的法制教育,但不同于一般的批评教育。作为行政处罚,警告一旦作出,对被处罚人和中国海警都会产生法律上的拘束力。只要是警告处罚一经做出就意味着送达被处罚人,警告就已经执行。

在警告执行时应注意的事项包括:及时;宣告后交付;对被处罚人进行谴责和

告诫。及时是产生教育作用的重要条件,在警告处罚决定作出后及时执行有利于教育被处罚人转变为守法公民。尽管警告的处罚力度较轻,但执行时也应当规范地宣告后再将处罚决定书交付被处罚人,不能简答地将处罚决定书交付被处罚人就了事,应当宣告完整,处罚决定书载明的所有内容都应当对被处罚人宣告。执行警告处罚时,应当对被处罚人进行谴责,指出其行为违法,然后进行告诫其改正,告知其不改正违法行为的法律后果。

三、罚款的执行

(一) 罚款的基本制度

《行政处罚法》第46条第1款规定,"作出罚款决定的行政机关应当与收缴罚款的机构分离",以法律的形式对罚款决定与罚款收缴的分离作出了明确规定。《治安管理处罚法》第104条的规定,"受到罚款处罚的人应当自收到处罚决定书之日起15日内,到指定的银行缴纳罚款",对治安管理处罚中的罚款分离原则也作出了明确规定。世界上许多国家已经实行了罚款收缴分离的制度,罚款的收缴都是指定某一个机构来进行。罚款收缴分离原则是指作出罚款决定与进行罚款收缴的职权不能统一于同一个行政机关中,而必须是由不同的机构来行使,作出罚款决定的机关不能对罚款进行收缴,收缴罚款的机关应当是由专门的指定机构来负责,收缴罚款的机关无权作出罚款决定。自行履行是指被处罚人在接到治安管理处罚决定书后,依照法律规定的方式和期限自觉履行处罚决定内容的执行方式。《治安管理处罚法》第104条和《程序规定》第188条的规定中对罚款的自行履行的方式与期限都作出了明确规定,要求受到罚款处罚的被处罚人应当自收到处罚决定书之日起15日内,到指定的银行缴纳罚款。

(二) 罚款的当场收缴

罚款的当场收缴属于罚款的一般执行中的特殊情况,通常情况下,罚款的一般执行是遵循罚款收缴分离的原则,但是在特殊的情形时,如果不便于收缴分离的,即可依法当场收缴。当场收缴罚款的必须是依照法律规定的,没有法律明确规定的不能当场收缴;适用当场收缴必须是在法律规定的条件下,不符合法定条件的也不能当场收缴。依据《治安管理处罚法》第104条和《程序规定》第188条的规定,当场收缴罚款遵循以下三种情形:被处50元以下罚款,被处罚人对罚款无异议的;在边远、水上、交通不便地区,被处罚人向指定银行缴纳罚款确有困难,经被处罚人提出的;被处罚人在当地没有固定住所,不当场收缴事后难以执行的。依据《程序规定》第188条至第190条的规定,当场收缴罚款的规范包括以下三个方面的内容:第一,公安机关及其人民警察当场收缴罚款的,应当向被处罚人出具省级或者国家财政部门统一制发的罚款收据;对不出具省级或者国家财政部门统一制发的罚款收据的,被罚款人有权拒绝缴纳罚款。第二,人民警察应当自收缴罚款之日起两日内,将当场收缴的罚款交至其所属公安机关;在水上当场收缴的罚款,应当自抵岸之日起两日内将当场收缴的罚款交至其所属公安机关;在旅客列车上当场收缴的罚款,应当自返回之日起两日内将当场收缴的罚款交至所属的公安机关。公安机关应当在收到罚款之日起两日内将罚款缴付指定的银行。第三,适用当场收缴罚款的情形。上述适用当场收缴罚款的情形中的"被处罚人无异议""经被处罚人提出"必须是由被处罚人签字或者捺印确认;"当地没有固定住所"应当由依法调查的证据证明。

(三) 罚款的暂缓或者分期缴纳

罚款的暂缓或者分期缴纳是指在作出罚款处罚决定后,由于被处罚人因为法定的原因而不能按时缴纳罚款,因而暂缓缴纳罚款或者分期缴纳罚款。暂缓缴纳罚款和分期缴纳罚款不是不缴纳,而是暂缓一段时间或者分期进行缴纳。罚款的暂缓或者分期缴纳适用的前提是被处罚人在客观上确实存在无力履行的情形。《治安管理处罚法》中没有对罚款的暂缓或者分期缴纳进行规定,在《行政处罚法》第52条和《程序规定》第191条对罚款的暂缓或者分期缴纳进行了规定,被处罚人确有经济困难的,经被处罚人申请和作出处罚决定的公安机关批准,可以暂缓或者分期缴纳罚款。暂缓缴纳罚款或者分期缴纳罚款的适用有以下三个条件:被处罚人确实经济困难,无法在法律规定的期限内按时缴纳罚款的;被处罚人可以依法向作出处罚决定的公安机关提出暂缓缴纳罚款或者是分期缴纳罚款的申请;公安机关经审查被处罚人情况属实的,同意暂缓或者是分期缴纳罚款,并根据实际情况确定暂缓或者分期缴纳罚款的具体期限和缴纳的具体方式。

(四) 罚款的强制执行

强制执行是指公安机关依法将不自行履行的处罚决定内容,采取强制的方式予以执行的一种执行方式。强制执行可以分为直接强制与间接强制(又称执行法)两种形式。罚款的直接强制执行是指对被处罚人的财产直接施加强制,使处罚决定书内容得以实现的强制执行方式;罚款的间接强制执行是指对被处罚人处以新的处罚以督促其履行先前处罚的强制执行方式,又称执行罚。在《治安管理处罚法》中没有规定罚款的强制执行方式,但是在《行政处罚法》《程序规定》都对罚款的强制执行进行了明确的规定。具体规定为:(1)公安机关依法作出治安管理处罚决定后,被处罚人应当在治安管理处罚决定的期限内予以履行。逾期不履行的,作出处罚决定的公安机关可以依法强制执行或者申请人民法院强制执行。(2)被处罚人在法定期限内不申请行政复议或者提起行政诉讼,又不履行治安管理处罚决定的,法律没有规定公安机关强制执行的,作出处罚决定的公安机关可以自期限届满之日起三个月内,向所在地有管辖权的人民法院申请强制执行。因情况紧急,为保障公共安全,公安机关可以申请人民法院立即执行。强制执行的费用由被执行人承担。(3) 被处罚人未在规定期限内缴纳罚款的,作出治安管理处罚决定的公安机关可以采取下列措施:将被处罚人依法查封、扣押的财物拍卖或者变卖抵缴罚款,拍卖或者变卖的价款超过罚款数额的,剩余数额应当及时退还被处罚人,拍卖财物,由公安机关委托拍卖机关依法处理;不能对被处罚人查封或者扣押的财物进行拍卖或者变卖以抵缴罚款的,每日按罚款数额的百分之三加处罚款,加处罚款的总额不能超出罚款的数额。

四、行政拘留的执行

(一) 行政拘留的直接执行

依据《治安管理处罚法》第 103 条的规定,对被决定给予行政拘留处罚的人,由作出决定的公安机关送达拘留所执行。"作出决定的公安机关"是指有权作出行政拘留处罚决定的公安机关,即县级以上人民政府公安机关。《程序规定》第 194 条中也有明确规定"对被决定行政拘留的人,由作出决定的公安机关送达拘留所执行"。在具体的执行中应当注意以下几个方面的问题:送达拘留所执行的对象只能是被决定给予行政拘留的被处罚人;执行行政拘留处罚决定的主体只能是作出行政拘留处罚决定的公安机关;执行行政拘留的场所只能是拘留所。依据《程序规定》第 194 条第 1 款的规定"对被决定行政拘留的人,由作出决定的公安机关送达拘留所执行。对抗拒执行的,可以使用约束性警械"。依据《程序规定》第 194 条第 2 款的规定"对被决定行政拘留的人,在异地被抓或者具有其他有必要在异地拘留所执行情形的,经异地拘留所主管公安机关批准,可以在异地执行"。

(二) 行政拘留的暂缓执行

行政拘留的暂缓执行是指公安机关认为不服行政拘留处罚的被处罚人,符合法定情形,并提供担保人或者缴纳担保金,从而决定暂缓其行政拘留执行的一种执行方式。依据《治安管理处罚法》第 107 条和《程序规定》第 197 至第 204 条的规定,"被处罚人不服行政拘留处罚决定,申请行政复议、提起行政诉讼的,可以向公安机关提出暂缓执行行政拘留的申请。公安机关认为暂缓执行行政拘留不致发生社会危险的,由被处罚人或者近亲属提出符合本法第 108 条规定条件的担保人,或者按每日行政拘留两百元的标准缴纳保证金,行政拘留的处罚决定暂缓执行"。这里的"近亲属"是指被处罚人的丈夫、妻子、父亲、母亲、儿子、女儿、同胞兄弟姐妹。"暂缓执行"是指在行政复议、行政诉讼期间暂不执行,而不是不再执行。若是被处罚人口头提出申请的,办案警察应当予以记录,并由申请人签名或者是捺指印。公安机关应当在收到被处罚人提出暂缓执行行政拘留申请之时起 24 小时内做出决定。公安机关认为暂缓执行行政拘留不致发生社会危险,且被处罚人或者近亲属提出符合条件的担保人,或者按每日行政拘留两百元的标准缴纳保证金的,应当做出暂缓执行行政拘留的决定。对同一被处罚人,不得同时责令其提交保证人和缴纳担保金。被处罚人已经被送达拘留所执行的,公安机关应当立即将暂缓执行行政拘留决定送达拘留所,拘留所应当立即释放被处罚人。不能暂缓执行行政拘留的情形有以下几个方面,作出不暂缓执行行政拘留的决定,并告知申请人:暂缓执行行政拘留后可能会逃跑;有其他违法犯罪嫌疑,正在被调查或者侦查的;不宜暂缓执行行政拘留的其他情形。

依据《程序规定》第200条的规定,被处罚人在暂缓执行行政拘留期间应当遵循以下规定:未经决定机关批准不得离开所居住的市、县;住址、工作单位和联系方式发生变动的,在24小时内必须向决定机关报告;在行政复议和行政诉讼中不得干扰证人、伪造证据或者串供;不得逃跑、拒绝或者阻碍处罚的执行。在暂缓执行行政拘留期间,公安机关不得妨碍被处罚人依法行使行政复议和行政诉讼权利。暂缓执行行政拘留的担保人应当符合下列条件:与本案无关;享有政治权利,人身自由未受到限制或者剥夺;在当地有常住户口和固定住所;有能力履行担保义务。暂缓执行行政拘留的担保人应当履行下列义务:保证被担保人遵守《程序规定》第200条中对被处罚人在暂缓执行行政拘留期间的有关规定;发现被担保人伪造证据、串供或者逃跑的,及时向公安机关报告。暂缓执行行政拘留的担保人不履行担保义务,致使被担保人逃避行政拘留处罚执行的,公安机关可以对担保人处以3 000元以上罚款,并对被担保人恢复执行行政拘留。

(三)行政拘留的不执行

行政拘留的不执行是指依法处以行政拘留的被处罚人,符合法定情形而不送达拘留所执行行政拘留处罚。违法行为人具有下列情形之一的,依法应当给予行政拘留处罚的,应当做出处罚决定,但不送拘留所执行:已满十四周岁不满十六周岁的;已满十六周岁不满十八周岁的,初次违反治安管理或者其他公安行政管理的,但是,曾被收容教养、被行政拘留依法不执行行政拘留或者曾因实施扰乱公共秩序,妨害公共安全,侵犯人身权利、财产权利,妨害社会管理的行为被人民法院判决有罪的除外;七十岁以上的;孕妇或者正在哺乳自己婴儿的妇女。对上述的规定可以作以下理解:不执行行政拘留处罚的是上述四种人,而不是其他应当从轻、减轻处罚的人,该规定是对上述四种人在执行短期剥夺人身自由处罚的一种照顾;不执行行政拘留不能理解为不处罚,上述四种人的行为已经构成了违反治安管理行为,依照法律规定是应当给予行政拘留处罚的,只是不予执行;上述四种人的行为构成了违反治安管理行为并依法实际应当受到行政拘留处罚而存在不执行的情形,如果行为本身实际上不应当受到行政拘留处罚的,而是警告、罚款处罚,并不存在不执行的问题;最后,行政拘留并处罚款的,罚款不因不执行行政拘留而不执行。

（四）行政拘留的折抵

日期的折抵是涉及公民人身自由等权利，是我国一项重要的法律制度。在《行政处罚法》第 28 条第 1 款就规定了"违法行为构成犯罪的，人民法院判处拘役或者有期徒刑时，行政机关已经给予被处罚人行政拘留的，应当依法折抵相应的刑期"。《治安管理处罚法》第 92 条规定了"对决定给予行政拘留处罚的人，在处罚前已经采取强制措施限制人身自由的时间，应当折抵。限制人身自由 1 日，折抵行政拘留 1 日"。《程序规定》第 139 条规定，"对决定给予行政拘留处罚的人，在处罚前因同一行为已经被采取强制措施限制人身自由的时间应当折抵。限制人身自由 1 日，折抵执行行政拘留 1 日。询问查证和继续盘问时间不予折抵。被采取强制措施限制人身自由的时间超过决定的行政拘留期限的，行政拘留决定不再执行"。行政拘留的期限是以日为单位计算的，入所当日不计算在内，执行到第二日为 1 日。公安机关在做出行政拘留处罚决定前，如果已经对被处罚人采取了强制措施限制其人身自由，就应当予以折抵。根据《治安管理处罚法》的规定，行政拘留的期限是 1 日以上、15 日以下，合并执行的，最长不超过 20 日，限制人身自由 1 日就可以折抵行政拘留 1 日。

五、强制隔离戒毒的执行

强制隔离戒毒是指对吸食、注射毒品成瘾人员，在一定时期内通过行政措施对其强制进行药物治疗、心理治疗和法制教育、道德教育，使其戒除毒瘾的强制措施。根据《禁毒法》的规定，吸毒成瘾人员有下列情形之一的，由县级以上人民政府公安机关作出强制隔离戒毒的决定：拒绝接受社区戒毒的；在社区戒毒期间吸食、注射毒品的；严重违反社区戒毒协议的；经社区戒毒、强制隔离戒毒后再次吸食、注射毒品的。对于吸毒成瘾严重，通过社区戒毒难以戒除毒瘾的人员，公安机关可以直接作出强制隔离戒毒的决定。吸毒成瘾人员自愿接受强制隔离戒毒的，经公安机关同意，可以进入强制隔离戒毒场所戒毒。强制隔离戒毒原则上是在强制戒毒所执行，但是也有其他特殊情况。戒毒人员具有《禁毒法》第 39 条规定的怀孕或者正在哺乳自己不满一周岁婴儿的妇女吸毒成瘾的，不适用强制隔离戒毒。不满十六周岁的未成年人吸毒成瘾的，可以不适用强制隔离戒毒。对不适用强制隔离戒毒的吸毒成瘾人员，依照本法规定进行社区戒毒，由负责社区戒毒工作的城市街道办事处、乡镇人民政府加强帮助、教育和监督，督促落实社区戒毒措施。

根据《戒毒条例》规定，对吸毒成瘾人员，县级、设区的市级人民政府公安机关可以责令其接受社区戒毒，并出具责令社区戒毒决定书，送达本人及其家属，通知本人户籍所在地或者现居住地乡(镇)人民政府、城市街道办事处。社区戒毒人员应当自收到责令社区戒毒决定书之日起15日内到社区戒毒执行地乡(镇)人民政府、城市街道办事处报到,无正当理由逾期不报到的,视为拒绝接受社区戒毒。对被决定社区戒毒的人员,公安机关应当责令其到户籍所在地接受社区戒毒,在户籍所在地以外的现居住地有固定住所的,可以责令其在现居住地接受社区戒毒。对于吸毒成瘾严重,通过社区戒毒难以戒除毒瘾的人员,县级、设区的市级人民政府公安机关可以直接作出强制隔离戒毒的决定。吸毒成瘾人员自愿接受强制隔离戒毒的,经强制隔离戒毒场所所在地县级、设区的市级人民政府公安机关同意,可以进入强制隔离戒毒场所戒毒。强制隔离戒毒场所应当与其就戒毒治疗期限、戒毒治疗措施等作出约定。

第六节　涉外程序

一、涉外治安案件办理概述

(一)涉外治安案件的理解

涉外治安案件是指中国海警依据《治安管理处罚法》以及相关法律法规的规定,予以受案并办理的具有涉外因素的治安案件。涉外因素是指违法主体和侵害对象有一方或两者都是外国公民、无国籍人、外国组织、外国国家或国际组织等。根据不同的标准,涉外治安案件的种类也不同。根据涉案人员的身份不同,可以划分为以下几类:涉案双方都是外国公民或外国组织;涉案双方有一方是外国公民或外国组织。根据案件的内容分,可以划分为以下几个种类:外国人(包括自然人和法人)在中国境内违反中国法律的治安案件,外国人合法权益受到侵害的案件(包括中国公民侵犯外国人合法权益的案件和外国人侵犯外国人合法权益的案件)。

涉外治安案件的构成要素具有涉外因素是涉外治安案件区别于其他治安案件的基本特征,只要违法主体、侵害对象或法律事实三要素中任一个具有涉外因素的,就构成涉外治安案件。在实务中,涉及台、港、澳的治安案件以"涉外案件"进行办理。在涉外治安案件中,作为承担法律责任的主体也比较复杂,既可以是一般主体,也可以是特殊主体。具体来说,就是既可以是自然人,也可以是法人;当事双方既可以是中国人和外国人,也可以是外国人和外国人。外国人可以是普通人,也可以是享有外交特权、领事特权和豁免权的外国人;既可以是在华永久居留的外国人,也可以是临时来华的外国人。因此,涉外案件办理过程中所依据的法律,包括我国的法律法规、我国参加的各种国际条约的有关规定以及国际上的基本原则和国际惯例等。同时,根据国际法优于国内法的原则,当国内法和国际条约发生冲突时,国际法优先适用,但我国声明保留的除外。涉外治安案件的办理不仅要遵循法律规定的一般程序,还要遵守我国法律法规规定的特殊程序。特殊程序是针对一般办案程序而言的,主要是指为遵守法律和国际条约的有关规定,主管机关照法定程序办理案件的同时,应当将案情通报外事机关,并适时通知有关国家的驻华使、领馆。《程序规定》第 227 条规定:办理涉外行政案件,应当按照国家有关办理涉外案件的规定,严格执行请示报告、内部通报、对外通知等各项制度。为了有效追究违法者的法律责任,根据涉外治安案件的具体情况,除了一般的行政处罚外,《治安管理处罚法》还规定了和其他处罚可以合并使用的驱逐出境、限期出境等行政处罚。为了保证案件的办理,《程序规定》还规定了适用于外国人违法嫌疑人的继续盘问、拘留审查、限制活动范围、遣送出境等强制措施。基于涉外治安案件的相对复杂性,我国相关法律法规对主管机关的层级作出了规定。根据行为人的身份或违法行为的性质以及处理措施的种类,对涉外治安案件设定了不同的级别管辖。国家管辖的双重性来源于国际上同时存在属地管辖权和属人管辖权。根据属地管辖的原则,我国政府对在我国领域内的一切人都可以行使法律管辖权,但依照国际惯例,国籍国根据属人管辖的原则也具有一定的权力。因此,在办理涉外治安案件时,既要根据我国的相关法律进行办理,也要根据国际关系中对等互惠原则尊重国籍国管辖权。这种双重性也体现在涉外治安案件中外国当事人的救济权利形式上,既可以使用法律救济,也可以使用外交救济,即外交保护和领事保护。

(二)涉外治安案件办理的原则

1. 维护国家主权原则

主权原则是维护国家主权和利益原则的简称,是指一个国家有权独立地处理自己国家内外事务的权力。维护国家主权原则是最重要的国际法原则,是处理各种涉外事务必须遵循的基本原则。涉外治安案件的办理是国家涉外事务组成部分,因此这个原则也是涉外治安案件办理的最重要原则,既适用于实体法,也适用于程序法。根据《治安管理处罚法》第 4 条规定,中华人民共和国领域内发生的违反治安管理行为,除法律有特别规定的外,适用本法。在中华人民共和国船舶和航空器内发生的违反治安管理行为,除法律有特别规定的外,适用本法。实体意义的国家主权原则是指进入我国境内的外国人必须遵守中国法律,不得危害中国国家安全、损害社会公共利益、破坏社会公共秩序,其行为是否违法要以中国的法律为判断标准。程序意义的国家主权原则是指外国人违反中国治安管理法律时必须接受我国公安机关的管辖,按照我国法律规定的程序办理,法律有特别规定的除外。

2. 平等原则

平等原则也称同等原则或保障原则,是指外国人在我国居留期间,应当保障其在法律上与中国公民享有平等地位的原则，要保障其在我国的合法权益。我国《宪法》第18条第2款规定："在中国境内的外国企业和其他外国组织以及中外合资经营的企业，都必须遵守中华人民共和国的法律。它们的合法的权利和利益受中华人民共和国法律的保护。"第32条规定："中华人民共和国保护在中国境内的外国人的合法权利和利益，在中国境内的外国人必须遵守中华人民共和国的法律。"无论是外国组织还是自然人，与我国公民一样，其既享有法律保护的合法权益，又有遵守我国法律的义务。

3. 对等原则

对等原则是国际法中的重要准则，它是平等原则的延伸，是国家主权平等和维护主权的要求。对等原则是指一国对我国组织或公民有特别限制和不利对待时，我国对该国组织或公民采取对等的限制措施。这种限制是相互的，对等的。这是主权国家之间"以限制抵制限制"的对等措施在行政管理中的体现，目的是为了达到平等对待。对等原则的适用，限于对限制权利方面，不适用于对赋予权利方面。外国对我国公民和组织的权利有所限制或义务有所增加时，我国采取相应的对等措施。但是，当外国对我国公民赋予的权利比我国法律赋予该国公民的法律权利更多时，不得要求我国法律赋予该国公民对等的权利。

4. 遵守国际条约原则

国际条约是世界各国之间在政治、经济、文化等方面，规定相互权利和义务的书面协议。我国公安机关在处理涉外治安案件时必须遵循我国与一些国家签订的国际公约或双边条约。当国际条约与我国法律有不同规定时，除声明保留的外，应当适用国际条约的规定。

5. 司法豁免原则

司法豁免权是法律管辖的一种例外，是国家实施属地管辖权的一种例外，是指一国派出的外交代表或者具有特殊身份的外交人员和组织，免除驻在国的司法管辖。外交特权和豁免的内容包括馆舍不得侵犯，人身、财产、住所不得侵犯，免除关税和海关查验，免受行政、刑事及民事管辖等。司法豁免权适用于外交官和领事官员及其配偶与未成年人，也适用于某些国家组织和国际组织。在涉外治安案件的办理过程中，应当查验外国人的身份证件，明确是一般外国人还是享有外交特权和豁免权的外国人。如果是享有外交特权和豁免权的外国人，根据《程序规定》第214条规定，应当尽快将有关情况层报省级公安机关，由省级公安机关商请同级人民政府外事部门通过外交途径处理，不得采取限制人身自由和查封、扣押的强制措施。但是，办案公安机关应当将其身份、证件及违法行为等基本情况记录在案，保存有关证据。

二、涉外治安案件办理的程序

（一）外国人身份的确认程序

根据法律规定，对外国人国籍的确认，以其入境时有效证件上所表明的国籍为准。所谓外国人是指不具有中国国籍的人。对具有双重国籍的外国人的国籍，以该外国人进入我国境内时所使用的有效证件上所表明的国籍为准。一个国家的公民进入另一个国家时，必须要持有有效身份证件。这不仅是其国籍的证明，也是其出入境的有效证件。有效证件是指该外国人的证件在入境时有效，不是指公安机关在办理治安案件时是否有效，即在公安机关办理案件时，该外国人的证件即使过期了，也不影响其国籍的认定。国籍有疑问或者国籍不明的情况一般包括外国人证件属于伪造证件或非本人证件，以及外国人入境后丢失护照或者护照严重破损折旧无法辨认国籍等情形。公安机关出入境部门可以通过查询出入境记录或者请求有关国家驻华使馆、领馆或者移民机构核查该人的身份。外国人真实身份资料包括：英文全名、国籍、出生日期、护照号码、护照有效期、签证号码、签证字头、签证有效期、最近一次出入境情况（入出境时间、入出境口岸）。对于确实无法查明国籍，又不能认定不是中国人的，可以按照其自报的国籍或者无国籍人对待。但是这种情况应当在案卷中注明。虽然对港、澳、台居民管理的一些内容与对外国人管理的内容相同或相似，但不能将其当作外国人对待。

对享有外交特权和豁免权的确认。一般来说，除非当事人明确表示其为享有外交特权或者豁免权的人士，否则执法警察没有必要主动认定其为享有外交特权或者豁免权的人士。对自称为享有外交特权或豁免权的人士，也要进行审查，查验证件，核实身份，一时难以认定的，可以请求外交部门协助查明。违法行为人是享有外交特权和豁免权的外国人的，办案公安机关应当将其身份、证件及违法行为等基本情况记录在案，保存有关证据，并尽快将有关情况层报省级公安机关，由省级公安机关商请同级人民政府外事部门通过外交途径处理。对享有外交特权和豁免权的外国人，不得采取限制人身自由和查封、扣押的强制措施。限制人身自由的强制措施是指对违法嫌疑人采取保护性约束措施、继续盘问、强制传唤、强制检测、拘留审查、限制活动范围等。在紧急情况下，因为不知其享有外交特权或豁免权而采取强制措施的，应当在确认其享有外交特权和豁免权后，立即解除强制措施。

（二）语言文字的使用

办理涉外治安案件，应当使用中华人民共和国通用的语言文字。这并不代表在询问时不能使用外语，而是要求在办案过程中形成的询问笔录等法律文书应当使用中文。当事人不懂中文的，应当由翻译用当事人通晓的语言向其宣读。宣读完毕后，当事人应当在笔录尾部用其本国的文字书写"以上××页笔录已由翻译用××语言向我宣读过，记录与我所讲的相符"，并签名、捺印、注明日期。同时，翻译应当用中文书写"以上××页笔录我已用××语言向其宣读过，记录与其所讲的相符"，并签名、注明单位、日期。对不通晓我国语言文字的，公安机关应当为其提供翻译。这是当事人的权利，不仅有利于保护外国人的合法权益，也有利于全面查清案件的真实情况。对于通晓我国语言文字的当事人仍有使用本国语言文字的权利，公安机关不能强迫其使用我国的语言文字。当事人坚持使用本国语言文字的，公安机关仍应当为其提供翻译。当事人通晓我国语言文字，不需要他人翻译的，应当由其本人出具书面声明。如果当事人仅仅是口头表明可以使用我国通用语言文字，而不愿意出具书面声明的，公安机关应当为其提供翻译。通常情况下由公安机关聘请翻译。当事人可以申请自己聘请，但应当经县级以上公安机关负责人批准，以防止通过自己聘请翻译进行串供。公安机关提供翻译的，费用由财政支付，外国籍当事人自己聘请翻译的，翻译费用由其个人承担。

（三）行政强制措施的使用

对符合法律规定情形的外国人可以采取拘留审查、限制其活动范围等强制措施，但必须经过县级以上公安机关的批准。对于拘留审查的外国人，如果案情复杂，需要延长拘留审查期限的，应当由作出拘留审查批准决定的上一级公安机关批准。对涉嫌违反出境入境管理的人员，可以当场盘问。经过当场盘问，有下列情形之一的，可以依法继续盘问：有非法出境入境嫌疑的；有协助他人非法出境入境嫌疑的；外国人有非法居留、非法就业嫌疑的；有危害国家安全和利益，破坏社会公共秩序或者从事其他违法犯罪活动嫌疑的。根据《程序规定》的规定，适用拘留审查应当遵守以下几个规定：一是拘留审查的适用条件。首先必须经过当场盘问或者继续盘问后仍不能排除嫌疑，需要进一步调查的，才可以适用拘留审查。也就是说，当场盘问或继续盘问是拘留审查的必经程序。其次，必须具有以下情形之一：有非法出境入境嫌疑的；有协助他人非法出境入境嫌疑的；有非法居留、非法就业嫌疑的；有危害国家安全和利益，破坏社会公共秩序或者从事其他违法犯罪活动嫌疑的。二是拘留审查的程序。应当向被拘留审查人出具拘留审查决定书，应当在羁押后24小时内进行询问，并在24小时内要将被拘留审查的外国人送到拘留所或者遣返场所。三是拘留审查的期限。拘留审查的期限一般不超过30日，案情复杂的经过批准可以延长至60日。对于国籍、身份不明的外国人，则查清其国籍身份之日起计算。四是拘留审查的解除。当被拘留审查的外国人符合下列情形之一时，应当解除拘留审查：被决定限期出境或者驱逐出境；不应当拘留审查的；被采取限制活动范围措施的；案件移交其他部门处理的以及其他应当解除拘留审查的。限制活动范围是指不适用拘留审查的外国人，可以按照要求接受审查，未经公安机关批准，不得离开限定的区域。对外国人限制活动范围的，应当出具限制活动范围决定书。根据《程序规定》适用限制活动范围要遵守以下几个规定：一是限制活动范围的适用条件。符合以下情形之一的，可以适用限制活动范围：患有严重疾病的；怀孕或者哺乳自己婴儿的；未满十六周岁或者已满七十周岁的；不宜适用拘留审查的其他情形。二是限制活动范围的期限。被限制活动范围的期限不得超过60日。对国籍、身份不明的，限制活动范围期限自查清其国籍、身份之日起计算。三是被限制活动范围的外国人应当遵守以下规定：未经决定机关批准，不得变更生活居所，或者离开限定的活动区域；应当在指定的时间到公安机关报到；不得以任何形式干扰证人作证；不得毁灭、伪造证据或者串供。公安机关可以对以下情形的证件予以注销或者收缴：损毁、遗失、被盗抢或者签发后发现持证人不符合签发条件等情形的，由签发机关宣布该出境入境证件作废；伪造、变造、骗取或者被证件签发机关宣布作废的出境入境证件无效；被他人冒用的出境入境证件予以注销或者收缴。公安机关应当扣押的物品包括：查获的违禁物品；涉及国家秘密的文件、资料以及用于实施违反出境入境管理活动的工具等。公安机关可以扣押以下物品：用于组织、运送、协助他人非法出境入境的交通运输工具，以及需要作为办案证据的物品。出境入境证件的真伪由签发机关、出入境边防检查机关或者中国海警出入境管理机构认定。根据《中华人民共和国出入境管理法》第64条规定，外国人对继续盘问、拘留审查、限制活动范围、遣送出境措施不服的，可以依法申请行政复议，该行政复议决定为最终决定。

（四）限期出境、驱逐出境行政处罚决定的适用

《治安管理处罚法》第10条第2款规定："对违反治安管理的外国人可以附加适用限期出境、驱逐出境。"根据2008年印发的《公安部关于调整限期出境审批权限的通知》，对外国人违反治安管理，案情简单、证据确凿，依法应当限期出境的，限期出境处罚由各省、自治区、直辖市公安厅、局审批，制作《公安行政处罚决定书》，并抄报公安部备案。但是，对于案情重大、复杂，易引起外交纠纷或者涉及国家安全的案件以及其他涉外案件，依法应当对外国人处以限期出境的，案件承办机关应当层报公安部，由公安部审批，并制作《公安行政处罚决定书》。对外国人处限期出境的，《公安行政处罚决定书》上应当加盖"中华人民共和国公安部出入境管理局"带国徽的印章，并由案件承办机关以公安部名义宣布并执行。同时，注销其有效签证或者居留证件，并在其护照或者其他有效出入境证件签发备注栏注明"限期出境，在×年×月×日前出境"的签证。根据2013年9月实施的《中华人民共和国外国人入境出境管理条例》第33条规定，外国人被决定限期出境的，作出决定的机关应当在注销或者收缴其原出境入境证件后，为其补办停留手续并限定出境的期限。限定出境期限最长不得超过15日。未在规定期限内离境的，经过县级以上中国海警批准可以遣送出境。被遣送出境的人员，自被遣送出境之日起一至五年内不准入境。作出遣送出境决定的机关应当依法确定被遣送出境的

外国人不准入境的具体期限。外国人被遣送出境所需的费用由本人承担。本人无力承担的,属于非法就业的,由非法聘用的单位、个人承担;属于其他情形的,由对外国人在中国境内停留居留提供保证措施的单位或者个人承担。

驱逐出境由公安部决定,且公安部作出的驱逐出境决定为最终决定,被驱逐出境的外国人对驱逐出境决定不服的,不享有救济权,不能申请行政复议,也不能提起行政诉讼。公安部作出的驱逐出境决定由承办机关宣布并执行。被驱逐出境的外国人,自被驱逐出境之日起十年内不准入境。对外国人处以罚款或者行政拘留并处限期出境或者驱逐出境的,应当于罚款或者行政拘留执行完毕后执行限期出境或者驱逐出境。

三、涉外治安案件办理中应当注意的问题

涉外治安案件办理中应注意如下问题:第一,及时慎重处理。办理涉外治安案件必须做到及时,一是一旦发生涉外治安案件应当迅速反应,立即赶赴现场;二是案件发生后,必须依照法律程序迅速处理案件。因为涉外治安案件的当事人往往流动性大、来华时间短、居留地点变化快、容易发生国际影响,所以及时办理有助于案件的办理,减少冲突,使工作处于主动。但迅速并不代表草率行事,还应当慎重。第二,充分调查取证。涉外治安案件应当做好现场取证和相关的调查工作,证据不充分不能结案。第三,法律手续完备。对于涉外治安案件的办理无论是办理过程,还是行政处罚的决定都必须依法办事,具备完备的法律手续。第四,依照权限办理。我国法律对涉外治安案件处罚的管辖权作出了明确的规定。各级公安机关必须按照法定权限认真履行自己的职责。对属于自己职责管辖的案件不推诿,对于不属于自己管辖的不越权管辖。第五,原则性与灵活性相结合。原则性就是在涉外治安案件的办理中,必须把国家利益放在优先地位,一定要坚持原则,敢于处理。对于违法的外国人要依法给予必要的惩罚,不放纵,不手软。灵活性就是要根据违法行为的性质、情节、危害后果,案件发生的时间、地点以及外交关系上需要考虑的因素等,在法律允许等范围内予以适当的灵活处理。第六,协调配合与归口管理。由于涉外治安案件的复杂性、广泛性以及我国相关法律的规定,涉外治安案件有些是专属管辖的案件,即只能由某一部门的主管机关负责办理。有些涉外治安案件的办理涉及多个执法部门,因此必须注意分工合作、密切配合、互通情况、统一部署。协调配合包括两个方面:一方面是公安机关内部的协调配合。根据公安部关于办理涉外治安案件职权范围的规定,治安管理部门与出入境、交通、消防等业务部门协调办案。另一方面,公安机关与政府其他职能部门的协调配合。

第七节　救济程序

"行政救济"一词不是立法中的法定用语,而是法学理论研究中所采用的一个术语。关于"行政救济"一词有广义和狭义上的不同理解。广义上的理解,行政救济是指国家为防止或排除行政行为侵犯公民、法人和其他组织的合法权益,而于事先或事后采取的各种直接手段或措施所构成的制度,既包括为保证行政行为的合法与适当而于事先采取的行政公正程序,也包括于事后而采取的行政复议、行政诉讼、行政赔偿和行政补偿的手段与措施。狭义上的行政救济是指国家为排除不法行政行为对侵犯公民、法人和其他组织合法权益的侵害,而采取的各种事后补救手段与措施所构成的制度,包括行政复议、行政诉讼、行政赔偿、行政补偿以及申诉等事后手段与措施。我们这里理解的海警行政救济是狭义上的行政救济。对于公民权而言,"无救济等于无权利"。当公民权受到行政权的侵犯时,应该能够通过法定程序和方式获得充分的保护和救济,这是现代民主的必然要求和体现。

一、海警行政复议

海警行政复议,是指行政相对人认为海警机关作出的行政行为侵犯其合法权益,依法向行政复议机关提出复查该行政行为的申请,行政复议机关依照法定程序对被申请的行政行为进行受理和审查,并作出行政复议决定的一种法律活动。海警行政复议作为一种行政机关行使准司法权的行为,与行政审判以及行政裁决和其他行政行为相比,具有以下显著特征:从行为主体的角度来看,海警行政复议具有职权性;从行为内容的角度来看,海警行政复议是行政机关处理海警行政争议的活动;从行为程序的角度来看,海警行政复议程序具有准司法程序性;从制度功能的角度看,海警行政复议具有监督海警行政和行政救济的双重功能。

(一)海警行政复议范围及管辖

1. 海警行政复议范围

行政复议范围是行政相对人不服行政机关的决定时,对哪些行为可以申请行政复议机关进行审查和救济的范围。从行政复议机关的角度来看,行政复议范围也可以称为行政复议受案范围,是行政复议机关依照行政复议法律规范的规定可以受理的行政争议案件的范围。《行政复议法》明确规定了可申请复议的行政行为和不可申请复议的范围。根据《行政复议法》第 6 条和第 7 条的规定,行政相对人对下列事项可以提起海警行政复议:对海警机关作出的警告、罚款、没收违法所得、没收非法财物、责令停产停业、暂扣或吊销许可证、行政拘留等行政处罚不服的;对海警机关作出的限制人身自由或查封、扣押、冻结财产等行政强制措施不服的,这里的行政强制措施包括了限制人身自由的行政强制措施和对财产的行政强制措施两个方面;对海警机关作出的有关许可证变更、中止、撤销的决定不服的;认为海警机关侵犯合法的经营自主权的;认为符合法定条件,申请海警机关颁发许可证等证书,或者申请海警机关审批、登记有关事项,海警机关没有依法办理的;申请海警政机关履行保护人身权利、财产权利等法定职责,海警机关没有依法履行的;认为海警机关的其他行政行为侵犯其合法权益的。根据法律的规定,复议机关不得受理行政相对人对于海警机关的某些行为申请行政复议的案件。这些行政行为主要包括三类:抽象行政行为;内部行政行为;居间行为。

2. 海警行政复议管辖

海警行政复议机关,是指受理行政复议申请,依法对海警机关的行政行为进行审查并作出行政复议决定的国家行政机关。海警行政复议是行政系统内部的一种自上而下的监督活动,承担海警行政复议职责的机关只能是享有海警行政复议权的国家行政机关,其他国家机关不能成为行政复议机关。根据《行政复议法》第12条第1款的规定,"对县级以上地方各级人民政府工作部门的行政行为不服的,由申请人选择,可以向该部门的本级人民政府申请行政复议,也可以向上一级主管部门申请行政复议"。因此,海警行政复议机关主要有被申请海警机关的本级人民政府及其上一级海警机关。海警行政复议管辖,是指各海警行政复议机关对行政复议案件在受理上的具体分工和权限划分。根据《行政复议法》的相关规定,海警行政复议的管辖如下:对县级以上地方各级人民政府所属海警机关作出的行政行为不服的,申请人既可以向该海警机关所属的人民政府申请行政复议,也可以向上一级海警机关申请行政复议;对中国海警局作出的行政行为不服的,向中国海警局申请行政复议。对此行政复议决定不服的,可以向人民法院提起行政诉讼;也可以向国务院申请裁决,国务院裁决为最终裁决,当事人不得再提起行政诉讼;对海警大队依照法律、法规或规章的规定,以自己的名义作出的行政行为不服的,向设立该海警大队的海警支队申请行政复议;对海警机关与其他行政机关以共同的名义作出的行政行为不服的,向其共同上一级行政机关申请行政复议;对被撤销的海警机关在被撤销前所作出的行政行为不服的,向继续行使其职权的行政机关的上一级行政机关申请行政复议。

(二) 海警行政复议程序

海警行政复议程序是指在海警行政复议过程中,海警行政复议机关和海警行政复议参加人以及其他参与人所需遵循的法定程序要求。海警行政复议程序一般包括四个环节,即行政复议申请、行政复议受理、行政复议审理和行政复议决定。

1. 行政复议申请

行政复议申请是指行政复议申请人认为行政主体的行政行为违法或者不当，侵犯其合法权益，在法定期限内向行政复议机关提出撤销或者变更该行政行为请求的行为。行政复议申请是行政复议程序开始的必要前提和起点，没有行政复议申请，行政复议机关不能主动进行行政复议。根据《行政复议法实施条例》第28条的规定，申请行政复议应符合下列七个条件：有明确的申请人和符合规定的被申请人；申请人与行政行为有利害关系；有具体的行政复议请求和理由；在法定申请期限内提出；属于行政复议法规定的行政复议范围；属于收到行政复议申请的行政复议机构的职责范围；其他行政复议机关尚未受理同一行政复议申请，人民法院尚未受理同一主体就同一事实提起的行政诉讼。行政相对人应当在法定申请期限内提出行政复议申请。根据《行政复议法》第9条的规定，行政相对人应当在知道相应行政行为之日起60天内提出行政复议申请，法律另有规定的除外。因不可抗力或者其他正当理由耽误法定申请期限的，申请期限自障碍消除之日起继续计算。行政相对人超出上述申请期限提出行政复议申请的，行政相对人的申请权不受法律保护。行政复议决定作出之前，申请人要求撤回行政复议申请的，经说明理由可以撤回；撤回行政复议申请的，行政复议终止。申请人申请行政复议，可以书面申请，也可以口头申请；口头申请的，行政复议机关应当当场记录申请人的基本情况、行政复议请求、申请行政复议的主要事实、理由和时间。

2. 行政复议受理

行政复议受理是指行政复议机关审查申请人所提出的行政复议申请是否符合法定要件而决定是否立案审理的活动。行政复议机关收到申请人的行政复议申请后依法进行审查，根据不同情况分别作出以下处理。符合申请行政复议条件的，依法决定受理。有下列情形之一的，应裁决不予受理并告之理由：行政行为不涉及行政复议申请人权益，或者没有具体的行政复议请求和事实依据的；没有明确的被申请人；不属于行政复议受案范围的；复议申请超过法定复议申请期限，且无正当理由；申请行政复议之前，已向人民法院起诉的。如果行政复议申请书符合要求，但不属于该机关管辖的，应当告知向有管辖权的行政复议机关提出。行政复议申请材料不齐全或者表述不清楚的，行政复议机构可以自收到该行政复议申请之日起5日内书面通知申请人补正。补正通知应当载明需要补正的事项和合理的补正期限。无正当理由逾期不补正的，视为申请人放弃行政复议申请。补正申请材料所用时间不计入行政复议审理期限。对法律、法规规定的应当先向行政复议机关申请行政复议的案件，行政相对人不能直接向人民法院提起行政诉讼。行政复议机关决定不予受理或者受理后超过行政复议期限不作答复的，公民、法人或者其他组织可以自收到不予受理决定书之日起或者行政复议期限届满之日起15日内，依法向人民法院提起行政诉讼。

3. 行政复议审理

行政复议审理是指行政复议机关对受理的行政案件进行实质审查,即对被申请人的行政行为的合法性和适当性进行审查的活动。行政复议审理是行政复议程序的核心,一般包括以下内容:行政复议机关在审理前的准备工作,主要包括:确定行政复议承办人员;向被申请人发送行政复议申请书副本;了解案情,拟定审理计划;接受和发送行政复议被申请人的答复书;接受行政复议被申请人提交的有关材料和证据。行政复议机构审理行政复议案件,应当由 2 名以上行政复议人员参加。行政复议机关对行政复议申请人提出的申请和被申请人提交的书面答复,以及有关被申请人作出行政行为所依据的规范性文件和证据进行非公开对质性的书面审查,即可作出行政复议决定。但申请人提出要求或者行政复议机关负责法制工作的机构认为有必要时,可以向有关组织和人员调查情况,听取申请人、被申请人和第三人的意见。行政复议机关在审查行政争议案件时,不仅可以对行政行为是否合法和适当进行审查,而且还必须全面审查行政行为所依据的事实和规范性文件,不受行政复议申请范围的限制。根据《行政复议法》第 7 条的规定,公民、法人或者其他组织在对行政行为提起行政复议时,可以一并申请行政复议机关对该行政行为所依据的规章以外的规定进行审查,受审查的规定包括国务院部门的规定,县级以上地方各级人民政府及其工作部门的规定以及乡、镇人民政府的规定。行政复议机关有权处理的,应在 30 日内依法处理;无权处理的,应在 7 日内依法定程序转送有权处理的国家机关依法处理。处理期间,中止对行政行为的审查。行政复议机关在审理行政复议案件时的依据主要有法律、行政法规、地方性法规、规章以及行政机关依法制定和发布的具有普遍约束力的决定、命令。在民族区域自治地方还应当以自治条例、单行条例为依据。行政复议机关应当自受理申请之日起 60 日内作出行政复议决定,但是法律规定的行政复议期限少于 60 日的除外。情况复杂不能在规定的期限内作出行政复议决定的,经行政复议机关负责人批准,可以适当延长,并告知申请人和被申请人;但是延长期限最多不超过 30 日。

在行政复议过程中,会遇到因为各种原因而导致行政复议活动不能正常进行的情况,这就涉及行政复议中止和行政复议终止制度。根据《行政复议法实施条例》第 41 条的规定,行政复议期间有下列情形之一,影响行政复议案件审理的,行政复议中止:作为申请人的自然人死亡,其近亲属尚未确定是否参加行政复议的;作为申请人的自然人丧失参加行政复议的能力,尚未确定法定代理人参加行政复议的;作为申请人的法人或者其他组织终止,尚未确定权利义务承受人的;作为申请人的自然人下落不明或者被宣告失踪的;申请人、被申请人因不可抗力,不能参加行政复议的;案件涉及法律适用问题,需要有权机关作出解释或者确认的;案件审理需要以其他案件的审理结果为依据,而其他案件尚未审结的;其他需要中止行政复议的情形。行政复议中止的原因消除后,应当及时恢复行政复议案件的审理。行政复议机构中止、恢复行政复议案件的审理,应当告知有关当事人。根据《行政复议法实施条例》第 41 条的规定,行政复议期间有下列情形之一的,行政复议终止:申请人要求撤回行政复议申请,行政复议机构准予撤回的;作为申请人的自然人死亡,没有近亲属或者其近亲属放弃行政复议权利的;作为申请人的法人或者其他组织终止,其权利义务的承受人放弃行政复议权利的;申请人与被申请人依照该条例第 40 条的规定,经行政复议机构准许达成和解的;申请人对行政拘留或者限制人身自由的行政强制措施不服申请行政复议后,因申请人同一违法行为涉嫌犯罪,该行政拘留或者限制人身自由的行政强制措施变更为刑事拘留的。中止行政复议的前三项情形,满 60 日行政复议中止的原因仍未消除的,行政复议终止。

4. 行政复议决定

行政复议决定是行政复议机关对行政行为的合法性和适当性进行审查后所作出的终结结论。行政复议决定包括如下种类:第一,维持决定。行政复议机关认为被申请人的行政行为认定事实清楚,证据确凿,适用依据正确,程序合法,内容适当的,决定维持。第二,限期履行决定。第三,撤销、变更决定或确认行政行为违法决定。行政复议机关认为有下列情形之一的,决定撤销、变更原行政行为或确认行政行为违法,决定撤销或确认行政行为违法的可以责令被申请人重新作出行政行为:主要事实不清、证据不足的;适用依据错误的;违反法定程序的;超越职权、滥用职权的;行政行为明显不当的。被申请人不按照《行政复议法》第 23 条的规定提出书面答复、提交当初作出行政行为的证据、依据和其他有关材料的,视为该行政行为没有证据、依据,决定撤销该行政行为。第四,赔偿决定。申请人在申请行政复议时可以一并提出行政赔偿请求,行政复议机关对符合国家赔偿法有关规定的,在决定撤销、变更行政行为或者确认行政行为违法时,应当同时决定被申请人依法给予赔偿。申请人在申请行政复议时没有提出行政赔偿请求的,行政复议机关在依法决定撤销或者变更罚款,撤销违法集资、没收财物、征收财物、摊派费用以及对财产的查封、扣押、冻结等行政行为时,应当同时责令被申请人返还财产,解除对财产的查封、扣押、冻结措施,或者赔偿相应的价款。

行政复议决定应当采用书面形式。行政复议决定书一般应当载明下列事项:申请人的姓名、性别、年龄、职业、住址(法人或者其他组织的名称、地址,法定代表人或主要负责人的姓名);被申请人的名称、地址,法定代表人的姓名、职务;申请行政复议的主要请求和理由;行政复议机关认定的事实、理由,适用的依据;复议结论;不服行政复议决定向人民法院起诉的期限,或者终局行政复议决定,当事人履行的期限;作出行政复议决定的日期。行政复议决定书应由行政复议机关的法定代表人署名,加盖行政复议机关的印章。

行政复议原则上一局终局,行政复议决定书一经送达即发生法律效力,当事人不能对行政复议决定提出再复议。《行政复议法》第14条对一级复议原则的例外作出规定,即:"对国务院部门或者省、自治区、直辖市人民政府的行政行为不服的,向作出该行政行为的国务院部门或者省、自治区、直辖市人民政府申请行政复议。对行政复议决定不服的,可以向人民法院提起行政诉讼;也可以向国务院申请裁决,国务院依照本法的规定作出最终裁决。"如果行政复议决定为终局决定,当事人也不能提起行政诉讼。

二、海警行政诉讼

(一) 海警行政诉讼的理解

海警行政诉讼是指公民、法人或其他组织认为海警机关的行政行为侵害了其合法权益,向人民法院提起诉讼,人民法院依法进行审理并作出裁判的活动。海警行政诉讼作为行政诉讼的一种,它具有行政诉讼的一般特征,如审理的对象是一定范围内的行政争议,被告恒定为行政主体;人民法院对行政行为是否合法进行审查,被告负举证责任等。海警行政诉讼还具有以下特点:(1) 海警行政诉讼的主体特定性。海警行政诉讼的参加人主要有海警行政相对人和海警机关。海警行政诉讼中的被告人主要为海警机关,海警大队在法律授权范围内也可以自己的名义作出行政行为,并在行政诉讼中成为被告。海警行政诉讼中的原告一般是海警行政执法中的相对人。(2) 海警行政诉讼的审理对象是法定受案范围内的海警行政行为。海警机关与公民之所以发生争议,必然是因为海警机关前期的作为或不作为,只要是公民对这些行政行为不服,就可以向有管辖权的人民法院提起行政诉讼。(3) 海警行政诉讼审理的法律依据具有特殊性。除了遵循《行政诉讼法》《行政处罚法》《行政强制法》和最高人民法院出台的一系列有关行政诉讼的司法解释外,还应当遵循海警行政部门行政法,如《治安管理处罚法》《道路交通安全法》等,参照公安部颁布实施的《程序规定》等规章或规范性文件。

(二) 海警机关在海警行政诉讼中的权利和义务

海警机关在海警行政诉讼中主要有以下权利:(1) 委托代理权。在海警行政诉讼中,海警机关可委托其内部工作人员或律师1至2人代为参加行政诉讼。(2) 应诉和答辩权。海警机关有提交答辩状的权利,但不享有反诉权。(3) 申请回避权。海警机关认为审判人员或书记员、翻译人员、鉴定人、勘验人等与案件有利害关系或其他关系,可能影响案件公正和正确审判的,有申请他们回避的权利。(4) 申请查阅庭审材料权。经人民法院许可,行政诉讼的当事人和其他代理人可以查阅本案庭审材料,但涉及国家秘密和个人隐私的除外。(5) 辩论权。海警机关可以就其据以作出行政决定的事实认定、法律适用和程序等方面进行辩论。

(6)有向证人、鉴定人和勘验人员发问的权利。(7)最后陈述权。(8)在诉讼过程中变更原行政行为的权利。海警机关在一审期间改变被诉行政行为的,应当书面告知人民法院。(9)上诉权。海警机关不服一审判决或裁定的,可以在法定期限内提起上诉。(10)依法强制执行或申请人民法院强制执行的权利。原告拒绝履行人民法院已经发生法律效力的判决或裁定的,海警机关可以强制执行,或申请人民法院强制执行。海警机关在行政海警诉讼过程中应当履行如下义务:(1)按时提交答辩状、提供作出行政行为所依据的证据和依据;(2)按时参加诉讼,遵守法庭秩序,服从法庭指挥;(3)按照人民法院的要求,提供或补充证据、依据或者其他材料;(4)客观地陈述案情、说明真相,不得捏造事实、伪造证据,不得对证人、鉴定人或其他人员施加压力或打击报复;(5)自觉履行已经生效的行政判决;(6)依法交纳诉讼费。

(三)海警行政诉讼程序

根据海警行政诉讼的阶段不同,海警行政诉讼程序分为第一审程序、第二审程序、审判监督程序和执行程序等,第一审程序又包括普通程序和简易程序。由于审判监督程序由法院或检察院提起,海警机关在审判监督程序中的诉讼活动主要参照一审或二审程序进行,因此本部分仅阐述海警行政诉讼的第一审普通程序、简易程序、第二审程序和执行程序。

1. 一审普通程序

(1)起诉。原告的起诉是启动海警行政诉讼的法定程序,原告提起诉讼应当符合下列条件:原告认为海警机关行政行为侵犯了其合法权益;有明确的被告;有具体的诉讼请求和事实根据;属于人民法院受案范围和受诉人民法院管辖。原告直接向人民法院提起诉讼的,应当在知道作出行政行为之日起 6 个月内提出;经复议后提起诉讼的,可以在收到复议决定书之日起 15 日内向人民法院提起诉讼,复议机关逾期不作决定的,可以在复议期满之日起 15 日内向人民法院提起诉讼。(2)受理。人民法院接到起诉状后进行审查,在 7 日内决定是否受理。决定受理的应在立案之日起 5 日内,将起诉状副本发送被告。被告应当在收到起诉状副本之日起 15 日内向人民法院提交答辩状。人民法院应当在收到答辩状之日起 5 日内,将答辩状副本发送原告。(3)审理。行政诉讼的第一审审理程序,在开庭前要做好准备工作,主要是组成合议庭,向诉讼参加人和其他诉讼参与人送达开庭通知,开庭前发出开庭公告等。开庭审理程序一般包括五个步骤,即预备、法庭调查、法庭辩论、合议庭评议和宣判。预备阶段首先由书记员查明当事人和诉讼参加人是否到庭,宣读法庭纪律,然后向审判长报告。审判长宣布开庭,核对当事人,宣布案由和宣布合议庭组成成员名单,告知当事人有关的诉讼权利和义务,询问当事人是否提出回避申请。法庭调查是审判人员在法庭上全面调查案件事实,审查证据的诉讼活动。法庭调查一般按照如下步骤进行：第一步，当事人陈述。首先由原告陈述自己的诉讼请求、事实和理由，再由被告陈述其答辩的主张及其事实和理由。第三人参加诉讼的，在被告陈述完毕后，陈述其参与诉讼的主张和理由。第二步，询问证人。人民法院准许证人出庭作证的，应当在开庭审理前通知证人出庭作证。证人出庭作证时，应当出示证明其身份的证件，法庭应当告知其诚实作证的法律义务和作伪证的法律责任，出庭作证的证人不得旁听案件的审理。法庭询问证人时，其他证人不得在场，但组织证人对质的除外。证人应当陈述其亲历的具体事实。证人根据其经历所作的判断、推测或者评论，不能作为定案的依据。经审判长许可，当事人及其诉讼代理人可以向证人发问，对未到庭证人的证言应当当庭宣读。第三步，出示书证、物证和视听资料。书证、物证应当当庭展示，视听资料应当当庭播放或演示，并由当事人进行质证。对书证、物证和视听资料进行质证时，当事人应当出示证据的原件或者原物。但下列两种情况除外：其一，出示原件或者原物确有困难，并经法庭准许可以出示复制件或者复制品；其二，原件或者原物已不存在，可以出示证明复制件、复制品与原件、原物一致的其他证据。第四步，宣读鉴定意见和勘验笔录。当事人要求鉴定人出庭接受询问的，鉴定人应当出庭。鉴定人因正当事由不能出庭的，经法庭准许，可以不出庭，由当事人对其书面鉴定意见进行质证。原告或第三人对勘验笔录有疑问的，也可以要求执法海警出庭作证。在质证过程中，当事人应当围绕证据的关联性、合法性和真实性，针对证据有无证明力以及证明效力的大小进行质证。法庭在质证过程中，对与案件没有关联的证据材料，应予排除并说明理由。经法庭准许，当事人及其代理人可以就证据问题相互发问，也可以向证人、鉴定人、勘验人发问，发问的内容应当与案件事实相关联，不得采取引诱、威胁或侮辱等语言或方式。法庭对经庭审质证的证据，除确有必要外，一般不再进行质证。法庭辩论是指在审判人员的主持下，当事人及其诉讼代理人对法庭调查的事实、证据相互反驳质问，提出看法、陈述意见的诉讼活动。法庭辩论的顺序是：首先由原告及其诉讼代理人发言；然后由被告及其诉讼代理人发言；再由第三人及其诉讼代理人发言；第四步相互进行辩论；第五步辩论终结后，审判长按照发言的顺序询问其最后意见。在辩论过程中，如果发现新的情况需要调查的，审判长可以宣布停止辩论，恢复法庭调查或者决定延期审理，待事实查清楚后在进行法庭辩论。法庭辩论结束后进入合议庭评议阶段，如当庭可以宣判的，审判长宣布休庭，合议庭进行评议；如不能当庭宣判，审判长宣布闭庭，合议庭进行评议，择日宣判。合议庭的评议应该秘密进行，采取少数服从多数的原则。合议庭评议完毕后，当庭宣判的，应在 10 日内发送判决书；另择日期宣判的，宣判后立即发给判决书。除有特殊情况需要延长审理期限外，人民法院应当自立案之日起 6 个月内作出一审判决。宣告决定时，应当告知当事人的上诉权利、上诉期限和上诉法院。

2. 简易程序

2015年5月1日起新修订实施的《行政诉讼法》增加了简易程序。简易程序的适用的条件有包括：一是属于特定范围的案件。根据《行政诉讼法》第82条的规定，只有属于下列范围的三类案件，才可以适用简易程序：被诉行政行为是依法当场作出的；案件涉及款额二千元以下的；属于政府信息公开案件的。二是人民法院认为上述案件事实清楚、权利义务关系明确、争议不大。三是案件处于第一审程序中。人民法院审理第一审行政案件，才可以适用简易程序。发回重审、按照审判监督程序再审的案件不适用简易程序。为了尊重当事人的诉权，特别是作为原告的行政相对人的诉权，除前款规定以外的第一审行政案件，当事人各方同意适用简易程序的，可以适用简易程序，不受上述条件限制。与行政诉讼的普通程序相比，简易程序的简易主要表现在合议庭的组成和案件的审理期限方面。适用简易程序审理的行政案件，由审判员一人独任审理。而适用普通程序审理的行政案件，由审判员组成合议庭，或者由审判员、陪审员组成合议庭。合议庭的成员，应当是三人以上的单数。适用简易程序审理的行政案件，人民法院应当在立案之日起45日内审结，且不得延长审理期限。而适用普通程序审理的行政案件，人民法院应当在立案之日起6个月内作出第一审判决。有特殊情况需要延长的，由高级人民法院批准，高级人民法院审理第一审案件需要延长的，由最高人民法院批准。

3. 二审程序

海警行政诉讼的当事人不服一审判决的，有权在法定期限内提请一审法院的上一级法院重新审判，进入第二审程序。

（1）上诉。当事人提起上诉，必须符合以下条件。第一审的原告、被告和第三人都享有上诉权。当事人不服人民法院第一审判决的，有权在判决书送达之日起15日内向上一级人民法院提起上诉。当事人不服人民法院第一审裁定的，有权在裁定书送达之日起10日内向上一级人民法院提起上诉。逾期不提起上诉的，人民法院的第一审判决或者裁定发生法律效力。当事人提起上诉的，应当按照对方当事人的人数提交上诉状副本。

（2）受理。符合法定条件的上诉，人民法院必须受理。当事人直接向二审人民法院提出上诉的，二审法院应当在5日内将上诉状副本发还原审法院。原审法院收到上诉状，应当在5日之内将上诉状副本送达其他当事人，对方当事人应当在收到上诉状副本之日起10日内提出答辩状。原审法院应当在收到答辩状之日起5日内将答辩状送达对方当事人。原审法院收到上诉状、答辩状，应当在5日内连同全部案卷材料报送二审法院。

（3）审理。人民法院对上诉案件，认为事实清楚的，可以实行书面审理。在第二审程序中，对当事人依法提供的新的证据，法庭应当进行质证；当事人对第一审认定的证据仍有争议的,法庭也应当进行质证。此处"新的证据"是指以下证据:在一审程序中应当准予延期提供而未获准许的证据;当事人在一审程序中依法申请调取而未获准许或者未取得,人民法院在第二审程序中调取的证据;原告或者第三人提供的在举证期限届满后发现的证据。

(4) 判决。人民法院审理上诉案件,应当在收到上诉状之日起 3 个月内作出终审判决。有特殊情况需要延长的,由高级人民法院批准,高级人民法院审理上诉案件需要延长的,由最高人民法院批准。

4. 执行程序

海警行政诉讼的执行是指当事人在逾期不履行人民法院已经生效的判决或裁定时,人民法院或有权行政机关依法采取强制措施,促使当事人履行生效的法律文书所确定义务的活动。海警行政诉讼执行的条件包括:(1) 依据条件,必须有人民法院已经生效的判决或裁定;(2) 启动条件,义务人有能力履行而不履行生效的裁判文书;(3) 裁判文书具有可执行的内容;(4) 期限条件,当事人在法定期限内提出申请,其中公民的申请期限为 1 年,行政机关、法人和其他组织的申请期限为 180 日,从法律文书规定的履行期限最后一日机关,未规定履行期限的,从该法律文书送达当事人之日起计算。公民、法人或者其他组织拒绝履行判决、裁定的,海警机关可以向第一审人民法院申请强制执行,或者依法强制执行。海警机关拒绝履行判决、裁定的,第一审人民法院可以采取以下四项措施:一是对应当归还的罚款或者应当给付的赔偿金,通知银行从该海警机关的账户内划拨;二是在规定期限内不执行的,从期满之日起,对该海警机关负责人按日处五十元至一百元的罚款;三是向该海警机关的上一级行政机关或者监察、人事机关提出司法建议,接受司法建议的机关,根据有关规定进行处理,并将处理情况告知人民法院;四是对拒不执行判决、裁定,情节严重构成犯罪的,依法追究主管人员和直接责任人员的刑事责任。

(四) 海警行政诉讼的裁判

1. 海警行政诉讼的一审判决

海警行政诉讼的一审判决是指一审法院经过对海警行政案件的审理,根据所认定的事实和法律依据,对海警行政案件作出的实体性法律决定。根据《行政诉讼法》的规定,人民法院一般在立案之日起 6 个月内作出第一审判决。人民法院根据不同情况,可以作出以下判决:

(1) 驳回判决。人民法院经审理,行政行为证据确凿,适用法律、法规正确,符合法定程序的,或者原告申请被告履行法定职责或者给付义务理由不成立的,人民法院判决驳回原告的诉讼请求。

(2) 撤销判决。人民法院认为海警机关的行政行为有下列情形之一的,判决撤销或者部分撤销,并可以判决被告重新作出行政行为:主要证据不足的;适用法律、法规错误的;违反法定程序,不能补正的;超越职权的;滥用职权的;明显不当的。人民法院判决被告重新作出行政行为的,被告不得以同一的事实和理由作出与原行政行为基本相同的行政行为。

（3）履行判决。被告不履行或者拖延履行法定职责的,判决其在一定期限内履行。被告依法负有给付义务的,判决被告履行给付义务。

（4）变更判决。人民法院认为海警机关的行政处罚明显不当,或者其他行政行为涉及对款额的确定、认定确有错误的,人民法院可以判决变更。人民法院判决变更,不得加重原告的义务或者减损原告的权益。但利害关系人同为原告,且诉讼请求相反的除外。明显不当一般具有如下特征:表面上,海警机关作出的行政处罚合法,符合法律的规定,至少不违反法律明确的禁止性或义务性规定;行政处罚虽然表面上合法,但却存在明显的不合理或不适当;这种不合理或不适当严重违背了法律的目的和精神;这种不合理或不适当是明显的,以至于具有一般理智的人均能发现其不合理或不适当;明显不当的表现通常是显失公正、违背常识、违背科学等。

（5）确认判决。确认判决主要适用于两种情形:一是确认行政行为违法,根据《行政诉讼法》第 74 条的规定,海警机关作出的行政行为有下列五种情形的,人民法院判决确认违法:行政行为依法应当撤销,但撤销会给国家利益、社会公共利益造成重大损害的;行政行为程序轻微违法,但对原告权利不产生实际影响的;行政行为违法,但不具有可撤销内容的;被告改变原违法行政行为,原告仍要求确认原行政行为违法的;被告不履行或者拖延履行法定职责,判决履行没有意义的。二是确认行政行为无效。海警机关作出的行政行为有实施主体不具有行政主体资格或者没有依据等重大且明显违法情形,原告申请确认行政行为无效的,人民法院判决确认无效。人民法院判决确认违法或者无效的,可以同时判决责令作为被告的海警机关采取补救措施;给原告造成损失的,依法判决被告承担赔偿责任。

（6）赔偿、补偿判决。人民法院判决确认违法或者无效的,可以同时判决责令被告采取补救措施;给原告造成损失的,依法判决被告承担赔偿责任。被告不依法履行、未按照约定履行或者违法变更、解除政府特许经营协议、土地房屋征收补偿协议等协议的,人民法院判决被告承担继续履行、采取补救措施或者赔偿损失等责任。被告变更、解除上述协议合法,但未依法给予补偿的,人民法院判决给予补偿。

2. 海警行政诉讼的二审判决

二审判决也可以称为终审判决,它既是对一审判决的评判,也是对行政行为合法性的最终评判。二审法院审理上诉案件,应当对原审法院的裁判和被诉行政行为是否合法进行全面审查。人民法院对上诉案件,认为事实清楚的,可以实行书面审理。当事人对原审法院认定的事实有争议的,或者二审法院认为原审法院认定事实不清楚的,二审法院应当开庭审理。法院通过对上诉案件的审理,分别可以作出维持和改判两类判决。(1)维持判决。二审法院经过审理,认为原判决认定事实清楚,适用法律、法规正确的,判决驳回上诉,维持原判。(2)依法改判。二审法院的改判包括两类情况:原判决认定事实清楚,但是适用法律、法规错误的,依法改判;原判决认定事实不清,证据不足,或者由于违反法定程序可能影响案件正确判决的,裁定撤销原判,发回原审人民法院重审,也可以查清事实后改判。当事人对重审案件的判决、裁定,可以上诉。二审法院审理上诉案件,需要改变原审判决的,应当撤销一审判决的全部或部分内容,同时,对被诉行政行为作出维持、撤销或变更的判决。

3. 行政诉讼的裁定和决定

(1)行政诉讼裁定。行政诉讼裁定是指人民法院在审理行政案件的过程中,为解决本案的程序问题作出的对诉讼参与人产生法律效果的司法决定。根据《最高人民法院关于执行〈中华人民共和国行政诉讼法〉若干问题的解释》第63条的规定,裁定适用于下列范围:不予受理;驳回起诉;管辖异议;终结诉讼;中止诉讼;移送或者指定管辖;诉讼期间停止行政行为的执行或者驳回停止执行的申请;财产保全;先予执行;准许或者不准许撤诉;补正裁判文书中的笔误;中止或者终结执行;提审、指令再审或者发回重审;准许或者不准许执行行政机关的行政行为;其他需要裁定的事项。其中,对于不予受理、驳回起诉和管辖异议三项裁定不服的,当事人可以提起上诉。

(2)行政诉讼决定。行政诉讼决定是指人民法院为了保障行政诉讼的顺利进行,对诉讼中发生的某些特殊事项作出的处理决定。行政诉讼决定既可以是书面形式,也可以口头作出,一经作出,即具有执行力。当事人对行政诉讼决定不服的,只能提起复议,而不能提起上诉,但复议不影响决定的执行。行政诉讼决定主要适用于以下范围:回避决定;采取强制措施决定;延长诉讼期限决定;再审决定;对重大、疑难案件的处理决定;执行程序的决定。

(五)海警机关在海警行政诉讼中的举证责任

举证责任是指由法律预先规定,在行政案件的真实情况难以确定的情况下,由一方当事人提供证据予以证明,如提供不出证明相应事实情况的证据则承担败诉风险及不利后果的制度。《行政诉讼法》第35条规定:"被告对作出的行政行为负有举证责任,应当提供作出该行政行为的证据和所依据的规范性文件。"该规定确立了在海警行政诉讼中,作为被告的海警机关对被诉行政行为的合法性负主要举证责任。海警机关在海警行政诉讼中应承担以下举证责任:事实证据,即被告作出的行政行为所依据的事实;法律依据,即被告作出的行政行为所依据的法律规范;程序依据,即被告作出行政行为的程序是合法、有效的证据;正确履行职权依据,即被告所作出的行政行为没有超越职权和滥用职权的证据;被告没有不履行或者拖延履行法定职责的证据;海警行政处罚没有显失公正的证据。作为被告的海警机关应当在收到起诉状副本之日起 15 日内提交答辩状,并提供作出行政行为时的证据、依据;被告不提供或者无正当理由逾期提供的,应当认定该行政行为没有证据、依据。被告因不可抗力或者客观上不能控制的其他正当事由,不能在前款规定的期限内提供证据的,应当在收到起诉状副本之日起 10 日内向人民法院提出延期提供证据的书面申请。人民法院准许延期提供的,被告应当在正当事由消除后 10 日内提供证据。逾期提供的,视为被诉行政行为没有相应的证据。原告或者第三人提出其在行政程序中没有提出的反驳理由或者证据的,经人民法院准许,被告可以在第一审程序中补充相应的证据。

三、海警行政赔偿

(一)海警行政赔偿的理解

海警行政赔偿是指海警机关及其工作人员违法行使职权,侵犯公民、法人和其他组织的合法权益并造成损害,由国家依法向受害人承担赔偿责任的制度。根据《国家赔偿法》的有关规定,海警行政赔偿具有以下特征:(1)海警行政赔偿的侵权行为主体是海警机关及其工作人员。这里的工作人员主要是指具有执法资格的警官,现实中的协警、辅警等在参与海警行政执法时,应当视同海警机关工作人员,其对相对人合法权益造成损害的责任也应当归属于海警机关。(2)海警行政赔偿的原因是由于海警机关及其工作人员的违法侵权行为给行政相对人的合法权益造成损害,包括违法的行政行为和行政事实行为等对相对人合法权益造成的损害。(3)海警行政赔偿的请求人是因合法权益受到海警行政侵权行为损害的公民、法人和其他组织。(4)海警行政赔偿的责任主体是国家。海警行政赔偿的费用由国家财政支付,行政赔偿义务机关是造成损害的主体,而非行政赔偿的责任主体。

(二)海警行政赔偿的范围

海警行政赔偿的范围,是指国家对海警机关及其工作人员因为违法行使职权给受侵害人造成的哪些损害应当承担赔偿责任,受害人对哪些违法侵权行为造成的损害可以行使行政赔偿请求权。行政赔偿的范围在行政赔偿制度中居于重要地位,它不仅决定了受侵害人请求赔偿的权利,也决定了国家的赔偿责任范围。根据《国家赔偿法》第 3 条和第 4 条的规定,海警机关及其工作人员在行使行政职权时有下列侵犯人身权、财产权情形之一的,受害人有取得赔偿的权利:(1)侵犯人身权的海警行政赔偿。海警机关及其工作人员在行使行政职权时有下列侵犯人身权情形的,受害人有取得赔偿的权利:违法拘留或者违法采取限制公民人身自由的行政强制措施的;非法拘禁或者以其他方法非法剥夺公民人身自由的;以殴打、虐待等行为或者唆使、放纵他人以殴打、虐待等行为造成公民身体伤害或者死亡的;违法使用武器、警械造成公民身体伤害或者死亡的;造成公民身体伤害或者死亡的其他违法行为。(2)侵犯财产权的海警行政赔偿。海警机关及其工作人员在行使行政职权时有下列侵犯财产权情形之一的,受害人有取得赔偿的权利:违法实施罚款、吊销许可证和执照、责令停产停业、没收财物等行政处罚的;违法对财产采取查封、扣押、冻结等行政强制措施的;违法征收、征用财产的;造成财产损害的其他违法行为。(3)国家不承担海警行政赔偿责任的范围。国家承担赔偿责任必须符合法定的条件,而非承担相对人所有的损害,也不是承担海警机关工作人员的一切行为造成的损害。根据《国家赔偿法》第5条的规定,国家不承担赔偿责任的情形有以下几类:(1)海警机关工作人员实施的与行使职权无关的个人行为。(2)因公民、法人和其他组织自己的行为致使损害发生的。受害人因自己的行为引起的损害,当然由其本人承担,如公民因谎报案情、作伪证等而被海警机关拘留处罚。(3)法律规定的其他情形。如因为自然灾害、意外事件等不可抗力对相对人造成的损害,国家不负赔偿责任。

(三)海警行政赔偿中的当事人

海警行政赔偿中的当事人是指海警行政赔偿请求人和海警行政赔偿义务机关。第一,海警行政赔偿请求人。海警行政赔偿请求人,是指因海警机关及其工作人员的违法职权行为使其合法权益受到损害,而有权向国家提出赔偿请求的行政相对人。根据《国家赔偿法》第6条的规定,海警行政赔偿请求人包括以下几类:(1)受害的公民、法人和其他组织。当受害人是未成年人、精神病人时,其法定代理人可以受害人的名义提起赔偿请求。(2)受害的公民死亡,其继承人和其他有扶养关系的亲属有权要求赔偿。(3)受害的法人或者其他组织终止的,其权利承受人有权要求赔偿。赔偿请求人不是受害人本人的,应当说明与受害人的关系,并提供相应证明资料,如,是受害人配偶的,应当提供结婚证;是受害人子女或父母的,应当提供亲属关系证明等等。第二,海警行政赔偿义务机关。海警行政赔偿义务机关,是指代表国家接受海警行政赔偿请求、支付赔偿费用、参加赔偿诉讼的机关,即具体履行海警行政赔偿义务的机关。在海警行政赔偿中,必须有实际承担赔偿义务的机关。基于国家的抽象地位,国家并不适合直接根据《国家赔偿法》的规定,海警行政赔偿义务机关主要有以下几类:(1)造成损害的海警机关。如果是单个海警机关及其工作人员行使行政职权侵犯公民、法人和其他组织的合法权益造成损害的,该海警机关为赔偿义务机关。如果是两个以上海警机关共同行使行政职权时侵犯公民、法人和其他组织的合法权益造成损害的,共同行使行政职权的海警机关为共同赔偿义务机关。(2)法律法规授权的组织。法律、法规授权的组织在行使法律授予的海警行政权力时侵犯公民、法人和其他组织的合法权益造成损害的,被授权的组织为赔偿义务机关。(3)委托的海警机关。受海警机关委托的组织或者个人在行使受委托的海警行政权力时侵犯公民、法人和其他组织的合法权益造成损害的,委托的海警机关为赔偿义务机关。(4)原赔偿义务机关被撤销的赔偿义务机关。原赔偿义务机关被撤销的,继续行使其职权的海警机关为赔偿义务机关;没有继续行使其职权的海警机关的,撤销该赔偿义务机关的行政机关为赔偿义务机关。(5)致害的海警行政复议机关。经海警复议机关复议的,最初造成侵权行为的海警机关为赔偿义务机关,但海警复议机关的复议决定加重损害的,海警复议机关对加重的部分履行赔偿义务。

(四)海警行政赔偿的方式与计算标准

1. 海警行政赔偿的方式

海警行政赔偿主要有支付赔偿金、返还财产和恢复原状三种方式。(1)支付赔偿金。根据《国家赔偿法》的规定,国家赔偿以支付赔偿金为主要方式。无论是侵犯公民人身自由、侵犯公民声明生命健康权,还是侵犯公民、法人和其他组织的财产权造成损害的,都可以支付赔偿金的形式予以赔偿。此外,海警机关及其工作人员因为侵犯公民的人身权,致人精神损害的,造成严重后果的,应当支付相应的精神损害抚慰金。(2)返还财产或恢复原状。根据《国家赔偿法》第32条第2款的规定:"能够返还财产或者恢复原状的,予以返还财产或者恢复原状。"返还财产是指海警机关将违法行使职权所占有的财产返还给受害人的赔偿方式。如对相对人违法处罚款、追缴、没收财产或者违法征收、征用财产的,予以返还财产。恢复原状是指海警机关将违法行使职权所损坏的财产,通过修复以恢复原来面目或功能的赔偿方式。海警机关违法查封、扣押、冻结财产的,应当解除对财产的查封、扣押、冻结;应当返还的财产损坏的,能够恢复原状的应当在返还前予以恢复原状。

2. 海警行政赔偿的计算标准

(1)侵犯公民人身自由的赔偿标准。海警行政行为侵犯公民的人身自由的,每日赔偿金按照国家上年度职工日平均工资计算。

(2)侵犯公民生命健康权的赔偿标准。造成公民身体伤害的,应当支付医疗费、护理费以及赔偿因误工减少的收入。减少的收入每日的赔偿金按照国家上年度职工日平均工资计算,最高额为国家上年度职工年平均工资的5倍。造成公民部分或者全部丧失劳动能力的,应当支付医疗费、护理费、残疾生活辅助具费、康复费等因残疾而增加的必要支出和继续治疗所必需的费用以及残疾赔偿金。残疾赔偿金根据丧失劳动能力的程度,按照国家规定的伤残等级确定,最高不超过国家上年度职工年平均工资的20倍。造成全部丧失劳动能力的,对其扶养的无劳动能力的人,还应当参照当地最低生活保障标准支付生活费,被扶养的人是未成年人的,生活费给付至18周岁止;其他无劳动能力的人,生活费给付至死亡时为止。造成死亡的,应当支付死亡赔偿金、丧葬费,总额为国家上年度职工年平均工资的20倍。对死者生前扶养的无劳动能力的人,应当参照造成全部丧失劳动能力的标准,予以支付生活费。

(3) 侵犯财产权造成损害的赔偿标准。处罚款、追缴、没收财产或者违法征收、征用财产的,返还财产。查封、扣押、冻结财产的,解除对财产的查封、扣押、冻结,造成财产损坏或者灭失的,应当返还的财产损坏的,能够恢复原状的恢复原状,不能恢复原状的,按照损害程度给付相应的赔偿金;应当返还的财产灭失的,给付相应的赔偿金。财产已经拍卖或者变卖的,给付拍卖或者变卖所得的价款;变卖的价款明显低于财产价值的,应当支付相应的赔偿金。吊销许可证和执照、责令停产停业的,赔偿停产停业期间必要的经常性费用开支。返还执行的罚款、追缴或者没收的金钱,解除冻结的存款或者汇款的,应当支付银行同期存款利息。对财产权造成其他损害的,按照直接损失给予赔偿。

赔偿请求人凭生效的判决书、复议决定书、赔偿决定书或者调解书,向赔偿义务机关申请支付赔偿金。赔偿义务机关应当自收到支付赔偿金申请之日起7日内,依照预算管理权限向有关的财政部门提出支付申请。财政部门应当自收到支付申请之日起15日内支付赔偿金。

第五章 海上治安案件法律文书制作

第一节 治安案件法律文书概述

一、海警行政法律文书制作与使用说明

(一) 一般要求

(1) 本说明中所称文书,是指与《程序规定》相配套的海警行政法律文书。

(2) 制作文书应当完整、准确、规范,符合相应的要求。

(3) 文书由各省、自治区、直辖市公安厅、局和新疆生产建设兵团公安局按照规定的式样自行印制,并由法制部门监制和管理。有条件的地方,可以采用计算机制作。

当场处罚决定书采用 130 毫米×160 毫米的版心尺寸制作,其他文书制作时统一使用国际标准 A4 型纸。

(4) 文书填写应当使用钢笔和能够长期保持字迹的墨水,要做到字迹清楚、文字规范、文面整洁。文书设定的栏目,要逐项填写;不需填写的,要划去;摘要填写的,应当简明、完整、准确。签名和注明日期,必须清楚无误。

(5) 文书中注明的"(此处印制公安机关名称)"处,印制使用该文书的公安机关或者依法具有独立执法主体资格的公安机关内设机构的名称。依法不具有独立执法主体资格的公安机关内设机构,使用文书时应当以其所属公安机关的名义,所使用的文书应当印制其所属公安机关的名称。

(6) 文书所留空白不够记录时,可以附纸记录,但附页也应当按照文书所列项目要求制作,并由相关人员签名或者捺指印。

(7) 文书中的记录内容应当具体详细,涉及案件关键事实和重要线索的,应当尽量记录原话。记录中应当避免使用推测性词句,防止发生词句歧义。

描述方位、状态的记录,应当依次有序、准确清楚。

(8) 文书中仅注明填写格式,使用文书时需要填写齐全的文书文号,如"×公( )行移字〔 〕第 号""×公( )检字〔 〕第 号"等,按照以下要求填写:"×"处填写制作法律文书的公安机关代字;"( )"处填写公安机关具体办案单位的简

称,治安、边防、出入境管理、消防、交通管理、公共信息网络安全监察等业务部门可分别简称为"治""边""境""消""交""信"等,公安派出所可填写其名称的简称;"〔 〕"处填写年度;"第 号"处填写该文书的顺序编号。

当场处罚决定书中注明的"编号"栏在印制文书时按先后顺序印制序号,办案人民警察不再填写。

(9) 文书中所称"姓名",是指户籍上注明的常用姓名,与案件有关的姓名,如曾用名、绰号、化名、笔名等也应当注明。属外国籍或者少数民族的人员,应当写明其汉语音译名,必要时,也可以在汉语音译名后注明其使用的本国或者本民族文字姓名。

(10) 文书中所称"年龄"和"出生日期"都以公历(阳历)周岁为准。"出生日期"除有特别说明的外,一律具体到年、月、日。

(11) 文书中所称"工作单位",是指机关、团体、企业、事业等单位的名称,填写时应当写全称。

(12) 文书中所称"文化程度",是指国家承认的学历,以学校颁发的毕业证书为准。文化程度分为研究生(博士、硕士)、大学、大专、中专、高中、初中、小学、文盲等档次。

(13) 文书中所称"现住址",是指现在的经常居住地。

(14) 填写法律依据时应当写明所依据的法律、法规和规章的全称并具体到条、款、项。上位法对有关事项已有明确规定的,应当填写上位法。

(15) 文书中的"案由",是指行政案件的类别,如故意毁坏公私财物、殴打他人等。

(16) 文书中注明签名的地方应当由本人签名,不能签名的,可以捺指印,属于单位的,由法定代表人或者负责人签名,必要时可以盖公章;文书中注明加盖公安机关印章的地方要加盖有关公安机关的印章。

(17) 文书中的"/"表示其前后内容可供选择,在使用中要将不用的部分划去。

(18) 文书中的法律救济途径告知应当在相应的空白处写明当事人申请行政复议或者提起行政诉讼的具体行政复议机关和人民法院。

(19) 附卷的文书应当由当事人签名或者盖章并注明具体日期。

(20) 有存根的文书在制作文书时要同时填写存根,存根在文书使用后应当集中保管。文书存根中"办案单位"栏填写具体承办该案件的单位的名称。"承办人""批准人""填发人"栏,分别填写该文书的承办人、批准人、填发人的姓名。"填发日期"栏填写制作该文书的年、月、日。

(21) 询问笔录、公安行政处罚告知笔录内容的记录以问答的形式进行。记录时,每段应当以"问""答"为句首开始,回答的内容以第一人称"我"记录。

（22）各种清单中"编号"栏一律采用阿拉伯数字，按物品（文件）的排列顺序从"1"开始逐次填写。"名称"栏填写物品（文件）的名称。"规格"栏填写物品的品牌和型号。"特征"栏填写物品的颜色、新旧等特点。

各种清单填写物品内容的表格多余部分应当用斜对角线划掉。

（23）抽样取证证据清单，先行登记保存证据清单，扣押物品清单，当场处罚决定书，没收违法所得、非法财物清单，收缴/追缴物品清单在使用时，可以采用复写形式。

上述文书（不含当场处罚决定书）中的"承办人"栏由承办人签名。

（24）扣押物品清单和收缴/追缴物品清单中"发还情况"一栏应当注明是否发还并由接收人签名、注明日期。

（二）具体要求

（1）受案登记表是公安机关受理行政案件时所使用的文书。

"案件来源"，是指工作中发现、报案、投案、移交、扭送等。"报案时间"栏填写报案的年、月、日、时、分。"报案方式"栏填写口头报案、书面报案、电话报案等。

"报案人"包括控告人、投案人、扭送人。报案人一人以上的，可加附页。

"简要案情"栏填写违法嫌疑人的姓名、性别、出生日期、现住址和工作单位等基本情况以及发案时间、地点、过程、后果和现状，有被侵害人的，要表明被侵害人、受害情况、损失物品及其数量、特征等要素。违法嫌疑人是单位的，要填写单位名称、地址和法定代表人。

"受案意见"是行政案件的承办人根据案情，在初步确定案件性质、管辖权限和可否追究行政责任等情况下，提出处理意见。

"受案审批"是办案部门负责人对行政案件承办人所提意见进行审核。

受案登记表由接报单位盖章。

（2）移送案件通知书是公安机关将不属于自己管辖的案件，移送有管辖权的机关处理的文书。

移送案件通知书抬头横线处填写被移送单位名称，以下内容依次填写移送案件的受案时间、案由、法律依据、移送案卷材料的页数以及其他文书和证据。

移送案件通知书（回执）抬头横线处填写移送单位名称，以下内容依次填写接受移送时间、移送案件通知书文号、案由、移送案卷材料的页数及其他文书和证据。

（3）传唤证是公安机关对需要传唤的违法嫌疑人进行传唤时所使用的文书。该文书抬头横线处填写被传唤人的姓名，以下依次填写传唤理由、传唤的法律依据、指定时间和地点。

（4）询问笔录是办案人民警察询问违法嫌疑人、被侵害人及其他证人，记载询问经过时所使用的文书。

在记录违法事实时,要全面、准确地记录违法的经过和事实,着重记录违法的时间、地点、情节、后果以及证据。在违法过程中有共同违法嫌疑人的,还应当记明共同违法嫌疑人的情况以及各自在案件中所起的作用。

(5) 检查证是公安机关对与违法行为有关的场所、物品、人身进行检查时所持的文书。检查证应当与人民警察工作证件同时使用。

检查证应当依次填写检查的法律依据、检查人和检查对象。

"被检查人确认签名",是指被检查人签名确认该检查证已向其出示。

存根中的"检查对象"栏应当填写被检查的场所的名称。"检查原因"栏填写检查的理由和目的。

(6) 勘验/检查/辨认/现场笔录录适用于办案人民警察进行现场勘验、检查、辨认制作的笔录。

"办案民警或者勘验、检查人姓名及工作单位",要客观填写;"检查或者辨认对象"要填写被辨认的姓名、性别、年龄或者被检查或者辨认的物品、场所的名称。"事人/辨认人基本情况"要写明姓名、性别、身份证件种类及号码,"见证人基本情况"要写明姓名、性别、身份证件种类及号码,"过程和结果"应当写明案情、现场概况及现场勘验情况,检查或者辨认中发现的涉及案件事实的有关情况准确、客观地记录下来。当现场勘验中发现和提取物证的情况,要根据物证的不同特点,分别写明物品的名称、品质、重量、尺寸、体积、标识等。照相、录像的内容和数量、绘图的种类和数量等情况也应当在笔录中注明。

(7) 公安行政处罚告知笔录在公安机关采用一般程序办理行政案件过程中使用。

"告知内容"第一栏部分属于必填内容,填写时应当将对违法嫌疑人拟作出行政处罚决定的事实、理由及依据明确写明,但不要求写明拟作出处罚的种类和幅度。

"告知内容"第二栏"拟作出的行政处罚"部分仅在公安机关拟作出符合听证范围的行政处罚决定之前,向当事人告知有要求听证的权利时填写。

违法嫌疑人提出陈述和申辩的,告知人应当如实记录。违法嫌疑人提出书面陈述、申辩材料的,应当将该书面材料附上并在告知笔录上注明。

(8) 举行听证通知书是公安机关通知听证申请人及有关人员参加听证所使用的文书。该通知书抬头横线处填写被通知人的姓名,以下内容依次填写举行听证的时间、地点和案由。

(9) 听证笔录是在举行听证会中对听证过程和内容的记录。

"听证内容记录"栏前的"听证主持人""听证员""记录员""本案办案人民警察"栏填写上述人员的姓名、工作单位及职务。

违法嫌疑人是个人的,"违法嫌疑人"栏应当填写违法嫌疑人的姓名、性别、年龄、现住址和工作单位；违法嫌疑人是单位的，"违法嫌疑人"栏应当填写名称和地址，并在"法定代表人"栏填写法定代表人的姓名、性别、年龄。违法嫌疑人有委托代理人的，应当在"委托代理人"栏填写委托代理人的姓名、性别、年龄、工作单位。

"本案其他利害关系人"栏填写利害关系人的姓名、性别、年龄、现住址和工作单位，并注明是何种利害关系。利害关系人有代理人的，在"本案其他利害关系人的代理人"栏填写代理人的姓名、性别、年龄、工作单位。

（10）公安行政处罚决定书是公安机关按照行政处罚的一般程序对当事人予以行政处罚时所使用的文书。各地公安机关可以根据实际需要选择使用制作式决定书或者填充式决定书。制作式决定书和填充式决定书均可以适用于"一案多人""一人多案"的情况，各地公安机关可以根据具体情况自行确定是否适用。

使用制作式决定书时，应当按照文书要求在正文中载明有关内容，其中对涉案财物的处理结果包括没收、收缴、追缴以及相应的发还情况；对被处罚人的其他处理情况包括强制戒毒和收容教育等强制措施。被处罚人同时被决定强制戒毒或者收容教育的，制作式文书中应当写明强制戒毒和收容教育的依据、期限和执行单位的名称和地点，不需再另行制作强制戒毒或者收容教育决定书；被处罚人的救济途径应当写明申请行政复议或者提起行政诉讼的期限以及具体的行政复议机关、人民法院。

使用填充式决定书时，被处罚人是自然人的，"被处罚人"栏应当填写被处罚人的姓名、性别、出生日期、身份证件种类及其号码、现住址和工作单位；被处罚人是单位的，应当填写名称、地址和法定代表人。"现查明"后面的横线处填写违法事实部分，填写时应当准确、简明、扼要。"以上事实有"后面的横线处填写证据部分，填写时应当填写证据的具体名称，但是为保护证人，证人证言可以不写证人姓名。"根据"后面的横线处填写法律依据，包括作出的处罚和收缴、追缴等其他行政处理的法律依据；"现决定"后面的横线处填写决定内容，包括处罚的种类和幅度以及收缴、追缴等其他处理内容。对多个违法行为人的处罚不同的，要同时写明每个违法行为人的姓名及处罚种类、幅度，对一人的多个违法行为要分别写明处罚种类、幅度。"履行方式"后面的横线处要注明具体的期限和方式，包括合并执行的情况。一并作出没收、收缴、追缴决定时，应当附有相应的清单，并在决定书中注明清单的名称和数量。

被处罚人或者被处罚单位的法定代表人或者负责人应当在附卷的一份决定书上签名。拒绝签名的，由办案人民警察在上面注明。

（11）当场处罚决定书不适用于公安交通管理当场处罚。

"被处罚人"是自然人的，应当填写被处罚人的姓名、性别、出生日期、身份证件种类及其号码、现住址、工作单位等栏目；被处罚人是单位的，应当填写名称和法定代表人，"现住址"填写单位地址；被处罚人或者被处罚单位的法定代表人或者负责人应当在备案的当场处罚决定书上签名。拒绝签名的,由办案人民警察在上面注明。"办案人民警察"栏由办案人民警察签名或者盖章。

铁路、交通、民航和森林公安机关实施当场处罚时,继续使用《财政部关于印发〈当场处罚罚款票据管理暂行规定〉的通知》(财预〔2000〕4号)及《财政部、公安部关于使用〈治安管理当场处罚决定书(代收据)〉有关问题的补充通知》(财预〔2001〕260号)所规定的《治安管理当场处罚决定书(代收据)》,并将其中的法律依据修改为《中华人民共和国治安管理处罚法》。

(12) 没收违法所得、非法财物清单是公安机关对违法行为人作出没收违法所得、非法财物处罚时与公安行政处罚决定书配套使用的文书。

(13) 扣押物品清单是公安机关对与案件有关的可以作为证据的物品进行扣押时使用的文书。"物品持有人"后面的横线处填写个人的姓名或者单位的全称。"与""案件有关"之间的横线处填写违法嫌疑人及案由。

(14) 收缴/追缴物品清单既可以与公安行政处罚决定书同时使用,也可以作为单独的收缴或者追缴决定书使用。既有收缴又有追缴的,应当分别制作清单。

"根据"后面的横线处填写收缴或者追缴的法律依据;"物品持有人"后面的横线处填写个人的姓名、性别、出生日期、身份证件种类及其号码,现住址或者单位的名称、地址和法定代表人,有关内容在公安行政处罚决定书中已经体现的,可以只填写物品持有人的姓名或物品持有单位的名称。

(15) 收容教育/延长收容教育决定书是对卖淫、嫖娼人员决定收容教育或者延长收容教育时所使用的文书。

如作出的是收容教育决定,在"现查明"后面的横线处填写被收容教育人卖淫或者嫖娼的违法事实,要写明简要的案情和有关证据。如作出的是延长收容教育决定,在"现查明"后面的横线处填写延长收容教育的原因,即《卖淫嫖娼人员收容教育办法》第十八条第一款规定的"拒绝接受教育或者不服从管理",具体内容根据实际情况填写。

在"决定对其收容教育/延长收容教育"后面的横线处填写收容教育或者延长收容教育的期限,小括号里填写起止日期。

存根中的"收容教育地点"后面的横线处填写收容教育所的名称和地址。

(16) 提前解除收容教育决定书由原决定收容教育的公安机关作出。

在"因"后面的横线处填写收容教育的原因("某年某月某日卖淫"或者"某年某月某日嫖娼"),在"决定对其收容教育"后面的横线处填写原决定的收容教育期限,包括延长期限。

在"现因"后面的横线处填写提前解除收容教育的原因,即《卖淫嫖娼人员收容教育办法》第十七条规定的"在收容教育期间确有悔改表现或者有立功表现以及其他特殊情况",具体内容根据实际情况填写。

(17) 解除收容教育证明书是收容教育所对收容教育期满的人员作出的解除收容教育证明。该文书相关项目的填写应当与原收容教育/延长收容教育决定书一致。

(18) 强制戒毒/延长强制戒毒决定书是公安机关对吸毒成瘾人员决定强制戒毒或者延长强制戒毒时所使用的文书。

如作出的是强制戒毒决定，在"现查明"后面的横线处填写被强制戒毒人员吸食或者注射毒品成瘾的事实，要写明简要的案情和有关证据。如作出的是延长强制戒毒决定，则在"现查明"后面的横线处填写延长强制戒毒的原因，即《强制戒毒办法》第六条第一款规定的"强制戒毒期满仍未戒除毒瘾"。

在"决定对其强制戒毒/延长强制戒毒"后面的横线处填写强制戒毒或者延长强制戒毒的期限，小括号里填写起止日期。

存根中的"强制戒毒地点"后面的横线处填写强制戒毒所的名称和地址。

(19) 解除强制戒毒证明书由原作出强制戒毒决定的公安机关作出。该文书相关项目的填写应当与强制戒毒/延长强制戒毒决定书一致。

在"决定对其强制戒毒"后面的横线处填写强制戒毒的期限，包括延长的期限，小括号里填写起止日期。

(20) 限期戒毒通知书是公安机关对不宜收入强制戒毒所的吸毒成瘾人员限期在强制戒毒所外戒毒时所使用的文书。

在"现责令吸毒成瘾人员"后面的横线处填写吸毒成瘾人员的姓名。"公安派出所"前面的横线处填写负责监督、管理吸毒成瘾人员常住户口所在地的公安派出所。在"期限为"后面的横线处填写限期戒毒的期限，小括号里填写起止日期。

(21) 暂缓执行行政拘留决定书是公安机关对被决定行政拘留的人在行政复议和行政诉讼期间，决定暂缓执行行政拘留时所使用的文书。暂缓执行行政拘留决定书由原作出行政拘留决定的公安机关作出。

(22) 出入境管理拘留审查/延长拘留审查决定书是县级以上公安机关对非法入境、非法居留的外国人决定拘留审查或者延长拘留审查时所使用的文书。

在"因"后面的横线处填写因何事由对违法嫌疑人决定拘留审查/延长拘留审查。拘留审查的原因包括非法入境和非法居留，具体内容根据实际情况填写。

延长拘留审查的起始时间，应当填写拘留审查的结束时间。对国籍不明而无法遣送出境的，结束时间填写"国籍认定并被遣送出境为止"。

(23) 出入境管理解除拘留审查决定书是县级以上公安机关对被拘留审查的外国人解除拘留审查时所使用的文书。该文书相关项目的填写应当与出入境管理拘留审查/延长拘留审查决定书一致。

在"因"后面的横线处填写拘留审查的案由。在"现因"后面的横线处填写解除原因，如"期限届满"等。

(24) 出入境管理监视居住/延长监视居住决定书是县级以上公安机关对非法入境、非法居留的外国人决定监视居住或者延长监视居住时所使用的文书。

在"因"后面的横线处填写因何事由对违法嫌疑人决定监视居住或者延长监视居住。监视居住的原因包括非法入境和非法居留，具体内容根据实际情况填写。

在"自"后面的横线处依次填写监视居住或者延长监视居住的起止日期。"不得离开"后面的横线处填写违法嫌疑人的住处或者指定居所。

(25) 出入境管理解除监视居住决定书是县级以上公安机关对被监视居住的外国人解除监视居住时所使用的文书。

该文书相关项目的填写要与出入境管理监视居住/延长监视居住决定书一致。

在"现因"后面的横线处填写解除原因，如"期限届满"等。

(26) 遣送出境决定书是对违反出入境管理法规，非法入境、非法居留的外国人或者有违法犯罪行为的我国台湾居民决定遣送出境时所使用的文书。

在"因"后面的横线处，根据违法行为人的违法情形填写遣送出境的原因。

(27) 缩短停留期限决定书是对不遵守中国法律的外国人或者有违法犯罪行为的我国台湾居民决定缩短停留期限时所使用的文书。

在"因"后面的横线处，根据违法行为人的违法情形填写缩短停留期限的原因。

(28) 取消居留资格决定书是对不遵守中国法律的外国人决定取消居留资格时所使用的文书。

在"持"前面的横线处填写该外国人入境日期。在"持"后面的横线处填写签证种类和号码。

(29) 扣留/收缴护照、证件决定书是扣留或者收缴当事人出境、入境证件时所使用的文书。

(30) 终止案件调查决定书是公安机关决定终止行政案件调查时所使用的文书。

在"一案"前面的横线处填写行政案件名称。

(31) 执行回执由行政拘留、收容教育和强制戒毒的执行单位填写。"已于"前面的横线处填写被执行人姓名。"投送人"栏填写公安机关投送被执行人的人员。"经办人"栏填写执行单位的经办人员。

(32) 责令限期通知书适用于公安机关采用各类限期整改、恢复原状、拆除或者清除等措施。

"你单位必须"后面的横线处根据查处案件的实际要求填写，如在消防监督检查中采用责令限期整改措施的，此栏内容填写具体整改内容。

二、治安案件案卷的整理要求

治安案件案卷的整理,是指办案人民警察在案件终结之后,按照存档要求对在治安案件调查过程中形成的各种文书及其他材料进行审查核实、分门别类,以及外表加工、整理等工作的活动。

从治安案件受案开始到调查终结,再到最后的决定、执行等,形成了名目繁多的各种法律文书和大量的证据材料以及许多相关材料。案件终结后,办案民警对这众多的材料,应当根据要求在装订文书材料之前对其进行整理和审查。

(一)治安案件案卷入卷文书材料的基本要求

存入治安案件案卷的文书材料,必须符合下列要求:(1)必须是符合法律规定的文书材料。凡是存入治安案件案卷的文书材料都应当是依法制作或者获取的。对于不符合法律规定或者没有按照法定程序制作或收集的文书材料,不得存入。(2)必须齐全完整,不得损毁。所有与案件有关的法律文书及定性依据材料都应当存入案卷。(3)必须是真实可靠的文书材料。治安案件的法律文书及定性依据材料不得损毁、伪造。凡是存入治安案件案卷的文书材料,必须是经过查证属实的。对那些未经查实或虽然经过查证但不能确定其真伪的文书材料,一定不要入卷,不然就会造成案件事实不清的不良后果。(4)必须是与本案有联系的文书材料。凡是存入治安案件案卷的文书材料,必须是与本案事实有关的文书材料,与本案无关的文书材料,不得存入案卷。有的治安案件案卷中,把一些不能证明本案事实的文书材料也存入其中。例如,把违反治安管理行为人人事档案中的"年终总结""工作鉴定"等与本案事实无关的材料存入治安案件案卷。这样做是不合适的。

(二)不需要立卷存档的文书材料范围

根据有关要求,结合办案的实践经验,以下文书材料不属于存档的范围:(1)重份的文书材料;(2)各种文书的草稿和历次修改稿(有领导批示或者重要修改的除外);(3)已经查清与本案无关的调查材料;(4)与本案无关的信件、书籍、照片以及其他物品;(5)从人事部门借用的人事档案材料(如果人事档案中有关材料要作为本案证据的,应当予以复制或者摘抄,并在复制件或者抄件上注明,最后由保管单位在复制件或抄件上盖章);(6)其他不需要保存的材料。上述这些文书材料,应根据其不同情况进行处理。有的应退还给原物的持有者,有的应上交有关部门保存,有的经领导批准后可登记销毁。

(三)治安案件案卷卷内文书范围

卷内文书内容,即应当存入治安案件案卷的各种文书材料的类别和范围等。

治安案件案卷主要包括下列内容：(1) 受案登记表或者其他发现案件的记录；(2) 证据材料；(3) 决定文书；(4) 在办理案件中形成的其他法律文书。治安案件的法律文书及定性依据材料应当齐全完整，不得损毁、伪造。

(四) 治安案件案卷卷内文书排列顺序

治安案件案卷卷内文书排列顺序，即对应当存入案卷的各种文书材料按照一定的要求进行排列的先后次序。卷内文书材料的排列应具有一定的科学性和条理性，能够反映出办案部门办理治安案件的全部过程，同时，也应使卷内文书材料形成一个有机联系的整体，便于查阅。

根据治安案件办案实践及有关规定，治安案件案卷卷宗材料的排列顺序一般为：(1) 卷宗封面。(2) 卷内目录。(3) 卷内材料。卷内材料包括如下内容：第一，法律文书：《受案登记表》；《移送案件通知书》；《公安行政处罚决定书》；《没收违法所得、非法财物清单》；《收缴/追缴物品清单》；《收容教育/延长收容教育决定书》；《提前解除收容教育决定书》；《强制戒毒/延长强制戒毒决定书》；《限期戒毒通知书》；通知记录；罚没款收据；执行回执；《暂缓执行行政拘留决定书》；《担保人保证书》；《收取保证金通知书》；《退还保证金通知书》；《没收保证金决定书》；《责令限期通知书》；《责令停止通知书》；《取缔通知书》；公安行政案件损害赔偿调解记录；《治安案件调解协议书》；《终止案件调查决定书》；送达回执；《传唤证》。第二，陈述、辩解材料：询问笔录（违反治安管理行为人）；公安行政处罚告知笔录；当事人陈述和申辩材料；当事人陈述和申辩的复核书。第三，证据材料：报案材料；询问笔录（被侵害人、证人）；《检查证》；勘验/检查/辨认/现场笔录现场图、现场照片；《证据登记清单》；《先行登记保存证据清单》；《扣押物品清单》；书证、书证复印件、照片、节录本；物证、物证照片；录音带、录像带、存储介质说明文件；以书面形式复制的电子资料和数据；鉴定意见、检测结论；鉴定意见/鉴定结论告知笔录；辨认笔录；违反治安管理行为人身份证明；电话查询记录。第四，听证材料：《听证申请书》、听证申请笔录；《不予受理听证通知书》；《举行听证通知书》；听证笔录；《听证报告书》。第五，审批表：《公安行政处罚审批表》；《延长办案时限审批表》；延长收容教育审批表；提前解除收容教育审批表。第六，其他需要保存的材料。(4) 卷宗封底。另外，装订顺序中未列出的其他文书、材料，需要入卷的，根据其性质、类别订卷内合适的位置。

三、治安案件案卷装订的基本要求

(一) 治安案件案卷的装订步骤

1. 科学排列卷内文书材料

科学排列卷内文书材料，就是对需要存档入卷的各种文书材料，按照治安案件办案的程序以及文书材料的相对独立性和内部联系,进行必要的组合、排列,使之条理化、系统化、程序化,使在办案过程中获取和制作的各种文书材料,形成相互联系、相互作用、相互依赖的统一体。在立卷时,应根据案件的具体情况,参照前述"卷内文书的材料排列顺序",对卷内文书进行系统的排列。

2. 编写卷内文书材料张次

卷内文书材料张次即每张(或每页)文书材料在案卷内所依次排列的位置。卷内文书材料的顺序排列好以后,紧接着就是编写卷内文书材料的张次,这是固定文书材料所在位置的一项重要工作。编写卷内文书材料的张次,按册编排页码时,要做到以下几点:(1)要以张为单位编号,即一张编一个号。卷内的便条、小纸条、信封等,只要有文字的(包括符号、图画等),都应编写张次号。(2)编写张次号要准确,不能漏编,也不能编重号。没有文字记载的空白纸(如隔页纸等)不必编号。发现编写的张次号有错误时,要及时更正。(3)在编写卷内文书张次号时,应用黑色铅笔编写,不能用圆珠笔、钢笔和毛笔,更不能用打号机打号。因为用铅笔编写张次号如出现差错,便于纠正,同时,案卷在存档时,档案部门还要进行审核,有的要重新装订。(4)编写号码的位置要适当。页码标在每页的右上角。材料背面有文字、图表等内容的,正、背面各编为一页,背面页码标在左上角。(5)有些书证以及其他不便于在上面直接编写张次号码的文书材料,应当用牛皮纸代装好,并在纸袋上注明"内有材料多少页",然后在纸袋上编上统一的张次号。(6)编写张次号码,一律使用阿拉伯数字,即1、2、3……

3. 登记卷内文书目录

卷内文书目录是记录卷内文书材料名称、责任者、制作日期、页码等情况,并按照一定次序排列出来,供办案人民警察及其他有关人员查阅时的文书名目。其目的是便于办案人民警察查阅卷内的文书材料,了解案卷所反映的内容。现行的卷内文书目录由顺序号、责任者、标题、日期、页号、备注等六个项目组成。现将《卷内文书目录》中的每个项目说明如下:(1)顺序号。它是在卷内文书材料的排列次序固定后,按照排列顺序的编号。一件文书材料(或一份文书材料)编一个号。一件文书材料(或一份文书材料)编一个号。如《公安行政处罚决定书》,不管它的页数有多少,只能按一份材料填写一个顺序号。其目的是固定文书材料在卷内的位置。(2)责任者。它是指文书材料的制作或责任者,即制作文书材料的机关或者个人。如《受案登记表》《询问笔录》等,其责任者是制作该文书的办案人民警察;违反治安管理行为人的亲笔供词或证人自行书写的证言,其责任者则是个人,即违反治安管理行为人或证人。(3)题名。它是指卷内文书材料的名称。标题要清楚、简要。没有标题的文书材料,应根据其内容,准确地概括出主题作为标题。如《询问笔录》,可以"标题"这一项内直接写明"询问×××笔录"。(4)日期。它是文书制作完毕的截止时间。(5)页号。它是指卷内文书材料所在的张次码。如受案登记表在第5张上,那么它的页号应为"5"。填写页号是为了便于查找。如果一种文书的张数在两张以上,如治安案件调查终结报告书,其张次排列是从20到28,填写页号时,应当写"20-28"。(6)备注。它是注明卷内文书材料中的有关问题,以便办案人民警察查阅文书材料时作为参考。登记"卷内文书目录",应在卷内文书材料排列顺序、位置固定以后进行。登记时,字迹要清晰、工整,不能潦草。尤其是登记那些永久和长期保存的案卷卷内文书目录时,字迹应端正、清楚,要使用钢笔和能够长期保持字迹的墨水填写卷内文书目录。

4. 填写卷宗封面

卷宗封面的内容与制作要求如下:(1)案件名称。它是办案人民警察对所受理的治安案件的违反治安管理行为事实所确定的名称。办案人民警察应当依据2010年12月27日公安部制定下发的《违反公安行政管理行为的名称及其适用意见》(公通安〔2010〕72号)确定案件名称,如"寻衅滋事案""故意伤害案"。(2)违反治安管理行为人姓名。应当按照公安行政处罚决定书等决定类文书中书写的违反治安管理行为人姓名如实填写,有几人写几个人的姓名。二人以上的,根据其在案件中所处的地位和所发挥的作用从高到低依次填写。(3)受案时间。填写本案批准受案的时间。多起案件的,填写主要行为的受案时间。(4)结案时间。填写治安案件具体终结时间。(5)立卷单位。填写具体调查办案并立卷的公安机关全称。(6)立卷人、审核人。填写立卷人和审核人的姓名。卷宗封面应用毛笔或者钢笔填写,字迹要工整、清晰。

(二)装订案卷的具体要求

装订案卷,是一项认真细致的工作,它是立卷后的最后一道工序。其具体要求如下:(1)卷装订采用统一印制的案卷封面,做到入卷材料整齐平整,下齐、右齐。(2)为了便于保存和防止破损,在装订前要把文书材料上的订书钉、大头针、回形针等金属物去掉。(3)对于材料纸张大小不标准、残损破缺的,分情况作折叠、粘贴、裱糊处理。裱糊时要用胶水,不要使用糨糊,以防虫蛀。对于那些已破损而又不便于裱糊的重要文书材料,可用牛皮纸袋或者卷盒式卷皮保管。(4)有的文书材料是用铅笔和圆珠笔制作,但又不能重新制作的,为了长期保存,应将原件复制一份,将复印件放在原件之后。(5)案卷内的照片(包括底片),一定要有文字说明。照片如果没有文字说明,就失去了保存和证明的作用。因为照片上所反映的形象只是案件事实中的一个或几个片断,需要有文字材料进行补充说明。照片和文字说明是相辅相成、密不可分的整体。每一张照片都应有相应的文字材料加以说明。(6)装订案卷,应尽量使用装订档案的专用绳线或者棉线,一般不要用麻线和尼龙线等。(7)装订线在文书材料的左边,应在案卷的左侧装订。三个装订孔应在一条装订线上,中间的孔在正中,上孔距上边沿5厘米,下孔距下边沿5厘米,在案卷封底系扣。装订线不能压字压行,以免影响查阅。(8)装订时要将文书材料取齐,最好能上下左右都取齐,起码要下边和右边取齐,以达整齐美观、坚固之目的。但是,不能为了追求案卷的外表美观,而将文书材料的文字切掉。(9)对一些不能装订入册的物证材料等,应当单独立卷保管。

第二节　调查程序法律文书制作

受案登记表

(受案单位名称和印章)　　　×公( )受案字〔 〕号

案件来源	□110指令 □工作中发现 □报案 □投案 □移送 □扭送 □其他			
报案人	姓　名		性　别		出生日期	
	身份证件种类		证件号码			
	工作单位		联系方式			
	现住址					
移送单位		移送人		联系方式	
接报民警		接报时间	年　月　日 时　分	接报地点	
简要案情或者报案记录(发案时间、地点、简要过程、涉案人基本情况、受害情况等)以及是否接受证据:					
受案意见	□属本单位管辖的行政案件,建议及时调查处理 □属本单位管辖的刑事案件,建议及时立案侦查 □不属于本单位管辖,建议移送_____处理 □不属于公安机关职责范围,不予调查处理并当场书面告知当事人 □其他_____ 受案民警　　　　　　　　　　　　　　年　月　日				
受案审批	受案部门负责人　　　　　　　　　　　　年　月　日				

一式两份,一份留存,一份附卷。

文书制作

一、适用范围

受案登记表适用于公安机关受理行政刑事案件时使用。

二、法律依据

《治安管理处罚法》第 77 条规定："公安机关对报案、控告、举报或者违反治安管理行为人主动投案，以及其他行政主管部门、司法机关移送的违反治安管理案件，应当及时受理，并进行登记。"

三、制作方法

受案登记表属于填充型文书，一式两份。本文书由首部、正文组成，由公安机关接受报案的部门制作。

（一）首部。首部包括制作文书的机关、文书名称（已印制）、文书编号、案由、案件来源、报案时间、报案方式、报案人基本情况、接报人等内容。应按照以下要求填写相关内容：

"编号"栏由办案人民警察按受理案件的先后程序填写序号。"案由"即治安案件的类别名称，如赌博、卖淫等。"案件来源"是指工作中发现、报案、投案、移交、扭送等。"报案时间"栏填写报案的年、月、日、时、分。"报案方式"栏填写口头报案、书面报案、电话报案等。"报案人"包括控告人、投案人、扭送人。其基本情况包括姓名、性别、出生日期、现住址、工作单位和联系电话等。报案人为一人以上的，可加附页。"接报人"填写接报民警的姓名。

（二）正文。正文包括简要案情或报案记录、受案意见、受案审批栏。应按照以下要求填写相关内容：

"简要案情或报案记录"栏填写违反治安管理行为人的姓名、性别、出生日期、现住址和工作单位等基本情况以及发案时间、地点、过程以及后果和现状，有被侵害人的，要写明被侵害人、受害情况、损失物品及其数量、特征等要素。违反治安管理行为人是单位的，要填写单位名称、地址和法定代表人。

"受案意见"是治安案件的承办人根据案情，在初步确定案件性质、管辖权限和可否追究行政责任等情况下，根据案件事实提出是否作为治安案件受理调查的意见，分别是"作为治安案件受理调查""不予处理""移送××机关或者××部门处理"等审核意见、姓名及日期。

受案登记表由接报单位在"（受案单位名称和印章）"处盖章。

四、使用要求

（一）公安机关对报案、控告、举报或者违反治安管理行为人主动投案，以及其他行政主管部门、司法机关移送的案件，应当及时受理，进行登记，并依法作出处理。

（二）公安机关及其人民警察在日常执法执勤中发现的违法行为,也应当及时受理,并进行登记。

（三）报案人不愿意公开自己的姓名和报案行为的,公安机关应当在受案登记时注明,并为其保密。

（此处印制公安机关名称）

传　唤　证

×公（　）行传字〔　〕号

_____：

　　因你(单位)涉嫌_____,根据

　　□《中华人民共和国治安管理处罚法》第八十二条
　　□《中华人民共和国出境入境管理法》第五十九条第三款
　　□《中华人民共和国消防法》第七十条第二款
　　□《程序规定》第五十三条

之规定,现传唤你于____年__月__日__时__分前到_____接受询问。无正当理由拒不接受传唤或者逃避传唤的,依法强制传唤。

　　　　　　　　　　　　　　　　　　　　　　　　公安机关(印)

　　　　　　　　　　　　　　　　　　　　　　　　年　　月　　日

被传唤人到达时间　　年　月　日　时　分

　　　　　　　　　　　　　　　　被传唤人

被传唤人离开时间　　年　月　日　时　分

　　　　　　　　　　　　　　　　被传唤人

一式两份,一份交被传唤人,一份附卷。

文书制作

一、适用范围

传唤证适用于公安机关对需要传唤的违法嫌疑人进行传唤时使用。传唤分为口头传唤、书面传唤和强制传唤三种。书面传唤的,应当出示传唤证和办案人民警察的执法身份证件。

二、法律依据

《治安管理处罚法》第82条规定:"需要传唤违反治安管理行为人接受调查的,经公安机关办案部门负责人批准,使用传唤证传唤。对现场发现的违反治安管理行为人,人民警察经出示工作证件,可以口头传唤,但应当在询问笔录中注明。公安机关应当将传唤的原因和依据告知被传唤人。对无正当理由不接受传唤或者逃避传唤的人,可以强制传唤。"

《程序规定》第53条第1款规定:"需要传唤违法嫌疑人接受调查的,经公安派出所、县级以上公安机关办案部门或者出入境边防检查机关负责人批准,使用传唤证传唤。对现场发现的违法嫌疑人,人民警察经出示工作证件,可以口头传唤,并在询问笔录中注明违法嫌疑人到案经过、到案时间和离开时间。"第53条第3款规定:"对无正当理由不接受传唤或者逃避传唤的违反治安管理、消防安全管理、出境入境管理的嫌疑人以及法律规定可以强制传唤的其他违法嫌疑人,经公安派出所、县级以上公安机关办案部门或者出入境边防检查机关负责人批准,可以强制传唤。强制传唤时,可以依法使用手铐、警绳等约束性警械。"第54条规定:"使用传唤证传唤的,违法嫌疑人被传唤到案后和询问查证结束后,应当由其在传唤证上填写到案和离开时间并签名。拒绝填写或者签名的,办案人民警察应当在传唤证上注明。"

三、制作方法

传唤证属于填充型文书,由正本和存根组成。

(一)正本。正本一式两份,一份交被传唤人,一份附卷。制作内容包括首部、正文和尾部三部分。

(1)首部。首部包括制作文书的机关、文书名称(已印制)、文书文号。

(2)正文。抬头横线处填写被传唤人的姓名,以下依次填写传唤理由、传唤的法律依据、指定的时间和地点。其中,传唤理由一律使用法律术语;指定地点要写具体,方便被传唤人查找。传唤时间以小时计算,因此,在填写指定时间时应精确到分。

(3)尾部。由制作文书机关填写成文时间,加盖传唤单位印章。附卷文书由被传唤人填写到达时间和结束时间,精确到分,并签名。

(二)存根。其作用是存档备查。要依次按照规定填写清楚文书文号,写明被传唤人的姓名、性别、出生日期、身份证件种类及号码、现住址、工作单位、传唤理由、指定到达时间、指定到达地点、承办人姓名、批准人姓名、填发人姓名及填发日期等。

四、使用要求

（一）需要传唤违反治安管理行为人接受调查的，经公安派出所或者县级以上公安机关办案部门负责人批准，使用传唤证传唤。

（二）对现场发现的违反治安管理行为人，人民警察经出示工作证件，可以口头传唤，但应当在询问笔录中注明违反治安管理行为人的到案经过、到案时间和离开时间。

（三）询问违反治安管理行为人的地点，可以是违反治安管理行为人的住处或者单位，也可以将违反治安管理行为人传唤到其所在市、县内的指定地点。

（四）传唤时公安机关应当将传唤的原因和依据告知被传唤人。

（五）被传唤人到达传唤地点后，公安机关应当及时将传唤的原因和处所通知被传唤人家属。传唤违反治安管理行为人时，其家属在场的，应当当场将传唤原因和处所口头告知其家属，并在询问笔录中注明。其家属不在场的，通过电话、手机短信、传真等方式通知。无法通知的，可以不予通知，但应当在询问笔录中注明。

（六）被传唤人到案后和询问查证结束后，应当由其在传唤证上填写到案时间和询问查证结束时间并签名。拒绝填写或者签名的，办案人民警察应当在传唤证上注明。

（七）对于投案自首或者群众扭送的违反治安管理行为人，公安机关应当立即进行询问查证，并在询问笔录中记明违法嫌疑人的到案经过、到案时间和离开时间，不需要使用传唤证。

询问/讯问笔录（行政刑事通用）

时间_____年____月____日____时____分至_____年____月____日____时____分

地点_____

询问/讯问人（签名）_____、_____　　工作单位_____

记录人（签名）_____　　工作单位_____

被询问/讯问人_____　　性别____　年龄____　出生日期_____

身份证件种类及号码_____　　□是□否人大代表_____

现住址_____　　联系方式_____

户籍所在地_____

（口头传唤/被扭送/自动投案的被询问/讯问人____月____日____时____分

到达,＿＿月＿＿日＿＿时＿＿分离开,本人签名＿＿＿＿＿＿＿)。

问:_____
答:_____
问:_____
答:_____
问:_____
答:_____
问:_____
答:_____

_____
_____
_____
_____
_____

第＿＿页 共＿＿页

文书制作

一、适用范围

询问笔录适用于办案人民警察询问违法嫌疑人、被侵害人或者其他证人,记载询问经过时使用。

二、法律依据

《行政处罚法》第 37 条第 1 款规定:"行政机关在调查或者进行检查时,执法人员不得少于两人,并应当向当事人或者有关人员出示证件。当事人或者有关人员应当如实回答询问,并协助调查或者检查,不得阻挠。询问或者检查应当制作笔录。"

《治安管理处罚法》第 84 条第 1 款规定:"询问笔录应当交被询问人核对;对没有阅读能力的,应当向其宣读。记载有遗漏或者差错的,被询问人可以提出补充或者更正。被询问人确认笔录无误后,应当签名或者盖章,询问的人民警察也应当在笔录上签名。"

《程序规定》第 56 条规定:"对于投案自首或者群众扭送的违法嫌疑人,公安机关应当立即进行询问查证,并在询问笔录中记明违法嫌疑人到案经过、到案和离开时间。询问查证时间适用本规定第 55 条第 1 款的规定。对于投案自首或者群众扭送的违法嫌疑人,公安机关应当适用本规定第 43 条第 1 款第五项的规定通知其家属。"《程序规定》第 63 条规定:"询问笔录应当交被询问人核对,对没有阅读能力的,应当向其宣读。记录有误或者遗漏的,应当允许被询问人更正或者补充,并要求其在修改处捺指印。被询问人确认笔录无误后,应当在询问笔录上逐页签名或者捺指印。拒绝签名和捺指印的,办案人民警察应当在询问笔录中注明。办案人民警察应当在询问笔录上签名,翻译人员应当在询问笔录的结尾处签名。询问时,可以全程录音、录像,并保持录音、录像资料的完整性。"

三、制作方法

询问笔录属于叙述型文书,由首部、正文和尾部组成。

(一)首部。首部包括文书名称(已印制)、询问次数、询问的起止时间、询问地点、询问人姓名(签名)及工作单位、记录人姓名(签名)及工作单位、被询问人的基本情况(包括姓名、性别、出生日期、户籍所在地、现住址、被询问人身份证件种类及号码、联系方式)。

(二)正文。正文是询问笔录的关键部分,采用回答形式记录。记录时,每段应当以"问""答"为句首开始,不能用其他符号代替。对被询问人的回答内容以第一人称"我"记录。询问时应当按照以下顺序进行并记录:

(1)询问人员向被询问人表明身份,办案人民警察应当告知被询问人依法享有的权利和承担的义务,告知其对办案人民警察的提问有如实回答的义务以及对于本案无关的问题有拒绝回答的权利。

(2)首次询问违法嫌疑人时,要询问是否申请询问人员回避,问明违法嫌疑人的姓名、出生日期、户籍所在地、现住址、身份证件种类及号码,是否曾受过刑事处罚或者行政拘留、收容教育、强制戒毒、收容教养等情况。必要时,还应当问明其家庭主要成员、工作单位、文化程度等情况。首次询问外国违法嫌疑人的,还应当问明其国籍、出入境证件种类及号码、签证种类、入境时间和入境事由等有关情况,必要时,还应当问明其在华关系人等情况。

(3)违法事实。在记录违法事实时,要全面、准确地记录违法的经过和事实,着重记录违法的时间、地点、情节、后果以及证据。在违法过程中有共同违法嫌疑人的,还应当记明共同违法嫌疑人的情况,以及各自在案件中所起的作用。

第一次询问时,首先要询问违法嫌疑人是否有违法行为,让其陈述违法行为事实或者就违法行为的有无和轻重进行辩解,然后进行针对性提问。最后,询问被询问人是否有需要补充说明的情况。如果有补充说明的,应当如实记录在案。

在第二次以及以后的询问中,主要是根据以前对违法嫌疑人的询问及案件调查情况,有针对性地对案件有关情况进一步询问。询问的内容可以是案件的全面情况,也可以是案件的某一个情节。

(三)尾部。询问结束后,填写询问结束时间,应当在笔录每页右上角页码栏填上页码,在首页页码栏填上总页数。

询问笔录应当交给违法嫌疑人核对或者向其宣读。如记录有误或者遗漏,应当允许违法嫌疑人更正或者补充,并捺指印。询问笔录经违法嫌疑人核对无误后,应当由其在询问笔录上逐页签名或者捺指印,在笔录末应当由被询问人写明"以上笔录我看过,与我说的相符"并签名或者捺指印、注明日期。拒绝签名或者捺指印的,办案人民警察应当在询问笔录尾部注明。

四、使用要求

(一)询问应当由不少于二人的人民警察进行。

(二)被询问人包括违反治安管理行为人、被侵害人或其他证人,同时适用该询问笔录。

(三)询问同案的违反治安管理行为人、被侵害人或者其他证人,应当分别进行。

(四)询问违反治安管理行为人、被侵害人或者其他证人时,应当告知其必须如实提供证据、证言和故意作伪证或者隐匿证据应当承担法律责任,但对于本案无关的问题有拒绝回答的权利。

(五)被询问人请求自行提供书面材料的,应当准许。必要时,办案人民警察也可以要求违法嫌疑人、被侵害人或者其他证人自行书写。

(六)询问未成年人时,应当通知其父母或者其他监护人到场,其父母或者其他监护人不能到场的,也可以通知未成年人的其他成年亲属,所在学校、单位、居住地基层组织或者未成年人保护组织的代表到场,并将有关情况记录在案。确实无法通知或者通知后未到场的,应当在询问笔录中注明。

(七)询问被侵害人或者其他证人,可以到其所在单位或者住处进行;必要时,也可以通知其到公安机关提供证言。人民警察在公安机关以外询问被侵害人或者其他证人,应当出示工作证件。

(八)询问被侵害人或者其他证人前,应当了解被询问人的身份以及被侵害人、其他证人、违法嫌疑人之间的关系。

(九)询问聋哑的违反治安管理行为人、被侵害人或者其他证人,应当有通晓手语的人提供帮助,并在笔录上注明。

(十)询问不通晓当地通用的语言文字的违反治安管理行为人、被侵害人或者其他证人,应当配备翻译人员,并在笔录上注明。

(十一)文书中记录内容应当具体详细,涉及案件关键事实和重要线索的,应当尽量记录原话。记录中应当避免使用推测性语句,防止发生语句歧义。记录要客观、真实、中立,避免带有主观感情色彩。但对于原话中的不文明话语,可以考虑适当地用同一意思的文明语言代替;对于黑话,一般在记录原话的同时,还要对其本义或者指代内容通过追问记明。

(十二)询问笔录既要记录违反治安管理行为人的问答,又要记录询问人员的提问,还应客观、全面、如实反映询问的策略、方法,以及被询问人的态度、思想反应。

（十三）对违法治安管理行为人,公安机关传唤后应当及时询问查证,询问查证的时间不得超过 8 小时;情况复杂,依照《治安管理处罚法》规定可能适用行政拘留处罚的,询问查证的时间不得超过 24 小时。需要对违反治安管理行为人适用超过 8 小时询问查证时间的,需口头或者书面报经公安机关或者其办案部门负责人批准。对口头批准的,办案民警应当记录在案。不得以连续传唤的形式变相拘禁违反治安管理行为人。

（十四）询问笔录可加附页,并标明页码。页码应当用"壹、贰、叁……"填写。

（此处印制公安机关名称）
行政处罚告知笔录

执行告知单位＿＿＿＿＿＿＿＿＿＿＿＿　告知人＿＿＿＿＿＿＿＿＿＿

被告知人＿＿＿＿＿＿＿＿＿＿＿＿　　单位法定代表人＿＿＿＿＿＿＿

告知内容：

□处罚前告知

根据《中华人民共和国行政处罚法》第三十一条之规定,现将拟作出行政处罚决定的事实、理由、依据告知如下：＿＿＿＿＿＿＿＿＿＿＿＿＿＿＿＿＿＿＿＿

＿＿＿＿＿＿＿＿＿＿＿＿＿＿＿＿＿＿＿＿＿＿＿＿＿＿＿＿＿＿＿＿＿＿＿＿

问:对上述告知事项,你（单位）是否提出陈述和申辩？（对被告知人的陈述和申辩可附页记录,被告知人提供书面陈述、申辩材料的,应当附上,并在本告知笔录中注明）

答:＿＿＿＿＿＿＿＿＿＿＿＿＿＿＿＿＿＿＿＿＿＿＿＿＿＿＿＿＿＿＿＿

＿＿＿＿＿＿＿＿＿＿＿＿＿＿＿＿＿＿＿＿＿＿＿＿＿＿＿＿＿＿＿＿＿＿＿＿

＿＿＿＿＿＿＿＿＿＿＿＿＿＿＿＿＿＿＿＿＿＿＿＿＿＿＿＿＿＿＿＿＿＿＿＿

＿＿＿＿＿＿＿＿＿＿＿＿＿＿＿＿＿＿＿＿＿＿＿＿＿＿＿＿＿＿＿＿＿＿＿＿

对你提出的陈述和申辩,公安机关将进行复核。

被告知人
年　　月　　日　　时　　分

□听证告知

公安机关拟对你（单位）作出＿＿＿＿＿＿＿＿＿＿＿＿＿＿＿＿＿＿＿＿

＿＿＿＿＿＿＿＿＿＿＿＿＿＿＿＿＿＿＿＿＿＿＿＿＿＿＿＿＿的行政处罚,根据《中华人民共和国行政处罚法》第四十二条之规定,你（单位）有权要求听证。

如果要求听证,你(单位)应在被告知后三日内向_____提出,逾期视为放弃听证。

问:对上述告知事项,你是否要求听证?

答:_____

对要求听证的,公安机关将在二日内决定是否受理。符合听证条件的,公安机关将在十日内举行听证。对放弃听证的,公安机关将依法作出处理决定。

被告知人
年　月　日　时　分

文书制作

一、适用范围

行政处罚告知笔录适用于在公安机关采用一般程序办理治安案件过程中,在作出公安行政处罚决定之前,告知被处罚人拟作出行政处罚决定的事实、理由和法律依据以及被处罚人依法享有的权利等内容时使用。

二、法律依据

《治安管理处罚法》第94条第1款规定:"公安机关作出治安管理处罚决定前,应当告知违反治安管理行为人作出治安管理处罚的事实、理由及依据,并告知违反治安管理行为人依法享有的权利。"第98条规定:"公安机关作出吊销许可证以及处二千元以上罚款的治安管理处罚决定前,应当告知违反治安管理行为人有权要求举行听证;违反治安管理行为人要求听证的,公安机关应当及时依法举行听证。"

《程序规定》第108条规定:"对适用听证程序的行政案件,办案部门在提出处罚意见后,应当告知违法嫌疑人拟作出的行政处罚和有要求举行听证的权利。"第143条规定:"在作出行政处罚决定前,应当告知违法嫌疑人拟作出行政处罚决定的事实、理由及依据,并告知违法嫌疑人依法享有陈述权和申辩权。单位违法的,应当告知其法定代表人、主要负责人或者其授权的人员。适用一般程序作出行政处罚决定的,采用书面形式或者笔录形式告知。"第144条规定:"对违法行为事实清楚,证据确实充分,依法应当予以行政处罚,因违法行为人逃跑等原因无法履行告知义务的,公安机关可以采取公告方式予以告知。自公告之日起七日内,违法嫌疑人未提出申辩的,可以依法作出行政处罚决定。"

三、制作方法

公安行政处罚告知笔录由首部、正文和尾部组成,属于叙述型文书,记录以问答的形式进行。记录时,每段应当以"问""答"为句首开始,回答的内容以第一人称"我"记录。

（一）首部。首部包括制作机关名称、文书名称（已印制）、告知单位名称、告知人和被告知人姓名。如果被告知人是单位，应该填写被告知单位名称和法定代表人姓名。

（二）正文。这是告知笔录的关键部分，记载了告知的详细情况。

（1）"告知内容"栏。"告知内容"第一栏部分属于必填内容，填写时应当将对违法嫌疑人拟作出行政处罚决定的事实、理由及依据明确写明，但不要求写明拟作出处罚的种类和幅度，并告知违法嫌疑人有针对上述告知事项进行陈述和申辩的权利。"告知内容"第二栏"拟作出的行政处罚"部分仅在公安机关拟作出符合听证范围的行政处罚决定之前，向当事人告知有要求听证的权利时填写，应当填写处罚的具体种类和幅度。依次填写受理听证申请的具体机关。

（2）办案人民警察向被告知人（单位）提出"对以上告知内容你听清楚了吗"的问答内容。

（3）办案人民警察向被告知人（单位）提出"对上述告知事项你是否提出陈述和申辩"的问答内容。但是，如果是听证告知的，无需填写此问答，可当场询问是否申请举行听证并作记录，违法嫌疑人提出陈述和申辩的，告知人应当如实记录。违法嫌疑人提出书面陈述、申辩材料的，应当将该书面材料附上并在告知笔录上注明。

（三）尾部。告知结束后，告知笔录应当交被告知人核对或者向其宣读，由被告知人在笔录末尾签名并注明日期。

四、使用要求

（一）公安机关作出治安管理处罚决定前，应当告知违反治安管理行为人作出治安管理处罚的事实、理由及依据和其依法享有的权利。拟作出吊销许可证以及处 2 000 元以上罚款的治安管理处罚决定的，应当告知违反治安管理行为人拟作出的行政处罚种类和幅度，以及依法受理听证申请的公安机关名称。

（二）采用笔录形式告知适用于依据一般程序作出治安管理处罚决定的情形。因违法行为人逃跑等原因无法履行告知义务的，公安机关可以采取公告方式予以告知。公告告知的期限为 7 日。

（三）告知内容如果不涉及需要听证的行政处罚种类和幅度，则有关提出听证申请的告知内容不用填写，空白即可。

（四）履行告知与制作告知笔录时，办案人民警察不能少于 2 人。

（五）办案人民警察应当认真听取被告知人的陈述、申辩，并做好记录，以进一步核实。被告知人也可以提供书面陈述、申辩材料。

（六）公安行政处罚告知笔录首页填满后可另纸记录，笔录末尾由被告知人签名并注明日期。

```
                （此处印制公安机关名称）
                   检 查 证
                                    ×公（  ）检查字〔  〕号
根据
   □《中华人民共和国行政处罚法》第三十六条和第三十七条第一款
   □《中华人民共和国治安管理处罚法》第八十七条第一款
   □其他_____
之规定，兹派我局民警_____对_____依法进行检查。




                                    公安机关（印）
                                       年  月  日




                                    被检查人或见证人
                                     年   月   日   时   分
```

检查完毕后附卷

文书制作

一、适用范围

检查证适用于公安机关对与违法行为有关的场所、物品、人身进行检查时使用。

二、法律依据

《行政处罚法》第 37 条第 1 款规定："行政机关在调查或者进行检查时，执法人员不得少于二人，并应当向当事人或者有关人员出示证件。当事人或者有关人员应当如实回答询问，并协助调查或者检查，不得阻挠。询问或者检查应当制作笔录。"

《治安管理处罚法》第 87 条第 1 款规定："公安机关对与违反治安管理行为有

关的场所、物品、人身可以进行检查。检查时,人民警察不得少于二人,并应当出示工作证件和县级以上人民政府公安机关开具的检查证明文件。对确有必要立即进行检查的,人民警察经出示工作证件,可以当场检查,但检查公民住所应当出示县级以上人民政府公安机关开具的检查证明文件。"

《程序规定》第41条规定:"对查获或者到案的违法嫌疑人应当进行安全检查,发现违禁品或者管制器具、武器、易燃易爆等危险品以及与案件有关的需要作为证据的物品的,应当立即扣押;对违法嫌疑人随身携带的与案件无关的物品,应当按照有关规定予以登记、保管、退还。安全检查不需要开具检查证。"第68条规定:"对与违法行为有关的场所、物品、人身可以进行检查。检查时,人民警察不得少于二人,并应当出示工作证件和县级以上公安机关开具的检查证。对确有必要立即进行检查的,人民警察经出示工作证件,可以当场检查;但检查公民住所的,必须有证据表明或者有群众报警公民住所内正在发生危害公共安全或者公民人身安全的案(事)件,或者违法存放危险物质,不立即检查可能会对公共安全或者公民人身、财产安全造成重大危害。对机关、团体、企业、事业单位或者公共场所进行日常执法监督检查,依照有关法律、法规和规章执行,不适用前款规定。"

三、制作方法

检查证属于填充型文书,由正本和存根组成。

(一)正本。正本由首部、正文和尾部组成。

(1)首部。首部包括制发文书机关名称和文书名称(已印制)、文书文号。

(2)正文。正文应当依次填写检查的法律依据、检查人和检查对象。检查对象要填写清楚具体的被检查场所、物品、人身的名称。

(3)尾部。填写成文时间,加盖公安机关印章。最后被检查人在"被检查人确认签名"处签名并注明日期,以确认该检查证以向其出示。

(二)存根。存根是公安机关进行检查活动留存备查的凭证,应当依次填写清楚文书文号、案由、检查对象、检查原因、检查人姓名、批准人姓名及批准时间、填发人姓名、填发日期。其中,"检查对象"栏应当填写被检查场所、物品、人身的具体名称;"检查原因"栏填写检查的理由和目的,如填写"查找违法嫌疑人×××","查找×××证据"等。

四、使用要求

(一)检查证制作完毕后,公安人员应立即持正本对检查对象进行检查。

(二)检查时,人民警察不得少于二人。检查妇女的身体,应当由女性工作人员进行。依法对卖淫、嫖娼人员进行性病检查,应当由医生进行。

(三)公安机关对与违反治安管理行为有关的场所、物品、人身可以进行检查。检查时,人民警察应当出示工作证件和县级以上人民政府公安机关开具的检查证。对确有必要立即进行检查的,人民警察经出示工作证件,可以当场检查,但检查公民住所应当出示检查证。

（四）对机关、团体、企业、事业单位或者公共场所进行日常监督检查,不需要使用检查证。

（五）违反治安管理行为人的居住场所与其在工商行政管理部门注册登记的经营场所合一的,在经营时间内对其检查时,应当按照检查经营场所办理相关手续;在非经营时间内对其检查时,应当按照检查公民住所办理相关手续。

（六）如果需要同时对同一案件的几个场所进行检查,要分别填写几张检查证,且检查证一次使用有效,需要再次检查的,应当制作新的检查证。

（七）检查场所时,应当有被检查人或者其他见证人在场。

（八）人民警察对查获或者到案的违法嫌疑人应当进行安全检查时,不需要开具检查证。

（九）检查场所或者物品时,应当注意避免对被检查物品造成不必要的损坏。

（此处印制公安机关名称）
_____ **笔录**
（本文书可用于制作勘验笔录、检查笔录、辨认笔录和现场笔录）

时间_____年___月___日___时___分至_____年___月___日___时___分

地点_____

办案民警或者勘验、检查人姓名及工作单位_____

检查或者辨认对象_____

当事人/辨认人基本情况（姓名、性别、身份证件种类及号码）_____
_____

见证人基本情况（姓名、性别、身份证件种类及号码）_____
_____

事由和目的_____

过程和结果_____
_____
_____
_____
_____
_____
_____
_____

| 办案民警或者勘验、检查人 | 年　　月　　日 |
| 当事人、辨认人或者见证人 | 年　　月　　日 |

文书制作

一、适用范围

勘验/检查/辨认/现场笔录适用于办案人民警察进行现场勘验、检查或者辨认时制作使用。

二、法律依据

《治安管理处罚法》第 88 条规定："检查的情况应当制作检查笔录，由检查人、被检查人和见证人签名或者盖章；被检查人拒绝签名的，人民警察应当在笔录上注明。"

《程序规定》第 67 条规定："对于违法行为案发现场，必要时应当进行勘验，提取与案件有关的证据材料，判断案件性质，确定调查方向和范围。现场勘验参照刑事案件现场勘验的有关规定执行。"《程序规定》第 85 条规定："为了查明案情，办案人民警察可以让违法嫌疑人、被侵害人或者其他证人对与违法行为有关的物品、场所或者违法嫌疑人进行辨认。"

三、制作方法

勘验/检查/辨认笔录属于叙述型文书，由首部、正文和尾部组成。

（一）首部。首部包括制作机关名称、文书名称（已印制）、勘验/检查/辨认起止时间、勘验地点、检查对象、检查证或者工作证件号码、勘验/检查/辨认人员姓名、工作单位、职务（职称）。其中，"勘验地点"，是指现场勘验的具体地点；"检查对象"要填写被检查人的姓名、性别、年龄或者被检查的物品、场所的名称。"辨认对象"要填写

（二）正文。正文包括勘验/检查/辨认"过程及结果（检查笔录要首先表明是否当场检查）"栏，勘验"过程及结果"应当写明案情、现场概况及现场勘验情况，检查"过程及结果"应当将检查中发现的、涉及案件事实的有关情况准确、客观地记录下来。其中，勘验过程的记录，首先要记录清楚发现或者接到报案的情况以及组织人员赴现场勘验情况，包括接到报案的时间，发生、发现案件的简要过程，现场保护的情况，到达现场的时间，在现场采取了哪些保护性措施等。然后记录进行现场勘验时的现场条件，如天气、温度、湿度、光线条件等。最后，重点记载现场和勘验的具体情况，如现场的空间、方位、大小及建筑布局，物体的摆放、陈设情况，违法工具及其他物证、痕迹的具体位置、种类、分布情况以及提取方法，现场上

的反常情况,现场物品损害情况及被侵害人情况以及勘验步骤、方法,在勘验过程中对现场的各种痕迹、物品有无人为的损坏情况等。对于性质不同的案件,要根据不同案件的特点,有针对性地进行勘验。现场勘验结果的记录,主要包括对现场痕迹、物证的发现和处理情况。其中,现场勘验中发现和提取物证的情况,要根据物证的不同特点,分别写明物证的名称、品质、数量、尺寸、体积、标识等。照相、录像的内容和数量、绘图的种类和数量等情况也应当在笔录中注明。辨认"过程及结果"应当写明辨认经过和结果,应当制作辨认笔录,由办案人民警察和辨认人签名或者捺指印。

(三)尾部。尾部办案民警或者勘验、检查人、当事人、辨认人或者见证人分别签名。被检查人不在场或者拒绝签名的,勘验/检查人应当在其中注明。

四、使用要求

(一)勘验/检查笔录的内容应当与检查证等相关内容一致。

(二)勘验/检查/辨认笔录应当在勘验/检查/辨认时当场制作,首页内容不够记录时,可以附纸记录,但首页及附页均应由勘验/检查人、记录人、见证人或被检查人签名或者捺指印。被检查人拒绝签名的,人民警察应当在笔录上注明。

(三)勘验/检查笔录是对案件现场勘验中发现的各种客观情况的记载,勘验/检查人员的分析意见,不能记录在笔录中。笔录中的文字一定要准确、清楚,避免使用晦涩难懂或者含混不清的语言,尤其对现场物体和痕迹的位置、形状、距离、大小等特征,一定要准确记载。

(四)勘验/检查的主体是具有办案权的治安案件的直接处理人员,或者具有专门知识和专门资质认证,并且经过办案机关的专门授权的技术人员。勘验/检查人员进行勘验/检查时,必须出示执法身份证件。

(五)现场勘验参照刑事案件现场勘验的有关规定执行,即应当按照现场勘验规则的要求拍摄现场照片,当场制作现场勘验笔录和现场图,必要时可以录像。应当有当事人或者见证人在场并在笔录上签名。

(六)对计算机违法案件进行勘验/检查时,由于计算机违法的证据大多都与数据信息有关,而数据信息有一个突出的特点就是容易复制、修改,甚至删除,所以,应当立即停止使用计算机,注意保护计算机及相关设备和数据,并及时复制与案情有关的电子资料和数据,防止有人通过不法手段破坏或者删除计算机所记录的违法信息或相关信息。

(七)检查时应保护相对人的其他合法权益。检查场所时,应当有被检查人或者其他见证人在场。

(八)检查笔录由检查人员、被检查人或者见证人签名;被检查人不在场或者拒绝签名的,办案人民警察应当在检查笔录中注明。

(九)辨认由二名以上办案人民警察主持。组织辨认前,应当向辨认人详细询问辨认对象的具体特征,并避免辨认人见到辨认对象。

(十)多名辨认人对同一辨认对象或者一名辨认人对多名辨认对象进行辨认时,应当个别进行。辨认时,应当将辨认对象混杂在特征相类似的其他对象中,不得给辨认人任何暗示。辨认违法嫌疑人时,被辨认的人数不得少于7人;对违法嫌疑人的照片进行辨认时,不得少于10人的照片。

(十一)辨认人不愿意暴露身份的,对违法嫌疑人的辨认可以在不暴露辨认人的情况下进行,公安机关及其人民警察应当为其保守秘密。

接受证据清单

编号	名称	数量	特征	备注

提交人	保管人	受案民警
		受案单位(印)
年 月 日	年 月 日	年 月 日

一式三份,一份交提交人,一份交保管人,一份附卷。

文书制作

一、概念

接受证据清单,是公安机关办案人员在办理行政案件过程中,对报案人、举报人、控告人、投案人提供了有关证据、物品和被害人、善意第三人合法占有的财产进行登记时所使用的法律文书。

二、文书内容及制作要求

本文书属填充型文书,一式三份,一份交提交人,一份交保管人,一份附卷。该文书包括首部、正文和尾部三部分。

(一)首部。本文书首部为文书名称(已印制好)。

(二)正文。本文书正文包括接受证据清单的编号等基本情况。"编号"栏采用阿拉伯数字,按物品(文件)的排列顺序从"1"开始逐次填写;"名称"栏填写物品(文件)的名称;"数量"栏填写每种物品(文件)的数量,应用大写;"特征"栏填写该物品的颜色、新旧、质地等特点。"备注"为补充。

(三)尾部。证据登记清单的末尾应当由证据提交人、保管人和受案民警签名并注明日期。

三、使用中注意的事项

(一)登记证据是《中华人民共和国治安处罚法》第77条、第89条第1款规定的。

(二)证据登记无须经过公安机关负责人审批,由办案人员决定即可。

(三)接受证据清单应当一式三份,一份交提交人,一份交保管人,一份附卷。在使用证据登记清单需加页时,可以采用复写形式。

(四)接受证据清单的右下角加盖采取证据登记保存措施的受案单位印章。

(五)证据持有人拒绝签名的,办案人民警察应当在接受证据清单上注明。

(此处印制公安机关名称)
听证笔录

案由_____

时间_____年___月___日___时___分至_____年___月___日___时___分

地点_____ 举行方式_____

听证主持人_____ 听证员_____

记录员_____

听证申请人_____

法定代表人_____

委托代理人_____

本案其他利害关系人＿＿＿＿＿＿＿＿＿＿＿＿＿＿＿＿＿＿＿＿＿＿＿＿＿
本案其他利害关系人的代理人＿＿＿＿＿＿＿＿＿＿＿＿＿＿＿＿＿＿＿
本案办案人民警察＿＿＿＿＿＿＿＿＿＿＿＿＿＿＿＿＿＿＿＿＿＿＿＿
听证内容记录（可加页）＿＿＿＿＿＿＿＿＿＿＿＿＿＿＿＿＿＿＿＿＿
＿＿＿＿＿＿＿＿＿＿＿＿＿＿＿＿＿＿＿＿＿＿＿＿＿＿＿＿＿＿＿＿＿
＿＿＿＿＿＿＿＿＿＿＿＿＿＿＿＿＿＿＿＿＿＿＿＿＿＿＿＿＿＿＿＿＿
＿＿＿＿＿＿＿＿＿＿＿＿＿＿＿＿＿＿＿＿＿＿＿＿＿＿＿＿＿＿＿＿＿
＿＿＿＿＿＿＿＿＿＿＿＿＿＿＿＿＿＿＿＿＿＿＿＿＿＿＿＿＿＿＿＿＿
＿＿＿＿＿＿＿＿＿＿＿＿＿＿＿＿＿＿＿＿＿＿＿＿＿＿＿＿＿＿＿＿＿
＿＿＿＿＿＿＿＿＿＿＿＿＿＿＿＿＿＿＿＿＿＿＿＿＿＿＿＿＿＿＿＿＿
＿＿＿＿＿＿＿＿＿＿＿＿＿＿＿＿＿＿＿＿＿＿＿＿＿＿＿＿＿＿＿＿＿
＿＿＿＿＿＿＿＿＿＿＿＿＿＿＿＿＿＿＿＿＿＿＿＿＿＿＿＿＿＿＿＿＿

听证申请人或者代理人＿＿＿＿＿＿＿＿＿＿＿＿＿＿＿＿＿＿＿＿＿＿
其他利害关系人或者代理人＿＿＿＿＿＿＿＿＿＿＿＿＿＿＿＿＿＿＿＿
证人＿＿＿＿＿＿＿＿＿＿＿＿＿＿＿＿＿＿＿＿＿＿＿＿＿＿＿＿＿＿＿
听证员＿＿＿＿＿＿＿＿＿＿＿＿＿＿＿＿＿＿＿＿＿＿＿＿＿＿＿＿＿＿
听证主持人＿＿＿＿＿＿＿＿＿＿＿＿＿＿＿＿＿＿＿＿＿＿＿＿＿＿＿＿
记录员＿＿＿＿＿＿＿＿＿＿＿＿＿＿＿＿＿＿＿　＿＿＿年＿＿月＿＿日
第＿＿＿页　共＿＿＿页

文书制作

一、适用范围

听证笔录适用于在举行听证会中记录听证过程和内容时使用。

二、法律依据

（一）《行政处罚法》第42条第7项规定："听证应当制作笔录；笔录应当交当事人审核无误后签字或者盖章。"

（二）《程序规定》第127条规定，记录员应当将举行听证的情况记入听证笔录。听证笔录应当载明下列内容：案由；听证的时间、地点和方式；听证人员和听证参加人的身份情况；办案人民警察陈述的事实、证据和法律依据以及行政处罚意见；听证申请人或者其代理人的陈述和申辩；第三人陈述的事实和理由；办案人民警察、听证申请人或者其代理人、第三人质证、辩论的内容；证人陈述的事实；听证申请人、第三人、办案人民警察的最后陈述意见；其他事项。第128条规定："听证笔录应当交听证申请人阅读或者向其宣读。听证笔录中的证人陈述部分，应当交证人阅读或者向其宣读。听证申请人或者证人认为听证笔录有误的,可以请求补充或者改正。听证申请人或者证人审核无误后签名或者捺指印。听证申请人或者证人拒绝的,由记录员在听证笔录中记明情况。听证笔录经听证主持人审阅后,由听证主持人、听证员和记录员签名。"

三、制作方法

听证笔录属于叙述型文书。由部首、正文和尾部组成。

(一)首部。首部包括制作机关名称、文件名称(已印制)、案由、听证起止时间、地点、举行方式,以及听证主持人与听证员、记录员的姓名和职务,听证申请人及其法定代表人、委托代理人、本案其他利害关系人及其代理人、本案办案人民警察等听证参加人的基本情况。具体填写要求是:"时间"的填写要具体到分钟;"举行方式"填写公开或者秘密(不公开)形式。听证申请人是个人的,"听证申请人"栏应当填写听证申请人的姓名、单位或者住址;听证申请人是单位的,"听证申请人"栏应当填写名称和地址,并在"法定代表人"栏填写法定代表人的姓名、单位或者住址。听证申请人有委托代理人的,应当在"委托代理人"栏填写委托代理人的姓名、单位或者住址。"本案其他利害关系人"栏填写利害关系人的姓名单位或者住址,并注明是何种利害关系。利害关系人有代理人的,在"本案其他利害关系人的代理人"栏填写代理人姓名、单位或者住址。"本案办案人民警察"栏填写办案人民警察姓名、单位或者住址。

(二)正文。"听证内容记录"是听证笔录的最重要部分。记录员应当将听证过程中办案人民警察、听证申请人和其他有关人员的主要情况,采用"问""答"的形式如实详尽地加以记录,包括办案人民警察的处罚意见,证据提供和质证情况,辩论意见和最后陈述意见等。

(三)尾部。在听证最后陈述结束,听证笔录经听证主持人审阅后,应当交给听证申请人、证人阅读或者向他们宣读。听证申请人、证人认为听证笔录有遗漏或者差错的,可以请求补充或者改正,经补正或确认无误后,应当分别签名或者盖章。最后听证申请人或者代理人、记录员分别签名,并由记录员填写具体年、月、日。

四、使用要求

(一)听证笔录应在听证过程同步制作,听证结束后,听证笔录应当附入治安案件案卷。

(二)听证笔录应当交听证申请人阅读或者向其宣读。听证笔录中的证人陈述部分,应当交证人阅读或者向其宣读。听证申请人或者证人认为听证笔录有误的,可以请求补充或者改正。听证申请人或者证人审核无误后签名或者捺指印。拒绝签名和捺指印的,由记录员在听证笔录中记明情况。

(三)听证笔录经听证主持人审阅后,由听证主持人、听证员和记录员分别签名,不得代签。

(四)最后由听证申请人或者代理人、其他利害关系人或者代理人、证人、听证员、听证主持人、记录员在听证笔录末页分别签名或者捺指印,并由记录员填写具体年、月、日。

(五)记录员制作听证笔录时,可以根据需要用专用制作文书纸张作为附页。

(六)听证笔录"第____页"的页码应当用"壹、贰、叁……"填写。

(此处印制公安机关名称)

听证报告书

案由_____

时间____年___月___日___时___分至____年___月___日___时___分

地点_____

举行方式_____

听证主持人_____

听证员_____

记录员_____

听证申请人_____

法定代表人_____

委托代理人_____

本案其他利害关系人_____

本案其他利害关系人的代理人____

本案办案人民警察_____

听证会基本情况_____

_____

_____

_____

_____

_____

听证后认定的案件事实及处理意见和建议____

_____

听证主持人　　　　　　　　　　　　　　年　月　日

第___页　共___页

文书制作

一、概念

听证报告书,是听证主持人在听证结束后,经组织听证人员评议,就听证情况及听证人员对该案件的意见,以书面形式向公安机关负责人所作的报告。

二、法律依据

《程序规定》第129条规定,听证结束后,听证主持人应当写出听证报告书,连同听证笔录一并报送公安机关负责人。听证报告书应当包括下列内容:案由;听证人员和听证参加人的基本情况;听证的时间、地点和方式;听证会的基本情况;案件事实;处理意见和建议。

三、文书内容及制作要求

本文书属于叙述型文书,包括首部、正文和尾部。

(一)首部。首部包括举办听证会的公安机关名称、文书名称(已印制好)、案由、时间、地点、举行方式、听证主持人、听证员、记录员、听证申请人、法定代表人、委托代理人、本案其他利害关系人、本案其他利害关系人的代理人、本案办案人员等栏目组成。其中"案由"栏填写听证案件的类别;"时间"栏应当填写听证开始时间和结束时间,并精确到分钟;听证举行方式包括公开举行和不公开举行两种,除涉及国家秘密、商业秘密、个人隐私的行政案件外,听证应当公开举行。"听证主持人""听证员""记录员""本案办案人员"栏填写上述人员的姓名、工作单位及职务。听证申请人是个人的,应当在"听证申请人"栏填写其姓名、性别、年龄、现住址和工作单位;听证申请人是单位的,应当填写其名称和地址,并在"法定代表人"栏填写法定代表人的姓名和住址。听证申请人有委托代理人的,应当在"委托代理人"栏填写委托代理人的姓名和单位。"本案其他利害关系人"栏填写该利害关系人的姓名、现住址和工作单位,并注明是何种利害关系。利害关系人有代理人的,在"本案其他利害关系人的代理人"栏填写代理人的姓名、住址、工作单位。

(二)正文。正文包括听证会基本情况、案件事实、处理意见和建议三部分。

"听证会基本情况"应当简明扼要介绍听证会基本情况,客观公正地反映当事人和案件承办人的主要理由,听证人员有不同意见的,也应当注明。"听证后认定的案件事实及处理意见和建议"应当填写听证人员经过评议后,对该听证案件提出的具体处理意见和建议。如果原拟定处罚方案主要事实清楚、证据确凿、适用法律正确、程序合法、处罚内容适当,可以建议采用原处罚方案;如果认为拟定处罚方案不当,可以根据案件的具体情况提出新的拟处罚意见;如果主要事实不清、证据不足,对其中违法行为较重、后果严重的,可以建议重新调查取证,对其中违法行为较轻,社会危害不大,依法可以不予处罚的,建议不予处罚;违法事实已构成犯罪的,建议按照刑事案件办理程序依法追究刑事责任。

（三）尾部。听证主持人应当在听证报告书尾部签名并注明日期。

四、使用中注意的事项

听证报告书属于内部使用的法律文书，包括听证人员对听证案件的总结和意见，对公安机关负责人作出最终处理决定具有重要的参考意义，但听证报告书并不能取代听证笔录，听证主持人应当将听证报告书和听证笔录一并提交给公安机关负责人。

第三节　决定程序法律文书制作

（此处印制公安机关名称）

行政处罚决定书

×公（　　）行罚决字〔　　〕号

行政处罚决定书正文载明以下内容：

（1）违法行为人的基本情况（姓名、性别、年龄、出生日期、身份证件种类及号码、户籍所在地、现住址、工作单位、违法经历以及被处罚单位的名称、地址和法定代表人）；

（2）违法事实和证据以及从重、从轻等情节（证人不愿意暴露姓名的，应当注意保密）；

（3）法律依据；

（4）处罚种类及幅度（包括对外国人适用或者附加适用限期出境）；

（5）执行方式及期限（包括当场训诫、当场收缴罚款、到指定银行缴纳罚款、送拘留所执行以及合并执行的情况，对罚款处罚，要注明逾期不缴纳罚款时加处罚款的标准和上限）；

（6）对涉案财物的处理情况及对被处罚人的其他处理情况；

（7）不服本决定的救济途径；

（8）附没收违法所得、非法财物清单及收缴/追缴物品清单。

公安机关名称、印章及决定日期

一式三份，被处罚人和执行单位各一份，一份附卷。治安案件有被侵害人的，复印送达被侵害人。

(此处印制公安机关名称)
行政处罚决定书

　　　　　　　　　　　　　　　　　　　×公( )行罚决字〔 〕号

违法行为人(姓名、性别、年龄、出生日期、身份证件种类及号码、户籍所在地、现住址、工作单位、违法经历以及被处罚单位的名称、地址和法定代表人)＿＿＿＿＿＿＿＿＿＿
＿＿＿＿＿＿＿＿＿＿＿＿＿＿＿＿＿＿＿＿＿＿＿＿＿＿＿＿＿＿＿＿＿＿＿＿

　　现查明＿＿＿＿＿＿＿＿＿＿＿＿＿＿＿＿＿＿＿＿＿＿＿＿＿＿＿＿＿＿＿
＿＿＿＿＿＿＿＿＿＿＿＿＿＿＿＿＿＿＿＿＿＿＿＿＿＿＿＿＿＿＿＿＿＿＿＿
＿＿＿＿＿＿，以上事实有＿＿＿＿＿＿＿＿＿＿＿＿＿＿＿＿＿＿＿＿＿＿＿
＿＿＿＿＿＿＿＿＿＿＿＿＿＿＿＿＿＿＿＿＿＿＿＿＿＿＿＿＿等证据证实。

　　根据＿＿＿＿＿＿＿＿＿＿＿＿＿＿＿＿＿＿＿＿＿＿之规定，现决定＿＿＿＿
＿＿＿＿＿＿＿＿＿＿＿＿＿＿＿＿＿＿＿。

　　执行方式和期限＿＿＿＿＿＿＿＿＿＿＿＿＿＿＿＿＿＿＿＿＿＿＿＿＿
＿＿＿＿＿＿＿＿＿＿＿＿＿＿＿＿＿＿＿＿＿＿＿＿＿＿＿＿＿＿＿＿＿＿。

　　逾期不交纳罚款的，每日按罚款数额的百分之三加处罚款，加处罚款的数额不超过罚款本数。

　　如不服本决定，可以在收到本决定书之日起六十日内向＿＿＿＿＿＿＿＿＿
＿＿＿＿＿＿＿＿申请行政复议或者在三个月内依法向＿＿＿＿＿＿＿＿＿＿＿
＿＿＿＿＿＿＿＿人民法院提起行政诉讼。

　　附：＿＿＿＿＿＿＿＿＿　清单共＿＿份

　　　　　　　　　　　　　　　　　　　　　　　公安机关(印)
　　　　　　　　　　　　　　　　　　　　　　　　年　月　日

行政处罚决定书已向我宣告并送达。

　　　　　　　　　　　　　　　　　　　　　　　被处罚人
　　　　　　　　　　　　　　　　　　　　　　　　年　月　日

　　一式三份，被处罚人和执行单位各一份，一份附卷。治安案件有被侵害人的，复印送达被侵害人。

文书制作

一、适用范围

公安行政处罚决定书适用于公安机关按照治安管理处罚的一般程序对当事人予以行政处罚时使用。

二、法律依据

《治安管理处罚法》第96条规定："公安机关作出治安管理处罚决定的，应当制作治安管理处罚决定书。决定书应当载明下列内容：

（一）被处罚人的姓名、性别、年龄、身份证件的名称和号码、住址；

（二）违法事实和证据；

（三）处罚的种类和依据；
（四）处罚的执行方式和期限；
（五）对处罚决定不服，申请行政复议、提起行政诉讼的途径和期限；
（六）作出处罚决定的公安机关的名称和作出决定的日期。
决定书应当由作出处罚决定的公安机关加盖印章。"
《程序规定》第137条规定："一人有两种以上违法行为的，分别决定，合并执行，可以制作一份决定书，分别写明对每种违法行为的处理内容和合并执行的内容。
一个案件有多个违法行为人的，分别决定，可以制作一式多份决定书，写明给予每个人的处理决定，分别送达每一个违法行为人。"

三、制作方法

公安机关行政处罚决定书属于填充型文书。该文书由正本和存根两部分组成。

（一）正本。正本一式三份，被处罚人和执行单位各一份，一份附卷。正本分首部、正文和尾部三部分内容。

（1）首部。首部由制作机关名称和文书名称（已印制好）、文书字号以及被处罚人基本情况组成。填写"被处罚人"栏时，如果被处罚人是自然人的，应当填写被处罚人的姓名、性别、出生日期、身份证件种类及其号码、现住址和工作单位；如果被处罚人是单位的，应当填写其名称、地址、法定代表人；被处罚人不讲真实姓名、住址，身份不明，但只要违法事实清楚，证据确凿的，可以按其自报的姓名、贴附照片作出处罚决定，并在文书上注明。

（2）正文。正文包括公安机关查明的被处罚人的违法事实和证据以及从重、从轻等情节，治安管理处罚的种类和幅度和对涉案财物的处理结果以及对被处罚人的其他处理情况等具体处理内容，履行方式及期限，以及被处罚人的法律救济途径。具体填写要求是：

"现查明"后面的横线处填写违法事实部分以及从重、从轻等，填写时应当准确、简明、扼要。

"以上事实有"后面的横线处填写证据部分，填写时应当填写证据的具体名称，但是证人不愿意暴露姓名的，应当注意保密。

"根据"后面的横线处填写法律依据，包括作出的处罚和收缴、追缴等其他行政处理的法律依据；"现决定"后面的横线处填写决定内容，包括处罚的种类和幅度以及没收、收缴、追缴等对涉案财物的处理内容及对被处罚人的其他处理情况，包括强制戒毒和收容教育等强制措施。

"履行方式"后面的横线处要注明具体的期限和方式，包括合并执行的情况。被处罚人的救济途径应当写明申请行政复议或者提起行政诉讼的期限（已印制）

以及申请行政复议或者提起行政诉讼的受理机关名称。

如果有对涉案财物的处理结果的，并附没收违法所得、非法财物清单或者收缴/追缴物品清单的，应当在公安行政处罚决定书中填写所附清单名称及数量。

（3）尾部。尾部应当填写清楚成文日期，并加盖处罚机关印章。被处罚人或者被处罚单位的法定代表人或者负责人应当在"附卷"的文书上签名。拒绝签名的，由办案人民警察在上面注明。

（二）存根。存根依次填写制作机关名称和文书名称（已印制）、文书字号、案由、被处罚人基本情况（包括姓名、性别、出生日期、现住址和工作单位）、被处罚单位名称、地址及其法定代表人姓名和现住址、行政处罚决定的种类和幅度、办案单位、承办人、批准人、填发人及填发日期等内容。其中，"案由"即治安案件性质，如赌博、殴打他人等；"承办人"栏由承办人签名。

四、使用要求

（一）一人有两种以上违法行为的，可以制作一份处罚决定书，分别写明对每种违法行为的处理内容和合并执行的内容。

（二）一个案件有多个违法行为人的，可以制作一式多份决定书，写明给予每个人的处理决定，分别送达每一个违法行为人。

（三）如果治安案件有被侵害人的，复印该文书送被侵害人一份。无法送达的，应当注明。

（四）一并作出没收、收缴、追缴决定时，应当附有相应的清单，并在决定书中注明清单的名称和数量。

（五）各地公安机关可以根据实际需要选择使用制作式决定书或者填充式决定书。

（六）被处罚人同时被决定强制戒毒或者收容教育的，制作式文书中应当写明强制戒毒和收容教育的依据、期限和执行单位的名称和地点，不需要另行制作强制戒毒或者收容教育决定书。对多个违法行为人的处罚不同的，需同时写明每个违法行为人的姓名及处罚种类、幅度，对一人的多个违法行为要分别写明处罚种类、幅度。

（七）公安行政处罚决定书一经送达，便产生法律效力，当事人提起行政复议或行政诉讼的期限，从送达之日起计算。

（此处印制公安机关名称）
当场处罚决定书

编号：

违法行为人姓名或者单位名称＿＿＿＿＿＿＿＿＿＿＿＿＿＿＿＿＿＿＿＿

性别＿＿＿＿　年龄＿＿＿＿＿　出生日期＿＿＿＿＿＿＿＿＿＿＿＿＿

身份证件种类及号码＿＿＿＿＿＿＿＿＿＿＿＿＿＿＿＿＿＿＿＿＿＿＿

法定代表人＿＿＿＿＿＿＿＿＿＿＿＿＿＿＿＿＿＿＿＿＿＿＿＿＿＿＿

现住址或者单位地址＿＿＿＿＿＿＿＿＿＿＿＿＿＿＿＿＿＿＿＿＿＿＿

现查明＿＿＿＿＿＿＿＿＿＿＿＿＿＿＿＿＿＿＿＿＿＿＿＿＿＿＿＿＿

＿＿＿＿＿＿＿＿＿＿＿＿＿＿，以上事实有＿＿＿＿＿＿＿＿＿＿＿＿

＿＿＿＿＿＿＿＿＿＿＿＿＿等证据证实。

根据《＿＿＿＿＿＿＿＿＿＿＿＿＿＿＿》第＿＿＿条第＿＿＿款第＿＿＿项之规定，决定给予＿＿＿＿＿＿＿＿＿＿＿＿＿＿＿＿＿＿＿＿的处罚。

执行方式：□当场训诫　□当场收缴罚款　□被处罚人持本决定书在十五日内到＿＿＿＿银行缴纳罚款。逾期不缴纳的，每日按罚款数额的百分之三加处罚款，加处罚款的数额不超过罚款本数。

如不服本决定，可以在收到本决定书之日起六十日内向＿＿＿＿＿＿＿＿＿＿＿＿＿＿＿＿＿＿申请行政复议或者在三个月内依法向＿＿＿＿＿＿＿＿＿＿＿＿＿＿＿＿＿＿人民法院提起行政诉讼。

处罚地点＿＿＿＿＿＿＿＿＿＿＿＿＿＿＿＿＿＿＿＿＿＿＿＿＿＿＿

办案人民警察＿＿＿＿＿＿＿＿＿＿＿＿＿＿＿＿＿＿＿＿＿＿＿＿＿

□附：收缴物品清单

公安机关（印）
年　月　日

处罚前已口头告知违法行为人拟作出处罚的事实、理由和依据，并告知违法行为人依法享有陈述权和申辩权。

被处罚人
年　月　日

一式两份，一份交被处罚人，一份交所属公安机关备案。治安案件有被侵害人的，复印送达被侵害人。

文书制作

一、适用范围

当场处罚决定书适用于公安机关人民警察依法当场作出行政处罚决定时使用。

二、法律依据

《治安管理处罚法》第101条规定："当场作出治安管理处罚决定的人民及警察应当向违反治安管理行为人出示工作证件，并填写处罚决定书。处罚决定书应当当场交付被处罚人;有被侵害人的将决定书副本抄送被侵害人。

前款规定的处罚决定书,应当载明被处罚人的姓名、违法行为、处罚依据、罚款数额、时间、地点以及公安机关名称,并由经办的人民警察签名或者盖章。

当场作出治安管理处罚决定的,经办的人民警察应当在二十四小时内报所属公安机关备案。"

《程序规定》第 36 条规定:"适用简易程序处罚的,可以由人民警察一人作出行政处罚决定。

人民警察当场作出行政处罚决定的,应当于作出决定后的二十四小时内将当场处罚决定书报所属公安机关备案,交通警察应当于作出决定后的二日内报所属公安机关交通管理部门备案。在旅客列车、民航飞机、水上作出行政处罚决定的,应当在返回后的二十四小时内报所属公安机关备案。"

三、制作方法

当场处罚决定书是填充型文书,一式两份,一份"交被处罚人",一份"交所属公安机关备案",由首部、正文和尾部组成。

(1) 首部。首部包括制作机关名称、文书名称(已印制好)和编号及被处罚人的基本情况。如果"被处罚人"是自然人的应当填写被处罚人的姓名、性别、出生日期、身份证件种类及其号码、现住址、工作单位等栏目;被处罚人是单位的,应当填写名称和法定代表人,"现住址"填写单位地址。其中,当场处罚决定书中注明的"编号"栏在印制文书时按先后顺序印制序号,办案人民警察不再填写。

(2) 正文。正文主要填写当事人的违法事实,处罚的法律依据和行政处罚种类和幅度、履行方式,当事人不服处罚而依法申请行政复议或者提起行政诉讼的受理机关名称以及处罚地点,最后办案人民警察在"办案人民警察"栏有签名或者盖章。其中"履行方式"主要是针对罚款处罚,或者当场收缴,或者向指定银行缴纳。

(3) 尾部。尾部应当填写清楚成文日期,并加盖处罚机关印章;被处罚人或者被处罚单位的法定代表人或者负责人应当在备案的当场处罚决定书上签名。拒绝签名的,由办案人民警察在上面注明。

四、使用要求

(1) 铁路、交通、民航和森林公安机关实施当场处罚时,继续使用《财政部关于印发〈当场处罚罚款票据管理暂行规定〉的通知》(财预〔2000〕4 号)及《财政部、公安部关于使用〈治安管理当场处罚决定书(代收据)〉有关问题的补充通知》(财预〔2001〕260 号)所规定的《治安管理当场处罚决定书(代收据)》,并将其中的法律依据修改为《中华人民共和国治安管理处罚法》。

(2) 对违反治安管理行为人或者道路交通违法行为人的当场处罚内容只能是处 200 元以下罚款或者警告;对其他违法行为的当场处罚的处罚内容只能是对

个人处 50 元以下罚款或者警告,对单位处 1000 元以下罚款或者警告。

(3) 对卖淫、嫖娼、引诱、容留、介绍卖淫,拉客招嫖和赌博案件,不适用当场处罚。

(4) 在作出当场处罚决定,制作当场处罚决定书之后,应当把决定书当场交付被处罚人。

(5) 使用当场处罚决定书时,可以采用复写形式。

(6) 公安机关办案人民警察当场作出行政处罚决定,应当于作出决定后的二十四小时内报所属公安机关备案。在旅客列车、民航飞机、水上作出行政处罚决定的,应当在返回后的二十四小时内报所属公安机关备案。

(7) 治安案件有被侵害人的,2 日内将处罚决定书复印件送被侵害人。

(8) 可以由人民警察一人作出治安管理当场处罚决定。

没收违法所得、非法财物清单

编号	名称	数量	特征	备注

被处罚人	保管人	办案民警
		公安机关(印)
年 月 日	年 月 日	年 月 日

一式三份,一份交被处罚人,一份交保管人,一份附卷。

文书制作

一、适用范围

没收违法所得、非法财物清单适用于公安机关对违法行为人作出没收违法所得、非法财物处罚时使用。

二、法律依据

公安部《关于没收、处理违反治安管理所得财物和使用工具的暂行规定》第6条规定:"查获的违反治安管理所得财物和使用的工具,除退还原主外,没收的应登记清单,妥善保管。"

三、制作方法

没收违法所得、非法财物清单属于填表型文书,一式两份,一份交被处罚人,一份附卷。该文书包括首部、正文和尾部三部分内容。

(一)首部。首部为文书名称(已印制)。

(二)正文。按照格式,依次填写所没收物品的以下内容:

(1)编号。即被没收物品的顺序号,用阿拉伯数字填写。

(2)名称。填写没收物品的准确名称。

(3)数量。每种物品的数量应当用大写数字填写。

(4)特征。详细写明物品的商标、形状、颜色、新旧程度、产地,或者物品的制作者、字号以及制作日期等有关特征。

(5)备注。记载其他需要说明的内容。

填写上述物品内容时,应当一项一格,中间不应当有空格。对于填写物品内容的表格的多余部分,应当沿对角处划掉。空格不够的,可以续页。

(三)尾部。在清单相应位置由被处罚人、保管人和办案民警分别签名并注明具体日期,在指定位置加盖公安机关印章。

四、使用要求

(一)没收违法所得、非法财物清单与公安行政处罚决定书配套使用,因此,清单的内容应当与公安行政处罚决定书的相关内容以及调查阶段的扣押物品清单所列的有关物品一致。

(二)该清单本身不是行政处罚决定书,不能成为当事人提出行政复议或者提起行政诉讼的凭证,但可以成为当事人对物品予以没收有异议的凭证之一。

(三)没收物品范围是除了应当依法予以追缴并退还被侵害人以外的违法所得财物。

(四)使用没收违法所得、非法财物清单时,可以采用复写形式。

(此处印制公安机关名称)
收缴/追缴物品清单

×公（　　）缴字〔　　〕号

根据
☐《中华人民共和国治安管理处罚法》第十一条第一款
☐《中华人民共和国治安管理处罚法》第十一条第二款
☐《程序规定》第一百六十八条第一款
☐《程序规定》第一百六十八条第三款之规定，对物品持有人_____
_____的下列物品予以收缴/追缴。
如不服本决定，可以在收到本清单之日起六十日内向_____
_____申请行政复议或者在三个月内依法向_____人民法院提起行政诉讼。

编号	名称	数量	特征	物品处理情况（发还的，由接收人签名）

物品持有人、见证人	保管人	办案民警
		公安机关（印）
年　月　日	年　月　日	年　月　日

文书制作

一、适用范围

收缴/追缴物品清单适用于公安机关依法作出收缴/追缴物品处理决定时使用。

二、法律依据

《治安管理处罚法》第 11 条规定："办理治安案件所查获的毒品、淫秽物品等违禁品、赌具、赌资、吸食、注射毒品的用具以及直接用于实施违反治安管理行为的本人所有的工具，应当收缴，按照规定处理。

违反治安管理所得的财物，追缴退还被侵害人；没有被侵害人的，登记造册，公开拍卖或者按照国家有关规定处理，所得款项上缴国库。"

《程序规定》第 169 条规定："收缴由县级以上公安机关决定。但是，违禁品，管制器具，吸食、注射毒品的用具以及非法财物价值在五百元以下且当事人对财物价值无异议的，公安派出所可以收缴。追缴由县级以上公安机关决定。但是，追缴的财物应当退还被侵害人的，公安派出所可以追缴。"

三、制作方法

收缴/追缴物品清单一是两份，一份交被处罚人，一份由公安机关办案部门附卷，属于填充型文书，内容分为首部、正文和尾部三部分。

（一）首部。首部包括制作机关名称、文书名称（已印制好）和文书编号。

（二）正文。按照规定格式，依次填写所收缴/追缴物品的情况（编号、名称、数量、特征和物品处理情况）。

（三）尾部。在清单的指定位置由物品持有人、见证人、保管人和办案民警分别签名并注明日期，最后在指定位置加盖公安机关印章。

四、使用要求

（一）收缴/追缴物品清单既可以与公安机关行政处罚决定书同时使用，也可以单独作为收缴或者追缴决定书使用。如果物品持有人对该收缴/追缴处理不服，依法提起行政复议或者行政诉讼的，可以以该清单为凭证。

（二）文书中的"/"表示其前后内容可供选择，制作单一的收缴或者追缴清单时，要将不用的部分划去。既要收缴又有追缴的，应当分别制作清单。

（三）收缴只能由县级以上公安机关决定。但是，违禁品，吸食、注射毒品的器具以及非法财物价值在 500 元以下且当事人对财物价值无异议的，公安派出所可以收缴。

（四）追缴只能由县级以上公安机关决定。但是，追缴违法所得的财物应当退还被侵害人的，公共派出所可以追缴。

（五）使用收缴/追缴物品清单时，可以采用复写形式。

第四节　执行程序法律文书制作

通(告)知记录

序号	具体事项	违法嫌疑人或家属 (签名并捺印)	民警 (签名)
1	已将李××被传唤的原因和处所电话通知其家属	李×× ××××年×月×日	王××、宋×× ××××年×月×日
2	已将李××行政拘留的原因、期限和羁押场所电话通知其家属	李×× ××××年×月×日	王××、宋×× ××××年×月×日
3	已通知李××同意其回避的申请	李×× ××××年×月×日	王××、宋×× ××××年×月×日
4	已通知赵××不同意其回避的申请	李×× ××××年×月×日	王××、宋×× ××××年×月×日
5	已通知赵××(或家属)不同意其暂缓执行行政拘留的申请	李×× ××××年×月×日	王××、宋×× ××××年×月×日

文书制作

一、概念

通知记录,是公安机关在办理治安案件中将有关决定通知违法嫌疑人或家属时使用的一种法律文书。

二、文书内容及制作要求

该文书为填充型文书,内容分为首部和正文。首部包括文书名称。正文包括序号、具体事项、违法嫌疑人或家属(签名并捺手印)、民警(签名)。

三、使用中注意事项

通知家属的事项可通过电话、传真、短信等方式通知,由民警和违法嫌疑人在通知记录上签名并注明时间即可。

（此处印制公安机关名称）

_____执行回执

_____公安(分)局：

根据你(分)局_____号决定书,被执行人_____已于____年___月___日入所。

执行期限_____（自____年___月___日至____年___月___日）。

　　　　　投送人　　　　　　　　　　　　　　　　　经办人

　　　年　　月　　日　　　　　　　　　　　　年　　月　　日

　　执行单位(印)

　　　年　　月　　日

此文书交办案单位附卷。

文书制作

一、适用范围

执行回执适用于公安机关作出行政拘留处罚以及收容教育或者强制戒毒等处理决定后,在交付执行时由行政拘留、收容教育和强制戒毒的执行单位回复办案单位时使用。

二、制作方法

执行回执是填充型文书,此文书由执行单位填写,用于交办案单位附卷。

(一)首部。首部包括制作机关的名称(已印制)、文书名称。名称中的横线处填写执行内容,即"行政拘留""收容教育"或"强制戒毒"等字样。

(二)正文。正文依次填写处理、处罚决定公安机关名称、决定书文号、被执行人姓名、执行期限及起止时间、投送人和经办人的签名。"已于"前面的横线处填写被执行人姓名。"投送人"栏填写公安机关投送被执行人的人员。"经办人"栏填写执行单位的经办人员。

三、使用要求

执行单位应当在接收被执行人入所执行时即填写执行回执,并交办案单位附卷。

(此处印制公安机关名称)
暂缓执行行政拘留决定书

　　　　　　　　　　　　　　　×公( )缓拘决字〔 〕号

经审查,根据《中华人民共和国治安管理处罚法》第一百零七条之规定,决定对被处罚人(姓名、性别、年龄、出生日期、身份证件种类及号码、现住址)＿＿＿＿＿＿＿＿＿＿

＿＿＿＿＿＿＿＿＿＿＿＿＿＿＿＿＿＿＿＿＿＿＿＿＿＿＿＿＿＿＿＿＿＿＿＿

暂缓执行行政拘留(原决定书文号＿＿＿＿＿＿＿＿＿＿＿＿＿＿)。

在行政拘留处罚决定暂缓执行期间,被处罚人应当遵守下列规定:

(一)未经决定机关批准不得离开所居住的市、县;

(二)住址、工作单位和联系方式发生变动的,在二十四小时以内向决定机关报告;

(三)在行政复议和行政诉讼中不得干扰证人作证、伪造证据或者串供;

(四)不得逃避、拒绝或者阻碍处罚的执行。

　　　　　　　　　　　　　　　　　　　公安机关(印)
　　　　　　　　　　　　　　　　　　　年　　月　　日
　　　　　　　　　　　　　　　　　　　被处罚人
　　　　　　　　　　　　　　　　　　　年　　月　　日

一式三份,被处罚人和拘留所各一份,一份附卷。

文书制作

一、适用范围

暂缓执行行政拘留决定书适用于公安机关对被决定行政拘留的人在行政复议和行政诉讼期间，决定暂缓执行行政拘留时使用。

二、法律依据

《治安管理处罚法》第107条规定："被处罚人不服行政拘留处罚决定，申请行政复议、提起行政诉讼的，可以向公安机关提出暂缓执行行政拘留的申请。公安机关认为暂缓执行行政拘留不致发生社会危害的，由被处罚人或者其近亲属提出符合本法第108条规定条件的担保人，或者按每日行政拘留二百元的标准交纳保证金，行政拘留的处罚决定暂缓执行。"

三、制作办法

暂缓执行行政拘留决定书属于填充型文书，由存根、正本组成，正本一式三份，本人和拘留所各一份，一份附卷。

（一）正本。正本包括首部、正文和尾部三部分。

（1）首部。首部包括印制机关名称、文书名称（已印制）和文书文号，只需填写文书文号即可。

（2）正文。正文包括暂缓执行行政拘留的法律依据（已印制）、被处罚人姓名、性别、出生日期、身份证件种类及号码、现住址等基本身份情况，暂缓执行行政拘留原决定书文号，以及被处罚人在暂缓执行行政拘留处罚期间应当遵守的规定（已印制）。

（3）尾部。在文书落款处加盖作出原行政拘留决定的公安机关印章，并注明日期。被处罚人应当在"附卷"文书的指定位置签名并注明具体日期。

（二）存根。办案人民警察应逐项填写印制机关名称、文书名称（已印制）、文书文号和被处罚人基本情况（包括姓名、性别、出生日期、身份证件种类及号码和现住址）、行政拘留决定书文号、行政拘留期限、暂缓执行条件（已印制：行政复议/行政诉讼，担保人/保证金，前后内容可供选择，将不用的部分划去），以及承办人、批准人、填发人和填发日期等内容。其中，"行政拘留期限"后面的横线处填写决定执行的具体期限，但不需要填起止日期。

四、使用要求

（一）暂缓执行行政拘留，不得同时使用担保人和保证金担保。

（二）暂缓执行行政拘留决定由原作出行政拘留决定的公安机关作出。

（三）暂缓执行行政拘留决定书制作完毕后，公安机关应当立即持该文书暂缓执行行政拘留。被处罚人已送达拘留所执行的，公安机关应当立即将暂缓执行行政拘留决定送达拘留所，拘留所应当立即释放被处罚人。

（四）公安机关应当在收到被处罚人提出申请之时起 24 小时内作出是否暂缓执行行政拘留的决定。

（五）公安机关认为暂缓执行行政拘留有可能发生社会危害，如被处罚人可能逃跑的，不应当作出暂缓执行行政拘留的决定，并告知申请人。

（六）如果被决定行政拘留的人，同时被并处罚款的，所处罚款不因其提出担保人或者交纳保证金而暂缓执行。

担保人保证书

担保人＿＿＿＿＿＿＿＿　性别＿＿＿＿＿　出生日期＿＿＿＿＿＿＿＿＿＿

工作单位＿＿＿＿＿＿＿＿＿＿＿＿＿＿　职业＿＿＿＿＿＿＿＿＿＿＿＿＿

现住址＿＿＿＿＿＿＿＿＿＿＿＿＿＿＿　联系电话＿＿＿＿＿＿＿＿＿＿＿

与被担保人关系＿＿＿＿＿＿＿＿＿＿＿＿＿＿＿＿＿＿＿＿＿＿＿＿＿＿

我愿担任违法行为人（被担保人）＿＿＿＿＿＿＿＿＿＿＿的担保人，保证履行以下义务：

（一）保证被担保人

1. 未经决定机关批准不得离开所居住的市、县；
2. 住址、工作单位和联系方式发生变动的，在二十四小时以内向决定机关报告；
3. 在行政复议和行政诉讼中不得干扰证人作证、伪造证据或者串供；
4. 不得逃避、拒绝或者阻碍处罚的执行。

（二）发现被担保人伪造证据、串供或者逃跑的，及时向公安机关报告。

本人知晓、理解并愿意承担担保人的义务和相应的法律责任。

此致

＿＿＿＿＿＿＿公安（分）局

　　　　被担保人　　　　　　　　　　　　担保人
　　　　　年　月　日　　　　　　　　　　年　月　日

此文书附卷。

文书制作

一、概念

担保人保证书，是担保人向公安机关出具的保证被担保人遵守有关规定的文书。为避免在实际操作中担保人保证书不规范、不统一，而设计的法律文书。

二、文书内容及制作要求

该文书属单联式填充型文书，应当由被担保人和担保人签名后入卷备查。该文书主要包括担保人的基本情况、与被担保人的关系、担保内容等,并由被担保人和担保人签名。其中,担保人的基本情况包括担保人姓名、性别、出生日期、工作单位、职业、现住址和联系电话,工作单位和职业如没有,可填"无"。"与被担保人关系"可按担保人与被担保人的实际情况填写,如"父子关系"。

三、使用中注意的事项

(一)担保人保证书必须由被担保人和担保人签名,并附卷。

(二)担保人不履行担保义务,致使被担保人逃避行政拘留处罚执行的,公安机关可以对担保人处以3 000元以下罚款。

(三)担保人在暂缓执行行政拘留期间,不愿继续担保或者丧失担保条件的,公安机关应当责令被处罚人重新提出担保人或者交纳保证金。不提出担保人又不交纳保证金的,公安机关应当对被处罚人恢复执行行政拘留。

(此处印制公安机关名称)

收取保证金通知书

×公( )行收通字〔 〕号

_____银行:

请协助收取_____应交纳的保证金共_____元(大写_____)。

公安机关(印)
　年　　月　　日

一式两份,一份由保证金交纳人交银行,一份附卷。

收取保证金回执

_____公安(分)局:

根据你(分)局_____公( )行收通字〔 〕___号通知书,我行已于___年___月___日收取_____交来的保证金共_____元(大写_____)。

银行(印)
　年　　月　　日

此文书由银行填写后退公安机关附卷。

文书制作

一、概念

收取保证金通知书,是公安机关对批准暂缓执行的行政拘留人收取保证金时所使用的法律文书。

二、文书内容及制作要求

收取保证金通知书属多联式填充型文书,由存根、收取保证金通知书和收取保证金回执三部分组成。

(一)存根。该联作为公安机关收取保证金的凭证和依据,用于公安机关留存备查。存根内容包括被通知银行、保证金交纳人姓名、性别、出生日期、被担保人、金额、取保日期及承办人、批准人、填发人和填发日期等。办案人员应按规定内容顺序填写。其中,金额需用大写。

(二)收取保证金通知书。该联是通知被处罚人向银行交纳保证金的依据和凭证,由保证金交纳人交银行,可分为首部、正文和尾部三部分。

(1)首部。内容包括办案单位所属公安机关或者依法具有独立执法主体资格的公安机关业务部门的名称、文书名称(已印制好)、文书文号和抬头。收取保证金通知书抬头横线处应填写收取保证金银行的名称。

(2)正文。正文是通知的内容。办案人员应当在横线处顺序填写保证金交纳人的姓名和保证金金额。其中保证金金额要用大写。

(3)尾部。应当填写清楚成文日期,并加盖作出收取保证金决定的公安机关的印章。

(三)收取保证金回执。该联是收取保证金银行已经收取保证金交纳人交来的保证金并存入保证金专户的证明,该联由银行填写后交办案单位附卷。抬头横线处填写发出该通知书的公安机关的名称。

三、使用中注意的事项

(一)交纳保证金担保的,保证金按决定行政拘留期限计算,行政拘留一日交纳保证金人民币 200 元。保证金由银行代收。

(二)保证金交纳人持收取保证金通知书向银行交纳保证金。公安机关应当在银行设立保证金专户,委托银行代为收取和管理保证金。严禁截留、坐支、挪用和以其他任何形式侵吞保证金。

(三)银行在收取保证金交纳人交来的保证金后,应填写回执,退回办案单位附卷。

(四)行政拘留处罚被撤销或者开始执行时,公安机关应当将保证金退还交纳人。案件终结时,收取保证金回执应当入卷。

(五)采用保证金担保的,不得同时使用保证人担保。

（六）被担保人应当保证在担保期间随传随到，不得逃避、拒绝或者阻碍处罚的执行；在行政复议和行政诉讼中不得干扰证人作证，不得伪造证据。

（七）根据《程序规定》第182条规定，在银行非营业时间，公安机关可以先行收取保证金，并在收到保证金后的三日内存入指定的银行账户。因此，在使用此文书中，需要公安机关收取保证金的，公安机关不用再向当事人出具收取保证金通知书。该文书应由公安机关交银行。

（八）如被处罚人或者其近亲属向银行交纳保证金确有困难而要求公安机关直接收取保证金的，公安机关可以先行收取。但是，为了避免不必要的麻烦，由被处罚人或者其近亲属在公安机关出具的收取保证金回执上注明相关情况，并注明"收取被处罚人或者其近亲属×××交纳的保证金×××元整"，写明年月日，由收取保证金的人民警察和交纳人签名确认。

```
            （此处印制公安机关名称）
              退还保证金通知书
                                  ×公（　　）行退通字〔　　〕号
_____银行：
    我(分)局决定退还保证金交纳人_____
于____年____月____日交来的保证金_____元
    （大写_____）。
    特此通知，请予以办理。


                                    公安机关（印）
                                    年    月    日
```

一式两份，一份由当事人交银行，一份附卷。

文书制作

一、概念

退还保证金通知书，是作出暂缓执行行政拘留决定的公安机关决定退还保证金时所使用的法律文书。公安机关因被担保人在行政复议和行政诉讼期间未违反有关规定，在行政拘留处罚被撤销或者开始执行需依法退还其保证金时，应当制作退还保证金通知书。

二、文书内容及制作要求

退还保证金通知书属多联式填充型文书，由存根和正本两部分组成，存根一份，正本一式两份，一份由当事人交银行，一份附卷。

（一）存根。存根是公安机关退还保证金的凭证和依据，用于留存备查。存根包括首部和正文两部分。

（1）首部包括文书制作机关名称、文书名称（已印制好）及文书文号。文书制作机关应当是作出暂缓执行行政拘留决定的县级以上公安机关，公安派出所无权制作退还保证金通知书。文书文号与其他公安行政法律文书填写要求相同，不再重复。

（2）正文包括被通知银行，保证金交纳人的姓名。保证金金额要用中文大写数字填写，如人民币壹仟陆佰元整。

（二）正本。正本是公安机关依法退还保证金的凭证。保证金交纳人可持本文书到指定银行领取保证金。本文书一式两份，一份由当事人交银行，一份附卷。正本包括首部、正文、尾部三部分。

（1）首部包括文书制作机关名称、文书名称（已印制好）及文书文号。

（2）正文包括被通知银行的名称、通知内容。其中，通知内容包括保证金交纳人的姓名、交纳日期以及退还金额等。

（3）尾部应当填写制作文书的日期，并加盖制作文书的公安机关印章。

三、使用中注意的事项

（一）保证金是由被处罚人或者其近亲属为了暂缓执行行政拘留而交纳的保证被处罚人不逃避行政拘留执行的一定数量的金钱。因此，行政拘留处罚被撤销或者开始执行时，公安机关对被处罚人作出的暂缓执行行政拘留的决定也不再执行，公安机关应当将保证金退还交纳人。

（二）退还保证金的，应当经过严格审核。公安机关认为被处罚人在暂缓执行行政拘留期间确实没有违反有关规定的，经原作出暂缓执行行政拘留决定的公安机关负责人批准，签发退还保证金通知书。

（三）除公安机关依法没收的保证金外，公安机关应当将剩余的保证金退还被处罚人。

（四）为加强监督，保护公民的合法权益，公安机关退还保证金的，可以要求保证金交纳人在退还保证金通知书上签名确认，并签署日期。

（五）结案后，办案人民警察应当将由保证金交纳人签名的退还保证金通知书附卷备查。

（六）保证金交纳人可持退还保证金通知书、交款凭证和本人身份证件到银行领取应当退还的保证金。

```
                    (此处印制公安机关名称)
                        没收保证金决定书
                                    ×公(   )行没决字〔   〕号
    因被暂缓执行行政拘留人_____
逃避行政拘留处罚的执行,根据《中华人民共和国治安管理处罚法》第一百一十条之规定,决
定没收保证金交纳人_____于____年__月__日交来的保证金_____元
(大写_____)。
    如不服本决定,可以在收到本决定书之日起六十日内向_____
申请行政复议或者在三个月内依法向_____人民法院提起行政诉讼。


                                        公安机关(印)
                                          年   月   日



                                        保证金交纳人
                                          年   月   日
```

一式两份,一份交保证金交纳人,一份附卷。

文书制作

一、概念

没收保证金决定书,是对在暂缓执行行政拘留期间不遵守规定的保证金交纳人决定没收全部或者部分保证金时使用的法律文书。

二、文书内容及制作要求

没收保证金决定书属多联式填充型文书,由存根和正本两部分组成,其中,存根一份,正本一式两份,一份交保证金交纳人,一份附卷。

(一)存根。存根是公安机关作出没收或者部分没收保证金决定的依据和凭证,用于留存备查。存根包括首部和正文两部分。

(1)首部包括文书制作机关名称、文书名称(已印制好)及文书文号。其中,文书制作机关名称应当是作出暂缓执行行政拘留的县级以上公安机关,公安派出所和公安机关的内设机构不得作出没收保证金的决定。

(2)正文包括保证金交纳人的姓名、性别、出生日期、保证金金额、没收原因以及承办人、批准人、填发人和填发日期。办案人民警察应按要求逐项填写。其中,"没收原因"栏可根据《程序规定》第184条关于"被决定行政拘留的人逃避行政拘留处罚执行的,由决定行政拘留的公安机关作出没收或者部分没收保证金的

决定,恢复执行行政拘留"的规定,视被担保人违反有关规定的不同情况填写,但应简明扼要;"保证金金额"栏应填写公安机关决定没收的保证金金额,部分没收的,应填写部分没收的金额,具体金额要用中文大写数字填写。

(二)正本。正本是公安机关没收保证金交纳人交纳的全部或者部分保证金的依据,同时鉴于没收保证金决定书的可诉性,没收保证金决定书也是保证金交纳人申请行政复议和提起行政诉讼的依据。正本包括首部、正文两部分。

(1)首部包括文书制作机关名称、文书名称(已印制好)及文书文号。

(2)正文包括没收保证金的原因、法律依据、没收保证金的数额以及不服没收决定的救济途径。

(3)尾部应填写清楚成文日期,并加盖制作文书的公安机关印章。

三、使用中注意的事项

(一)公安机关因被担保人在行政复议和行政诉讼期间违反有关规定,依法决定没收其全部或者部分保证金时应当制作没收保证金决定书。设立保证金担保制度的本意在于保护被担保人合法的行政复议和行政诉讼权利,保证被处罚人在暂缓执行行政拘留期间遵守有关规定。如果被处罚人违反了有关规定,保证金的担保作用就归于无效。此时,作出暂缓执行行政拘留决定的公安机关应当对被处罚人恢复执行行政拘留,并视情节作出没收或者部分没收保证金的决定,原行政拘留处罚应继续执行。没收或者部分没收保证金有利于保证公安机关执法活动的顺利进行,同时,也能对当事人起到一定的约束作用。

(二)需要没收保证金的,由原作出行政拘留处罚决定的公安机关作出。

(三)制作没收保证金决定书时,公安机关应当向被处罚人宣读,并由被处罚人在附卷的一份没收保证金决定书上签名和签署日期。被处罚人在逃的,应当向其家属、法定代理人或者单位宣布,并要求其家属、法定代理人或者单位负责人在没收保证金决定书上签名或者盖章,拒绝签名和盖章的,公安机关办案人民警察应当在附卷的一份没收保证金决定书上注明。

(四)公安机关作出没收保证金决定的同时,应当填写没收保证金决定书,由银行按照决定书内容予以代收。

(五)决定部分没收保证金的,剩余部分保证金要依法退还给保证金交纳人。

(六)没收保证金不是行政处罚,公安机关应当经批准后直接填写没收保证金决定书,而不能适用公安行政处罚决定书。

(七)公安机关作出没收或者部分没收保证金决定后,原来作出的暂缓执行行政拘留决定也就自然终止,原行政拘留处罚应当立即恢复执行。

(八)没收的保证金应当上缴国库,任何人、任何单位不得截留、私分、挪用或者侵占。

```
            (此处印制公安机关名称)
            责令_____通知书
                        ×公(  )责通字〔  〕号
_____:
  经调查,发现你(单位)存在下述违法行为:_____
_____
_____
_____
_____。
  根据_____之规定,现责令你(单位)
  □立即予以改正。
  □立即停_____。
  □在____年__月__日前改正或者整改完毕,并将结果函告我单位。在期限届满
之前,你(单位)必须_____
_____。
  如不服本决定,可以在收到本通知书之日起六十日内向_____
申请行政复议或者在三个月内依法向_____
人民法院提起行政诉讼。

                              公安机关(印)
                               年   月   日

                              违法行为人
                               年   月   日
```

一式两份,一份交违法行为人,一份附卷。

文书制作

一、适用范围

《责令限期通知书》适用于公安机关在办理治安案件时采用各类限期整改、取缔、恢复原状、拆除或者清除等措施纠正违法行为时使用。

二、法律依据

《程序规定》第131条规定:"实施行政处罚时,应当责令违法行为人当场或者限期改正违法行为。"

三、制作方法 此文书由存根和正本组成

(一)正本。正本一式两份,一份交违法行为人,一份附卷。内容包括首部、正文和尾部。

(1)首部。首部依次是制作机关的名称、文书名称(已印制好)和文书文号。

（2）正文。正文首先填写被检查单位的名称，依次填写公安机关依法检查的法律依据名称、条文、检查工作人员姓名、检查日期、发现的违法行为的简要叙述，以及责令限期整改、恢复原状、拆除或者清除等措施的法律依据的名称及条文，责令限期整改、恢复原状、拆除或者清除等的限定期限，最后根据查处案件的实际要求，在"你单位必须"后面填写整改、恢复原状、拆除或者清除等具体内容，如在消防监督检查中采用责令限期整改措施的，此栏内容填写具体整改内容。

（3）尾部。尾部填写制作文书的时间并加盖公安机关印章。被检查单位的法定代表人或负责人在附卷文书的指定位置签名并写明日期。

（二）存根。存根包括首部和正文两部分。

（1）首部。首部包括制作机关的名称、文书名称（已印制好）和文书文号。

（2）正文。正文依次填写检查时间、检查地点、被检查单位名称、被检查单位地址、违法行为、限期改正时间（填写自文书制作之日起到公安机关作出限期改正的最后期限）、办案单位、承办人、批准人、填发人和填发日期。

四、使用要求

（一）被检查单位的法定代表人或者负责人应当在该文书附卷文书上签名，必要时可加盖公章，以表明对执法机关检查的认可。拒绝签名的，应当在文书中注明。

（二）公安机关在使用此文书时，设定的期限要符合实际情况，既不能长，也不能短。期限过长则达不到检查整改的效果，期限过短则难免不符合实际。

（此处印制公安机关名称）
终止案件调查决定书

×公（ ）行终止决字〔 〕号

因 _____ 一案具有
□没有违法事实
□违法行为已过追究时效
□违法嫌疑人死亡
□其他 _____
的情形，根据《程序规定》第二百三十三条第一款之规定，现决定终止调查。

公安机关（印）
年 月 日

原案件被侵害人　　　　　　　　　　原案件违法嫌疑人
　年　月　日　　　　　　　　　　　　年　月　日

一式三份，原案件被侵害人和原案件违法嫌疑人各一份，一份附卷。

文书制作

一、适用范围

终止案件调查决定书适用于公安机关决定终止治安案件调查时使用。

二、法律依据

《程序规定》第233条第1款规定:"经过调查,发现行政案件有下列情形之一的,经公安派出所、县级公安机关办案部门或出入境边防检查机关以上负责人批准,终止调查:

（一）没有违法事实的；

（二）违法行为已过追究时效的；

（三）违法嫌疑人死亡的；

（四）其他需要终止调查的情形。"

三、制作方法

终止案件调查决定书分为正本和存根。

（一）正本。正本一式三份,原案件被侵害人和原案件违法嫌疑人各一份,一份附卷。内容包括首部、正文和尾部。

（1）首部。首部包括制作文书的公安机关的名称、文书名称（已印制）及文书文号,依照规定填写文书文号。

（2）正文。正文主要包括终止案件调查的原因、法律依据和案件名称。其中,在"因"后面的横线上填写终止治安案件调查的原因,根据《程序规定》第204条规定的情形填写,在填写时还要把主要案件事实以简明扼要的方式列出。在"一案"前面的横线处填写行政案件名称。

（3）尾部。尾部填写制作日期并加盖公安机关印章。"附卷"文书应由原案件的被侵害人和违法嫌疑人签名。

（二）存根。存根包括首部和正文两部分。

（1）首部。首部包括文书制作的公安机关名称、文书名称（已印制）以及文书文号。

（2）正文。正文依次填写案由、违法嫌疑人基本情况（包括姓名、性别、出生日期和现住址）、违法单位名称及地址、终止案件调查原因、承办人、批准人、填发人和填发日期。案由即违法嫌疑人涉嫌案件名称。违法单位名称是针对单位作为违法主体而设的。如果是自然人违法,则违法单位名称和地址可空白或用斜线划掉。

四、使用要求

（一）终止案件调查是一种非正常结案,必须有终止案件调查的理由,如没有违法事实、违法行为已过追究时效的、违法嫌疑人死亡等。

（二）必须经公安派出所、县级公安机关办案部门或出入境边防检查机关以上负责人批准,才能使用该文书终止案件调查。

参考文献

[1] 蔡虹.行政诉讼证据问题研究[M].武汉:武汉水利电力大学出版社,1998.
[2] 崔卓兰.行政自治理念的实践机制:行政内部分权[J].法商研究,2009(3).
[3] 郭倩,王永强.我国海洋执法模式分析——以重组国家海洋局方案为视角[J]//中国海洋社会学研究[C].北京:社会科学文献出版社,2014.
[4] 柯良栋,吴明山.治安管理处罚法释义与实务指南[M].北京:中国人民公安大学出版社,2005.
[5] 李军.中国告别五龙治海[J].海洋世界,2013(3).
[6] 刘鹤.《治安管理处罚法》的亮点与缺憾[J].山东警察学院学报,2006,3(2).
[7] 刘凯军.关于海洋综合执法的探讨[J].南方经济,2004(2).
[8] 刘磊,仇超.行政综合执法问题略论[J].岱宗学刊,2004(1).
[9] 庞薇,裴兆斌.中日海上执法体制比较[J].法制博览,2016(34).
[10] 裴兆斌,车流畅,彭绪梅.海上治安执法实务若干问题研究[M].南京:东南大学出版社,2016.
[11] 裴兆斌,张金明,王君.治安管理处罚法导读[M].南京:东南大学出版社,2016.
[12] 裴兆斌.海上执法体制解读与重构[J].中国人民公安大学学报,2016(1).
[13] 宋国勇.我国海上行政执法体制研究[D].上海:复旦大学硕士学位论文,2008.
[14] 孙百昌.工商行政管理行政处罚及证据操作[J].郑州:河南人民出版社,2003.
[15] 王珏,王金柱.我国海洋经济发展五大制约因素及六项对策[J].中国海洋报,2002(1).
[16] 吴高盛.《中华人民共和国治安处罚法》释义[M].北京:人民出版社,2005.
[17] 熊一新.治安案件查处教程[M].北京:中国人民公安大学出版社,2007.
[18] 徐继敏.行政证据通论[M].北京:法律出版社,2004.
[19] 张树义.行政诉讼证据判例与理论分析[M].北京:法律出版社,2002.
[20] 张哲.加拿大海洋管理和海上执法解析与启示[J].世界海运,2010(11).
[21] 仲雯雯.我国海洋管理体制的演进分析(1949—2009)[J].理论月刊,2013(2).
[22] 专家编写组.中华人民共和国治安管理处罚法释义与实用指南[M].北京:中国人民公安大学出版社,2005.